Leta Vonzun Steiner / Franz-Xaver Jans-Scheidegger
Tore zum Licht

aus der Zeit, bevor wir uns kennenlernten, suchte mich heim, so daß ich mich entschied, sie niederzuschreiben.
Ich schwankte damals (1985/86) zwischen dem Glück, daß die spirituelle Dimension in mein Leben eingebrochen war und der schmerzlichen Tatsache, daß ich – außer mit Theo – mit niemandem befriedigend über all die Fragen, die daraus entstanden, reden konnte. Meine Meditationen waren wunderbar, und ich verspürte ein starkes Bedürfnis zu verstehen, was mir geschah. Mit dieser Frage blitzte ich bei einigen Yoga- und Meditationslehrern schmerzlich ab. Am wenigsten ertrug ich die Kritik, ich hätte einen typisch westlichen Intellekt, der immer nach dem Warum und dem Wozu frage. Auch sagte mir jemand, ich könne nicht mit Fortschritten auf dem Weg rechnen, wenn ich weiterhin eine eheliche Bindung und Sexualität leben wolle. Ich wandte mich von solchen Personen ab, denn mein Anliegen war Integration des Neuen und nicht die Frage, ob ich Ehe, Intellekt oder sonst etwas... ausschließen solle.
Ich sehnte mich nach einem Gesprächspartner mit einem psychologisch-spirituellen Hintergrund, der mit seiner Familie in der Schweiz lebte und seinen Alltag aus einer hintergründigen Dimension heraus zu bewältigen suchte. Das Suchen nach einem solchen Menschen führte ausschließlich zu Enttäuschungen. Ein Glaube machte sich in mir stark, daß ich vermutlich auf dem falschen Kontinent lebe, was ich aber, gerade zurück von Kalifornien, nicht verändern konnte. Es gab also gar nichts anderes, als fast alleine weiterzugehen. Ganz erbärmlich kam ich mir dabei vor. In dieser leidvollen Phase wurde mir ein aufregender Traum geschenkt:
»Ich treffe eine mir unbekannte Person, die mir Deine Adresse in die Hand drückt mit dem Kommentar, ich solle sofort mit Dir Kontakt aufnehmen. Da meine Kinder gut versorgt sind, mache ich mich sofort auf den Weg zu Dir und finde überraschenderweise Dein Haus auf Anhieb. Überkritisch nehme ich Deine Umgebung unter die Lupe und mustere Dich von der Bartform bis zu den Farbnuancen Deiner

Kapitel 1

Die Berührung mit archetypischen Kräften. Der innere Fels.

Auf dem Lebensweg gibt es sogenannte Gipfelerfahrungen, die den Menschen völlig aus seiner gewohnten Bahn werfen. Bleibt eine Person damit alleine, reagiert sie mit altgewohnten Mustern, die in einer solchen Situation weder für sie noch für die Gemeinschaft, mit der sie verbunden ist, sinnvoll sein mögen. Gerade in einem solchen Geschehen, wie dem Einbrechen von religiösen Tiefenerfahrungen z.B., ist eine stimmige Wegbegleitung unabdingbar. Vier Augen vermögen Verzerrungen des Blickwinkels besser zu erkennen, da der erlebende Mensch immer wieder Gefahr läuft, in der persönlichen Betroffenheit Wesentliches zu übersehen. Die Berührung mit archetypischen Dynamiken fordert einen starken Rückhalt in der Alltagsrealität, um sich solchem Geschehen stellen zu können. Im Gespräch mit Franz war für Leta anscheinend das richtige Maß an Vertrautem und Fremdem, an Nähe und Distanz, an Offenheit und Zurückhaltung vorhanden, daß dieser dermaßen ergreifende religiöse Komplex sich von der Tiefe her melden konnte.

Brief von Leta
30. 12. 1991

Lieber Franz,
ich lag soeben mit der Katze auf dem Schoß auf der Ofenbank und wollte mich ausruhen, doch eine Fülle von Erinnerungen

Im Fortschreiten des inneren Prozesses von Leta erwies es sich immer mehr als eine Frage der Bewußtheits-Ebene, ob es überhaupt innere und äußere, diesseitige und jenseitige Wesen gibt, ebenso wie Engelwesen in und außerhalb von uns wirken. Für solche differenzierende Wahrnehmung brauchen wir beide das Ego als Unterscheidungsmöglichkeit innerhalb von Raum und Zeit. In der Fülle des göttlichen Mysteriums aber fällt alles in eins zusammen.

Ostern 1995
Franz-Xaver Jans-Scheidegger

Der Vergleich beider Sichtweisen ermöglicht es Menschen, die ähnliche Erfahrungen machen, evtl. ein Tor zum Verständnis von transpersonalen Räumen und ihrer Aussagekraft für den Alltag zu eröffnen. Wir werden dabei auch Gesetzmäßigkeiten beobachten, die in der hylotropen und holotropen Dimension wirken.
Die Zusammenschau beider Betrachtungsweisen verbindet uns in einem lebendigen Lichtrad, vgl. Bild 3:

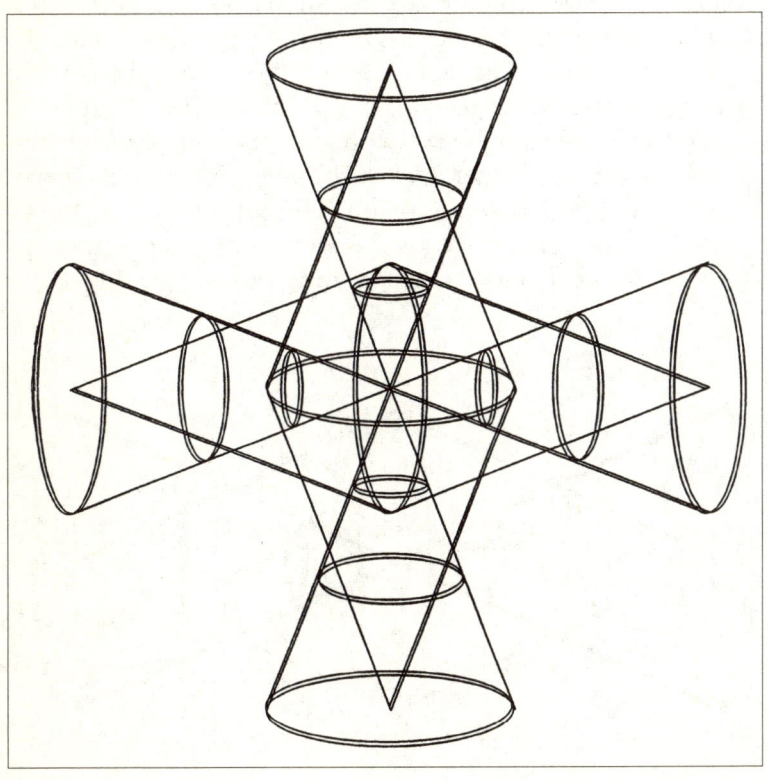

übernehmen und wünschten sich unsere Kooperation für eine gemeinsame Basisarbeit.

Wir vereinbarten gegenseitig, daß ich das Erleben von Leta von verschiedenen Seiten, in seinen spirituellen und Individuations-Bezügen, beleuchte. Bis der Zeitpunkt da war, z.B. die Christos-Visionen schriftlich festzuhalten, waren Jahre des Ringens notwendig, um den Stellenwert des Geschehens im persönlichen Leben und in der Vernetzung mit einer kollektiven Aufgabe zu erkennen. Es brauchte dann viel Mut, dafür einzutreten. Das Niederschreiben vollzog sich in der Bereitschaft, das Erlebte in aller Offenheit darzulegen, miteinander zu betrachten und gemeinsam zu hinterfragen.

An Letas Weg möchte ich exemplarisch sichtbar werden lassen, was Vernetzung zwischen personalen und transpersonalen Dimensionen bedeutet. Ein Mensch kann unerwartet in einen inneren und äußeren Wandlungsprozeß hineinverwoben werden und hat sich diesem Erleben zu stellen, auch wenn Widerstände da sind. Das Geheimnis des Urgrundes erfordert eine perönliche Antwort und läßt uns gleichzeitig im Antworten aus seiner Fülle schöpfen. Wenn Leta ihren Prozeß in ihren einleitenden Gedanken in einem vertikalen X betrachtet, so erlebe ich meine Sichtweise komplementär dazu aus der horizontalen Ausprägung des X, vgl. Bild 2:

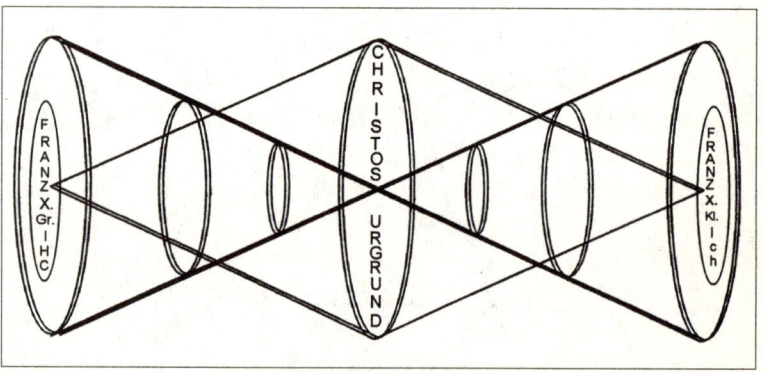

auseinandersetzt, neue Fragen. Für mich sind es vor allem zwei Themenkreise, die gegenseitig das Gespräch suchen: die abendländische Tradition der *Kontemplation* und die Psychotherapie in der ursprünglichen, schamanistischen Sichtweise als »*Dienst an der Seele*«*,* als »Dienst am Lebenshauch des Menschen«. Die Kontemplation als meditativer Versenkungsweg des Abendlandes sucht die Einung des Menschen mit dem letzten Urgrund, und die klassische Psychotherapie will Menschen in einem heilenden Selbstfindungsprozeß begleiten. Meinem ersten Lehrer begegnete ich während einiger Exerzitientage zu Beginn meiner Gymnasialzeit. Seither habe ich diese Spur ununterbrochen weiterverfolgt und die Übung vertieft, verbunden mit den verschiedenen Fragen der »Via purgativa«, des Reinigungs- und Klärungsweges.

Im Wesen ist Psychotherapie nicht aus dem Kontext der Religion auszuklammern. »Religio« als Rückbindung des Menschen in das Geheimnis des Urgrundes war und ist immer verbunden mit der Heilung und Klärung der Lebenskraft, die aus diesem Gegründetsein schöpft und im Mikrokosmos des Menschen fließt, oder aus irgendwelchen Gründen blockiert ist. Wie nun Heilung, Heiligung, Ganzwerdung sich im Gesamtzusammenhang des Menschseins ereignen, im Sinne einer Individuationsspiritualität, suchte in mir eine Antwort.

So kamen Leta, die sich mit ähnlichen und gleichen Themen beschäftigte, und ich überein, in einem gemeinsamen Dialog Fragen der Wandlungsdynamik des psychischen und spirituellen Reinigungsweges zu betrachten. Dabei anerkannten wir die Mehrdimensionalität der Erlebensräume innerhalb der Begrenzung von Raum und Zeit und die Offenheit für die transpersonalen Ebenen als gleichberechtigte Erlebensqualitäten. (Wirklich ist und war für uns das, was wirkt, und nicht nur das, was einem eingrenzenden experimentellen Wissenschaftsbegriff standhält.) Dabei meldeten sich Wesen aus der transpersonalen Ebene. Sie luden uns zur Kooperation mit ihnen ein und waren bereit, Individuationsbegleitung im Sinne der inneren Seelenführung (vgl. Psychopompos) zu

Einleitung II

Dieses Buch hat für mich eine lange Vorgeschichte und kam nur zustande, weil mich Leta Vonzun mit ihren spirituellen Anliegen aus meiner »Höhle« lockte. Die grundsätzliche Auseinandersetzung mit ihrer Thematik beschäftigte mich schon seit Jahren. Auch wurde ich immer wieder neu darauf angesprochen, wie sich wohl die Vernetzung des mystischen Menschen in die dies- und jenseitigen Dimensionen konkret leben läßt. In dieser Zeit meiner Unentschlossenheit, diesem Anliegen gerecht zu werden, hatte ich den folgenden Traum:
»Ein Esel mit einem Buch im Mund kommt aus seinem Stall. Er stellt sich vor mich hin und läßt dieses vor meinen Füßen auf den Boden fallen. Erstaunt hebe ich es auf, wundere mich über den schönen Einband und bin neugierig, was darin geschrieben ist. Ich blättere und finde nichts; das Buch ist leer. Während ich nachsinne und mir überlege, was wohl diese blanken Seiten zwischen den kunstvoll gestalteten Buchdeckeln bedeuten, sagt eine klare Stimme: ›Schreibe!‹«
Ich begann die einschlägigen Themenkreise zu klären und zu sortieren. Langsam füllte sich die »Scheune«. Ich fand aber trotz aller Bemühung noch keine Klarheit für eine schriftliche Abfassung. Der Esel tauchte mehrmals auf, schaute auf das leere Buch und blieb ein stiller Mahner. Die Konfrontation mit den Erlebnissen von Leta ließ mich nicht mehr in Ruhe. Sie sind wohl in ihrer Nüchternheit und Deutlichkeit eine Herausforderung an jeden Menschen, der einen Individuationsweg geht, und stellen auch an Kenner der spirituellen Traditionen und jeden, der sich mit psychischen Prozessen

Liebe Leserin, lieber Leser,

Heute bin ich – mit Unterstützung von innen und außen soweit, Ihnen mein Dokument zu überlassen. Wenn etwas daraus Sie zu berühren vermag, habe ich dem Engel richtig geantwortet.

In herzlicher Verbundenheit

Ihre *Leta Vonzun*

intuitiv, daß sie von uns Menschen des Abendlandes »Engel« genannt werden. Ab 1990 wurden Dialoge mit meinem Engel möglich, die mir Aufschluß über Irdisches und Himmlisches gaben. Unter vielem anderem forderte mich der Engel auf, Franz-Xaver Jans-Scheidegger für eine vorerst noch undefinierte Zusammenarbeit anzufragen, womit ein langjähriger Prozeß zwischen uns beiden ausgelöst wurde.

Zum Engel gesellten sich später noch zwei weitere jenseitige Gesprächspartner und eine Gesprächspartnerin dazu. Je tiefer ich mich mit ihnen einließ (b), um so näher und verwandter erlebte ich sie. Im Laufe der Zeit wurde mir bewußt, daß alle vier einerseits wohl eigenständige Wesen sind, andererseits aber auch persönliche Seelenanteile von mir (c), die es im Verlauf der Zeit an meine Gesamtpersönlichkeit anzugliedern gilt. Wann und wie ich meine Helferin und meine Helfer erlebte, war (ist) lediglich die Frage meines eigenen Bewußtseinszustandes.

Daß ich auf meinem Weg zur Ganzwerdung CHRISTOS als zentrales Ziel meines Lebens erkannte, berührte und verblüffte mich fortwährend und gab mir die Gewißheit, daß die letzte Wahrheit sich durch uns manifestiert, wenn wir bereit und fähig sind, sie zuzulassen. Nach der Erfahrung der Verankerung meines »kleinen Ichs« im Urgrund des Göttlichen (d), erkannte ich immer deutlicher, daß dieses Ich außerhalb SEINER Fülle keinen Bestand hat und doch notwendig ist, um sich in der Begrenzung von Raum und Zeit, also in der stofflichen Dimension, in SEINEN Dienst zu stellen (e-g).

Als es darum ging, meine gewonnenen Erkenntnisse im Sinne der ethischen Konsequenz konkret werden zu lassen (e), u.a. durch das Veröffentlichen dieses Buches, setzte für mich ein großes Ringen ein. Ich begann zu somatisieren – ich, die bisher kaum Erfahrung mit Krankheiten und Unfällen hatte. Rückblickend meine ich aber, daß es kaum einen anderen Weg gegeben hätte, um die mir fehlenden Daseinsqualitäten kennenzulernen und zu erfassen. Dies zu verwirklichen, erlebe ich als grundlegendes Ziel meiner Ganzwerdung.

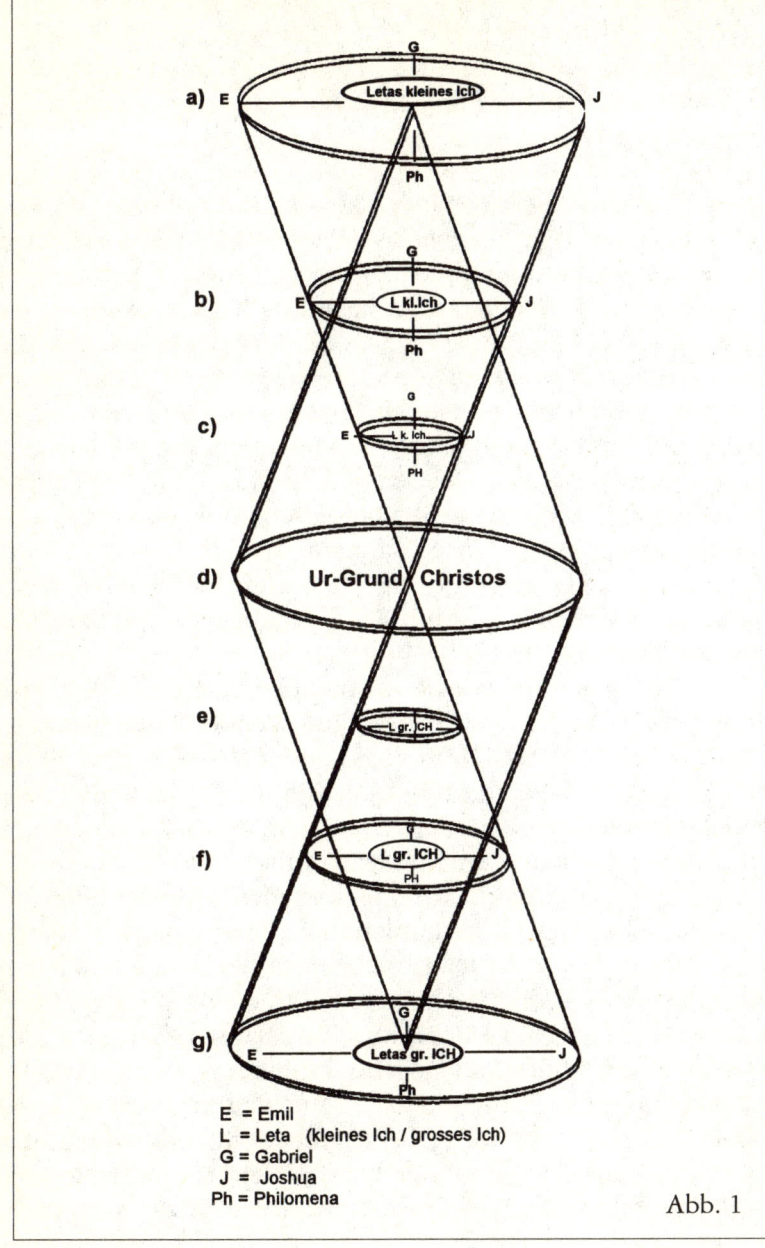

E = Emil
L = Leta (kleines Ich / grosses Ich)
G = Gabriel
J = Joshua
Ph = Philomena

Abb. 1

Einleitung I

Mit diesem Buch komme ich meinem inneren Anliegen nach, einen Teil meines psychisch-spirituellen Prozesses in der Lebensmitte schriftlich zu dokumentieren.
Bis zum 35. Jahr verlief mein Leben mehr oder weniger in gewohnten Bahnen: eine im Schoße der Schweizer Hochalpen geschützte Kindheit, solide Ausbildungen, Heirat, zwei Töchter, vielfältige Berufserfahrungen (z.T. dank Frauenbonus)... Als Rätoromanin setzte ich mich in der Jugend sehr für das Überleben meiner Muttersprache ein. Dieses Anliegen wurde später von einem psychologisch-pädagogischem abgelöst und mündete in Sinnfragen wie »Standhalten und Loslassen«, »Werden und Vergehen«. Ein spiritueller Weg hätte in diesem Alltag kaum Platz gehabt und drängte sich auch keinesfalls auf.
Doch 1984, während eines Studienaufenthaltes in Kalifornien, nahm mein Leben eine plötzliche Wende: Eine spontan aufgetretene Nah-Tod-Erfahrung unterbrach meinen gewohnten Wachstumsfluß und führte mich hinter die Kulissen des mir bekannten Lebens. Ich erfuhr, daß das irdische Leben einem vergänglichen Traum gleichkommt, und daß die hintergründige Dimension, die unter normalen Bedingungen von uns Menschen nicht oder nur kaum wahrgenommen werden kann, die ewige Wahrheit ist. Ich verstand, daß es zum Weg eines jeden Menschen gehört, eines Tages mit dieser nichtmateriellen/geistigen Dimension in Austausch zu treten, um persönliche und überpersönliche Erfüllung zu erlangen.
In den folgenden Jahren erschien mir mehrmals eine Lichtgestalt, die ich als mein lichtes Ebenbild erkannte, und obschon ich von meiner Biographie her kaum Bezug zu solchen jenseitigen Wesen hatte (vgl. Abb. 1, a), wußte ich

Vom psychischen Erleben des Menschen her betrachtet, ist die Begegnung mit dem Engel, ja mit Christus zugleich die Begegnung mit seinem tiefsten Selbst. Um welche Dimension aber dieses Selbst das begrenzte, bewußte Ich übersteigt, so daß es wie ein faszinierend Fremdes, Transzendentes erfahren wird, zeigen die Berichte, die in dem vorliegenden Briefwechsel mitgeteilt und reflektiert werden, auf eindringliche Weise.

Prof. Dr. Dr. Ingrid Riedel

Der Engel steht ganz im Dienst des WORTES. Das sendet ihn vor sich her. Wo es hinkommt da ist schon sein Engel anwesend. »Siehe, ich sende meinen Engel vor dir her, auf daß er den Weg vor dir bereite.« (Maleachi 3,1) (...) Sie (die Engel) sind außerhalb des Rufes, er gilt nicht mehr ihnen, sie müssen nicht mehr heimkehren, sie sind bewährt, Wesen der neuen Währung. Sie sehen uns auch immer an, wer Engel denkt, sieht sich angesehen, der Engel ist nur Blick. Das kommt vom Schauen ins Antlitz Gottes, da ist man am Ende nur noch Anschauung. So wie wir Ohr sind, so sind sie Auge, ganz Auge. Wir gehören zusammen, ihr Dasein genügt als Funktion. Denn daß es den Engel gibt, genügt, um das Lauschen zu lernen, um das Schweigen zu lieben, um zu begreifen, daß es nur um das Gehorchen geht.

Silja Walter, Sr. Hedwig-Maria OSB

Vorworte

Engel sind Botschafter aus einer nicht-materiellen Welt, Beschützer und Verbündete des Menschen. Manchmal treten sie in Zeit und Raum ein; aber im Gegensatz zu vielen Kindern nehmen wir Erwachsene ihre Wirkungskraft nicht wahr. Meine Hoffnung ist, daß auch das Kind in uns für diese Wirklichkeit wach und bereit wird, um in einen Dialog mit den Engeln zu treten. Auf eindrückliche Weise zeigt »Tore zum Licht« einen Weg, wie dies aus der Einfachheit des Herzens gelingen kann, wenn wir bereit sind, die gegensätzlichsten Seiten unseres Mensch-Seins anzuschauen und zu integrieren.

Bruder David Steindl-Rast, Dr.phil.

»Tore zum Licht« ist ein packender Bericht einer außergewöhnlichen inneren Reise und läßt den Leser/die Leserin teilhaben an den Herausforderungen und Verheißungen einer tiefen spirituellen Öffnung. Das Buch zeigt auf, daß solche Erfahrungen Heilung aus dem archetypischen Hintergrund (Wesenskern) in Gang setzen und die Sinnzusammenhänge des menschlichen Lebens vertiefen können. Damit ein solches Erleben nicht pathologisiert wird – was in der traditionellen psychiatrischen Sichtweise oft geschah – ist ein einfühlsames Verstehen in der Begleitung des spirituellen Prozesses unabdingbar.

Dr. med. et phil. Stanislav Grof

Tagebuchauszug 6. und 7. 8. 1991 357
Das vergessene Wort lautet: »Verkünden!«
Schamanistische Übungen

Antwortbrief 39 361
Elementare Meditation als schamanistischer Weg
Participation mystique

Tagebuchauszug 2. und 4. 10. 1991 363
Nichts und Alles
Traum vom jungen Mann, der mit Gott spricht
Verankerung der Lichtdreiecke
Das Kerngruppenmandala

Antwortbrief 40 369
Nichts und Fülle
Mensch und Gotteserfahrung
Gesprächsgefüge in transpersonale Räume

Tagebuchauszug 8. 10. 1991 und 21. 5. 1992 . 372
Heilende Kraft des Kristalls »Om Navim!«
Impulse aus der Kerngruppe
»There is all done!«

Antwortbrief 41 378
Jehoshua – Gott rettet!
Gott hat viele Gesichter

Nachwort 381

Tagebuchauszug 21. 5. - 13. 6. 1991 325
Ihr geht miteinander den Weg
Kanalisieren heißt auch Integrieren
Traum vom 30. 5. und 13.6.

Antwortbrief 36 331
Die Suppe ist längst gekocht
Ausdrucksformen des Mysteriums
Umgang mit Zielvorstellungen

Tagebuchauszug 16. 6.; 20. und 21. 7. 1991 . . 334
Die Grenzen des Egos und das Selbst
Der Wille des »VATERS«
Die Tarot-Karte »Stern«
Zwei Träume: Wieder-Geburt und Ent-Kleidung

Antwortbrief 37 342
Das Ich im Dienste des Umfassenden
Befragung des Orakels
Das Urbild der Schönheit

Tagebuchauszug 22. - 30. 7. 1991 345
Drei Träume: Lehrerfortbildung, Gruppenarbeit,
Engelgespräch
Das fehlende Wort im Traum von Christos
Weg gehen und Weg sein
Kerngruppe als Brücke ins Innerste

Antwortbrief 38 352
Deutungsimpulse zu drei Träumen
Gott sucht den Menschen auch
Transzendenz- und Immanenzerfahrung

Tagebuchauszug 22. - 26. 2. 1991 294
Umgang mit der inneren Aufgabe
»Versuche, zur Größe zu stehen!«
Freiheit als Grundbefindlichkeit

Antwortbrief 33 303
Du drängst mich!
Betrachtungen zur spirituellen Wegbegleitung
Innere Größe und Transformation des Egos

Tagebuchauszug 7. - 11. 3. 1991 306
Die messerscharfe Aufgabe
Gott-Vater
Das Bruchstückhafte im Aussprechen des Wortes
»Ich und der Vater sind eins«

Antwortbrief 34 311
Das Fragmentarische der Taborstunden
Das Fragmentarische im Sprechen über Gott

Tagebuchauszug 26. 3. - 18. 5.1991 315
»Mein« Hesychasmus
Die Wege dienen den Menschen
»Tantra«-Erfahrung, Shiva-Shakti-Ebene
Gespräch mit Michael: Standpunkt – Standort

Antwortbrief 35 322
Überlegungen zum Buch-Veröffentlichen
Umgang mit der Tradition eines Weges
Ein Mantra ist etwas sehr Intimes
Das Ineinanderfließen verschiedener Traditionen

Kapitel 7
Integration spiritueller Erfahrungen als Bodenarbeit im Alltag und Ruhen im Ganzen 271

Tagebuchauszug 29. und 31. 1. 1991 272
Umgang mit »Makyo« und inneren Bildern
Die Frau in der Verkündigung
Umgang mit dem Kriegsgeschehen im Irak
Die persönliche Mandorla
Auseinandersetzung mit der Thematik Sünde

Antwortbrief 31 277
Kernwirklichkeit leuchtet im Mantra auf
»Makyo« und »Scheinwirklichkeit«
»Gut« und »Böse«
Wirkkraft des Ego – Dien-Mut
Syntonie zwischen Göttlichem und Menschlichem

Tagebuchauszug 4., 10., 11., 14. 2. 1991 . . . 283
Zustand der offenen Perle
Traum: Eine Frau flieht nach Westen
Gleichgewicht im Innern und Äußern
Das Ego als Verwirrer und Diener

Antwortbrief 32 290
Das Finden des persönlichen Mantra
Gelassenheit – Apatheia
Triebnatur des Menschen – Der Kern des Triebes

Tagebuchauszug 14. 1. 1991 247
Traum: das Begleichen des Hochzeitsfestes
Christos als Erlöser
Der mantrische Dienst an der Erde

Antwortbrief 28 250
Die Göttin als mütterliche Kraft Gottes
Christos als all-kosmischer Voll-Mensch
Rituale als Symbolhandlungen
Mantra als heilende und verbindende Kraft

Tagebuchauszug 19., 21., 23., 24. 1. 1991 . . 252
Die Vernetzung in das Weltganze
Die Bedeutung des Athos
Der tiefere Sinn des Leidens

Antwortbrief 29 259
Abwesenheit der versöhnenden Liebe
Die Untauglichkeit des »Mittels« Krieg
Das Sichtbarwerden des mystischen Stromes

Tagebuchauszug 25., 27., 28. 1. 1991 260
Symbolerleben, Aktive Imagination, Ikonenmalen
Fluchttraum
Die Schöpfung atmet in mir

Antwortbrief 30 267
Verbindung von Ikonenschreiben und Aktiver
Imagination
Gleichwertigkeit von Gottes-Bildern

Kapitel 6
Erschütterung des Ichs durch die Erfahrung des Nichts 221

Tagebuchauszug 31. 12. 1990; 1., 3., 4. 1. 1991   222
Gott und das Nichts – Illusionen der Gottesvorstellungen
Das Göttliche will sich manifestieren
Somatische Reaktionen auf das Nichts
Christos als die Verdichtung Gottes im Herzen

Antwortbrief 25 230
»Ist Gott wirklich so?«
Das Lassen aller Gottesbilder öffnet für das Göttliche
Der »richtige« spirituelle Weg

Tagebuchauszug 6., 7., 8. 1. 1991 234
Hingabe an die innere Aufgabe heilt
Verströmendes Einssein und Abendmahl

Antwortbrief 26 237
Mystische Begleiterscheinungen und Apatheia
Syntonie als Einssein mit dem Mantra

Tagebuchauszug 10. und 13. 1. 1991 239
Zusammenwirken mit jenseitigen Wesen
Philomena, Joshua, Emil

Antwortbrief 27 244
Hingabe an das numinose Geschehen
Jesus und das Mysterium Gottes
Weiterentwicklung der mystischen Wege

Antwortbrief 22 . . . . **191**
Das uroborische Kreissymbol
Männliche und weibliche Bewußtheit im Anthropos
Mittezentrierte Betrachtungsweise der Chakren

Tagebuchauszug 17., 18., 20. 12. 1990 . . . . **194**
Das KLEINE Herz im GROSSEN Herzen
Theosophia
Führung durch die Engel
Golfkrise und der Weg nach innen

Antwortbrief 23 . . . . **200**
Der Weg in die göttliche Weisheit (Theosophia)
Die Lust an der Gier bis zur Tabula rasa
Kopfdenken – Herzdenken

Tagebuchauszug 23., 25., 26., 29. 12. 1990 . . **205**
Das Herz als die Mitte des »Gleichgewichtes«
Weihnachten – Christos-Geburt im Herzen
Der Archetyp der Urmutter in der Vereinigung mit
dem Sohngeliebten
Himmel und Erde sind gleichwertig
Eins-Sein als Frei-Sein im Nichts

Antwortbrief 24 . . . . **215**
Reife im spirituellen Sinne
Askese als Übung im All-Tag
Die Wahrheit des Augenblickes

Tagebuchauszug 7., 8., 9. 12. 1990 161
Der Erleuchtung ist es egal, wie ich sie erlange
Gespräch mit »?« ... »Emil«, »Philomena«
Spiritualität und Sexualität

Antwortbrief 20 168
Das Mantra als blaue Perle
Problematik des »Kanalisierens«
Dienst an der EINS
Konstellationen beim Kanalisieren: Schema 1-5

Kapitel 5
Von der Polarität in die Einheit des unaussprechlichen Nichts – Entwicklung aus Verwicklung 177

Tagebuchauszug 10. 12. 1990 178
Das Gleichgewicht im Alltag als Mitte:
»Sexualität auf dem Weg«

Antwortbrief 21 181
Alltagspflichten und spiritueller Weg
Geschlechtlichkeit und Spiritualität
Dis-Identifikation des Egos
Grundton des Mantra

Tagebuchauszug 11. 12. 1990 187
Traum: »Alle Menschen werden Brüder«
Befreiung des Weiblichen und Männlichen
Ichbewußtsein und kosmisches Christusbewußtsein
Chakra-Schema

Antwortbrief 16 137
Kanalisieren ist ein Thema Deines Unbewußten
Übertragungsphänomene in der spirituellen
Begleitung

Antwortbrief 17 143
Zeitbedingtheit religiöser Begriffe
Religiöse Erfahrung und Glaubwürdigkeit
Die Gnade setzt die Natur des Menschen voraus

Tagebuchauszug von Leta: 27. 11. und 3. 12. 1990   146
Klare Absprachen beim Kanalisieren
Aufgabe von Franz-Xaver in der Kerngruppe
Kampf auf der Ego-Ebene
Die eine Quelle

Antwortbrief 18 153
Mut zum Dienen
Golfkrieg
Die Quelle fließt ungefragt

Tagebuchauszug 4., 5., 6. 12. 1990 156
Der Einbrechertraum
Die zweite und dritte »Erleuchtung«
»Schlagt die Bibel auf!«: 2 Samuel 5,1-3
Der Sitz Gottes ist die Mitte des Herzens

Antwortbrief 19 160
Das Aufblitzen der Erleuchtung
Das wahre Licht der Menschen und die
HüterInnen der Traditionen
Ökumene der spirituellen Wege

Antwortbrief 14 106
Festigung und Wandlung des Ichs
Gott wird Mensch in Jehoshua
Die vier Grundhaltungen des Herzensgebets

Brief 18. 11. 1990 112
Das Rad des Lebens. Heilung durch
Christusenergie
Erlösung der Probleme durch Bearbeitung

Brief 19. 11. 1990 117
Voraussetzungen zum Gespräch
Ausgleich der Kräfte
Sexualität auf dem spirituellen Pfad
Das Mantra sein

Antwortbrief 15 122
Raster / Holotropes Atmen
Der »Dummling«
Erotik: Bruder-Mann und Schwester-Frau
Die Öffnung Gottes und die Öffnung des
Menschen: Weihnachten

Kapitel 4

Das Mantra eint! – Abbau und Aufbau 129

Brief 22. 11. 1990 129
Du in mir, ich in Dir
Spirituelle Ebene in der Psychotherapie
Gott will sich in der Schöpfung
wiederfinden

Antwortbrief 11 76
Frage der dunklen Energien im Kontakt mit
jenseitigen Wesen und das »Haushalten« mit
den persönlichen Kräften

Brief 22. 11. 1990 78
Die Erinnerung an die Nah-Tod-Erfahrung
vom 15.11.1984
Gespräch mit Gabriel vom 15.11.90

Antwortbrief 12 87
Deine Todeserfahrung ist eine Transformation

Kapitel 3
Das persönliche Tor: Auseinandersetzung mit dem Inhalt der Botschaften 93

Brief 16. 11. 1990 93
Wer ist der Meister?
Wandlung ist das einzig Stete
Kontrolle verschließt den Kanal

Antwortbrief 13 97
Wir alle sind im Dienst des Einen
Das Ego soll der übergeordneten Kraft dienen
Mantra als Resonanzbrücke

Brief 17. 11. 1990 102
Mantra als Schutz vor Ego-Vereinzelungen
Das Wort soll Fleisch werden

Kapitel 2
Licht und Schatten 61

Brief 20. 7. 1990 61
Das Erscheinen der Lichtgestalt
Gespräch Leta – Gabriel: 14. 7. 1990

Antwortbrief 7 65
Mehrdimensionalität der Seins-Ebenen
Engelwesen und Unterscheidung der Geister
Umgang mit Engelwesen

Brief 7. 8. 1990 69
Frage der »Kerngruppe«

Antwortbrief 8 70
Änderung des Beziehungsfeldes
Gemeinsam nach Antworten suchen

Brief 18. 8. 1990 72

Antwortbrief 9 73
Bitte um Geduld

Antwortbrief 10 73
Berührung mit Engelkräften
Auseinandersetzung mit der Frage um die Kerngruppe

Gespräch Engel – Leta – Franz-Xaver: 14. 11. 1990   75
Schutz beim Kanalisieren, Umgang mit
wilden Gesellen (Dämonen)

Antwortbrief 3 41
Archetypisches in der religiösen Erfahrung
Dialog zwischen den spirituellen Wegen

Brief 10. 2. 1992: 2. Christusvision 44
Befreiung aus dem Korb

Antwortbrief 4 47
Erfahrungen im Umfeld von Freude, Liebe und
Akzeptanz, Erbarmenswürdigkeit,
Ego-Vereinzelungen, Gnadengeschenk

Brief 20. 2. 1992: 3. Christusvision 49
Freiheitsstatue und Christus mit der Dornenkrone

Antwortbrief 5 50
Auseinandersetzungen mit den Chakren
Christusbewußtsein – Einheitserfahrung
Erdung von mystischen Erfahrungen

Brief 5. 3. 1992: 4. Christusvision 52
Der Krüppelmensch im Dank nach der Heilung

Antwortbrief 6 54
Der kontemplative Weg im Spiegel der Heilung

Brief 15. 3. 1992 57
Der Alltag wirkt

INHALT

Vorworte 19

Einleitung I und II 21

Kapitel 1
Die Berührung mit archetypischen
Kräften. Der innere Fels 31

    Brief von Leta: 30. 12. 1991 31
    Wie Leta Franz-Xaver begegnet ist

    Antwortbrief 1 von Franz-Xaver 34
    Schwierigkeiten, über transpersonale Erlebnisse
    zu sprechen (Visionen)

    Brief 21. 1. 1992 35
    Kernanliegen von Leta – Christusvisionen, blaue Perle

    Antwortbrief 2 38
    Blaue Perle und Lichtkeim im Menschen »Jeshua«
    Religiöse Sprache und mystische Erfahrung ...

    Brief 30. 1. 1992: 1. Christusvision 40
    Ausgespannt am Kreuz – Hineingenommen
    in das Mysterium der Erlösung

IN DANKBARKEIT

VERONICA
      THEO
           CORINA
           MANUELA
                REGULA
                FRANZISKA
                GABRIELA
                          GEWIDMET!

ISBN 3-466-36460-4
© 1996 by Kösel-Verlag GmbH & Co., München
Printed in Germany. Alle Rechte vorbehalten
Druck und Bindung: Kösel, Kempten
Umschlag: Elisabeth Petersen, München
Umschlagmotiv: Steven Hunt. The Image Bank, München

1 2 3 4 5 · 00 99 98 97 96

Leta Vonzun Steiner
Franz-Xaver Jans-Scheidegger

Tore zum Licht
Engel sprechen

Die wiederentdeckte
Transzendenz

Kösel

handgestrickten Socken. Wider Erwarten hältst Du all meinen Kriterien stand. Ich empfinde Dich als einen echten Weggefährten.«

Betroffen und fassungslos erwachte ich an jenem Morgen und schlug noch im Halbschlaf das Telefonbuch auf, um zu sehen, ob ein Franz-Xaver Jans auch bei Tagesbewußtsein existieren würde. Welche Überraschung, es gab ihn tatsächlich... Es bedurfte dann noch einiger Tage bis ich genügend Mut aufbrachte, Dich anzurufen. Als sich Veronica am Telefon meldete, wurde mir bange. Diese Variante hatte ich im voraus nicht durchgedacht. Ich stotterte etwas wie: »Hat ihr Mann mit Meditation zu tun?«, was sie bejahte, aber sie meinte auch, Du seist zur Zeit völlig ausgebucht. Dank meines Traumes im Hinterkopf – den ich nicht zu erwähnen wagte – entwickelte ich etwas mehr Beharrlichkeit als üblich, so daß ich trotz Deiner vollen Agenda einen Termin bekam.

Das erste Treffen war dann für mich sehr ungewohnt, und die Feststellung, daß so viele Informationen sich mit meinem Traum deckten, ließ mich ahnen, daß es um etwas Tiefsinnigeres gehen könnte. Relativ ungezwungen, so meine Erinnerung, ergaben sich aus diesem ersten Weggespräch mit der Zeit noch unzählige weitere. Ganz spezifische Fragen bezüglich Deines mystischen Weges sprach ich dabei nie an. Ich spürte viel Resonanz und ahnte, daß sich eine »Explosion« ereignen würde, spräche ich in Deiner Anwesenheit den Namen »Christos« aus. Erst als Du mir einmal von einer Kristallkugel erzähltest, die Du in einer Gruppe als Symbol für das Christusmysterium einsetztest, wurde dieser Bereich direkt angesprochen. Das Unbewußte reagierte ganz massiv und brachte mein best gehütetes Geheimnis ans Tageslicht: Meine Christusvisionen füllten schlagartig das Ichbewußtsein, und ich konnte gar nichts anderes als über die Sprache Erleichterung und Klärung dafür finden. Somit teilte ich sie an jenem Tag ganz kurz mit Dir, wie noch nie zuvor mit einem irdischen Wesen, und die »befürchtete Explosion« hatte sich ereignet.

Deine häufigen Empfehlungen, meinen Visionen auf irgend eine Art und Weise Ausdruck zu verleihen, fielen bei mir lange Jahre auf unfruchtbaren Boden. Ich wollte mein Intimstes im Unsichtbaren horten. Inzwischen bin ich mir aber bewußt geworden, daß es mir aufgegeben ist, sie niederzuschreiben. – Warum nichts Leichteres?

Bis bald und herzliche Grüße
Leta

Antwortbrief 1
von Franz-Xaver

Liebe Leta,
es ist für uns schwer, über Erfahrungen der transpersonalen Welt zu sprechen. Auch wenn heute der Personenkreis, der sich der Mehrdimensionalität von Raum und Zeit öffnet, bedeutend größer ist, geht es doch immer um ganz persönliche und am Anfang auch ungewohnte Erlebnisse, die einem Menschen aus der Begegnung mit »jenseitigen« Räumen widerfahren. Wenn eine solche Erfahrung über die persönliche Bedeutung hinausreicht und auch Weisungen für größere Gruppen oder die menschliche Gemeinschaft im allgemeinen enthält, wird es für die Betroffenen besonders schwierig, nicht in eine Jonas-Reaktion zu verfallen und vor der persönlichen Aufgabe zu fliehen. Es ist dabei gleichgültig, ob es sich um Visionen, luzide Träume, Exkursionen im feinstofflichen Bereich, Gespräche mit Jenseitigen oder Einblicke über die Zeiten hinweg handelt. Wenn Du im Erkenntnisschatz der vergleichenden Religionswissenschaft und im Verhaltenskodex der archaischen Völker nachsiehst, wirst Du unweigerlich darauf stoßen, daß solches Erleben nie Privatsache, sondern immer bedeutungsvoll für die ganze Gemeinschaft ist. Es muß deswegen früher oder später dem entsprechenden Personenkreis mitgeteilt werden, ob es dem/der TrägerIn der »Botschaft« paßt oder nicht. Bei den Senoi ist es z.B. ein selbstverständliches Ritual, beim Essen am Morgen einander die Träume der vergangenen Nacht zu

erzählen, um herauszuhören, was im Familienclan am betreffenden Tag besonders beachtet werden soll. So ist es auch Dir ergangen. Die Visionen, die Dir geschenkt worden sind, bewahrtest Du in Deinem Herzen, obwohl diese die Einstellung zu Deinem Leben veränderten. Auch wenn Du spürtest, daß Dein Erleben paradigmatisch für viele andere Menschen werden könnte, schwiegst Du jahrelang darüber, bis die »äußeren« Zeichen unmißverständlich darauf hinwiesen: Jetzt ist Zeit zu sprechen! Und wenn Du nun wirklich bereit bist, Dich ausführlicher mit mir darüber auszutauschen, werde ich Dir auch ganz spontan antworten. Was dabei geschehen wird, können wir jetzt noch nicht absehen. Ich weiß nur, daß die gemeinsame Betrachtung von numinosen und transpersonalen Erlebnissen tiefe Berührung auslösen kann und wir aus unserer Mitte heraus in Bewegung kommen werden. Wir sind dann aufgerufen, eine persönliche Antwort zu geben, Du Deine, ich meine, vielleicht auch hin und wieder eine gemeinsame...

Für heute grüße ich Dich herzlich
Franz-Xaver

Brief 21. 1. 1992

Lieber Franz,
ob es mir heute wohl gelingen mag, dieses langjährige Anliegen anzugehen? Ich spüre, daß ich mich der Bereitschaft dazu nähere, daß aber immer noch innere Kräfte vorhanden sind, die sich dagegen wehren. Woher kommen die wohl? Folgendes Bild taucht auf: In der Mitte ruht das Kernanliegen. Es existiert nur bis zum Augenblick des Anfassens, dann verschwindet es. Ich kann es also *nicht* anfassen. Nun spüre ich eine Öffnung im Kopf und nehme wahr, daß ich ganz nahe bei der blauen Perle bin. Das Kernanliegen kommt mir jetzt wie die Perle vor. Auch sie ist nicht faßbar, sondern nur *erlebbar*. Jetzt beginnt es mir einzuleuchten. Gott sei Dank! Meine Visionen haben dieselben Eigenschaften wie die Perle.

Als Mensch kann ich sie auf keine Weise festhalten. Ich kann nur beschreiben, wie ich sie mit meinem persönlichen Dasein erlebe oder erlebt habe.
Christos! Das Mantra schwingt. Ich meine, einmal vernommen zu haben, daß meine Visionen – trotz meiner Widerstände und Ängste, in eine charismatische Schublade eingeordnet zu werden – an den Anfang des Buches gehören. Ist das stimmig? Die Perle beginnt, Gestalt zu bekommen, und ich nehme wiederum ein »Ja« wahr. Danke. Das Zweifeln, ob ich letztes Mal richtig gehört habe, nimmt ab. Ich bleibe im Mantra, gleite in jene Zeit zurück, lasse zu, daß es mit mir schreibt, und riskiere dabei alles, was ich bin.
(Heute nehme ich zwei technische Schwierigkeiten wahr: Mein Wortschatz kommt mir wie etwas eingefroren vor; es stehen nicht alle Worthülsen zur Verfügung, und das kurze Suchen danach unterbricht jeweils den Fluß. Mein Verstand benützt diese Unterbrechungen, um herumzuschweifen.)
Ich verbringe 1984/85 einen Bildungsurlaub in Kalifornien, bilde mich in den Bereichen der Humanistischen und der Transpersonalen Psychologie weiter. Zur Zeit bin ich am Esalen Institut in Big Sur, welches in einer prächtigen Landschaft eingebettet ist. Ich sitze auf einem Grasflecken inmitten von Blumen, blühenden Sträuchern, Schmetterlingen und Kolibris. Vor mir stolze Bergföhren, die auf steilen, kargen Felsen wurzeln. Aus dem unendlichen Pazifik steigen fortwährend neue Wellen auf, benetzen die Felsen und kehren wiederum zu ihrem Ursprung zurück. Die Farbe der Felsen verändert sich durch die Berührung des Wassers schlagartig... Was! diese Riesen lassen sich dermaßen von einer kleinen Welle aus dem Urgrund verändern? Was will denn die Welle mit ihrem steten Fließen? Irgendwann den Felsen zum Fließen bringen? Steter Tropfen höhlt den Stein. Sieg des Wassers über die Erde, des Fließenden über das Feste? Bisher ja, aber der Lauf der Dinge geht im Untergrund weiter. Die losgelösten Anteile gelangen auf den Meeresboden und beginnen dort wiederum eine neue Form anzunehmen. Mir fällt nun

mein Mandala ein: »Ruhen, sich bewegen, empfangen und weitergeben.« Ein Zustand löst den anderen ab. So erfaßt es mein Bewußtsein. Wenn ich in die Weite blicke, nehme ich nur noch ein friedvolles Blau wahr, keine Horizontlinie mehr, Himmel und Erde sind dort eins.

Hinter mir liegt eine sechswöchige spirituelle Krise, die in einer spontan aufgetretenen Nah-Tod-Erfahrung gipfelte. Eine in allen Lebensbelangen sehr schwierige und schmerzliche Zeit endet für mich in überwältigendem Glück, in bedingungsloser Liebe und unendlicher Dankbarkeit. Ich lernte daraus, daß das göttliche Mysterium also doch in den dunkelsten Augenblicken am deutlichsten aufleuchtet. Meine Grundbefindlichkeit ist seither ein staunendes Schauen und Lieben... Ich habe weder Wünsche noch Bedürfnisse, fühle mich eins mit allem und nehme in mir die Bereitschaft wahr, als Welle im Meer zu fließen, wo immer mich diese auch hinführen mag. In diesem Zustand ist mein Leben erfüllt. (Ich muß mich dieses Bildes bedienen, um mein Erleben in Zeit und Raum einigermaßen faß- und verstehbar zu machen. Die Sprache ist sehr ungeeignet...)

Ich hatte nie erwartet, von Gott in diesem Übermaße berührt zu werden und weiß nun, daß es meine Auf-Gabe ist, meiner Erfahrung entsprechend, den Menschen von IHM zu erzählen. Wie, wann und wo dies möglich sein wird, davon habe ich keine Ahnung. Innerlich fragend und suchend bewege ich das Anliegen in mir. Zu dieser Zeit erscheint mir Christus einige Male hintereinander und gibt mir Hinweise. Ich bin von Seinen Erscheinungen ergriffen und geprägt, komme mir wie eine Blinde vor, die sehend geworden ist. Aber Seine Botschaften vermag ich trotzdem nicht zu erfassen. Um wenigstens intellektuell etwas Übersicht zu gewinnen, versuche ich meine Erfahrungen in Stanislav Grofs »Topologie des Unbewußten« einzuordnen, und ich lasse es mir von ihm persönlich auch noch bestätigen: »Wer mit den tiefsten Ebenen seiner Psyche in Kontakt kommt, kann Christus begegnen«. Daraus schließe ich vorschnell und mit Erleichterung, daß ich diesen Erfahrungen nicht mehr Beachtung zu schenken habe als allen anderen. Die Angst, sie könnten für mich konkrete ethische Konsequenzen haben, beengt mich. Franz, ich glaube, daß meine inneren Felsen nun doch langsam in Bewegung kommen...

Für heute mit herzlichen Grüßen
Leta

Antwortbrief 2

Liebe Leta,
die Erfahrung der blauen Perle erweist sich bei Dir immer wieder als der transpersonale Raum, in dem für Dich Sinnzusammenhänge spontan in ihren Vernetzungen einsichtig werden. Die blaue Perle läßt sich aber in keinem Moment herbeizwingen.
Sie ist eine Seinsverfaßtheit in einer ganzheitlichen Erlebensdimension, die immer Geschenkcharakter hat. Sie entfaltet sich vom Herzchakra-Raum aus. Darum begreife ich das Kernanliegen folgendermaßen: Das Mysterium der Christusgegenwart leuchtet in der kosmischen Anthroposwirklichkeit auf. Die Gottwerdung des Menschen kommt in ihr zum Ausdruck und ist als Lichtkeim in jedem Menschen anwesend. Er trägt den Namen: »Jeshua«, d.h. »Gott rettet«, »Gott ist Heil«, »Gott ist gnädig«. Der Zeitpunkt, wo sich dieser Lichtsame innerhalb des hylotropen Raumes im Menschen ausfaltet, hängt vom Freigeben des Egos ab, das immer wieder neu die Tendenz hat, sich in Teilbereiche der Schöpfung zu vereinzeln. Diese »Isolationen« erlebt der Mensch als leidvolles, sehnendes Suchen (Sehnsucht) nach dem »Anderen« innerhalb von Raum und Zeit. Die Hesychasten füllen diese »Sehnsucht« mit dem persönlichen Herzensgebet. Eine der klassischen Formen ist die ständige Wiederholung des Rufes: »Kyrie eleison, Christe eleison«!
Je wohlwollender nun die Gemeinschaft einen Menschen trägt, der spirituell ergriffen ist, um so weniger besteht nachher die Gefahr einer Ego-Inflation oder der Erfahrung der Isolation in der »dunklen

Nacht der Seele«. Viele Menschen sind hilflos, wenn sie von der numinosen Kraft des göttlichen Mysteriums im Erleben der Schöpfung berührt werden. Die Sprachlosigkeit ist eine Urerfahrung aller spirituellen Wege. Die Sprache der Mystik ist immer analog, weil sich das Geheimnis nicht einfangen läßt. Meistens ist eine spirituelle Erfahrung nur für jene nachvollziehbar, die ähnliche Erlebnisse hatten. Für alle anderen bleibt eine spirituelle Erfahrung wenig verständlich und einfühlbar.

Religiöse Sprache ist immer ein Versuch, der numinosen Berührung ein sprachliches Gefäß zu geben. Gefährlich wird es dort, wo dieses Reden dogmatisiert und Gott gleichsam vorgeschrieben wird, wie er sich dem Menschen zu offenbaren hat. Das unterbindet den wirkenden Geist, wie in den fundamentalistischen Bewegungen zu allen Zeiten offenbar geworden ist. Die Erfahrung, mit der universalen Christuswirklichkeit in Berührung zu kommen, bleibt keinem Menschen verbaut. Das Erlebnis, als atmendes Wesen aus dem Schöpfer geschöpft zu sein, bedeutet ein Erwachen zum vergöttlichten Personsein.

Der Mensch erlebt sich in seinem durchlichteten Sosein, als Ebenbild des göttlichen Geheimnisses, als christusförmig. Dieses Erleben ist überkonfessionell und auch jedem Menschen zugänglich, gleichgültig welchem religiösen Bekenntnis er angehört.

So freue ich mich natürlich sehr, wenn Du mit mir Deine innere Wegerfahrung teilen kannst und Du sie mir so schilderst, wie Du sie damals erlebt hast.

Sei von Herzen gegrüßt
Franz-Xaver

Brief 30. 1. 1992:
1. Christusvision

Lieber Franz,
heute fühle ich mich offen genug, Dir – und somit auch anderen – etwas von diesen tiefen Erlebnissen mitzuteilen und dabei die Hürde meiner Zurückhaltung zu übersteigen. Ich gebe meinem Erleben den Titel »Christusvisionen«. **Meine Schilderung der ersten Christusvision:**
Ich schwinge immer noch in diesem wunderbaren Zustand von Liebe und trage die Frage mit mir herum, was dies wohl konkret für meine berufliche Zukunft bedeuten wird. In einer Zen-Meditation folge ich ein Stück weit der Leitung und finde mich dann auf meinem eigenen Weg:
»Ich bin plötzlich Teil der Szene am Kreuz Jesu, spüre und erlebe Sein ganzes Leiden. Ich werde mit jedem Atemzug empathischer, erkenne, daß Er nun am Kreuz hängt, weil Er mit seinem göttlichen Anliegen auf Erden nicht verstanden wurde. Ich sehe auch, daß die Menschen um Ihn herum keine Chance haben, Ihn wirklich zu verstehen und finde mich in einem inbrünstigen Beten ›Vater, vergib, denn sie wissen nicht, was sie tun‹. Ich erlebe in diesem Augenblick die Spaltung zwischen der Wahrheit an sich und der Erkenntnismöglichkeit des Menschen mit all meinen Zellen, und ein großes Mit-Leiden steigt in mir auf. ›Du wurdest nicht verstanden. Ob ich verstanden werde?‹ Mir ist, als atme ich Seinen Hauch ein und aus, und plötzlich bin ich Er. Ich hänge unter alles durchdringenden physischen Schmerzen am Kreuz. Es schreit mit mir (ich bin mir längstens nicht mehr bewußt, daß ich in einer Meditation sitze), und dieses Schreien hilft mir, den unerträglichen Schmerz auszuhalten, ihn mit der Zeit sogar anzunehmen. Und plötzlich, als ob ich einen dunklen Tunnel durchschritten hätte, finde ich mich in einem neptunischen Zustand, wie in einer guten Gebärmutter, die mich schützt, umsorgt, ernährt, alles bietet, was ich benötige und was noch wichtiger ist, mich vollumfänglich versteht, akzeptiert und bedingungslos liebt... *Erlösung*!«

Allmählich beginne ich ansatzweise, meine hylotrope Umwelt wieder wahrzunehmen. Wie eine Wiedergeborene komme ich zur Gruppe zurück, kann überhaupt nicht fassen, was mir geschehen ist. Um den großen Schmerzen an den fünf Wundmalen Abhilfe zu schaffen, beginnen einige Gruppenteilnehmer, die sich anscheinend in Energiearbeit auskennen, mich zu massieren.

Soviel für heute. Mit herzlichem Gruß
Leta

Antwortbrief 3

Liebe Leta,
ich bin immer noch sehr berührt von Deiner Christusvision. Sie läßt mich seit Tagen nicht in Ruhe, und ich spüre, wie ich mich Deinem Erleben von verschiedenen Seiten her stellen muß.
Oft begegnet mir die Frage: Wie ist es möglich, daß die Jesus-Wirklichkeit einen Menschen in einer solch überwältigenden Weise ergreifen kann? Eine solche Erfahrungsmöglichkeit steht nicht nur Dir, sondern jedem Menschen offen. Wir leben im Abendland trotz aller Säkularisierung in einer ausgeprägten christlichen Atmosphäre, d.h. in einer ganz bestimmten psychoenergetischen Schwingung oder Vibration. Sie schafft in uns eine archetypische Disposition, das Göttliche in ganz bestimmten Bildern und Symbolen zu erleben. Das geschieht uns, ob wir darauf vorbereitet sind oder nicht und gleichgültig, ob wir es suchen oder ablehnen. Ich komme zu dieser Aussage, weil ich dieses Phänomen an Hunderten von Träumen und spontanen Imaginationen verschiedener Personen erlebt habe. In der heutigen Zeit kommt einerseits ein weltweiter Dialog zwischen den spirituellen Wegen in Gang, andererseits zeigt sich aber ein fundamentalistisches Festhalten an liebgewonnenen religiösen Inhalten bei allen Bekenntnissen. Das Mysterium der göttlichen Liebe kümmert sich wenig um solche raum- und zeitbedingten Bewegungen. Das brachte durch alle Jahrhunderte und Jahrtausende hindurch den Vertretern

der religiösen Institutionen aller Religionen immer wieder schwere Konflikte. Die kollektive, d.h. gemeinschaftliche Sichtweise einer bestimmten Zeitepoche hinkt immer hinter dem Augenblick der lebendigen Erfahrung des persönlichen Ergriffen-Seins nach. Sobald nun institutionelle, d.h. offizielle Religiosität in irgendeiner Weise mit politischer Macht verknüpft ist, droht der Nonkonformität persönlicher mystischer Erfahrung Verfolgung und Ächtung. Jede Berührung mit dem göttlichen Geheimnis kann eine Bewegung auslösen, die den Zeitgeist radikal in Frage stellt. Darum ist es empfehlenswert, ein solches Erlebnis in einer Basisgruppe gemeinsam zu betrachten. Es lassen sich so die persönliche Botschaft und die Impulse für die Gemeinschaft differenzierter herauskristallisieren. Ich verstehe deshalb auch gut, daß Du so lange über Deine Erlebnisse geschwiegen hast. Die großen christlichen Konfessionen tun sich sehr schwer mit Menschen, die in der heutigen Zeitepoche Jesus- oder Christusvisionen erleben. Ein lebendiges Ergriffensein von Glaubenswahrheiten in einem neuen zeitlichen (= neuzeitlichen) Gewand löst in der »Chefetage« der institutionellen Hierarchie sofort Ängste aus, weil eben personal und individuell Stellung bezogen werden muß. Eine persönliche Erfahrung mit kollektiven Kriterien der Jahrhundert- oder Jahrtausendtradition zu deuten oder zu relativieren, nimmt das konkrete numinose Erleben nicht ernst und läßt den durch mystische Erfahrungen berührten Menschen zwischen den Pfosten dogmatischer Fest-Setzungen hängen. Wenn das Ego (=das kleine Ich) einer Person noch wenig gefestigt ist, wirft sie sowohl die spirituelle Erfahrung als auch die institutionelle Stellungnahme eines bestimmten Glaubensbekenntnisses (z.B. des römisch-katholischen, des orthodox-katholischen, des evangelisch-christlichen usw.) aus ihrem bisherigen Lebenskonzept. Die Neu-Belebung jedes religiösen Ausdruckes erfolgt aber durch individuelle Berührung, die dann innerhalb der Bekenntnisgemeinschaft ihre Kreise zieht. Jeder Wassertropfen, der in das Meer fällt, zieht seine Kreise konzentrisch in alle Richtungen!
Ein kleines Beispiel aus der Heiligen Schrift des Neuen Testamentes mag Dir das ein bißchen verdeutlichen. Bei Matthäus 13,47 lesen

wir: »Wiederum ist das Himmelreich gleich einem Netz, das ins Meer geworfen wird und Getier aller Art zusammenbrachte...« Wir tun uns sehr schwer mit der Einsicht, daß das Gottesreich, das was »reich ist an Göttlichem«, gleich einem Netz ist. Jeder Faden, jeder Knopf und das Ganze sind zusammen gleich wichtig. Wir springen in unseren üblichen Betrachtungen und Predigtunterweisungen lieber gleich zu dem, was in diesem Netz ist und welches Schicksal dem »Eingefangenen« widerfährt. Die persönliche Erfahrung aber, daß jede und jeder von uns fundamental und global vernetzt ist, und in unseren persönlichen Maschen Helles und Dunkles hängt, verdrängen wir radikal aus unserer Egosicht, weil diese in ihrer Tendenz zur Vereinzelung und Verabsolutierung durch das »Reich-Gottes-Netz« von der Wurzel her in Frage gestellt wird.

Das, was Du in Deiner ersten Christusvision erlebt hast, ist eine leibhafte Erfahrung dieser Vernetzung in das Weltganze christlicher Erlösungsgewißheit. Du erstarrst nicht im Angesicht der Kreuzigung. Das Ausgespanntsein in die Polarität der Gegensätze in Deiner eigenen Person läßt Dich durch alle Vernetzungen dunkler Lebensverstrickungen in die Geborgenheit des göttlichen Mutterschoßes fallen. Dort erwachst Du zu einem gewandelten Leben. Wenn Du dieses Hineingenommensein in das Kreuzesgeschehen erleben darfst, mußt Du nicht mehr an eine Erlösung glauben. Sie ist Dir zur Gewißheit geworden; ebenso die Stelle im Brief an die Römer des Paulus: »Sind wir aber mit Christus gestorben, so glauben wir, daß wir auch mit ihm leben werden« (6,8). Für die meisten Christen ist diese Aussage des Paulus »nur« eine Glaubenswahrheit, weil sie diese eben nicht in der persönlichen Erfahrung als Gewißheit erlebt haben.

Jede echte religiöse Wahrheit reguliert sich selbst, wenn sie im hylotropen Raum verengt, verkürzt und dogmatisch eingegrenzt wird. Deswegen ist es so auffällig in der heutigen Zeit, wie viele Menschen, gleich welcher christlichen Konfession, Visionen von der Christuswirklichkeit haben. Ich erlebe diese Vorkommnisse als Posaunenstoß: Die Erlösung ist tatsächlich geschehen, erwacht endlich in die Auferstehung, in das neue Christusbewußtsein hinein! –

Braucht es diesen Posaunenstoß? – Solange das christliche Bewußtsein beim Kreuze Jesu stehen bleibt und nicht in die Umgestaltung und Verklärung der Auferstehung Christi führt, müssen die Posaunen noch lange erschallen, bis die Menschen und vorab die Christen erwachen. Wir stehen, liegen, knien vor oder unter dem Kreuz und haben noch immer nicht bemerkt, daß die Christuswirklichkeit hinter uns durch die Türe eingetreten ist.

Das Tor zur Rückseite des Herzens ist seit der Auferweckung Jesu in die Christuswirklichkeit bei jedem Menschen längst geöffnet, mit Verlaub seit 2000 Jahren. Warum finden wir in den Wohnräumen der römisch-katholischen Christen so selten Auferstehungsikonen, an ihrer Stelle aber eine Fülle der verschiedensten Kreuzigungsdarstellungen? Erst wenn wir als Christen durch das Kreuz »hindurchgefallen« sind, werden wir für eine Erfahrung offen sein, in der wir die Geborgenheit im mütterlichen Schoß Gottes erleben können...

Nun bin ich aber schön ins Predigen gekommen! Aber Du weißt ja, ich bin ein Eiferer, wenn es darum geht, jahrtausendalte Krusten aufzuweichen...

Sei von Herzen gegrüßt
Franz-Xaver

Brief 10. 2. 1992:
2. Christusvision

Lieber Franz,
Dein Brief wirkt heilend auf meine Ängste, mißverstanden zu werden und ermuntert mich, weiter zu schreiben. Vielleicht komme ich noch dazu, die Energie, die an die Geheimhaltung der Visionen gebunden war, für deren Freigeben einzusetzen. Hier meine zweite Christusvision:
Die sanfte Dezembersonne beleuchtet die Küste von Big Sur. Das Meer ist ruhig, lädt ein zum Kontemplieren. In der Ferne nehme ich eine Gruppe von Walfischen wahr, die nach Süden schwimmen, um in der Wärme zu gebären. Einzelne von

ihnen spritzen wie Fontänen, bringen Bewegung in das ruhige Bild. Ich selber befinde mich immer noch in diesem wunderbaren Zustand von Freude, Liebe und Akzeptanz. Was ich auch immer antreffe, ist für mich ein Ausdruck Gottes. Zur Zeit verstehe ich Seine Botschaften, und ich erinnere mich an Lebensphasen, wo ich keine Ahnung davon hatte und noch an gute und schlechte Zufälle glaubte. Welche Spannweite zwischen diesen beiden Polen liegt und wie sich mein Leben fundamental verändert hat!
Ich begebe mich zum Atelier. Auf meinem Programm steht kreatives Malen. Das Papier und die Farben laden mich ein, dem, was in mir ist, Gestalt zu verleihen. Ich verliere in Bälde die Kontrolle über mich, was in dieser Arbeit gefragt ist, und lasse zu, daß es mit mir malt. Darin bin ich inzwischen sehr geübt und mir auch bewußt, daß ich keinen Augenblick daran verschwenden soll, das entstandene Produkt zu bewerten. Nach einigen Stunden des Eintauchens und Malens erlange ich wieder Ichbewußtsein und nehme wahr, was auf meinem Blatt entstanden ist:
Ich liege in einem Korb, umgeben von verschiedenen gierigen Schlangen, im Blickfeld Christus, der mich daraus befreit. Viele Menschen umgeben uns, betrachten das Geschehen mit Interesse. Ich bin sicher, daß Christus mich von allem befreien kann.
Diese Erkenntnis stimmt aber mit meinem psychologischen Grundkonzept von Schattenintegration nicht überein. Ich bin von meinem Bild total betroffen und intellektuell verwirrt. Was bedeutet denn das? Meine Lehrerin, Michell Cassou, meint, ich solle die Botschaften an sich auf mich wirken lassen und keine Interpretation versuchen.
Abends gehe ich mit einigen Freunden zu den warmen Quellen, wo wir die leuchtenden Sterne in der Dunkelheit betrachten wollen. Ich stelle fest, daß, wenn nur einer meiner Gedanken zu meinem Bild hinschweift, ich an die Grenze des Ichbewußtseins gelange. Dieses hält also die Schwingungsfrequenz des Bildes nicht aus. Irgendwann vermag das Ich dem Effekt des Bildes nicht mehr standzuhalten, und ich

gleite in seine Schwingung hinein. Physisch tauche ich ins Wasser ein. Meine Freunde diagnostizieren meinen Zustand als Bewußtlosigkeit, tragen mich in ein Massage-Zimmer, hüllen mich in Decken und beobachten, was mit mir geschieht. Ich nehme keine Notiz davon, bin in einer anderen Welt, wo wiederum Unfaßbares geschieht:
Ich liege nackt und in Decken eingehüllt da, umgeben von vielen Mitmenschen und allen Problemen der Ego-Welt, die mich gleich Schlangen überfallen. Christus erscheint, reicht mir Seine rechte Hand, und ich weiß, daß ich befreit von allem sein werde, wenn ich Ihm folge.
Dann erlange ich allmählich wiederum Ichbewußtsein, öffne meine Augen und stelle mit Erstaunen fest, daß ich tatsächlich nackt, in Decken gehüllt und von vielen Leuten umgeben daliege. Sie sind daran interessiert, wohin mich der »Trip« geführt hat, und sagen, ich hätte zeitweise stark gestrahlt. Ich bin ihnen sehr dankbar, daß sie für meinen physischen Körper so gut Sorge getragen haben. Was wäre wohl ohne sie geschehen?
Verstandesmäßig ist es mir klar, daß jeder Mensch mit den Tiefen seiner Seele in Kontakt treten kann, warum aber gerade ich dabei Jesus begegne, ist mir ein großes Rätsel, das mich ständig bewegt. Ich habe weder eine theologische Ausbildung noch eine ausgesprochen christliche Erziehung hinter mir – so meine Selbsteinschätzung –, noch hatte mich bisher das Christentum mehr als andere Religionen angezogen. Stanislav Grof meinte einmal, ich hätte somit auch keine christliche Kruste, welche eigene Erfahrungen verhindern könnte. Ich spüre die Richtigkeit seiner Aussage und staune weiter... – Warum gerade ich? Warum gerade ich?
Franz, ich hoffe, Du verstehst, daß es mir nicht leicht fällt, darüber zu sprechen. Bist Du gegenwärtig zu Hause und findest Du Zeit, mir zurückzuschreiben?

Herzlich
Leta

Antwortbrief 4

Liebe Leta,
was Du zwei Wochen später erlebt hast, berührt mich tief. Es ist das Verweilen in der »Hesychia tou Theou« (Ruhe Gottes), etwas, das wir nicht machen können, das uns aus dem tiefsten Kern unseres Menschseins bedingungslos erfaßt. In der Erfahrung von »Freude, Liebe und Akzeptanz« leuchtet die tiefere Bedeutung von »Christos eleison« auf. Es ist das Ruhen in der Erbarmenswürdigkeit, eins mit dem »Ja« Gottes in der Geborgenheit der göttlichen Liebe. In dieser Verfaßtheit kommt das kleine »Ich« (Ego) im Wesenskern des Selbst zur Ruhe und gibt auch die »Ich-Kontrolle« auf. In diesem Zustand bist Du eins mit der »warmen Quelle« in Dir, eins mit der Quelle des Lebens. Die konkrete Quelle, die Ihr besucht, wird zum archetypischen Ur-Bild, das in seiner Wirkmächtigkeit so stark ist, daß Du in seinen Vibrationskreis einschwingst und das Ego-Bewußtsein verlierst. Du bist dann nicht einfach bewußtlos, sondern in der Dimension der holotropen Erfahrungswirklichkeit. In diesem Augenblick, wo Du erkennst, daß Du »nackt« bist, verbindet sich die holotrope mit der hylotropen Erfahrung. Beide Erlebensdimensionen gehen ineinander über, sind aber qualitativ verschieden.

Die Ego-Vereinzelungen der Gruppenteilnehmer (=Absolutsetzungen des Alltags-Ich) verdichten sich in die Vibrationsbilder von Schlangen. Im Gegensatz dazu steht die Christus-Wirklichkeit, der vergöttlichte Mensch, jenseits von Vereinzelung, und vermag Dich aus den Vernetzungen mit Deiner Umwelt zu befreien. Im mystischen Erleben wird dies nicht nur als Glaubens-Hoffnung, sondern als Glaubens-Gewißheit erfahren und kann den Menschen zu einem verklärten Aufleuchten bringen. Für den kontemplativen Menschen in der mantrischen Tradition des Jesus- oder Herzensgebetes ist dieses Erstrahlen des physischen Leibes ein Hinweis auf die Durchlichtung des Egos von der Wirklichkeit, die sagt: »Ich bin das Licht der Welt!«

Für die Umstehenden mag ein solches Erstrahlen ein Trip sein, aber dieser »Trip« hat Wahrheitscharakter und wirkt für das Gefäß des kleinen Egos sprengend, weil er Dich gründlich umgestaltet. Des-

halb ist es gut, Menschen in diesem Erlebenszustand zu schützen und sie das Geschehen abgeschirmt von äußeren Störungen durchleben zu lassen. In einer gereifteren Lebensphase durftest Du ja selber erfahren, wie Du mühelos vom hylotropen in den holotropen Raum wechseln konntest und Dich dabei auch selbst zu schützen lerntest.
Die Frage, warum gerade Dir Jesus begegnet, läßt sich ebensowenig beantworten wie die Frage, warum Jesus gerade den Zachäus auf dem Baum angesprochen hat, um bei ihm einzukehren. Ob wir wollen oder nicht: Das Abendland atmet christlichen Geist. Die Kerngestalt des Christentums ist Jesus. Jeder abendländische Mensch hat eine archetypische Prädisposition, daß diese Kerngestalt »Jesus« personal in Erscheinung tritt und vom Menschen als Gegenüber wahrnehmbar wird. Das läßt sich in der mystischen Tradition des Abendlandes tausendfach belegen. Ein solches Erleben hat Geschenkcharakter, ist nicht mach- oder abrufbar und fragt auch nicht nach der ethischen Integrität eines Menschen.
Vielleicht sind Personen dafür durchlässiger, die eine Begegnung mit dem Geheimnis der göttlichen Liebe suchen, und ich wiederhole noch einmal aus meiner Erfahrung, unabhängig davon, ob sie Christen sind oder nicht. Wie dem auch immer sei: Im christlichen Raum offenbart sich das Mysterium der göttlichen Liebe häufig in der Person Jesu oder Marias und im Menschen als Christus-Wirklichkeit, im Sinne des göttlichen Anthropos, also als ein zu seiner Gottebenbildlichkeit erwachter Mensch. Soweit für heute!

In Liebe grüßt Dich
Franz-Xaver

Brief 20. 2. 1992:
3. Christusvision

Lieber Franz,
ich lasse Dir heute meine dritte Christusvision zukommen:
»Ende Dezember 1984 geschieht es nochmals: In einer Meditation werden wir von der Leiterin durch die verschiedenen Chakras geleitet, und die Aufgabe besteht darin, zu sehen, mit wem ich auf welcher Chakra-Ebene verbunden bin, und was mit diesem Beziehungsband geschehen soll. Offen und achtsam folge ich den Anleitungen, arbeite mit den Bildern, die in mir auftauchen. Beim Dritten Auge angekommen, taucht das Bild der amerikanischen Freiheitsstatue auf. Ein Lachen steigt auf, und ich frage mich, ob ich bereits amerikanisiert bin? In diesem Augenblick wandelt sich die Freiheitsstatue in Christus mit der Dornenkrone. Ich empfange die Botschaft, Er bedeute für mich FREIHEIT.«
Ich bin sprach- und fassungslos. Franz, was meinst Du? Warum erscheint Er mir zum dritten Male? Es ist mir, als tauche Er aus einem unendlich tiefen Nebel auf, um darin wieder zu verschwinden. Die Intensität der Begegnungen mit Ihm übertrifft alles mir Bekannte.
Meine spirituelle Begleiterin, die in der Hatha Yoga Tradition wurzelt, garantiert mir, daß diese Christuserscheinungen etwas Zentrales in meinem Leben sind. Ich weiß nicht, ob ich ihr Glauben schenken soll, habe ich doch einmal den leisen Eindruck gewonnen, sie sei meiner Erfahrungen wegen – natürlich ganz versteckt – stolz auf mich. In meiner jetzigen Verfassung ertrage ich keine solchen Ego-Reaktionen. Sie verordnet mir tägliche Yogaübungen, Massage, Feldenkrais und andere Körperarbeit, damit mein Leib ein starkes, gesundes Gefäß für die Christusenergie werde. Dies führe ich trotz Widerstände aus, weiß ich doch, daß mein Körper meinem Geist immer nachhinkt.

Ich bin in einer glücklichen Lebensphase. Im Alltag geht ein Tor nach dem anderen auf, und ich erkenne die Ereignisse um mich herum als Spiegel meines Innenlebens.
Leider gilt es nun, die Heimkehr in die Schweiz langsam ins Auge zu fassen, und damit wird die Frage, welche beruflichen Veränderungen ich dort anzustreben habe, hochaktuell. Die kleinste Herausforderung wäre wohl, hier in Kalifornien zu bleiben.

In Liebe
Leta

Antwortbrief 5

Liebe Leta,
die Auseinandersetzung mit den Chakras nimmt heute in der spirituellen Wegsuche eine große Bedeutung ein, wenn auch die meisten Menschen nicht wissen, wovon sie sprechen. Jedes Chakra ist ein kreisender Kosmos, und das Durchschreiten der Eingangspforten in diese Welten eröffnet neue Bewußtseinsdimensionen. Die psychischen Energien, die zwischen diesen »Kosmen« strömen, sind ebenso gewaltig wie die Atomenergien.
Das Christusbewußtsein, das sich aus der Einheitserfahrung mit der kosmischen Christuskraft ergibt, führt den antwortenden Menschen in die Freiheit des Christenmenschen. Das ist oft mit Leiden verbunden, weil Mann und Frau nur dann aus den Vereinzelungen herausfinden, wenn sie auf die Nase fallen und sich buchstäblich neu »aufrichten« müssen, um aus dieser »Auf-Richtung« in eine neue »Aus-Richtung« geführt zu werden. Die Neu-Orientierung der Aus-Richtung bringt einen neuen Blickpunkt, eine gewandelte Sehweise. Wenn also aus dem Stirnchakrabereich ein bestimmtes Bild aufsteigt, enthält es eine Botschaft, die zu einer »Neu-Ausrichtung« der persönlichen Sehweise führen will. Schauen wir Dein Erleben an: Die Wandlung der Freiheitsstatue in Christus mit der Dornenkrone will Deinem (und meinem) Alltagsbewußtsein in analoger Sprache

etwas einsichtig machen: Die Freiheitsstatue ist ein Symbol für die »Neue Welt« des Westens. Wer den Mut aufbringt, *durch* den dornengekrönten Christus zu schauen, begegnet einer neuen Freiheit, einer neuen Erde, einem neuen Himmel, nämlich der »Freiheit des Christenmenschen«, der in seiner »gerichteten« Gestalt zum Christusbewußtsein in sich erwacht.

In diesem Zustand einer »neuen Freiheit« erträgst Du keine »Ego-Verherrlichungen« und durchschaust auch sofort jene Deiner Lehrerin, weil sie der inneren Wahrhaftigkeit Deines Erlebens nicht entsprechen.

Es ist aber gleichzeitig wichtig, daß solche Erfahrungen »geerdet« werden, sonst besteht die Gefahr, daß Du der »Erdendimension« entrückt, weil Dein mystisches Erleben nicht in die »Raum-Zeit-Dimension« integriert ist. Das kann zu schweren Krisen führen, weil die einzelnen Erlebensdimensionen nicht mehr miteinander verbunden bleiben. Aus der »Ent-Rückung« entsteht eine »Ver-Rückung«, und der mystische Mensch wird von seinen Zeitgenossen als »verrückt« eingestuft.

Weil eine Transzendenz-Erfahrung oft das Fassungsvermögen des menschlichen Körpers sprengt, gehört zu jedem echten spirituellen Weg die Integration der körperlichen Dimension (cf. die Asanas im Yoga-Weg, Tai-Chi im Taoistischen Weg, die Do-Wege im Zen, die Runen-Übungen bei den keltischen Wegen, der Tanz bei den Sufis und schamanistischen Versenkungswegen, die Gebetsgebärden in den christlichen kontemplativen Wegen usw.). Die oft leibfeindliche Haltung einer negativen Askese, welche der körperlichen Verfaßtheit wenig Bedeutung beimißt und diese sogar vernachlässigt, schadet der Integration einer transpersonalen Erfahrung. Jede echte Berührung des Menschen durch die Numinosität des göttlichen Geheimnisses erschüttert den Menschen in seinen vermeintlichen Bewußtseins-Grundfesten.

Diese Erschütterungen werden auch als innere Prüfungen erlebt. Deswegen sagt schon im 7. Jahrhundert der Hl. Isaak von Ninive: »Es gibt keinen Menschen, der in der Zeit des Einübens nicht stöhnt, und niemanden, dem die Tage nicht bitter wären, während er den

Trank der Prüfungen trinkt. Aber ohne diese kann man nicht zu einer kräftigen (spirituellen) Gesundheit finden. Denn woher soll das irdische Gefäß das eingegossene Wasser halten können, wenn es nicht ein göttliches Feuer gehärtet hat?« (cf. Isaak von Ninive, Tou Osiou patros hämon Isaak..., griech. cap. 48,293).
Schaust Du in die Spiritualitätsgeschichte der Mystik, so fällt Dir auf, wie viele Heilige die Intensität ihrer mystischen Erfahrung nicht ausgehalten haben und körperlich schwer erkrankt sind. Oft sogar hat ein falsch verstandenes Heiligkeitsideal in der Vergangenheit ein solches körperliches Erleiden aus einer leibfeindlichen Grundhaltung heraus verherrlicht. Deine Yogalehrerin hat richtig auf Deine damaligen Erfahrungen reagiert. Asanas, Körperhaltungen und Gebetsgebärden in strukturierten Sequenzen vollzogen, stärken und har- monisieren das Energiefeld des Leibes. Ich gönne Dir von Herzen, daß Du Dich im Gefäß Deines Körpers wohl fühlen darfst.

In Liebe
Franz-Xaver

Brief 5. 3. 1992:
4. Christusvision

Lieber Franz,
ich verstehe, daß ich durch die neue Aufrichtung eine neue Aus-Richtung finden muß. Doch fällt es mir in meinem weltlichen Gehäuse schwer, diesen großen Wandel nach außen hin zu vollziehen. Wieviel Zeit bleibt mir wohl dafür? Beiliegend lasse ich Dir meine vierte Christusvision zukommen:
Am 24. 1. 1985 erscheint Er mir wieder. Diese Begegnung ist die allerstärkste und zerstreut meine letzten intellektuellen Zweifel. Christus *ist* der große Heiler.

Ich bin Teilnehmerin eines Seminars in Holotropem Atmen bei Stanislav Grof, fühle mich bereit, mich dem hinzugeben, was meine Seele ans Tageslicht bringt. Vorstellungen, was dies sein könnte, habe ich nicht, lebe ich doch immer noch mit dem Grundgefühl, mehr bekommen zu haben, als ich als Mensch überhaupt fassen kann. Warum ich denn doch noch an mir arbeite? Damit sich alles zu einem Ganzen zusammenfügt.

»Die Sitzung beginnt. Nach wenigen Atemzügen bin ich in einen Krüppel verwandelt, der mit seinem Lendentuch von allen Anwesenden unbeachtet am Straßenrand sitzt. Die Gegend ist sandig, braunrot, und jedesmal, wenn jemand an mir vorbeiläuft, erreicht mich eine Staubwolke. Ich kann mich weder fortbewegen, noch selbständig ernähren. Niemand ist für mich zuständig. Ich fürchte, in Bälde zu verdursten, flehe Passanten an, mir etwas Wasser zu reichen. Doch niemand hört mich. Selbstmitleid überfällt mich. Im Gegensatz zu allen anderen Menschen sitze ich hier in Staub und Dreck, muß um alles bitten, was dieses qualvolle Leben erhalten könnte. Dann steigen Ärger, Wut und Neid in mir auf, und ich fühle mich in einem scheußlichen Netz von Ungerechtigkeiten gefangen. Die Wut fließt ab und eine tiefe Trauer umhüllt mich. In der Tiefe spüre ich einen riesigen, fast unerträglichen Schmerz.

Mein Dasein am Rande des Weges und der Gesellschaft ist so schmerzlich, daß ich längere Zeit lautstark protestiere: ›Dies nehme ich keineswegs hin!‹ Dabei erkenne ich, daß ich diesem qualvollen Schicksal nicht entweichen kann. Verzweiflung... Ganz unerwartet leuchtet mir plötzlich die Erkenntnis auf, daß *alles* einen Sinn hat und daß mein nächster Schritt darin besteht, meinen Zustand zu akzeptieren. Ich spüre, daß bereits diese Einsicht meinen Gefühlskörper weicher werden läßt, und daß ich allmählich bereit werde, ja zu sagen. Dann taucht wie ein Blitz der Satz auf: ›Ich akzeptiere mein Schicksal, ja ich akzeptiere es, denn ich sehe, daß mein jetziger Zustand in einem Sinnzusammenhang steht.‹ Besänftigung tritt ein, der Schmerz geht zurück. Neue Perspektiven zeigen auf, was mein Leben doch für einen Sinn haben könnte. Während ich betrachtend dasitze, erscheint Jesus, gefolgt von einer riesigen Menschenmenge. ›Wem wird Er sich zuwenden?‹ ist die Frage, die alle beschäftigt. In der Annahme, auch von Ihm nicht beachtet zu werden, kümmere ich mich nicht um Ihn. Ganz unerwartet kommt Er aber ausgerechnet zu mir und sagt: ›Reich mir deine Hand‹. ›Ich kann es nicht. Ich bin gelähmt‹. ›Versuche es, du kannst‹. Seine Ausstrahlung erreicht jede meiner Zellen, und ich spüre, wie in mir Wandlung geschieht. Ich reiche Ihm meine rechte Hand; unfaßbar – es geht. Dann noch die linke; auch das geht. Welches Wunder, welche Freude, welche Dankbarkeit! Ich nehme wahr, wie mein ganzer Körper umstrukturiert wird, und stelle fest, daß ich geheilt werde. Meine Augen erheben sich zu Ihm, um zu danken... – Doch Er ist nicht mehr da. Die Frage, wie ich Ihm danken kann, bleibt offen.«

Herzlich
Leta

Antwortbrief 6

Liebe Leta,
was Du am 24. 1. 1985 erleben durftest, ist wie das Spiegelbild des kontemplativen Weges. Ich erkenne darin Grunderfahrungen, die keinem Menschen, der einen spirituellen Weg geht, erspart bleiben. Nun versuche ich die einzelnen Wegschritte für Dich aufzulisten:

1. Der Gleichmut im Bejahtsein

Das göttliche Geheimnis der Liebe wird als Heil erlebt. (Vgl. Jesus kommt zu Dir und sagt: »Reiche mir Deine Hand!...«) Der Mensch spürt aber eine innere Disharmonie und Diskrepanz, die mit dieser

»Heilserfahrung« noch nicht synton schwingen. Es gibt also abgespaltene Seelenanteile (besetzende Leidenschaften), die sich nach Integration (Heimholung in die innere Heilswirklichkeit) sehnen.
Die Tradition des Herzensgebetes (Hesychasmus) spricht in diesem Zusammenhang von der Sehnsucht des Herzens, in der Einheitserfahrung mit dem Mysterium der göttlichen Liebe zur Ruhe (=Hesychia) zu kommen. Dieses Suchen umschließt eine dreifache Erkenntnis:
Das Mysterium der göttlichen Liebe ist da.
Ich bin da, so wie ich mich jetzt in Raum und Zeit erfahre.
In dieser Wahrnehmung, daß ich da bin, fühle ich mich bejaht in Verbundenheit mit der ganzen Schöpfung.
Das »Bejahtsein« ist also die erste Grunderfahrung. Darum hast Du es auch nicht mehr nötig, irgendwelche Bedingungen, Wünsche oder Vorstellungen an das »Heilwerden« zu stellen.
Das Bejahtsein ist wie ein Blick in die Ewigkeit, der Dir ermöglicht, alle Ego-Ansprüche freizugeben. Daraus erwächst ein wohlwollender Gleichmut sich selber und anderen gegenüber, in der inneren Wandlung geschehen zu lassen, was geschehen will.

2. *Das Erlebnis der Polaritäten*

Was Du jetzt als Krüppel erlebst, ist die ganze Geschundenheit der leidenden Kreatur. Sie steht vollkommen im Gegensatz zur Harmonie der »Heilswirklichkeit«.
Du mußt – wie noch einmal – erfahren, was es heißt, in der größten Entäußerung christusförmig zu werden. Du kommst Dir entblößt, mißachtet, fixiert, geschunden vor. In diesem »Netz von Ungerechtigkeiten« befallen Dich Selbstmitleid und Auflehnung, Schmerz, Wut und Trauer. Bei vielen Menschen tauchen dann Fragen auf: Wie ist es möglich, daß ich zu dieser Kreatur geworden bin; warum geht Gott mit mir so um; ich bin ja Abschaum der Schöpfung usw.?

3. Erkennen, Bekennen, Verbinden

Nach Deiner Protestaktion blitzt ein neues Erkennen auf: Die ganze Schöpfung steht in einem Sinnzusammenhang, dem Du Dich freiwillig anheimgeben kannst. Diese Bereitschaft veranlaßt Dich, Deine äußere Verlassenheit anzunehmen und Dich vollumfänglich zum geahnten, aber für Dich noch nicht geklärten Sinnzusammenhang zu bekennen. Dabei verspürst Du, wie dieses Zu-Dir-Stehen sofort die innere Gestimmtheit zu verändern beginnt. In dem Maße, wie Du Deine Ein-Sichten mit Deiner globalen Lebenssituation verbindest, klärt sich auch Dein Ausgestoßensein durch die vorbeiziehenden Massen. Die Gefahr ist ja, daß wir fremde und ungewohnte Einsichten schnell verdrängen. Wir bleiben dann im Nebulösen stecken, und das Angebot von der Rückseite des Herzens verblaßt in der Erstarrung.

4. Verwandlung im Einigungsprozeß durch Hingabe

Deine bisherige Erfahrung, von niemandem beachtet zu werden, überträgst Du auch in Deine religiöse Haltung, die aber jetzt von der Bereitschaft, Dich einfach anheimzugeben, überlagert ist. In dieser Hingabe mußt Du noch einmal alles «neu» lernen, was Du glaubst, nicht tun zu können. Und gerade darin erfährst Du Verwandlung. Dabei erlebst Du Durchlichtung von SEINER totalen Barmherzigkeit bis in Deine letzte Zelle, die Dich Deine Erbarmenswürdigkeit erleben läßt. Du tauchst wie der Wassertropfen in das Meer der göttlichen Liebe. In dieser Einheitswirklichkeit fällt alle Verletztheit von Dir ab, und Du erlebst dich als »heil«, geheilt. Die Christuswirklichkeit kannst Du aber nicht festhalten, genau gleich wie die drei Jünger auf dem Berge Tabor (vgl. Matthäus 17,1ff.). Warum auch? Sie lebt in Dir. – Freue Dich!

In Liebe
Franz-Xaver

Brief 15. 3. 1992

Lieber Franz,
Du reagierst mit soviel Behutsamkeit und Liebe auf meine Visionen, daß ich voller Dankbarkeit und Freude bin. Unsere Beziehung ist für mich wie zu einem festen Rahmen geworden, der mir ermöglicht, mich mit dem Geschehen von damals immer intensiver einzulassen. Die Angst, einen »flashback« zu erleben und vor Entzücken entweder mit Entrückung oder mit Bewußtlosigkeit zu reagieren, was ich ja mehrmals erlebt habe, scheint sich gelegt zu haben.
Ich glaube heute auch zu erkennen, woher mein Widerstand kam, diese Visionen im Niederschreiben freizugeben: Tief im Unbewußten ruhte die Fixierung, in einer erfüllten Gottesbeziehung liege nichts und niemand zwischen Gott und Mensch. Im Gegensatz zu Dir ist es für mich neu, mich – auf Grund meiner Erfahrungen – mit Jesus auseinanderzusetzen. Ich erinnere mich jetzt an Deinen Hinweis, viele Frauen hätten heute damit Mühe, daß Jesus ein Mann war. Dies wäre für mich vor meiner Nah-Tod-Erfahrung auch ein ärgerliches Problem gewesen, doch an jenem Tage vereinten sich die Gegenpole Frau/Mann in meiner Mitte, und somit ist dies – wenigstens zur Zeit – kein Thema für mich. Ich selber hielt Jesus nicht für nötig auf meinem Weg. Meine Sehnsucht war, mit Gott eins zu sein oder zu werden, mein großer Schmerz, daß dies immer nur augenblicksweise möglich ist. Nach unserm Gespräch über Syntonie, Übertragung und Gegenübertragung – ich habe übrigens das Gefühl, an jenem Tag sinnlos hartnäckig und beharrlich gewesen zu sein; wie war's für Dich? – leuchtete mir plötzlich die Erkenntnis auf, daß Jesus für mich das immer zur Verfügung stehende Tor zu Gott ist, die Mitte zwischen Gott und mir und somit die Möglichkeit, durch Ihn zu Gott zu kommen. Ich verstehe jetzt – nach 8 Jahren... –, was Er meinte, als Er sagte, ich werde befreit sein, wenn ich Ihm folge (2. Vision).
Wenn ich synton mit Ihm schwinge, kann sich mein Ego dem Selbst anheimgeben. Somit löst sich die Problematik, die mich

in den letzten Jahren oft umgetrieben hat: Meistens war mein Erleben schwarz-weiß: Entweder fühlte ich mich durchströmt vom göttlichen Kern in mir, und alles Bestehende war somit in Ordnung und mußte lediglich angemessen angegangen werden, oder ich ließ mich von den Schlangen der Ego-Welt erwischen, welche sich in mir wie an einem Selbstbedienungsbuffet ernährten und stärker wurden, so daß ich mit der Zeit nur noch vor ihnen kapitulieren konnte. Die Erkenntnis, daß die Ego-Welt ängstlich, gierig, erfolgssüchtig etc. ist, hielt mich immer wieder von der Zentrierung zurück.

L: Nun höre ich eine Stimme in mir:
: Es ist an der Zeit, dein Mantra zu erweitern.
L: CHRISTOS war mir eingegeben worden.
: Von jetzt an soll es JESUS CHRISTUS sein. Du sollst als Leta Christus auf Erden wandern.
L: Diese Botschaft ist atemberaubend ... Was bedeutet sie? Ich sehe, daß wir Frauen und Männer Jesus folgen sollen, indem wir wie Er zu beständigen Gefäßen für die Christuskraft werden. Dabei sollen wir Gefäß und Inhalt voneinander unterscheiden. Denn um die Gefäße geht es nicht!
: Und ohne die Gefäße geht es auch nicht!
L: Wenn ich mir eingestehe, daß mein Gefäß lediglich Gefäß ist, in seinen Eigenschaften begrenzt, zerbrechlich, vergänglich, trotz aller Bemühungen unvollkommen und verletzlich... etc., schwinge ich mit Jesus mit. Das Bejahen von mir als Gefäß fällt mir ja nicht leicht, ergibt aber Syntonie mit dem Menschen Jesus, und gleichzeitig wird eine Liebe frei, die ich Geschwisterliebe nennen könnte: als Kinder desselben VATERS haben wir denselben Weg zu beschreiten, und es gibt für uns nur das eine Nadelöhr zur Freiheit. *Alle* Kinder sind liebenswert.

Nun meine ich, Franz, Du bittest mich um ein paar aktuelle Beispiele, wie dies für mich konkret aussieht. Stimmt's?
Ich komme von den Ferien zurück und finde einige Briefe und Meldungen auf dem Telefonbeantworter vor. Im ersten Brief meldet sich eine langjährige Klientin ohne Begründung für immer ab. Dies trifft mich. Warum wohl? Was ist los? Aus der Betroffenheit heraus denke ich »Jesus Christus« und schwinge mit dem Mantra mit, was befähigt, die Problematik zu akzeptieren. Der zweite Brief ist eine Anfrage, was es für mich bedeuten würde, wenn eine Institution ihren Auftrag an mich zurückziehen würde. Ich spüre Enttäuschung, Schmerz, Ärger, daß ich meine kostbare Zeit für Planungsarbeit vergebens eingesetzt habe... Dann: »Jesus Christus«, und ich sehe, wie auch diese Tatsache ein Fingerzeig auf meinem Weg ist, fühle mich erleichtert und befreit. Dann gehe ich zum Telefonbeantworter: Mein Meditationslehrer aus Kalifornien teilt mir mit, er komme gerne für ein Retreat nach Luzern, wenn ich es immer noch wünsche. Dies löst eine Riesenfreude aus, und ich kann gerade noch wahrnehmen, wie zwei oder drei Ego-Anteile sich dabei selbständig machen: »Anscheinend habe ich ihm doch einen guten Eindruck gemacht, sonst... Wenn es für ihn persönlich nicht stimmen würde, käme er sicher nicht. Hoffentlich...« Dann gehe ich ins Mantra und befreie mich von den eben aus meiner Lebendigkeit heraus erwachten Illusionen. Wie wunderbar: Das Nadelöhr ist wirklich klein, aber für jeden Menschen erreichbar. Er hatte tatsächlich recht.
Nun steigt zusammenfassend ein Bild auf: Ich sehe das Nadelöhr, das für alle gleich klein ist, vor meinem Herzen. Von der Außenwelt kommen verschiedene Themen oder Probleme an mich heran. Unbewußt reagiere ich mit einer Skala verschiedener Gefühle darauf: Freude, Ärger, Angst, Zorn, Traurigkeit, Mitgefühl etc. und gebe somit der Welt etwas zurück, womit auch schon Verwicklung stattgefunden hat. Zu meinem aktuellen Lernschritt gehört es, herauszuspüren, welches Gefühl sich meldet, Zeugin von ihm zu werden,

es zu bejahen. Und in diesem Moment öffnet sich das Nadelöhr, das an sich sehr beweglich ist, ich kann das Thema hindurchfließen lassen und bin frei für das nächste Hier und Jetzt. In diesem Augenblick beginnt die Geschwisterliebe zu fließen. Ich liebe dann und reagiere daraus.
Mein Blick fällt nun auf die Uhr: Mittwoch, 16.14 Uhr. Von dieser Zeit habe ich neulich geträumt.
»Ich habe an der Krankenpflegeschule meinen Unterricht beendet und will das Haus verlassen, damit ich um 16 Uhr zentriert, gelassen, entspannt und erholt meinen Termin im Stadtzentrum wahrnehmen kann. Eine Kollegin kommt noch zu mir ins Schulzimmer, und kaum ist das Gespräch mit ihr beendet, bittet mich eine Schülerin, mit einer Patientin von ihr zu reden. Ich spüre, daß dies notwendig ist, und sage, sie solle sie mit mir telefonisch verbinden. Wir führen ein langes, tiefsinniges Gespräch miteinander, bis plötzlich ihre Stimme leiser zu werden beginnt und dann verstummt. Ich teile es einer anwesenden Pflegerin mit, die sofort ins Zimmer der Patientin geht. Meine Zimmertüre bleibt dabei offen, und ich sehe, wie zwei Schwestern die alte Frau zur Toilette bringen. Sie hat unaufhaltsamen Durchfall: eine schwarze, etwas zähflüssige Masse, die alles, was sie berührt, für immer färbt. Ihre Hände sind bereits ganz schwarz. Ich bedaure es, blicke dabei auf meine Uhr und erschrecke: Es ist bereits 15.30 Uhr. Hektik entsteht. Ich habe ja in Bälde den nächsten Termin. Was war es schon wieder? Wo muß ich schon wieder wann sein? Ich weiß nur noch, daß ich ihn auf keinen Fall verpassen will. In meiner Agenda steht bei Mittwoch, 16 Uhr nur ›Gottübergang‹.«

Von Herzen
Leta

Kapitel 2

Licht und Schatten

In den Vordergrund treten alsbald verschiedene Begegnungen mit dem Engel Gabriel, der die Zusammenarbeit mit einer Kerngruppe initiiert. Gleichzeitig fordert die Konfrontation mit der dunklen Macht »Satan« heraus. Es geht darum, mit den hellen und dunklen Mächten situationsgerecht umzugehen. Die Herausforderung ist eine doppelte: Einerseits gilt es, die jenseitigen transpersonalen Dimensionen erkennend zu unterscheiden, andererseits ihre Dynamik innerhalb von Raum und Zeit (in der hylotropen Dimension) entsprechend umzusetzen. Das »Alte« muß in vielen kleinen Schritten freigegeben werden (»sterben«), damit das Neue sich ereignen kann. Manchmal geschieht es auch in einer großen Erfahrung, wie im Nah-Tod-Erleben von Leta im Jahre 1984.

Brief 20. 7. 1990

Lieber Franz,
ich hatte letzte Woche eine Begegnung, die mich berührte und aufwühlte, und ich möchte Dir gerne davon erzählen.
Während ich eine Gruppe in Holotropem Atmen begleitete, erschien mir dieselbe Lichtgestalt wie letzten (oder vorletzten?) Herbst bei Dir im Meditationsraum und danach im Eßzimmer wieder. Kannst Du Dich noch daran erinnern? Damals vernahm ich von ihr, daß Deine Arbeit verändert werden müsse, was ich noch nicht über meine Lippen brachte. Dafür stürzte ich in ein dunkles Loch, wo ich

erkannte, daß ich eben meinem Auftrag nicht nachgekommen war. Dies lag weit entfernt von meinem Selbstbild, und doch war es meine Wahrheit.
Diesmal konnte ich der Lichtgestalt nicht ausweichen und stellte mich somit zur Verfügung, der Gruppe etwas zu übermitteln, falls dies von mir erwünscht sei. Danach hatte ich das Gefühl, ein neues Tor meines Herzens habe sich geöffnet.
Tags darauf atmete ich selber in einer anderen Gruppe, und dieselbe Lichtgestalt erschien wieder.
Ich lege Dir einen Auszug des Protokolls dieser überaus strengen Sitzung bei und bitte Dich, ihn vorerst einmal mit Gelassenheit zu lesen. Dann bin ich natürlich gespannt, wie Du darauf reagierst. Können wir bald darüber reden?

Mit herzlichem Gruß
Leta

Protokoll
1. Gespräch Leta – Engel
14. 7. 1990

Atemsitzung

Nach dem Bearbeiten einiger persönlicher Themen melden sich einige Verstorbene, darunter auch mein Vater und mein Schwiegervater. Ich führe klärende Gespräche mit ihnen. Ganz unerwartet überraschend erscheint dieselbe Lichtgestalt wie am Vortag, die ich nun klar als den Engel Gabriel erkenne. Er ist groß, hell, zart und androgyn. Ich spüre, daß Er mein lichtes Ebenbild ist, und daß wir miteinander ins Gespräch treten können, wenn wir die richtige Distanz zueinander finden und einhalten. Kommen wir uns zu nahe, brennt meine Haut wie Feuer. Sind wir zu weit auseinander, höre ich ihn nicht mehr.

G: Du mußt dich bündeln, bündeln, bündeln.
L: Habe ich gestern in meiner Atemgruppe Deine Botschaft richtig übermittelt: »Laßt euch berühren«?
G: Ja.
L: Was ist das nächste wichtige Thema für mich?
G: Korn und Wein verteilen
L: (Im ersten Teil der Sitzung war ich aufgerufen, dies zu tun.)
Mit dem Korn scheint es zu funktionieren. Was ist mit dem Wein gemeint?
(Ich höre keine Antwort.)
Woher weiß Franz, daß du mein Engel bist? (Franz hatte mir einmal eine Karte von ihm geschrieben).
G: Ich bin auch sein Engel.
L: Wer steht sonst noch unter Deinem Strahl?
G: Das brauchst du nicht zu wissen.
L: Entschuldigung. (Ich bin erschöpft und mache eine Pause.) Darf ich weitere Fragen stellen?
G: Ja.
L: Du sagst, es sei Zeit, um Korn und Wein zu verteilen. Mit »Korn verteilen« ist wohl die Atemarbeit gemeint. Hat »Wein verteilen« mit Kontemplationsarbeit etwas zu tun?
G: Klar.
L: Könnte es auch andere Arbeit sein?
G: Ich meine Kontemplation.
L: Wie soll ich es machen?
G: Zusammen mit Franz.
L: Kann ich warten, bis er es vorschlägt?
G: Du mußt ihn fragen, ob....
L: ..ob was?
G: ...fragen, ob er bereit wäre, zusammen mit dir eine Kerngruppe aufzubauen.
L: (Ich verbrenne fast.) Jetzt bist Du mir zu nahe gekommen! Ich spüre, daß Du mir viel Arbeit übertragen willst und gleichzeitig auch meine persönlichen Begrenzungen. Ich weiß nicht, wieviel davon ich verkrafte.

G: Viele Menschen brauchen das Kontemplieren im nächsten Jahrhundert.
L: Wenn Du mir zu nahe kommst, verbrenne ich fast. Ist das Dein Zeichen, wenn ich Dir widerspreche? Wirst Du eigentlich auch müde im Gespräch mit mir?
G: Nein, ich bin einfach.
L: Für mich ist es sehr anstrengend, mit Dir zu kommunizieren. Ich mag in Zukunft nicht ausschließlich kontemplieren.
G: Es wird einmal so sein.
L: Was ist mit der Atemarbeit?
G: Tritt in diesem Namen auf. Du wirst noch 20 Jahre lang diese Arbeit machen; danach ist Verweilen in der Kontemplation.
L: Ich bin wieder ganz müde, brauche eine Pause.
G: Du kannst mich jederzeit rufen.
L: Mir fällt auf, daß Du so lieb zu mir bist. Bei Gitta Mallasz las ich, daß die Engel streng sind.
G: Du brauchst keine Strenge; Gitta braucht sie heute auch nicht mehr.
L: Ihr übertragt mir Aufgaben bis ans Lebensende. Seht Ihr, daß ich auch für meine Kinder da sein will?
G: Das berücksichtigen wir nicht.
L: Das kann ich nicht verstehen, obschon ich erkenne, daß die angesprochenen Anliegen zu meinen Lebensaufgaben gehören. Meine Kinder sind mir ganz wichtig. Ich möchte ihnen eine gute Mutter sein. Kannst du mir sagen, ob ich dieser Aufgabe bisher gerecht geworden bin?
G: Laß sie wachsen.
L: Was soll ich besonders beachten?
G: Stütze sie von innen her!
L: Ich verstehe nicht, was Du damit meinst.
G: Sie von innen her stützen, bedeutet, sie einfach lieben.
L: Das ist nicht immer leicht.
G: Daran wächst du.
L: Gabriel, ich sehe Dich noch, aber ich höre Dich fast nicht mehr – warum?

G: Deine Konzentration hat nachgelassen.
L: Ist unsere Zeit vorbei? DANKE! (Erschöpft und ausgetrocknet falle ich auf mein Kissen. Es wird mir bewußt, daß ich Gabriels Schwingung früher über das Gefühl, heute über die Intuition wahrnahm.)

Antwortbrief 7

Liebe Leta,
Dein Tagebuchauszug erreicht mich in meinen Ferien und berührt mich tief. Ich habe auch genügend Zeit, Dein Erlebnis in mir beim Ernten des Waldhonigs meiner Bienen zu bewegen. Dies ist für mich eine beschauliche Arbeit, bei der ich mich in die tiefe Vernetzung der Naturzusammenhänge eingebettet fühle. Was ist nicht nötig, bis das Nahrungsmittel »Honig« auf dem Frühstückstisch steht? Wie sollte es da nicht möglich sein, daß es eine Mehrdimensionalität der Seins-Ebenen gibt, an denen wir in jedem Augenblick teilhaben, auch wenn wir sie nicht wahrnehmen? So ist es auch mit dem weißen Licht der Glühlampe. Wer nur das weiße Licht kennt und noch nie durch ein Prisma geschaut hat, wird nie glauben, daß dieses weiße Licht in allen Regenbogenfarben aufleuchten kann.
Ich bin Dir sehr dankbar, daß Du mit Deinem Erleben sorgfältig umgehst. Nicht jedes Wesen, das sich als Engel ausgibt, ist ein Engel. Zudem gibt es eine ganze Reihe unterschiedlicher Intelligenzen in den jenseitigen Dimensionen von Raum und Zeit, die auch einen je verschiedenen Bewußtheitsgrad leben. Dieses Wissen ist Gemeingut bei allen Religionen der verschiedenen Völker und stellt somit eine Form des religiösen Archetyps dar. Aber auch hier gilt: Wer noch nie durch ein »religiöses Prisma« geschaut hat, wird äußerst skeptisch auf sogenannte Engelwesen reagieren. Das mußt Du mitbedenken, wenn Du von Deinen Erfahrungen mit solchen jenseitigen personalen Wesen berichtest, auch wenn Du es ganz nüchtern tust.
In der Kontemplationswoche, damals in Adligenswil, hast Du Dein Erleben verhüllt. Wenn einem Menschen erstmals eine konkrete

Wesenheit aus der Dimension der hintergründigen, numinosen Welt begegnet, löst dieses Geschehen meistens Erstaunen, Verwirrung oder Furcht aus. So ist auch Maria tüchtig erschrocken, als plötzlich ein Engelwesen vor ihr stand, ihr eine Botschaft mitteilte und gleichzeitig um ihre Zusammenarbeit bat (vgl. Lukas 1,26ff.). Nicht anders erging es C.G. Jung in seiner Begegnung mit den Gestalten, von denen sich die eine »Elias«, die andere »Philemon« und die dritte »Salome« nannte (vgl. C.G. Jung, Erinnerungen, Träume, Gedanken, S. 184ff.). Bei einem solchen Geschehen muß sorgfältig geklärt werden, was Gaukelspiel der Sinne und was wirkmächtiges Erleben ist.

Vorab ist mir wichtig festzuhalten, was auch C.G. Jung immer wieder betont hat: *Wirklich ist das, was wirkt!* Ob ich solche »Wirkmächtigkeiten« »wissenschaftlich« erklären oder »nur« phänomenologisch beschreiben kann, tut der persönlichen Erfahrbarkeit keinen Abbruch. Den »Wahrheitserweis« wird immer erst die Auswirkung in der persönlichen Lebensgeschichte zeigen. Ich will nicht alles anführen, was mir bisher in der Auseinandersetzung mit der Dimension der Engel begegnet ist. Einige wenige Hinweise können Dir aber weiterhelfen. Engelwesen haben meistens eine klärende, helfende und wegweisende Aufgabe. Sie dienen absolut der Wahrheit und sind bestrebt, daß das hintergründige Mysterium innerhalb von Raum und Zeit aufleuchten kann. Sie stellen sich in den Dienst der Liebe und des größeren Sinnzusammenhanges, in dem ein Mensch im Ganzen der Schöpfung steht. Ihre Hilfe ist stets ein Angebot, auf das Du freiwillig eintreten kannst. Sie verurteilen nicht, sondern zeigen nur auf und überlassen Dir, was Du mit den geschenkten Einsichten tun willst. Sie sind Dir stets nahe und bereit, Dir zu helfen, wenn Du sie rufst. Sie stehen Dir, d.h. uns allen, oft in ungewohnter Weise bei, weil wir im Laufe der religiösen Erfahrungsgeschichte bestimmte Bilder entwickelt haben und meinen, Wesen aus dem transpersonalen oder holotropen Raum müßten uns in einer ganz bestimmten Art und Weise begegnen. Je unvoreingenommener Du Dich ihrem Resonanzbereich öffnen kannst, desto leichter ist Dir ein Kontakt mit ihnen möglich.

Die Wirklichkeit, welche die religiöse Erfahrung mit »Schutzengel« bezeichnet, erweist sich oft als das »durchlichtete« und »verklärte« Ebenbild des Menschen, also als sein Kernwesen. In seinem personalen Kernwesen ist der Mensch ganz, also ohne geschlechtliche Dominanz einer männlichen oder weiblichen Verfaßtheit. Das bedeutet auch, daß männliches und weibliches Bewußtsein ineins, d.h. zu einer einheitlichen Ganzheit gefunden haben. Deswegen werden Engelwesen oft in einer zarten, d.h. feinstofflichen androgynen oder »geschlechtslosen« Erscheinungsweise erlebt. Ich begegne öfters Menschen, die von ihren Engelerfahrungen berichten. Häufig erweisen sich diese als Visualisierungen idealisierter Schattenanteile der eigenen Persönlichkeit. Echte Offenbarungen wirken. Die Persönlichkeit des »heimgesuchten« Menschen verändert sich eindrücklich in vielen Bereichen seiner Daseinsbezüge. Eingebildete Begegnungen mit jenseitigen Wesen verlieren nach relativ kurzer Zeit ihre herausfordernde Kraft, ohne etwas im Leben des betreffenden Menschen auf Zukunft hin bewirkt zu haben. Oft entsteht auch ein gewisser Hang zum Fanatismus. Einige Aspekte Deiner Engelerfahrung erachte ich als echt, bei weiteren wird es sich noch erweisen. Du wirst es auch an der Resonanz Deiner Umwelt erkennen.
So wird innerhalb der Tradition der numinosen, religiösen Erfahrungen immer wieder auf eine veränderte Körper-Empfindung hingewiesen. Daß Deine Haut »brennt«, wenn Du einer numinosen Kraft zu nahe bist, muß Dich gar nicht verwundern. Von der hebräischen Sprache her bedeutet Gabri-El: »Gott ist stark, Gott ist mächtig!« Wenn Du also einer solchen Wirklichkeit zu nahe kommst, wird es heiß, deswegen sollst Du Dein »Energiefeld« »bündeln«, damit Du gleichsam auf der »richtigen seelischen Frequenz« mit ihm Kontakt aufnehmen kannst. »Bündeln« heißt auch »einfach werden« und alles Überflüssige in der Begegnungszeit freigeben. Das sind alle »Wenn« und »Aber«, Vorbehalte und Zweifel, es braucht die Einfachheit des Herzens im Sinne der reinen Offenheit auf Bezogenheit hin. Unter Herz verstehe ich hier die Mitte Deines ursprünglichen Wesens, so wie Du als Mensch von Anfang an gedacht bist.

In Zeiten der völligen Gelassenheit, so wie sie sich im Zustand der kontemplativen Versunkenheit einstellen kann, leuchtet Dein »ursprüngliches Wesen« auf. Dann fühlst Du Dich auch eins mit allen geläuterten Wesen. Und weil Du mit ihnen auf eine »gemeinsame« Schwingungsebene gelangst, kann es Dir geschehen, daß Du sie mit Deinem dritten Auge siehst, mit Deinem inneren Ohr sprechen hörst und mit allen sensorischen Empfindungen wahrnehmen kannst. Mit einiger Erfahrung erkennst Du es aus Dir heraus. Es ist auch so, daß wir oft sehen und doch nicht sehen, hören und doch nicht hören, spüren und doch nicht spüren, weil uns das »Prisma« fehlt, durch das wir die Spektralfarben erkennen könnten... Meistens sind dann noch zu viele Ego-Anteile da, die uns den Durch-Blick verstellen.

Warum ich weiß, daß Gabriel Dein Engel ist, beruht auf einer gewissen Erfahrung: Wenn mir in Zusammenhang mit bestimmten Menschen immer wieder ein besonderer Engel einfällt, hat es sich schon oft erwiesen, daß der betreffende Mensch im Kraftfeld dieses Engels steht. Es gibt jeweils auch eine ganze Reihe von synchronen Ereignissen, die darauf hindeuten, z.B. fällt mir eine Ikone von ihm in die Hand, und ich »muß« sie Dir unbedingt schicken, oder ausgerechnet an seinem Feste läßt »ES« mir keine Ruhe, bis ich Dich angerufen habe und Dir etwas von »IHM« mitteile usw. Das sind für mich »Berührungen«, die auf ein gemeinsames, inner-kosmisches »Resonanzfeld« hinweisen und auf einen gemeinsamen Sinnzusammenhang hindeuten.

Weil es den Engelwesen immer um Wahrheit geht, kannst Du alle Fragen und Zweifel, die Dich verunsichern, vorbringen. Du wirst in dem Maße Antwort erhalten, wie Deine Einsichtsfähigkeit Zusammenhänge erkennen kann. Du brauchst auch so etwas wie eine Lehr- und Angewöhnungszeit, um mit dem Engel herauszufinden, welches Deine optimale Empfindsamkeit ist, um mit ihm zu kommunizieren. Solange Dein Körper noch nicht in einer völlig entspannten Empfangsbereitschaft in diesen Dialog eintreten kann, wirst Du auch oft sehr ermüden, und es tritt immer wieder das Phänomen des Brennens auf. Die »Energie«, die zwischen Euch fließt, erlebst Du in solchen Augenblicken als heiße Wärme. Es braucht wirklich eine Eingewöh-

nungszeit, um eine starke »feinstoffliche« Schwingung in der vertrauten körperlichen Verfaßtheit zu ertragen. Du wirst auch erfahren, daß Gabriel nicht über Dein Maß mit Dir Kontakt aufnehmen wird, und er wird Dich auch lehren, auf Deine Körpersignale sehr genau zu achten.
Das sind einige Betrachtungen von mir zu Deinem Erleben. Ich werde Dir bald wieder schreiben, weil wir ja noch eine gemeinsame Aufgabe zu klären haben, und die heißt KONTEMPLATION. Für uns beide wird eine neue Standortbestimmung nötig sein, weil wir uns künftig auf mehreren Ebenen gleichzeitig bewegen sollen, um diese miteinander zu verbinden, d.h. wir werden von der holotropen Dimension eingeladen, sie durch uns in der hylotropen aufleuchten zu lassen.

In Liebe
Franz-Xaver

Brief 7. 8. 1990

Lieber Franz,
hab vielen Dank für Deinen Brief. Er wirkt auf mich wie eine belehrende Hilfestellung eines Bruders mit fundiertem therapeutisch-spirituellen Hintergrund. Du weißt, daß ich mit älteren Brüdern aufgewachsen bin und somit in diesem Bereich noch etwas sensibel reagiere... Vielleicht sind Deine Informationen eines Tages hilfreich, doch zur Zeit brennt eine aktuelle Frage in mir. Vermutlich war ich diesbezüglich im letzten Brief zu unklar: ich will jetzt noch einmal ansetzen. Ich bitte Dich um eine baldige persönliche Stellungnahme zu folgender Frage:
Wärest Du bereit, zusammen mit mir eine Kerngruppe aufzubauen? Was damit gemeint ist, weiß ich auch nicht. Ich spüre jedoch, daß es etwas ganz Wichtiges ist. Nicht, daß mein Ego dem gegenüber angstfrei wäre, nein, das nicht, aber es ist bereit, eine Art Umstrukturierung auf sich zu nehmen,

in der Hoffnung, mit der Zeit fähig zu werden, auch »Wein zu verteilen«.

Wenn ich mich in Deine Position versetze, verstehe ich, daß Du Dich meinem Prozeß gegenüber distanziert und kritisch verhältst. Ich kann Dir aber garantieren, daß dies nicht nötig ist. Es geht um einen klaren Auftrag aus der vierten Dimension. Um ihn zu erfüllen, da gehe ich mit Dir einig, müssen wir uns – für mich ist es ein Dürfen – als erstes einer Standortbestimmung unterziehen. Wann? Vorläufig vielen Dank und ich erhoffe mir eine baldige kurze Antwort von Dir. (Zwei Buchstaben genügen...!)

Herzliche Grüße
Leta

Antwortbrief 8

Liebe Leta,
Dein letzter Brief tönt ein bißchen ungeduldig. Ich begreife, daß Du zuerst eine Antwort von mir auf die Frage der Kerngruppe wünschst. Meine Ausführungen über Engel und den Kontakt mit ihnen sind für mich wie die Bereitung des Bodens zwischen uns. Im hylotropen Raum und seinen Beziehungsfeldern geht alles viel langsamer vor sich... Zudem bin ich etwa in der gleichen Rolle wie Maria und frage mich: »Wie soll das geschehen, da ich mit Leta noch nie in einer Gruppe zusammengearbeitet habe?«

Weil es jetzt um den KERN geht, weiche ich eben zuerst auf mehr oder weniger fundierte Erläuterungen über die Engel und die Begegnungsebene mit ihnen aus (wie dies so üblich ist im hylotropen Auseinandersetzungsraum...) und komme dann nach einer gewissen Hartnäckigkeit von der anderen Seite (diesmal von Deiner) doch noch zur grundsätzlichen Sache. In der Zwischenzeit wurde mir deutlich, daß die Wesenheit, die sich bei Dir als »Gabriel« meldet, wohl eine echte Engelskraft ist. Ihr Interesse für die Wahrheit tritt immer wieder deutlich in den Vordergrund.

Es wird unsere Aufgabe sein, gemeinsam zu suchen und zu fragen, welches das Werk ist, an dem wir zu arbeiten haben. Künftig werden wir miteinander um Antworten ringen. Wir sitzen im gleichen Boot und ertasten den Sinnzusammenhang, so wie er sich jetzt in unsere Lebensaufgabe hinein ausdrücken will. Wir treten in eine geschwisterliche Beziehung. Wir werden von unseren spezifischen Fähigkeiten her miteinander kommunizieren und einer gemeinsamen Aufgabe *dienen*, die weder für mich noch für Dich im jetzigen Zeitpunkt absehbar ist. Darum staune ich, daß Du einfach ein so »kompromißloses Ja« sprechen kannst.
Du scheinst eher ein »idiorhythmischer« Mensch zu sein, wie eine Billardkugel, die vom Mysterium berührt wird und sich dann in der entsprechenden Zielrichtung in Bewegung setzt. Du darfst nie vergessen, daß ich ein »koinobitischer« Mensch bin, also eine Billardkugel, die gleichzeitig mitbedenkt, wie die *anderen* Kugeln auf dem Tisch verteilt sind, wenn ich mich in Bewegung gesetzt habe durch den Anstoß, der vom Hinter-Grund erfolgte. Ich werde also mein »kritisches Bewußtsein« bei allem Mut, der Aufgabe zu dienen, wachhalten, daß Du öfters den Eindruck hast, ich würde unter der »Thomasitis« leiden, also immer wieder meine Hände in die Wundmale hineinlegen wollen. Ich will nicht nur sehen, sondern auch spüren.
Nach dieser Standortbestimmung sage ich mit Dir zusammen auch »JA«, und damit hast Du die beiden von Dir gewünschten Buchstaben. Gleichzeitig bitte ich Dich, auf Vorschuß mit meiner koinobitischen Art Geduld zu haben. Ich werde im nächsten Brief auf die Frage der Kontemplation zurückkommen. Für diesmal will ich Dir noch einen Traum erzählen, der mich seltsam berührt hat und von dem ich spüre, daß er vielleicht etwas mit der Kerngruppe zu tun haben könnte:
»Ich stehe unter einem Felsvorsprung und schaue auf das Meer. Die Gegend ist mir unbekannt. Rechts von mir steht ein Tonkrug mit Wasser und daneben in einem geflochtenen Korb trockenes Brot mit einigen Früchten. Eine Frau, etwa 50 Jahre alt, in einem Leinengewand mit gelbem Saum, rudert auf mich zu und überreicht mir

schweigend ein in Ziegenleder eingebundenes Buch. Sie blickt mich sehr liebevoll und freundlich an und rudert sofort wieder weg, bevor ich noch etwas sagen kann. So stehe ich da, wie der Esel am Berge mit einem Buch in der Hand. Als ich es öffne, ist es leer, außer auf der siebten Seite steht das Folgende in dieser Anordnung geschrieben:

›... spricht zu Dir, oh Mensch: Das grundlegend Gute in Dir ist mein Wort, das im Kern Deines Wesens Klang geworden ist. Diese Veranlagung in Dir ist zu unendlicher Entwicklung fähig. Also vergiß nicht zu lauschen. In der Stille wirst Du meinen Ton hören und kannst einstimmen...!'

Als ich erstaunt diesen Worten nachsinne, geht die Sonne über dem Meer auf und der Schrei einer Möwe weckt mich auf«.

Das fängt ja gut an mit meinem »JA«...

Für heute grüße ich Dich von Herzen
Franz-Xaver

Brief 18. 8. 1990

Lieber Franz,

ich danke Dir für Dein großes »JA« und freue mich darüber. Ob ich allerdings in Zukunft so geduldig mit Dir sein kann, wie Du Dir wünschst, weiß ich nicht. Die koinobitische Art, die mich aus Deiner Beschreibung heraus weise anmutet, bedeutet eine Gefahr für meine idiorhythmischen Impulse, die feurig und tatkräftig sofort umgesetzt werden wollen. Ich fühle mich vom Hintergrund her fast andauernd getrieben, mit ihnen zu gehen und dabei eventuelle Reklamationen der anderen Kugeln zu riskieren. In diesem Zusammenhang Geduld üben, würde für mich bedeuten, den Billardstab zu brechen. »Darum kann's doch nicht gehen«, ruft mein vorwärtsstrebender Widder-Mond. Ich ahne, daß Dein Wassermann-Mond bereits eine umfassende und durchdachte Reaktion bereithält... Vielleicht ergänzen wir uns nicht schlecht, wenn einmal der Boden zwischen uns genügend bereitet ist.

Ich grüße Dich herzlich
Leta

Antwortbrief 9

Liebe Leta,
auch wenn Dein Billardstab splittert, muß ich Dich doch um Geduld für mich bitten. Die hylotropen Vernetzungen wollen geklärt sein, damit ich ohne »Bedrängung« antworten kann... Ich hoffe, Du vermagst meine hylotrope Kurzatmigkeit mit Deinem holotropen Allumfassenden-Atem auszugleichen... Ich schlage Dir vor, zusammen mit Gabriel ein Gespräch über Sinn und Bedeutung der Kerngruppe zu führen.

Von Herzen
Franz-Xaver

Antwortbrief 10

Liebe Leta,
diesmal mußtest Du lange auf meine Betrachtungen zum Gespräch mit dem Engel warten. Es ist nicht so einfach, mit Engelkräften in Berührung zu kommen, und nicht gleich a-kritisch sondern nach-kritisch zu reagieren. Nach-kritisch bedeutet für mich, den Satz:»Es gibt mehr Dinge zwischen Himmel und Erde, als sich die Schulweisheit vorstellt«, für wahr zu nehmen und ihn kritisch zu überprüfen. Von unserem christlichen Instinkt her gibt es ja in uns die Tendenz, den Engelbotschaften, die in unser Leben einbrechen, in großer Betroffenheit ungefragt zu entsprechen. Wir können aber von Maria (vgl. Lukas 1,26-36) lernen, daß Engel durchaus bereit sind, mit uns zu diskutieren, unsere Wenn und Aber ernst zu nehmen und uns Verstehenshilfen anzubieten. Wir dürfen auch mit ihnen kämpfen

(vgl. Genesis 32,23-31), wenn wir nach einem solchen Kampf auch bereit sind zu hinken, da ja eine Berührung durch die göttliche Kraft an uns nie spurlos vorübergeht. Meistens begreifen wir aber nicht, daß wir in jedem Augenblick umfangen sind »von Umarmungen göttlicher Geheimnisse«, wie die hl. Hildegard von Bingen sagt, und lassen uns deswegen nicht berühren... Wenn wir uns aber einlassen, verändert sich unser alltägliches Ego-Leben gründlich. Wir willigen dann grundsätzlich ein, uns in den Dienst des Sinnzusammenhanges des Lebens zu stellen.

Für unsere Gespräche mit den jenseitigen Dimensionen müssen wir uns darauf einstellen, daß diese Wesen nicht nur in einem Frage-Antwort-Spiel mit uns kommunizieren. Die Antworten erfolgen oft in vielfältigen Bildern (vgl. »Ich sehe eine Treppe...«), in diffusen Körperreaktionen (vgl. »Jetzt verbrenne ich fast!«) oder in klaren Worten (vgl. »Die Kerngruppe ist etwas anderes!«). Für diese Form der Antworten braucht es einen langen Atem, weil »ES« sich ja noch innerhalb von Raum und Zeit manifestieren will. Zudem unterstehen die jenseitigen Wesen nicht den gleichen Zeit- und Raumgesetzen wie wir. Was für einen Engel gegenwärtig ist, kann für uns oft erst Jahre später sichtbar werden. Deshalb ist es trotzdem wichtig, sich zu fragen, was mir eine Botschaft jetzt, in meine aktuelle Lebenssituation hinein sagt, und worauf ich in meinen gegenwärtigen Lebensumständen sofort zu antworten habe.

Die Auseinandersetzung mit der zu bildenden Kern-Gruppe wird für uns ein ganzheitliches Herausgefordert-Sein bedeuten. Deshalb mahnt Dich Gabriel: »Du mußt Deinen Körper in diese Arbeit einbeziehen; Du darfst ihn nicht vergessen!« In der Begegnung mit jenseitigen Wesen ist nicht nur die mentale Ebene eingefordert, es sind alle Dimensionen unseres Menschseins gefragt. Wir werden noch eine geraume Zeit brauchen, um zusammen zu klären, was mit der Kern-Gruppe gemeint ist, wie sie sich zusammensetzt und auf welche Weise wir uns gemeinsam um den »Kern« zu bemühen haben.

Ich bin auf unser nächstes Gespräch gespannt.

Dein Franz-Xaver

Gespräch
Engel –Leta – Franz-Xaver
14. 11. 1990

L: Müssen wir klären, wer sich in unsere Atmosphäre hineinbegibt?
FX: Ich glaube, du mußt differenzieren, sonst will alles eintreten und dich als Kanal benutzen. Ein gewisser Schutz ist notwendig.
L: Dann müssen wir entscheiden, mit wem wir sprechen wollen?
FX: Ja.
L: Gut, dann tun wir es (ein gutes Gefühl; ich bleibe autonom).
FX: Wenn du spürst, daß sich Engel-Wesen kundtun wollen, dann ist unsere Aufgabe, diesen zuerst einen Platz (einen Kanal) zu bieten.
L: Ich spüre, daß solche da sind –, aber nicht allein. Hinter ihnen bildet sich ein großer Druck von anderen.
FX: Du kannst fragen, wie du dieser Wesenheit am besten dienst, damit sie sich äußern kann.
L: Im Augenblick will ich am liebsten mit Gabriel in Kontakt treten. – Jetzt entsteht eine bedrückende Atmosphäre wie letzten Sonntagabend, als der Satan präsent war. Gabriel, sag mir bitte, wie ich mit dieser Situation umgehen soll?
G: Zulassen und dich selber dabei nicht verlieren.
L: (Jetzt steht er vor mir.) Ich habe Angst vor dir und den Wunsch, daß du sofort nach Assisi gehst, wie wir es am Sonntag miteinander besprochen haben.(Er will in meine Atmosphäre eindringen.) Nein, nein, nein, – nein, du kommst nicht herein, nein, das will ich nicht. (Ich habe panische Angst.) Geh bitte sofort nach Assisi... mhm, ... gut,... ja,... gut, danke!
L: Jetzt ist wieder die Atmosphäre der Perle da. Ich bin erleichtert und der Erschöpfung nahe.

FX: Es ist jetzt 19.25 Uhr. In 5 Minuten muß ich gehen. Wir brauchen wohl einen klareren Zeitrahmen.
L: Die innere Schwingung verlangt mehr Zeit und mehr Raum. Jetzt erscheint das Bild eines großen Fensters. Was wir heute hatten, war ein Guckloch. Können wir in Zukunft früher beginnen?
FX: Um 17.30 Uhr?
L: Ja. Und uns zuerst gemeinsam einschwingen.
FX: Danke!

Antwortbrief 11

Liebe Leta,
unsere letzte Begegnung hat mich ganz schön geschafft. Sie erinnert mich an ein Erlebnis mit meinem Lehrer des Herzensgebetes. Damals war ich ziemlich durcheinander, weil mich ganz diffuse Energien belästigten, von denen ich fast nicht loskam. Zudem versetzten sie mich in eine Art Dämmerzustand und ließen mich beinahe bewußtlos werden, sobald ich mich auf sie einstellte. Mein Lehrer übte mit mir, das Kraftfeld dieser dunklen Energien ganz achtsam wahrzunehmen, ohne mich auf die »Schwingung« einzulassen und gleichzeitig hell wach im Klang meines inneren Wortes, also in meinem Herzensgebet, zu verweilen. Da er diese dunklen Schwingungen auch wahrnehmen konnte, übte er mit mir solange, bis ich die Benommenheit, die sich immer wieder einstellte, überwinden konnte. Er tönte mit mir zusammen das innere Wort, bis das Dunkle sich lichtete. »Dunklen Energien mußt Du einen sakralen Raum anbieten, wo sie sich lichten können, wenn Du selber noch zu wenig Kraft hast, sie anzustrahlen«, sagte er mir öfters.
Du darfst einfach nie vergessen, daß es in den jenseitigen Räumen die verschiedensten Wesen von den wildesten Gesellen und Gesellinnen gibt, die in ihrem selbstgewählten Schattenreich hausen, bis zu den absolut durchlichteten Geschöpfen, die im Einheitsleben mit dem Geheimnis der göttlichen Liebe verweilen. Wenn Du nun

geöffnet bist für die jenseitigen Dimensionen, will vorerst jedes Wesen, das in Deinem Resonanzfeld schwingt und etwas in unsere Lebensebene mitzuteilen versucht, »durchkommen«, d.h. es strebt in Deine Atmosphäre und will durch Deinen »offenen Kanal« sprechen. Es ist ganz entscheidend, daß Du bestimmst, wem Du Dein Empfinden und Deine Sprache leihen willst. Darum sagt Gabriel: »Zulassen und Dich nicht verlieren!«, also bei aller Betroffenheit immer in Deiner inneren Mitte bleiben, um ganz wach wahrzunehmen, wer berechtigt ist, durch Dich zu sprechen, damit auch Deine körperlichen Energien nicht überbeansprucht werden. Du wirst immer wieder entdecken, welche Anstrengung das »Kanalisieren« für Deinen Körper bedeutet. Obwohl Du Dich während des Geschehens sehr entspannt und bewußtseinsmäßig ganz durchlässig empfindest, wirkt der Körper wie ein Transformator der »Lichtenergien« und ermüdet viel stärker, als Du in Deiner Offenheit wahrnimmst. Die Unterscheidung der »Geister« ist in diesem Zusammenhang auch ein wichtiger Lernprozeß. Es gibt solche Wesen, die an Dir saugen, weil sie etwas von Dir wollen. Von denen hast Du Dich klar abzugrenzen. Andere versuchen, Dir etwas zu geben, um Deinen Sinnzusammenhang und die Zeitkonstellation, in der wir als »Heilsgemeinschaft« leben, aufzuhellen. Ihre Aufgabe ist es, mit uns zusammen dem EINEN zu dienen. Dahinein wollen wir auch unsere Kräfte einsetzen.

Ach Leta, wir brauchen viel Zeit und Raum, um dieses Geschehen miteinander zu betrachten und zu reflektieren. Da werde ich immer wieder an meine Grenzen stoßen, weil ich in so vielen Vernetzungen drinnen stehe, die ich wie einen Berg Schaufel um Schaufel wegtragen muß. Manchmal würde ich gerne den ganzen Berg meiner Verpflichtungen wegheben, aber dann würde wohl der Stiel meiner Schaufel mehrmals brechen. – Oder doch nicht, wenn mein Glaube auch nur die Größe eines Senfkornes hätte, würden wohl die Berge selber marschieren ... ?

In Liebe
Franz-Xaver

Brief 22. 11. 1990

Lieber Franz,
ich kann mir bildhaft vorstellen, wie Deine Berge marschieren würden, wenn Du Idiorhythmiker wärst. Aber... Meine Ersatz-Schaufel steht Dir auf jeden Fall zur Verfügung, falls Du sie benutzen willst.
Mein innerer Druck ist dermaßen gestiegen, daß ich nicht auf unsern nächsten Termin warten konnte. Somit habe ich mich schreibend dem Prozeß hingegeben und lasse Dir meine Notizen zukommen.

Mit liebem Gruß
Leta

15. November 1990
Dieses Datum erinnert mich an meine Nah-Tod-Erfahrung, die sich heute zum sechsten Mal jährt. War sie damals eine Erschütterung bis in die tiefsten Schichten meiner Seele, so ist sie in der Zwischenzeit zu einer wichtigen Metapher des Lebens geworden. Mein Ego brauchte damals anscheinend diese massive Behandlung, um zu verstehen, welcher Stellenwert ihm im Ganzen zugedacht ist. Gerne möchte ich diese Aussage auch auf andere Egos übertragen. Doch...?
Als wir 1984 unsern Bildungsurlaub in Kalifornien antraten, hatte ich das Gefühl, das, was ich angestrebt hatte, erreicht zu haben: z.B. anerkannte Ausbildungen und Diplome, Heirat und Kinder, Verbindung von Mutterschaft und Beruf, Haus und Ferienhaus etc..., und trotzdem kam mir mein Leben nicht erfüllt vor. Wie konnte das nur möglich sein? Ich war doch immer bestrebt gewesen, meine Entscheidungen nach SEINER Stimmigkeit zu treffen. Nichts Bedeutendes hätte ich anders machen sollen. Und doch schien das Wesentliche zu fehlen. Eine schmerzliche Erkenntnis, die

sich in mir ausdehnte und mich immer mehr betrübte. »Wie erlangt man denn Erfüllung? – Ich weiß es nicht. Auf jeden Fall hängt sie nicht mit dem Erreichen eigener Ziele und mit dem Erfüllen eigener Bedürfnisse zusammen.« Doch kein Entrinnen aus dieser Konfrontation schien möglich. Ich mußte die Antwort finden. Wo aber, und wie? Das Trübe und Schmerzliche bemächtigten sich meiner zusehends.
Eines Morgens war mir plötzlich klar, daß sich mein Leben dem Ende zuneigte, daß ich bald sterben würde. Jede meiner Fasern wehrte sich gegen diese Wahrnehmung, doch etwas wußte, daß es wirklich kein Entrinnen gab. Wie schrecklich. »Mein Leben sollte bereits am Ende sein!? Das kann nicht sein, weil ich es nicht will!« Ich erlebte mich in einem engen Durchgang, bei dem sich alle Türen nach außen geschlossen hatten. In der Überzeugung, daß dies sinnlos ist, leistete ich tapferen Widerstand – bis zum Zusammenbruch. Dann blieb mir nur noch die Wahl, womit ich meine verbleibende Zeit verbringen wollte.
Ich suchte drei verschiedene TherapeutInnen auf, um an meinen Problemen zu arbeiten, doch niemand konnte meine Situation erfassen, was mich noch tiefer stürzen ließ. Eine Therapeutin meinte, sie könnte mit solch depressiven Leuten wie mir nicht arbeiten, ein anderer Therapeut, ich sei nicht therapierbar, solange ich von Teufeln rede (die kamen damals in meinen Träumen vor)...u.ä.m. Somit begann ich alleine, von den Menschen, die mir lieb und bedeutend waren, Abschied zu nehmen. Mein Herz zerbrach dabei. »Anscheinend gibt es doch keine richtige Hilfe, wenn man sie wirklich benötigt!« Desillusioniert, auch was psychologische Unterstützung betrifft, weinte ich tage- und nächtelang. Alles war schmerzlich! Augenblicksweise blitzte die Frage auf, ob mein Erleben wirklich war, oder ob ich mich doch in einen Wahn hineinbewegt hatte?
Zufälligerweise lernte ich eine Yogalehrerin kennen, die mir auf Anhieb Vertrauen einflößte. Ich buchte bei ihr eine Einzelsitzung in der Hoffnung, vielleicht doch noch eine

Hilfestellung zu erhalten. Sie ließ mich eingangs erzählen, wo ich zur Zeit auf meinem Weg stehe und fragte, woran ich arbeiten wolle. Die Enge und die Traurigkeit hatten sich zu diesem Zeitpunkt dermaßen meiner bemächtigt, daß ich nur noch den einen Satz herausbrachte: »Ich glaube, ich will gar nichts mehr«; worauf sie freudig reagierte, dies sei eine wunderbare Voraussetzung, damit Gott Sein Werk an mir erfüllen könne. Ich erschrak über diese religiöse Aussage. »Wer ist diese Frau? Kann ich mich ihr anvertrauen? Oder ist sie eines dieser Sektenmitglieder, die meine Schwäche ausnützt, um mich für ihre Gemeinschaft zu gewinnen? Eigentlich sieht sie nicht so aus (weder beflissene Freundlichkeit noch aufgesetzte kühle Liebe), und überdies werden hier im Institut wohl nur seriöse Leute arbeiten.« Ich ließ meine Bedenken fallen. »Seit 6 Wochen spüre ich, daß ich bald sterben werde.« Darauf folgte ihrerseits weder ein Pathologisieren noch ein Psychologisieren: Vielleicht sterbe nur ein Teil von mir, oder, ich erlebe zur Zeit Symptome einer spirituellen Krise, oder, ich sei wirklich depressiv...., was ich ja mehrmals gehört, aber nicht geglaubt hatte. Sie meinte nüchtern: »Warum stirbst du denn nicht?« Endlich jemand, der mich und meine Situation als solche ernst nahm. Ich spürte in mich hinein, um eine Antwort auf ihr Warum zu finden. Nur ein Band hielt mich noch zurück: die Beziehung zu meinem Lebenspartner. Ich konnte nicht daran denken, diese loszulassen. Soviel Gemeinsamkeit und Liebe verbanden uns. Als ich es ihr kundtat, brach sie in einen resoluten, lauten Tadel aus, der mich völlig aus den Schuhen warf: »Bist du eine von diesen Ehefrauen, die Liebe mit Haften verwechseln? Entweder liebst du deinen Mann, weil du frei bist, oder du läßt die Beziehung sofort los. Du hast kein Anrecht darauf, einen Menschen zu besitzen....« Es ging noch weiter, aber ich nahm es nicht mehr zur Kenntnis. »Meine Beziehung sollte mit Haften und nicht mit Lieben zu tun haben?« Das kann nicht sein! Oder doch? Aber dann...

Meine Verwirrung war so groß, daß ich den letzten Faden, den ich noch in der Hand hatte, losließ und wie in einen tiefen Schlaf mit einem dramatischen Traum fiel. Äußerlich nahm ich während etwa drei Stunden nichts mehr wahr, innerlich erlebte ich die Tiefen und Höhen von Hölle, Fegefeuer und Paradies: Ich fand mich in einer engen, dunklen, nassen Höhle vor und wußte, daß ich sie trotz aller lauernden Gefahren durchschreiten mußte. Da überall rauhe und spitzige Steine herausragten, versuchte ich, mich schlängelnd vorwärts zu bewegen, um die Anzahl der Verletzungen und Schmerzen möglichst niedrig zu halten. Doch Blut floß trotzdem, und Fleischfetzen blieben da und dort hängen. Die Gewißheit, daß ich weitergehen mußte, war immer präsent und trieb mich. Abstoßende Tiere beschlichen mich dabei, und Schlangen weckten den Verdacht, mich erwürgen zu wollen. Von Panik befallen und weiterkämpfend, schrie ich aus voller Kehle.
Plötzlich war ein brennendes Feuer vor mir. Irgendwie war genügend Tapferkeit da, um es zu durchschreiten. Zeit zum Überlegen, ob es eine bessere Lösung gäbe, stand mir nicht zur Verfügung. Das Getriebensein war übermächtig.
Irgendwann wurde in der Ferne ein Lichtpunkt sichtbar. Der erste Hoffnungsträger seit Anbeginn. Nebenbei bemerkte ich, daß das Weiterkommen mir leichter fiel, wenn ich meinen Blick auf diesen Punkt lenkte. Was zu bewältigen war, war immer noch qualvoll, aber ich bekam das Gefühl, das Ganze könnte einmal ein Ende finden. Ganz unerwartet erreichte ich eine Schwelle, wo mein zerfetzter Körper abgestreift wurde, bevor ich über sie trat. Dabei stürzte ich in ein grenzenloses Licht, mit dem ich mich gleich eins fühlte. Augenblicklich war ich von allen Schmerzen, Problemen und Fesseln befreit und es rief mit mir: ›Ich bin Liebe. Wir alle sind Liebe. Ich bin göttlich. Wir alle sind göttlich.‹ Ich fiel in Ekstase, jauchzte, jubelte, sang und hüpfte vor Freude und Glück. Es war mir klar, daß ich mit dem Absoluten in Kontakt war, und daß alles, was ich bis anhin erlebt hatte, dem Relativen angehörte.

Allmählich glitt ich ins Tagesbewußtsein zurück und nahm mich zusammen mit Jana in einem Institutszimmer wahr. Es war ähnlich wie beim Erwachen aus einem Traum, diesmal allerdings mit der Erkenntnis, daß auch das irdische Leben ein Traum ist.«

Vor meinen Augen liefen nun wie eine Serie Diapositive ab. Ich sah viele Bilder aus früheren Leben, was mich verblüffte, hatte ich bislang doch nicht an Reinkarnation geglaubt. Jana machte sich nichts daraus. Sie meinte, mein drittes Auge hätte sich eben geöffnet, und ich hätte somit Einblick in tiefere Ebenen. Beim Betrachten der Szenen stieg die Gewißheit auf, daß ich nun von jenen Problemen befreit sei. Ich wußte aber nicht, was dies bedeuten würde.

Jana verließ kurz das Zimmer, um etwas Wasser zu holen. Gleichzeitig schlichen ein paar Bekannte zu mir herein, um zu erfahren, was mit mir wohl geschehen war. Sie hatten meine akustischen Äußerungen mitbekommen und als sehr sonderbar empfunden. Ich war noch zu keinem Gespräch fähig, spürte aber für alle eine unsagbare Liebe und Wärme.

Nach einer gewissen Erholungszeit spazierte ich über das wohlbekannte Institutsgelände, wo mir alles wie neu erschien. Als ob früher alles matt gewesen wäre und jetzt leuchten würde. In jeder Blume, in jedem Baum und in jedem Stein, in jedem Schmetterling und in jedem Vogel war das Licht sichtbar. Allmählich nahm ich auch Menschen wahr und erkannte, daß sie alle auf dem Weg zum spirituellen Erwachen waren, ob sie es wußten oder nicht, ob sie es wollten oder nicht. Hatten sie den Beginn des Erwachens erreicht, nahm ich sie mit offenen, ansonsten mit verschiedenen Abstufungen von geschlossenen Augen wahr. »Was soll dies alles? Ich will doch diese Informationen gar nicht. Wie soll ich denn sonst noch Menschen spontan und echt begegnen können?« Zu denjenigen mit offenen Augen war auf Anhieb eine tiefe Verbundenheit da. Sie sprachen mich auch an und erkundigten sich, was wohl mit mir geschehen war. Plötzlich erinnerte ich mich wieder an meine Familie, und der Gedanke, alle könnten noch geschlossene Augen haben, war gepaart mit einem lauten »Bitte nicht! Wir haben schätzungsweise noch 40 gemeinsame Jahre vor uns«. Ich rief sie gleich an, um in Erfahrung zu ziehen, wo sie denn auf dem Entwicklungsweg stehen. Dabei begleitete mich die Furcht, ich müßte darauf warten, bis auch sie den großen Durchbruch erlebten. Meine Bedenken waren aber überflüssig, was mich sehr berührte.

In den folgenden Tagen versuchte ich, meine Erfahrung in Worte zu fassen, was kaum möglich war. Für so viele Sequenzen fand ich in meinem Wortschatz schlicht keine Ausdrücke. Ich behalf mir mit Umschreibungen und Bildern (Es war wie...), was nicht annähernd adäquat war. Somit mußte ich nach einem anderen Ausdrucksmittel suchen. Am nächsten lag mir das kreative Malen, welches mir dann auch über Monate zu einer wunderbaren Hilfe wurde. Es ermöglichte mir, meinen inneren Prozeß in die Dimension von Zeit und Raum hineinfließen zu lassen.

Langsam gesellte sich auch das Wort dazu, welches dann in den nächsten Jahren zu meinem primären Ausdrucksmittel wurde. Als sich mir der Zugang zur Dimension der Engel öffnete, erlebte ich eine nochmalige Erleichterung. Sie sind mir seither eine ewige Präsenz, mit der ich ins Gespräch treten und meine Fragen anbringen kann.

An die Engel!
L: Ihr Lieben! Ich bin des Glückes voll, daß ich mit Euch in Kontakt sein kann. Wärme, Dankbarkeit, Wohlwollen, Aufgehobensein spüre ich in bezug auf Euch. Wie kann ich mit meinem kleinen Ich für das Große, das Ihr mir gebt, angemessen danken?
G: Dein Dank besteht vor allem darin, das, was du von uns erhältst, auf angemessene Art und Weise weiterzugeben, Brücke zu sein zwischen Himmel und Erde.

L: Ich weiß, daß ich bei Euch aufgehoben bin, wenn ich die Verbindung zu Euch herzustellen oder zu erhalten vermag.
Im Moment bin ich daran, eine Struktur zu finden, in der ich mich am besten für unsere Gespräche öffnen kann, spüre Ungeduld Franz gegenüber, der so wenig Zeit für unsere Sitzungen hat, obschon ich sehe, daß er in vielen Aufgaben eingebunden ist. Daß ich mich Euch auch diesbezüglich anvertrauen kann, berührt und erleichtert mich. Ich danke Euch nochmals. Ich will mich an das halten, was ich von Euch bekomme, muß dabei noch festhalten, daß ich manchmal nicht ganz sicher bin, ob ich alles genau verstanden habe.
Wie beurteilt Ihr meinen Umgang mit dem Satan gestern abend?

G: Du warst stärker im Kopf als im Herzen. Nur die Macht des Herzens kann dich vor ihm schützen, ohne ihn in den Schatten zu drängen.

L: Dann habe ich ihn gestern in den Schatten gedrängt?

G: Ja, auf der Ego-Ebene ist er auf jeden Fall stärker als du.

L: Gehe ich richtig in der Annahme, daß er solange kommen wird, bis er bei mir mit Sicherheit keine Chancen mehr hat?

G: Wenn du ganz in der Christus-Schwingung bist, kann er nicht eindringen.

L: (Ich sehe mich nun in einem Lichtmandala; das Licht ist so stark, daß alles, was damit in Kontakt kommt, sich verwandelt.) Ist es dann für die Zukunft wichtig (Corina kommt gerade von der Schule nach Hause, ärgert sich, daß Manuela noch nicht da ist), daß ich vor jeder Frage an Euch in der Schwingung meines Mantras bin, das nun »CHRISTOS« heißt?

G: Dein Ziel ist es, immer in SEINER Schwingung zu sein, um sie über deinen Körper hinaus in die irdische Dimension hineinfließen zu lassen.

L: Kann ich die Sorgen bezüglich Atelierzinsen loslassen?

G: So einfach ist's nicht. Alle Ebenen müssen gelebt haben, um die absolute Befreiung zu erlangen.
L: Habe ich in diesem Leben die Chance dazu?
G: Jeder Mensch hat sie. Einfache Menschen sind unsere Helfer. Mit ihnen können wir am besten zusammenarbeiten. Du hast zur Zeit wenig Widerstände, was uns die Arbeit erleichtert. Es ist für uns unmöglich, durch Widerstände hindurchzukommen, außer ihr erkennt sie und bittet uns, sie von unserer Seite her aufzulösen.
L: Wie zeigen sich meine gegenwärtigen Widerstände? (Ich sehe mich mit einer Hacke in der Hand.)
G: Du hast dich noch nicht ganz mit jener Dimension eingelassen.
L: Ich bitte Euch um Eure Hilfe! Danke!
(Es ist Mittag. Wir sind bei einer benachbarten Familie zum Essen eingeladen.)

Knapp 6 Stunden später
L: Das Schreiben hat mich so beglückt, daß ich auch die nächste halbe Stunde dafür nutzen will. Es ist ganz erstaunlich und erfreulich, daß ich auch schreibend mit Euch im Gespräch sein kann. Ich spüre, daß es höchste Zeit ist, daß ich die Früchte, die Ihr mir zur Verfügung stellt, pflücke. Wäre es eine gute Möglichkeit, mich regelmäßig an die Schreibmaschine zu setzen und zu sehen, welche Botschaften bereitstehen?
G: Die Botschaften sind immer da. Bei uns gibt es keine Zeit, also kein Hintereinander; das gehört zu eurer Dimension.
L: Wann soll ich dann kanalisieren? Soll ich mich die nächsten Monate darin üben?
G: Es gibt auch andere Möglichkeiten.
L: Welche zum Beispiel?
G: In regelmäßigen Abständen. Somit wird auch deine Form geschont.
L: Also, tägliches Kanalisieren wäre zuviel?

G: Nicht zuviel, aber unsorgfältig. Du mußt Sorge tragen für deinen Körper. Er ist dein wertvolles Instrument.
L: Warum ist denn der Körper so wichtig bei dieser Arbeit?
G: In ihm vereinigt sich alles. Er ist das Zuhause des Wortes. Nur er kann das Wort auffangen und für deine Dimension wahrnehmbar, d.h. hörbar ausdrücken. Wir haben keinen Körper und können uns somit den Menschen nicht direkt kundtun. Wir sind glücklich über jeden Kanal zur Erde.
L: Darf ich Dich noch etwas zur Kerngruppe fragen?
G: Ja.
L: Du sagtest, Franz und ich sollten genau abklären, was für uns persönlich stimmen würde. Das heißt, daß wir viel Zeit miteinander haben müßten, um dies zu tun.
G: In der ersten Phase wird es schwierig werden, weil er noch stark eingespannt ist. Unsere Zusammenarbeit wird aber eines Tages mehr als die Hälfte eurer Zeit einnehmen.
L: Wie lange wird es noch dauern, bis es soweit ist?
G: Vier Jahre. Bis dahin müßt ihr euch einarbeiten, durchlässiger werden und die Form finden, wie ihr unsere Botschaften weitergeben könnt. Ihr werdet einen Weg gehen und ein gutes Gleichgewicht miteinander finden, weil eure Talente verschieden sind. Wir sehen euch ganz konkret zusammenarbeiten.
L: Was ist mit meiner Zusammenarbeit mit Theo, meinem Mann?
G: Das ist ein anderer Teil. Die beiden Teile halten sich die Waage. Beide fließen zum gleichen Zentrum zurück. Du hast Fähigkeiten, Menschen in beiden Prozessen zu begleiten. Führe sie zum Ursprung zurück, damit sie ihr Leben gewinnen können.
L: Siehst du, daß Franz und ich konkret Gruppen miteinander leiten?
G: Ja, aber noch nicht heute.
Es werden auch harte Auseinandersetzungen kommen. Du mußt zu dir stehen, auch wenn du ihm weh tust. Wir

wissen, daß du es fast nicht kannst, aber du wirst es lernen. Du hast in Zusammenhang mit spiritueller Arbeit noch vieles zu leisten.
L: Werden wir eines Tages die Kerngruppe erweitern?
G: Nein. Wir brauchen euch zwei.
L: Jetzt kommt mir der Impuls, die nächsten 6 Monate zum Hineinhören und zum Schreiben zu nützen und mit Einzelarbeit zu pausieren. Was meinst du dazu, Gabriel?
G: Gut.
L: Und zum Bau unseres Ateliers? Heute haben die Bauarbeiter mit den Aushubarbeiten begonnen.
G: Es ist eine gute Sache. Wir werden das Atelier und die Arbeit darin beschützen.
Bittet uns bei Problemen, und wir werden euch gerne helfen.
L: Nun schließe ich unser Gespräch. Ich habe heute abend noch eine Gruppe und will mich auf die TeilnehmerInnen einstimmen. Euch ganz herzlichen Dank.

Antwortbrief 12

Liebe Leta,
eine Nah-Tod-Erfahrung ist ein dermaßen einschneidendes Erlebnis, daß es immer in der Erinnerung haften bleibt, besonders dann, wenn Du Dich außerhalb Deines physischen Körpers bewegt hast. Ich habe dies zweimal hautnah erlebt: Das erste Mal bei einem schweren Fußballunfall, als ich siebzehnjährig war; ein Hüne von einem Mitspieler verwechselte meinen Kopf mit dem Ball ... Das zweite Mal landete ich bei einem Motorradunfall ziemlich unsanft auf der Autobahn. In beiden Ereignissen durfte ich nochmals mein ganzes Leben in einem einzigen Durchblick anschauen und mich von allem verabschieden. Dabei erlebte ich einen tiefen Frieden und selbstverständliche Gelassenheit allem gegenüber, was ich verpaßt und unterlassen hatte, eine unbeschreibliche Geborgenheit und Heiterkeit. Es erfüllte mich diese unverfügbare innere Gewißheit: »MEINE GNADE

möge Dir genügen!« Die Rückkehr war für mich jeweils sehr ernüchternd und mit starken körperlichen Schmerzen verbunden (nicht nur wegen der traumatischen Verletzungen).

Dein Erlebnis in der Nah-Tod-Erfahrung mutet mich wie ein alchemistischer Wandlungsprozeß an, in dem Deine ganze Ego-Wirklichkeit in ein Transformationsgeschehen einbezogen worden ist. Die Stationen dieses Geschehens sind den Reinigungsstufen des kontemplativen Weges sehr ähnlich: Zu Beginn steht die *tiefe Erschütterung der Seele*. Das, was Du als Deine innere Belebung erfährst, kommt ins Wanken und wird in seiner totalen Bedingtheit erfahren. Das »kleine Ich«, das Ego, ist in seiner Verflochtenheit innerhalb der hylotropen Dimension nie unabhängig, obwohl es immer wieder in dieser Illusion lebt. Das, was Du als innere Belebung erfährst, ist viel größer als die Erfassungsmöglichkeiten des Egos. Die Erschütterung der Seele ist einem »Erdbeben« gleich: *Der Kern unseres Menschseins hat sich bewegt* und das Ego kommt dabei ins Wanken.

Alles, was Du über Deine damalige Situation aufzählst, hat ja mit der Konsolidierung Deiner Lebensumstände und Errungenschaften Deines Egos zu tun, die sicher auch aus der Kraft Deines Personkernes erwachsen sind, aber Deine *Sehnsucht* ging und geht in viel tiefere und weitere Dimensionen. Dieses Sehnen wird dann oft wurzelhaft (radikal) und kann sich in einer Form des *depressoiden Suchens* ausdrücken, das mit viel innerem Trauern verbunden ist. Das Verlangen nach *Erfüllung* ist das Streben nach ganzheitlicher Einheitserfahrung. Es besteht die Gefahr, daß uns in solchen Phasen jede Alltagsaufgabe schal schmeckt. Wir wollen aus der Quelle trinken und nicht nur Wasser tragen! Wer da am Wegrand sitzt, bleibt dann wirklich hocken und braucht den »Warnstab« des Engels, der aufweckt: »Wenn Du Dich erinnerst, wo Du Dein lebendiges Wasser geschöpft hast, findest Du auch zur Quelle!«... Wenn sich dieses Erkennen einsenkt, gibt es nur noch eine *totale Umkehr*. Das Ego-Gefühl, welches damit verbunden ist, heißt: »Jetzt muß ich wirklich sterben!« Diese totale Umkehr erleben wir auch als echtes Sterben; alle Ego-Positionen müssen freigegeben werden. Weil sie uns so lieb geworden sind, ist es auch sehr schmerzlich.

In einem solchen Zustand hilft auch die herkömmliche therapeutische Behandlung wenig. Die vielen therapeutischen Konzepte und Methoden wollen ja dem Menschen eine möglichst optimale Lebensqualität innerhalb von Raum und Zeit ermöglichen. Das stärkt aber eher die Ego-Wünsche. In einer solchen Situation ist eine schamanistisch-therapeutische Einstellung der helfenden Menschen nötig, die dem Wesenskern der Leidenden dient. Im wörtlichen Sinne heißt ja »psychotherapeuein« »dem Lebenshauch dienen«. Wie sich dieser »Lebenshauch«, diese »Animation«, auswirken und ausdrücken will, kann weder TherapeutIn noch KlientIn bestimmen, eine Versuchung, die in so vielen therapeutischen Verläufen zur Enttäuschung (zum Ende der Täuschung) führt. Diese »Machermentalität« entspricht dem verdrehten Lebensgefühl unserer Zeit und ist ein Fehlschluß so vieler Heilserwartungen an die Methodenvielfalt therapeutischer Interventionstechniken, die ja bekanntlich wie Pilze aus dem Boden schießen.

Du nimmst in Deiner Betroffenheit auch Deine Enttäuschung ernst, und es beginnt das *große Abschiednehmen*, auch von den liebsten Menschen. Dabei hat sich noch immer ein Ego-Anteil an Dir festgeklammert: Du nimmst von allem Abschied, weil Dir nichts anderes übrigbleibt. In der schamanistischen Form der Psychotherapie wissen zu Beginn beide, Hilfesuchende und Helfende, nicht, was der Belebung wirklich *dient*. Es braucht eine unvoreingenommene Offenheit, der Lebensbewegung, auch im kleinen Ich, zu folgen. Das hat Deine damalige Yogalehrerin erkannt.

Das *Freigeben des Ego-Willens* ist das Eingangstor in die Transformation. Nach dieser Entäußerung kann sich der göttliche Hauch in Dir ungehindert auswirken, weil ja das göttliche Mysterium den Eigenwillen des Menschen auch voll ernst nimmt. Es ist auch ganz natürlich, daß nochmals Zweifel an Deiner Seelenbegleiterin auftauchen, weil ja jede(r) spirituelle LehrerIn auch Begrenzungen mitbringt. Das innere Vertrauen entscheidet sich meistens an der Frage, ob sich mein Ego an den Begrenzungen festklammert oder die Botschaft aufnimmt, die vermittelt wird. Daß Deine Yogalehrerin nicht dem »Pathologisieren und Psychologisieren« verfällt, spricht für ihre

Unvoreingenommenheit und Offenheit Deinem inneren Prozeß gegenüber. Meistens erwarten wir in einem solchen Zustand fast zwanghaft diese Beurteilung der anderen von uns, unter denen unser Ego leidet.

Als sie Dir auch noch Dein letztes Ego-Argument in bezug auf Deine Partnerliebe zerstückelt, ist Dein letzter Widerstand gebrochen. Ich merke ja oft bei mir selber, wie schnell ich vorgebe, wirklich zu lieben, und dabei hafte ich an einer liebgewonnenen Vorstellung in bezug auf den anderen Menschen, die ich unter keinen Umständen freigeben möchte. Auch lieben, um geliebt zu werden, ist kein Fundament einer echten Liebe. Diese Haltung schleicht sich so leicht in Partnerschaften ein und führt auf direktem Weg in die Symbiose. Nach diesem »Schnitt« erlebst Du alle Phasen der Ego-Entäußerung, die mit tiefen Schmerzen verbunden sein können. In der alchemistischen Kontemplation entspricht dieser Zustand der *Mortificatio*, der Zerstückelung, und ist mit sehr viel Dunkelheit und Nacht der Seele verbunden. Du hast das Gefühl, Dein Leib werde geschunden und stückweise aufgelöst. Es entspricht einem Häutungszustand, ohne Gewißheit, was nachher von Dir noch übrig bleibt. In diesem *»Horror vacui«* (Schrecken des Nichts oder der Vernichtung) tauchen die archetypischen Triebkräfte (animalischen Kräfte) als bedrohliche Tiere auf. Wie in der Zauberflöte von Mozart gilt es diese Dimension zu durchschreiten. Das gleiche gilt von der Sphäre des Feuers, das zum Reinigungsfeuer der Durchlichtung des ganzen Erdenkörpers werden kann. Wenn Du in diesem Prozeß stehst, kannst Du nicht mehr überlegen, sondern nur noch sein und Dich anheimgeben. Ist diese innere Haltung erreicht, wird der neue Lichtpunkt sichtbar, und es fehlt nur wenig, um »hindurch-zu-fallen«. Die Sogkraft der verwandelnden Durchlichtung ist in diesem Augenblick so intensiv, daß die Ego-Kraft keine Widerstandsmöglichkeiten mehr hat. Du landest im Meer des unendlichen Lichtes und schwimmst im Quellgrund der absoluten, reinen Liebe; alle Gegensätze vereinen sich in der Ekstase der Liebe. Diese Erfahrung wird in der alchemistischen Kontemplation als *»Coniunctio oppositorum«* oder als mystische Hochzeit mit dem Urgrund des göttlichen Mysteriums bezeichnet.

Sobald Du wieder in den Alltag hinein erwachst und in Raum und Zeit zurückkehrst, erlebst Du alles verändert und wirkst auch auf das sehende Auge anders. Du brauchst eine Zeit des Ankommens und Dich Zurechtfindens. Weil Du immer noch auf der Schwelle zwischen der holotropen und der hylotropen Dimension stehst, werden Dir Durch-Blicke in den gesamten Sinnzusammenhang Deines Menschseins geschenkt. Vergangenheit, Gegenwart und Zukunft fallen in diesem Augen-Blick in eins zusammen. Es gibt nur noch eines, das zählt: LIEBE, leuchtende Liebe, und in allem, was Dir begegnet, kommt Dir etwas von diesem Strahlen entgegen. Je mehr Du wieder in Raum und Zeit gegenwärtig bist, verspürst Du den Wunsch, daß alle Deine Vertrauten an diesem »Erwachen« Anteil haben dürfen, und Du erkennst auch, wie weit sie schon »erwacht« sind. An diesen Zustand mußt Du Dich zuerst gewöhnen, weil es ja nicht gerade üblich ist, im konkreten Alltag den Durchlichtungszustand des Menschen auf Anhieb zu erkennen.

Es blieb Dir auch nicht erspart, eine Form zu finden, um Dich den anderen Menschen Deiner Umgebung mitzuteilen. Ich weiß, es läßt sich jeweils nur in Analogien tun. Es ist »fürchterlich«, jemandem etwas mitzuteilen, was sich eigentlich so gar nicht in Worte fassen läßt...

Ich bin so froh für Dich, daß ein Kanal in die Transpersonale Welt durch die Lichtbrücke der Engel offen geblieben ist. Ich bin gerne bereit, mit Dir dieses Tor gemeinsam zu nutzen.

In Liebe
Franz-Xaver

Kapitel 3

Das persönliche Tor: Auseinandersetzung mit dem Inhalt der Botschaften

Die spirituellen Weisheiten, die die Engelskraft "Gabriel" mitteilt, erfordern eine Antwort, die das Ego in einen Wandlungsprozeß führt. Die Wichtigkeit, die dabei dem Ego zukommt, darf nicht unterschätzt werden. Sein Weg gipfelt in der Verschmelzung mit dem Wesenskern, der immer wieder im Klang des Mantras neu aufleuchtet. Er läßt den Menschen die Einheit von männlichem und weiblichem Bewußtsein finden, auch über die Kraft des Eros. Dabei hilft das Mantra, die extremen Positionen der Erfahrungen des Egos zu relativieren und in der ursprünglichen Einheit miteinander zu verbinden, damit sich das Urbild der Schönheit, das der Mensch von Anfang an ist, auch in der hylotropen Dimension immer deutlicher ausfaltet. Der offene Dialog, wie er in den Tagebuchauszügen und Antwortbriefen sichtbar wird, läßt etwas von dieser »Liebe zur Schönheit« aufleuchten.

Brief 16. 11. 1990

Lieber Franz,
ich fühle mich weich und durchlässig, fast ganz Persona. Im dritten Chakra sind Früchte sichtbar, die gepflückt werden wollen. Darum sitze ich an der Schreibmaschine und meine, unter anderem auch meinen Fische-Mars mit seinen sieben

grünen Aspekten endlich angemessen leben zu können.
Gestern abend bei der Meditation fiel mir der Name »Meister«
ein. Ich ging der Frage nach, was dies für mich bedeutet.
Beiliegend den Tagebuchauszug.

Mit liebem Gruß
Leta

L: Gabriel, soll ich Dich Meister nennen?
G: Nein, ich bin auch Diener, wie du. Der Meister IST, während wir aufgerufen sind, nach unseren Möglichkeiten zu TUN. Unser Meister ist Christus. Seine Kraft steht für die Transformation der Welt zur Verfügung. Wir tun damit das Unsere, ihr tut damit das Eure. Das Unsere bedeutet: Wir bündeln die Energie und senden sie aus. Somit sind wir Mittler zwischen IHM und euch.
L: Es gibt Erzengel und andere. Kannst Du mir etwas dazu sagen?
G: Der Meister ist alles und überall.
L: (Ich sehe die absolute Lichtquelle und an ihrer unteren Seite die vier Erzengel. Diese Seite hat mit dem Planeten Erde, mit der faßbarsten Dimension zu tun.)
G: Die Erzengel sind IHM am nächsten. Jeder von ihnen hat Helfer unter sich, die die dosierte Energie aufnehmen, wiederum etwas abdämpfen, damit sie für diejenigen der nächsten Stufe annehmbar wird. Die meisten Menschen sind dafür nicht offen. So warten die Engel, bis irgendwo Empfängnisbereitschaft entsteht.
L: Ich fühle mich mit Euch verbunden und sehe nun eine senkrechte Linie: Christus – Gabriel – Nathanael – Joshua – E..i.. (diesen Namen höre ich nicht ganz klar) – Leta... Die innere Verbindungslinie setzt sich in irdische Wesen fort, deren Namen ich nicht mehr höre. Gabriel, wer sind die Wesen zwischen Christus und mir?

G: Sie gehören zum gleichen Strahl wie du, sind Übermittler der Botschaft. Da du jetzt die Verbindung zwischen den Dimensionen hergestellt hast, kann im großen Plan ein neuer Schritt vor sich gehen. Du hast dich in die Reihe der Sender eingeschwungen. Das ist wichtig, auch wenn du es im Augenblick nicht verstehen kannst.

L: (Ich bin berührt; sanfte Tränen sammeln sich in meinen Augen.) Ich sehe, daß meine Aufgabe in Zusammenhang mit Euch zu erfüllen ist, und freue mich darüber. Hingabe scheint dabei von zentraler Bedeutung zu sein. Im dritten Chakra spüre ich nun eine Knolle.

G: Dies sind Ängste des kleinen Ichs, die du noch bewältigen mußt. Sobald du die Botschaften nicht fließen läßt, stauen sie sich in deinem dritten Chakra und verengen die Leitung zu uns. Du mußt den Wunsch loslassen, bei den Menschen anzukommen. Ansonsten wird unsere Zusammenarbeit im gegenseitigen Resonanzfeld blockiert.

L: Bitte, helft mir, den obgenannten Wunsch loszulassen!

G: Im Augenblick sind wir EINS. Es wird nicht so bleiben, aber du weißt nun, wie du dich hineinschwingen kannst. Das Mantra ist's, weil in ihm alles enthalten ist.

Nun ist es Zeit, das Mittagessen zu kochen.

13.50 Uhr

L: Mein Magen ist zwar voll und somit etwas schwer, aber ich versuche trotzdem, das Gespräch mit Dir, Gabriel, wieder aufzunehmen. Um mich zu schützen, lasse ich mein Mantra einige Mal in mir schwingen. Es beglückt mich, zu kanalisieren und direkt zu tippen, und ich freue mich darüber, daß ich allmählich zu einer Struktur finde, die fürs Lesen meiner Texte wichtig sein könnte. Im Moment schreibe ich zwar für mich, weil ich die reifen Früchte pflücken und somit auf meinem Wege weiterkommen will. Aber Euren Kundgebungen entnehme ich, daß meine Texte nicht für mich allein gedacht sind. Somit füge ich mich auch sprachlich und drücke mich in diesem mir immer noch fremden Deutsch aus, nicht ohne zusammengepreßte Lippen und perlengroße Tränen in den Augen. Ich erinnere mich an mein jahrelanges Engagement fürs Rätoromanische, meine Muttersprache. Deutsch zu schreiben, wäre damals ein Verrat an meiner Herkunft gewesen.

In diesem Augenblick geht die Baumaschine im Garten los, die schöne, alte Mauer wird mit Leichtigkeit abgebrochen. Wie außen, so innen. Unser Garten wird in ein Atelier für Atem- und Versenkungsarbeit umgewandelt.

G: Wandlung ist das einzig Stete. Wandlung, Wandlung, Wandlung...
L: Ich spüre, wie eng das Leben auf Erden wird, wenn wir nicht bereit sind, uns zu wandeln. Doch jedes Ego hat panische Ängste, wenn's darum geht. Durch seine Blindheit verhindert es selber seinen Zugang zu dem, wonach es sich sehnt: Liebe, Frieden, Freiheit, Harmonie...
Die Egos drehen sich im eigenen Kreise, stoßen immer wieder und überall an. Dabei entstehen Beulen und Geschwülste, welche vermehrt Raum einnehmen. Somit wird die Bewegungsfreiheit des Egos immer kleiner. Bei Zusammenstößen entstehen offene Wunden, und hier liegen die Chancen, in den Prozeß der Wandlung einzutreten. Der Schmerz als Chance. Die eingeschlossene göttliche Flamme bekommt Luft, kann atmen und wachsen.
G: Offenheit ist das erste, auch für dich. Wenn du dich zu kontrollieren beginnst, verschließt sich dein Kanal zu uns. Sprich mit Franz über Ungereimtheiten, damit du an uns angeschlossen bleiben kannst.

Antwortbrief 13

Liebe Leta,

es ist schwierig, mit Energien aus dem holotropen Raum umzugehen. Wenn sie sich ganz personal äußern, wie die Engelwesen unserer Kerngruppe, so staune ich, in welcher Klarheit sie ihre Aufgabe und Position im Sinnzusammenhang der Schöpfung erkennen. Sie nehmen diese Aufgabe auch mit großer Selbstverständlichkeit wahr. Wir alle sind im Dienst des EINEN in unterschiedlicher Funktion. Wir haben mit unseren Möglichkeiten der Transformation der Welt zu dienen. Lasse ich diese verschiedenen Dienstfunktionen auf mich wirken, kommt mir das Himmelreich wirklich gleich einem Netz vor, in dem alles mit allem verbunden ist. Spirituelle Offenheit erlebe ich als Bereitschaft, die persönliche Aufgabe in dieser Vernetzung zu erkennen und anzunehmen. Dabei kann ich in eine massive Drucksituation hineingeraten, wenn aus irgendwelchen Ego- und anderen Gründen der Zugang zu dieser Aufgabe verschlossen bleibt. Manchmal gewinne ich den Eindruck, die Jenseitigen haben unendlich viel Zeit zu warten, bis wir Menschen bereit sind, in das Angebot einzusteigen. Die Bereitschaft eines einzigen Menschen kann aber der ganzen Weltgeschichte einen neuen Akzent geben, wie wir dies beim »Mir geschehe nach Deinem Wort« von Maria erleben durften (vgl. Lukas 1,38). Durch die Begrenztheit unserer Einsichtsfähigkeit können wir meistens vorerst nicht abschätzen, was ein solches »Ja« alles in sich birgt.

Weil Du für die jenseitige Inspiration ein »Sender« wirst, geschieht durch Dich eine bestimmte Form der Animation, der belebenden Beseelung. Wenn Du auf das antwortest, was Deine Aufgabe ist, wird diese im besten Fall zur Gabe für die ganze Schöpfung, und der göttliche Plan kann sich erfüllen. Jeder Mensch ist unersetzlich in das Weltgeschehen einbezogen. Verweigere ich mich, so werde ich schuldig der größeren Gemeinschaft gegenüber. Ich schulde ihr meinen Pflichtanteil. Und wenn an meiner Stelle niemand einspringt, bleibt immer eine Lücke, die von der nächsten Generation mitgetragen werden muß; es erwächst daraus langsam eine Schuld, die weiter vererbt wird, d.h. sie tritt als Mangel in das Erbe der

nächsten Generation ein und hat als »blinder Fleck« die Tendenz, sich zu vergrößern. Ist diese Erbschuld in ihrer Anhäufung nicht mehr überblickbar, wächst in der Menschheit die Sehnsucht nach einer lösenden Kraft, welche diese »Verschuldung« amnestiert. In solchen Zeitepochen geschehen Paradigmenwechsel, und das Geheimnis der göttlichen Liebe offenbart sich in neuer, ungekannter Weise wie zur Zeit Abrahams, Buddhas und in Jesus.
Gestern abend beschäftigte mich diese »Amnestie« noch lange vor dem Einschlafen. Da fiel ich wieder in einen Zwischenzustand des Bewußtseins und eine sehr liebevolle Stimme sprach zu mir:
»Du darfst ganz in MIR ruhen, voller Hoffnung. MEIN Geist erfüllt Dich durch und durch. Was zögerst Du? – Du kannst in jedem Augenblick einstimmen in MEINE Gegenwart, bedingungslos. ICH bin da, Dich zu empfangen. Gib Dich frei, so wie Du bist, jetzt; in MIR ist unendlich viel Raum, auch für Dich. ICH werde nie aufhören, um Dich zu werben, Du MEIN Ebenbild.« –
Nach diesen Worten erfüllte mich eine solche Zuversicht, daß ich hellwach wurde und an Deinem Brief weiterschrieb. Veronica hatte zwar nicht gerade Freude, als ich schon wieder in meine »Klause« davonschlich und dies morgens um drei Uhr...
Es ist für mich eindrücklich, wie nüchtern Gabriel darauf hinweist, daß jeder Ego-Tanz das Resonanzfeld der transpersonalen Kommunikation stört. Die verschiedenen Chakras sind auch gleichzeitig Eingangstore in das holotrope Schwingungsfeld. Die Knolle, die Du im dritten Chakra wahrnimmst, ist ein Symbolbild für einen Verschluß der freien Fluktuation durch einen Ego-Vorbehalt, in dem Du Anerkennung suchst und so nicht mehr der übergeordneten Aufgabe dienst. Es stellt sich die Frage: Soll das Ego überhaupt keinen Platz in diesem Geschehen haben? Wir brauchen doch die gerichtete Ego-Kraft, die innerhalb von Raum und Zeit dem allgemein Gültigen eine Gestalt, eine für andere wahrnehmbare Form gibt? Sobald wir begreifen, daß das Ego in dem Augenblick befriedet ist, wenn es der übergeordneten Aufgabe dient und dabei seine ganze Potenz ausgeschöpft wird, werden solche Ego-Verlustängste gegenstandslos und damit auch das Anerkennungsstreben. Die echte innere Wahr-

heit braucht keine Anerkennung, weil sie diese bereits in sich enthält.
In dieser Wahrheit wird das Mantra (das innere Wort oder Herzensgebet) zur Resonanzbrücke zu allen jenseitigen Wesen, die im Klang des gleichen Mantras schwingen. Nicht in jedem Mantra ist alles enthalten, nur in jenen, die ein Ausdruck für die Fülle des göttlichen Mysteriums sind. Das Herzensgebet in der Form des »Jesusgebetes« ist ein solches Mantra, dem auch der Erzengel Gabriel dient, wie der Evangelist Lukas bei der Ankündigung für Maria zeigt.

Es gibt nun eine ganze Reihe Menschen der abendländischen christlichen Tradition, die den Kopf schütteln, wenn ich das Wort »Mantra« in den Mund nehme, da sie der Auffassung sind, dieser Begriff gehöre nicht in den Bereich der christlichen Tradition. Ich will Dir dazu einige Blitzlichter aus unserer christlichen Tradition aufleuchten lassen. Dabei schenke ich mir in unserem Zusammenhang den sogenannten wissenschaftlichen Apparat in der hermeneutischen Beweisführung. Wenn Du das möchtest, kann ich einmal mündlich ausführlicher auf den ganzen Hintergrund eingehen. Ich umkreise den inneren Gehalt des Wortes »Mantra« im christlichen Kontext. Seit das Vaticanum II ausdrücklich erklärt hat, daß auch in den sogenannten nicht-christlichen Religionen echte Gotteserfahrungen gemacht werden können, hat sich der Anspruch des Christentums als alleinseligmachende Glaubensgemeinschaft relativiert. Diese Tatsache hat Johannes Paul II. erneut unterstrichen, als er zusammen mit Vertretern der verschiedensten Bekenntnisse in Assisi gebetet hat. Ich kann nämlich nur mit jemandem beten, dessen Gebet ich anerkenne. Dies hat ihm besonders aus fundamentalistischen Kreisen eine herbe Kritik eingebracht, obwohl das Verhalten des Papstes der Einmaligkeit der göttlichen Offenbarung in Jesus Christus überhaupt keinen Abbruch tut. Diese Kreise bauen um ihre Wahrheit ein »Gatter«, wie dies Bruder Klaus in seiner Brunnenvision erlebt hat, und verlangen immer wieder neu den »Pfenning« für ihre Botschaft, obwohl in der Krypta jedes Herzens der Brunnen, aus dem alle schöpfen dürfen, fließt und fließt... Gott offenbart sich immer einmalig und sucht in dieser Einmaligkeit die Resonanz in der Antwort des Menschen. Gott zieht sein Angebot nie zurück, es ist bedingungslos. Wir Menschen können uns von dieser Zuwendung Gottes berühren, ergreifen lassen. Geschieht dies, sind wir Ergriffene von dem, was uns bedingungslos angeht, Menschen, die mit dem Mysterium eine konkrete Erfahrung machen dürfen. Und genau dies geschieht auch im Umgang mit einem Mantra, das von seinem Inhalt her ein heiliges Wort, ein heiliger Satz ist, in dem das Mysterium der göttlichen Liebe aufleuchtet und im Klang des Tones gegenwärtig wird. Das Mantra hat innerhalb von Raum und Zeit setzende Kraft, nicht weil der Mensch, der das Mantra ausspricht, Gott im Wort herbeizwingt, sondern weil er in den ewigen Klang des WORTES einstimmt und durch seinen persönlichen Ton diesem Klang eine Form gibt. Gott spricht sich immer selber aus. Seine Stimme ist aber immer auch im Medium der menschlichen Sprache vernehmbar. In einem solchen Augenblick ist der Mensch in Einklang mit der göttlichen Berührung, bzw. der Lebensodem Gottes beginnt in ihm zu tönen.

Weil Du es gewünscht hast, will ich noch eine Betrachtung anschließen. Wie ich schon betont habe, wird im Mantra das Geheimnis Gottes im Wort gegenwärtig. Es geht um die Mystik von Laut und Ton im Klang des Wortes. Werde ich EINS mit dem Wort, geschieht auch Einung mit dem göttlichen Mysterium. Das heißt für Dich: Wenn Du den heiligen Namen »Christos« in Dir schwingen läßt, bindest Du Dich in den holotropen Raum zurück. Die Christuswirklichkeit tritt aus dem transzendenten Raum in Deine aktuelle Gegenwart ein, nicht weil Du etwas aus Dir heraus bewirkst, sondern weil Du in eine bereits vorhandene Schwingung eintrittst und darauf im Aussprechen des Wortes Ant-Wort gibst. Dabei wirst Du in den gleichen Schwingungskreis aufgenommen. Das drückt der Evangelist Johannes in seinem Prolog so aus: »Doch die IHN angenommen, ihnen hat ER Vollmacht gegeben, Kinder Gottes zu werden – den an SEINEN Namen Glaubenden« (Johannes 1,12), oder: »Wenn ihr in Eins mit mir bleibt, und meine Worte in euch bleiben, so erbittet, was ihr wollt, es wird euch geschehen« (Johannes 15,7). Es geschieht also etwas mit uns. Warum dem so ist, leuchtet in der hintergründigen Aussage des Johannesprologes deutlich auf:

»Im Uranfang war ER, das WORT, und ER, das WORT, war bei Gott. Und Gott war ER, das WORT. Der war im Uranfang bei Gott. Alles ist durch IHN geworden, ohne IHN geworden ist nicht eines. Was geworden, war LEBEN in IHM. Und das LEBEN war LICHT des Menschen. Und das LICHT scheint in der Finsternis. Und die Finsternis ergriff es nicht« (Johannes 1ff.).
Das ist für mich die Schlüsselstelle für jede theologische Begründungsmöglichkeit einer christlichen Mantra-Lehre.
Insofern in der johanneischen Sichtweise der Ur-Anfang »Wort« ist, ist er ebenfalls »Laut«, »Klang«, »Ton«. Es gibt kein Wort, das nicht gleichzeitig »Klang« ist. Der mantrische Weg ist ein Weg des »Ein-Klanges«. Der Meditierende tritt ein in den Klang, der als Ur-Wirklichkeit (= Erstwirklichkeit) die ganze Schöpfung durchtönt, verbindet sich in der Resonanz des eigenen Herzens mit diesem Ton, wird also eintönig, erfährt dabei eine neue Be-Tonung in seiner Grund-Gestimmtheit, und als Ergriffener erlebt er Ein-Stimmigkeit mit dem Mysterium der göttlichen Liebe. In dieser Ein-Stimmigkeit erfährt der Mensch Belebung als Durch-Lichtet-Werden.
Im mantrischen Weg der Ostkirche wird das Wort »Jesus« im immerwährenden Gebet des Herzens wiederholt. Dieser Name ist nicht irgendein Wort. Der Erzengel Gabriel schenkt diesen Namen Maria für die Wirklichkeit, die in ihr Gestalt annimmt. Diese Wirklichkeit heißt »Jehoshua« oder »Jeshua« (= Gott rettet, Gott ist Heil...). Sie tritt in die Raum-Zeit-Dimension durch das »Ja« des Menschen »Maria« und die Geist-Einwirkung der göttlichen Kraft. Mensch und göttliche Ruach-Kraft finden in der einen Sizygie (= Einheit in der Unterschiedenheit) im gleichen Klang zur Syntonie (= Zusammenklang). Wenn ich also in der immerwährenden Wiederholung dieses Namens in den Klang eintauche, verbinde ich mich mit der Wirklichkeit, die »rettet« und mir zum »Heil« wird. Damit erhält das Wort »Beten« eine tiefere Bedeutung. »Beten« ist nicht einfach ein »Reden« mit Gott, sondern ein gemeinsames Verweilen mit dem Mysterium des Göttlichen im gleichen Klang, im gleichen Ton, im gleichen Laut. »Bete ohne Unterlaß!« bedeutet: »Halte diesen Zu-

stand des Gleichklangs in Dir aufrecht!« Ich finde es schade, daß so viele Menschen nicht mehr wissen, was beten wirklich meint, und es mit einem langweiligen Schwatzen zwischen Gott und Mensch verwechseln. Dieses »Geschwätz« mit Gott ist meistens ein Kreisen um die kleinen Ego-Wünsche, die absolut gesetzt werden.
Wenn Gabriel Dich ermuntert, Ungereimtheiten mit mir zu besprechen, dann geht es einerseits um die Unstimmigkeiten zwischen uns, damit wir in Offenheit und Klarheit die gemeinsame Aufgabe in der Kerngruppe übernehmen, und zwar im Dienste des sichtbar gewordenen Auftrages. Andererseits soll ich Dich vermutlich dort aufmerksam machen, wo Ego-Motive die Grundintention Deines mantrischen Betens vernebeln. Warum sagst Du z.B.: »Um mich zu schützen, lasse ich mein Mantra ein paar Mal in mir schwingen?« Wovor hast Du Dich im Kontakt mit Gabriel zu schützen, da er doch in der gleichen Atmosphäre schwingt, in der Du auch in Deiner mantrischen Wirklichkeit lebst?
Vielleicht habe ich in diesem Brief an Dich auch zuviel geschwatzt....

Für heute grüße ich Dich in Liebe
Franz-Xaver

Brief 17. 11. 1990

Lieber Franz,
nimmst Du an, ich sei immer im Mantra, oder ist dies nur meine Vermutung? Es entspricht noch nicht meiner Realität. Und da ich in letzter Zeit mehrmals erfahren habe, daß dunkle Gesellen danach trachten, in meine Atmosphäre einzudringen, bin ich darauf bedacht, ihnen aus der Schwingung des Mantras heraus zu begegnen, um mich mit ihnen nicht zu verstricken. In diesen Momenten erlebe ich das Mantra als Schutz vor Ego-Reaktionen.

Mit liebem Gruß
Leta

Tagebuchauszug

G: Einerseits muß sich der Mensch persönlich (egomäßig) aufbauen, andrerseits sich dem Meister unterordnen.

L: Ich sehe, wie sich die Egos *neben* dem absoluten Licht aufbauen, also gegen das Licht handeln müssen, um sich zu entwickeln. Wenn ihre Erfüllung erreicht ist, geht's darum, nicht dort zu verharren, sondern weiterzuschreiten. Ich sehe, wie das Ego als Ganzes sich bücken und sich nach links verschieben muß, um genau unter die Quelle zu kommen, um dort den Anschluß, die Religio, vollziehen zu können. Wer ist schon freiwillig bereit, sein mühsam aufgebautes Ego zu opfern?

G: Du hast es mehr unbewußt als bewußt gemacht, getrieben von der Kraft, die wußte und weiß, wo dein Einsatz stattzufinden hat. Dieses Unterordnen nennen wir HINGABE. Du hast mehr Talente für die Hingabe als für den Kampf. Das kommt dir jetzt zugute. Beim Ego-Aufbau war dies schwierig, weil du von Natur her für den Kampf schlecht ausgerüstet bist. Uns gegenüber brauchst du dich nicht zu wehren. Wir sind dankbar für deine Dienste und zwingen dich zu nichts. Freiheit ist die Basis unserer Zusammenarbeit. Nimm jeweils wahr, was für dich realistisch ist und teile es uns mit. Wir sind nicht an Maß und Rahmen gebunden wie du. Für uns ist immer alles gleichzeitig vorhanden. Mit deinem Geist bist du mit uns, in unserer Dimension, in uns, mit deinem Körper stehst du jedoch in der irdischen Dimension, im Nacheinander, im Begrenzten. Spürst du die Wichtigkeit deines Körpers? Nur in deinem Körper kann SEIN Wort Fleisch werden. Wird das Wort nicht Fleisch, hat es seinen Sinn nicht erfüllt. Der Sinn ist die Erlösung der Schöpfung, das Erwachen des Geschöpfes, das Erkennen Gottes, des Schöpfers in sich selber. Der Schöpfer wird sich in Seinem Geschöpf Seiner Selbst bewußt. Ohne Geschöpf bliebe der Schöpfer wohl rein...

L: (Ich sehe das reine blaue Bewußtsein... Unterbruch... Corina kommt von der Schule nach Hause mit der besten Note in Mathematik. Ich freue mich darüber und will sie würdigen. Manuela braucht Hilfe für ihr Weihnachtsfenster... Telefon... Eine Stunde später versuche ich nun, den Faden von vorher wieder aufzunehmen.) Gabriel, ist das möglich?
G: Von mir her ist es immer möglich. Die Informationen stehen dir zur Verfügung, ob du sie nimmst oder nicht – das ist deine Freiheit.
L: Nun wollen die Kinder essen, ich muß doch abbrechen.

13.05 Uhr
G: Ziel ist es, daß der Schöpfer im Geschöpf Sich Seiner Selbst bewußt wird.
L: Im Geschöpf nehme ich einen Spiegel wahr, der gereinigt und vielleicht geflickt werden muß, damit der Schöpfer sich darin sehen und erkennen kann.
G: Ist der Spiegel trübe, sieht ER sich nicht. Erst beim Sehen wird IHM bewußt, daß ER IST. Jedes Geschöpf ist somit eine Spiegelung des Schöpfers. ER ist die EINS und das ALLES, der Punkt ohne Dimension. Der Schritt vom Schöpfer zum Geschöpf ist das Hineingehen der Eins in die Vielheit, der Nicht-Dimension in die Dimension. Erst in der Dimension existiert der Spiegel, und erst darin kann sich der Schöpfer wiedererkennen.
L: ER benötigt uns in der materiellen Dimension, um sich SEINER SELBST bewußt zu werden. (Ich sehe absolut klares Blau.)
G: Im Rein-Geistigen fehlt die Distanz, die jede Bewußtwerdung erst ermöglicht. Der reine Geist allein hat keine Möglichkeiten. Würde er die Möglichkeit der Spiegelung nicht wahrnehmen, gäbe es keine Geschöpfe. Bei der ersten Spiegelung hat das Spiel des Bewußtseins begonnen.
L: Haben wir nun tatsächlich »Halbzeit der Evolution«, wie Ken Wilber es nennt?

G: Der Schöpfer hat sich in allem erlebt und will nun zu sich zurückkehren. Die Kraft der Vielfalt will jedoch die Rückkehr verhindern.
L: Wenn die Rückkehr zur Einheit gelingt, muß sich die Vielheit eingestehen, daß sie »bloß« als Spiegelung des Absoluten existiert. Welch harte, schmerzliche Erkenntnis für die Materie. Sie, die im Dunkeln meint, so mächtig zu sein.
G: ER weckt die Materie, damit sie selber die Wahrheit erkennen kann.
L: Gabriel, wie kann ich zur Erweckung der Materie beitragen?
G: Rieche, wo es möglich ist.
L: (Ich spüre eine große Öffnung beim rechten Nasenloch.)
G: Rieche, spüre, erkenne, wo die Egos sich zu öffnen beginnen. Laß dann die Kraft, die du kanalisierst, fließen. Du kannst es am besten in Form von Liebe. Liebe und Wärme zeugen Vertrauen, und Vertrauen ist der notwendige Boden, um den Schmerz der Spaltung überhaupt spüren zu können. Der Schmerz ist wichtig, weil er von der Spaltung zeugt.
L: Gibt es auch Erkenntnis ohne Schmerz?
G: Endgültig ist ein Schritt erst, wenn er durchlebt ist. Es braucht für ein Ego viele Anläufe, bis es wagt, ins Erleben hineinzugehen. Menschen mit Unten-Betonung im Horoskop werden vom Unbewußten her getrieben und steigen somit unbewußt in diesen Prozeß ein. Menschen mit Oben-Betonung werden mehrmals die Zusammenhänge erkennen müssen, bevor sie sich in den Prozeß hineinwagen. Verschieden ist lediglich die Reihenfolge der Schritte. Kein Schritt bleibt keinem Menschen erspart – jeder muß durch alles hindurchgehen.
L: Gabriel, ich schreibe nun seit bald zwei Tagen und nehme im Augenblick zum ersten Mal wahr, daß meine Achtsamkeit abnimmt, daß meine Augen und Arme etwas müde sind. Ich nehme diese Zeichen ernst und stelle das

Schreiben ein, obwohl es mein größtes Glück ist, gleichzeitig IN DIR UND IN MIR zu sein. Herzlichen Dank.

Ich gehe nun fürs Wochenende einkaufen und treffe danach noch eine Freundin für einen Spaziergang am See. Möge mein Körper sich dabei erholen.

Antwortbrief 14

Liebe Leta,
Dein Tagebuchauszug vom 17. 11. hat in mir einiges aufgewühlt und in Bewegung gebracht. Auf meinem Weg der hesychastischen Kontemplation ist mir schon immer bewußt gewesen, wie wichtig ein starkes Ego ist, um dem göttlichen Geheimnis zu begegnen. Auf der einen Seite ist es die größte Kostbarkeit, die dem Menschen im hylotropen Raum geschenkt ist, weil es das Eingangstor in den transpersonalen Raum zu öffnen ermöglicht. Das geschieht durch die vorbehaltlose Hingabe. Auf der anderen Seite versucht das Ego, sich immer wieder an den verschiedensten Dingen festzuklammern, um nicht in die Grenzenlosigkeit hineinzufallen und das Gefühl des Angeschlossenseins aufrecht zu erhalten. Erst im Sich-Freigeben erfährt es sich im größeren Zusammenhang aufgehoben. Der Transformationsprozeß des Egos von seiner Festigung bis zu seiner Hingabe ist ein zentraler Teil der via purgativa (= Reinigungsweg). Dieses Geschehen ist ein Teil des spirituellen Selbstverwirklichungsprozesses, ganz gleich, ob er bewußt oder unbewußt abläuft. In zentralen Verdichtungsmomenten des Lebens muß jeder Mensch Stellung beziehen; es handelt sich um die berühmte Gretchenfrage: »Wie hältst Du es mit der Religion?« »Wie ist Dein Ego in den größeren Sinnzusammenhang eingebettet? Erkennst Du die Relativität Deines Standpunktes?« Ich versuche Dir am dargestellten Schema einsichtig zu machen, wie ich die Festigung und Wandlung des Ichs in der Ganzwerdung (Individuation) des Menschen erfahre. In dieser Darstellung wirst Du auch sofort ganz zentrale Auseinandersetzungsbereiche erkennen, die auf dem mystischen Weg durchschritten werden müssen.

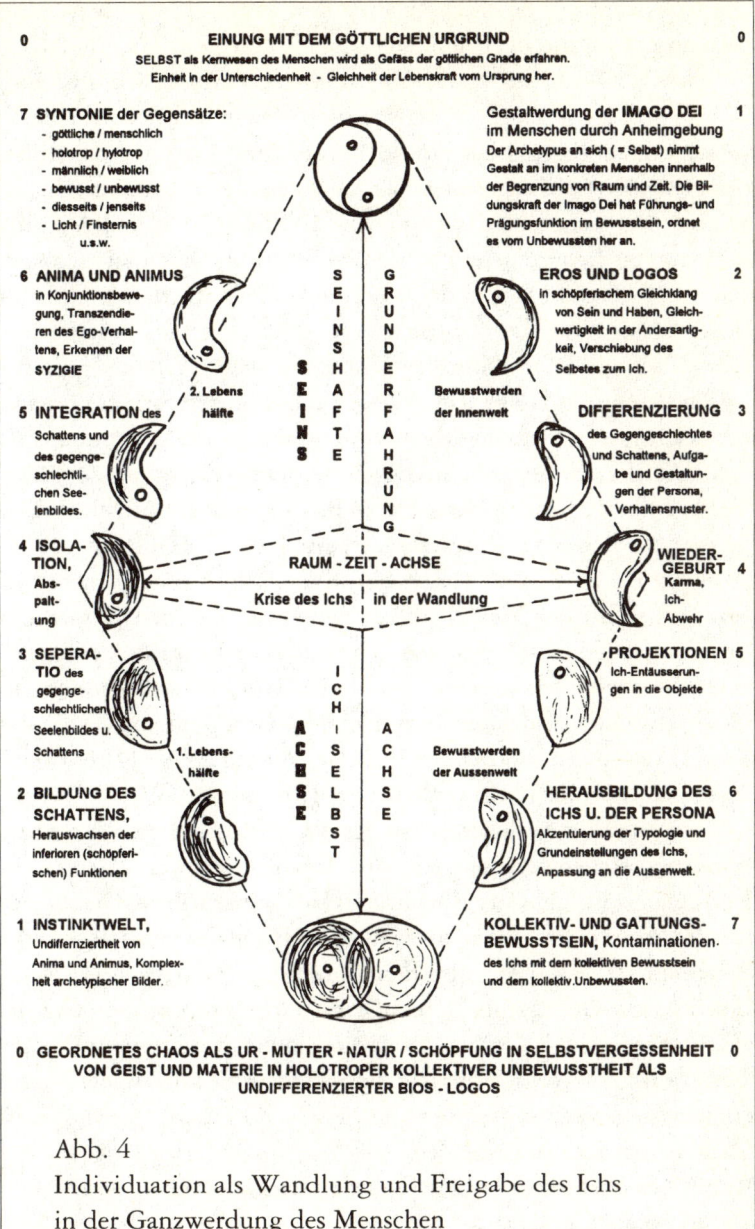

Abb. 4
Individuation als Wandlung und Freigabe des Ichs in der Ganzwerdung des Menschen

Die Ganzwerdung des Menschen erfahre ich als Doppelbewegung (1-7 und 7-1), die doch nur eine ist, aber in zwei Spektralfarben aufleuchtet. Wenn sich Gott seiner bewußt wird in der Entfaltung der Schöpfung, ist seine Menschwerdung eine innergöttliche Konsequenz, um auf dieser Ebene mit dem Menschen vertraut zu werden. Gott entäußert sich in seiner menschlichen Gestaltwerdung bis in den undifferenzierten Bios-Logos, um in diesem Ab- und Aufstieg das ganze Spektrum menschlicher Grundbefindlichkeit auszukosten und darin seine Einheit in der Geschöpflichkeit zu erfahren. (Wenn Du das lesend auf Dich wirken läßt, mußt Du Dich wieder fast mystisch in die Worte hineinsenken. Es ist nicht bloß eine philosophische Reflexion.) In gleicher Weise kannst Du den ganzen Vorgang auch umgekehrt betrachten: Durch die Bewußtwerdung des göttlichen Hauches in der sich entwickelnden Differenzierung des Menschen erwacht auch der Mensch zu seiner Gottebenbildlichkeit. Das bedeutet gleichzeitig: Der Mensch erfährt in sich die Gott-Werdung. Damit erlebt er sich als christusförmiges Wesen. Das ist aber nur möglich, wenn der Mensch selber bereit ist, die Menschwerdung Gottes anzunehmen. Deswegen kann auch der Evangelist Johannes in seinem Prolog betonen: »Alle aber, die IHN annahmen, ihnen gab ER die Fähigkeit, in Freiheit zu handeln, Gottgeborene (= Kinder Gottes) zu werden, und zwar denen, die auf seinen NAMEN (Jehoshua = Gott ist Rettung) vertrauen...« (Johannes 1.12).
So kann auch das Geschehen um Jesus Christus in einer doppelten Weise angesehen werden. Ich darf sagen: Gott wird Mensch in Jehoshua, oder: Jehoshua erwacht im Laufe seiner Lebens-Geschichte zu seinem Gott-Sein, bis er sagen kann: »Ich und der Vater sind eins!« (Johannes 10,30). Wenn also der »Ruach Gottes« (ruach = Odem, Lebenshauch Gottes) im Menschen zu seiner Bewußtheit erwacht, weiß der Mensch, daß er tatsächlich ein »Sohn Gottes«, eine »Tochter Gottes« ist. Diese Tatsache läßt sich nicht beweisen, sondern kann nur erfahren werden, wie uns die Mystik durch alle Jahrhunderte lehrt. Es ist aber höchste Zeit, daß wir uns spätestens nach 2000 Jahren Christentum darüber bewußt werden, daß wir tatsächlich Gottes-Söhne und Gottes-Töchter sind.

Diese Wahrheit ist im Menschen vorerst als Ur-Ahnung vorhanden, aus der eine Bewußtwerdungs-Sehnsucht entsteht. Dieses sehnende Suchen kannst Du auch als Individuationstrieb bezeichnen, der Dich nicht mehr losläßt, bis Du ganz geworden bist in der inneren und äußeren Vereinigung Deiner gegensätzlichen Strebungen. Die Ausfaltung der einen Lebenskraft im Menschen als eine weibliche und männliche Grunddynamik setzt das innere und äußere Welttheater zwischen Bruder-Mann und Schwester-Frau in Gang. Die Profilierungskraft männlicher und weiblicher Befindlichkeit kann so ausgeprägt werden, daß es zu einer zeitweiligen Abspaltung des je gegengeschlechtlichen Anteiles kommen kann, was wiederum die Sehnsucht nach innerem Eins-Sein intensiviert.

Wenn Du nun in einer solchen Phase des Dich-Auf-Spaltens auf seinen Namen vertraust (vgl. Johannes 1.12) und diesen Namen in Dir mantrisch zum Ertönen bringst, kommst Du in Ein-Klang mit der Wirklichkeit »Gott rettet«. Es entsteht eine Resonanzbrücke zum Christusbewußtsein. Darin fühlst Du Dich eins mit dem göttlichen Hauch. Im Erlebnis des Durchströmtseins vom Lebensodem erfolgt eine zunehmende Klärung des Bios-Logos aus einer undifferenzierten Einheit durch eine differenzierte Zweiheit (Animus und Anima) in eine differenzierte Einheit höherer Bewußtheit im Sinne des holotropen Erfahrens. Dieser Individuationsprozeß umgreift alle Phasen der via purgativa (des Reinigungsweges) und ereignet sich auf der Erlebensdimension eines jeden Chakras in einer siebenfachen Betonung, bis es in der Oktav in eine neue energetische Schwingung eintritt.

Diese Nacht habe ich durch einen Traum, der mich ergriffen hat, etwas begriffen:

»Ich stehe mit einer anmutigen Frau auf einer Anhöhe und wir haben einen weiten Blick in das Land. In der Ferne spiegelt sich die Sonne auf einer immensen Meeresfläche. Plötzlich wird das Licht ganz hell wie bei einer Föhnsonne. In dieses Licht erhebt sich das Meer, und es beginnt ganz fein zu regnen, während sich ein gewaltiger Regenbogen über den ganzen Horizont spannt. Da sagt die Frau zu mir: »Siehst Du, jedes kleinste Wassertröpfchen ist Meer, und das Meer ist im Wassertropfen, im Regenbogen aber wird das Meer Lichtschwingung und Farbenklang. Sage mir, worin besteht die Hierarchie der Werte?« –

Da erwachte ich und begann mit Überlegungen: Wenn ich als Mensch mehr als 70% Wasser bin, sind dann meine anderen Teile wieder eine andere Erscheinungsform der Ur-Wasser? –

Ich vermute, daß die Maya-Erfahrung der hinduistischen Religion das »panentheistische« (= Gott in allem) Erleben des göttlichen Geheimnisses innerhalb von Raum und Zeit beinhaltet. Letztlich existiert dann nicht eine Vielheit, sondern eine absolute Einheit in unzähligen Erscheinungsweisen. Diese Spiegelungen des Absoluten versucht die Dogmatik aller Religionen immer wieder in Lehrsätzen festzuhalten, um gültige Aussagen zu machen. Die Mystik ihrerseits ist sehr skeptisch gegenüber solchen »gültigen Festhaltungen«, weil sie diese immer als Aussagen einer bestimmten Zeitepoche erkennt. Dieser Traum ermunterte mich, in meinen Betrachtungen über die »via purgativa« weiterzufahren. In der kontemplativen Tradition des Herzensgebetes verdichtet sich der Reinigungsweg immer wieder in den Grundhaltungen von:

Aufmerksamkeit:

Das ganze Bewußtsein des Menschen vereint sich in einem Verdichtungspunkt des Innenraumes seiner Leibgestalt. Diese Konzentration sammelt die auseinanderstrebenden Empfindungs-, Gefühls- und Verstandeskräfte und beendet das Nacheinander der ablaufenden Seinszustände in der Ruhe (Hesychia) des »ewigen Jetzt« als Zustand der friedvollen Liebe ohne emotionale Sonderbetonungen. Das Verweilen im Mantra eint das Bewußtsein in dieser inneren und äußeren Aufmerksamkeit.

Leidenschaftslosigkeit (Apatheia):

In diesem Zustand bemüht sich der Mensch immer wieder neu um Befreiung von wertenden und urteilenden Einstellungen. An ihre

Stelle tritt eine Haltung des Staunens, Annehmens, gleich-gültigen Bejahens des erfahrbaren Sinnzusammenhanges. Sie ist verbunden mit Demut, als Mut zum Dienen. Das geschieht auch in der Bereitschaft, alle Gedanken, Emotionen und Bilder in Zusammenhang mit dem Mantra freizugeben, damit die Wirklichkeit, die hinter dem »einenden« Wort liegt, in das Bewußtsein durchbrechen oder in ihm aufleuchten kann (vgl. via illuminativa). Wir laufen oft Gefahr, das göttliche Mysterium durch Ego-Ansprüche auf bestimmte Erscheinungsweisen zu fixieren. Die Haltung der Apatheia ist stets neu bereit, diese zu relativieren.

Achtsamkeit oder Wachsamkeit:

Es ist die Beachtung und Bewahrung des vollkommenen Schweigens, der inneren Stille der ganzen menschlichen Verfaßtheit im körperlichen, emotionalen, geistigen Bereich. Das *Verweilen* im Zentrum des »Herzens«, in der Mitte des Christos-Bewußtseins, wird durch die Wachsamkeit des Willens unterstützt.

Nüchternheit:

Diese Übung will den Menschen für die reine Gegenwart des Göttlichen, unverfälscht durch irgendwelche Ansprüche, offen halten. Es geht darum, durch alle Emotionen hindurch den Abgrund zwischen Diesseits und Jenseits, Natur und Übernatur, holotroper und hylotroper Dimension zu überbrücken. Das Ego wird in den göttlichen Funken des Menschen, der im Wesenskern (Herzen) ruht, »eingeschmolzen« (vgl. via unitiva). Dies wird in aller Nüchternheit immer wieder neu als Geschenk erlebt, weil es das Vermögen des kleinen Ichs weit übersteigt.

Diese Grundhaltungen sind die Voraussetzung, daß ich mich jeder Dimension meines Erlebens stellen kann. Die sieben Chakras sind die verschiedenen Möglichkeiten menschlicher Erlebensdimensionen. Sie erscheinen auch in einer vierfachen Akzentuierung innerhalb des hylotropen Bereiches als Erd-, Wasser-, Feuer- und Luft-Prägung. In jeder Chakraebene gilt es, die sieben Differenzierungsdynamiken zu durchleben, bis ich mit der gesamten Erlebensdimension eins bin. Das Einungsschema läßt sich auf jedes Chakra anwenden. Ich erkenne immer mehr, daß die verschiedenen Deutungsebenen des Zusammenspieles zwischen hylotroper und holotroper Erfahrung ineinander übergehen. Es ist auch so, daß auf jeder der sieben Einungsstufen typische spirituelle Krisen entstehen.

Für heute muß ich schließen, obwohl es mir sehr schwer fällt. Aber Du weißt ja, ich habe immer sooo viel zu tun...

In Liebe
Franz-Xaver

Brief 18. 11. 1990

Lieber Franz,
gestern abend habe ich bis 23.30 Uhr geschrieben, und heute bin ich bereits früh mit dem Wunsch erwacht, zur Verfügung stehende Botschaften in Worte zu fassen. Ich spüre große Freude bei dieser Tätigkeit. Manchmal kann ich kurz erkennen, daß dafür alles, was ich bisher in verschiedenen Zusammenhängen gelernt habe, erforderlich ist: zulassen, wahr- nehmen, formulieren, tippen... etc. Am einfachsten ist es für mich, wenn ich mit dem aktuellen Thema egomäßig nicht verknüpft bin. Denn jede Verknüpfung birgt die Gefahr in sich, meine Wahrnehmung zu verzerren. Ich stelle auch fest, daß das Tippen mich zu mehr Achtsamkeit anhält als das Sprechen. Das Formulieren fällt mir leichter, wenn ich kein direktes Gegenüber habe. Ich lasse dann einfach fließen, fast ohne Anspruch auf eine korrekte Syntax. Wenn Du mir aber gegenüber sitzt, nehme

ich ein Bedürfnis wahr, die Wahrheit in einer auch für Dich akzeptablen Form zu verpacken. Dieses Bedürfnis entstammt anscheinend einer Knolle des Unbewußten. Ich bin dem Problemkreis nachgegangen.

Mit lieben Grüßen
Leta

L: Gabriel, steh' mir bitte bei, daß ich die Wahrheit immer direkter auszusprechen vermag, ohne Angst, andere zu verletzen.
Ich sehe nun einen dunklen Keil unter dem Licht. Was bedeutet das?

G: Die Grenze ist messerscharf, und auf dieser scharfen Klinke bist du bei dieser Arbeit. Nur dort kann sich das Tor öffnen. Du brauchst dein persönliches Tor, um die Verbindung zum Überpersönlichen herzustellen. Das Tor wirst du immer wieder auch als Schmerz empfinden. Dieser Schmerz macht bewußt, daß ihr alle Themen in der Polarität umkreist, um dann schließlich hindurchzugehen. Er macht dich barmherzig. Du vergißt manchmal, wie steinig der Weg ist.

L: Meinen Weg habe ich im allgemeinen nicht als sehr steinig in Erinnerung. Könnte dies in Zusammenhang mit Jim Williams Aussage stehen, ich sei eine alte Seele? Soll ich daran glauben?

G: Es ist nicht gut, darüber zu sprechen. Ihr könnt leicht vom messerscharfen Pfad stürzen, wenn Ego-Freuden auftauchen und euch in Beschlag nehmen. Spürst du, daß du jetzt davon frei bist? In der Meditation von letztem Donnerstag haben wir dir ein Bild dazu gegeben.

L: Ich sah das Rad des Lebens, oben das absolute Licht – ich empfand es als Christus – unten die hartnäckige Dunkelheit: Das Absolute stürzte sich freiwillig und spielerisch in das Rad des Lebens hinein, begann den langen

Weg der Selbsterkenntnis, indem es immer tiefer und tiefer nach unten stürzte, obschon etwas sich ständig festklammern wollte, um weitere Stürze zu verhindern. – Ohne Erfolg natürlich, der Schöpfer will sich in allem erleben. – Der Durchgang durch den dunkelsten Teil war so schmerzlich wie eine Zerstückelung. Hier mußte erkannt werden, daß alles erlöst werden will, daß es keine Abkürzungen gibt. Von nun an geht es darum, die Opferrolle loszulassen. Jeder Mensch muß Verantwortung für das, was ist, übernehmen, erkennen, daß er in der Außenwelt nichts anderem als sich begegnet. Weil dies schmerzlich ist, ziehen es viele Menschen vor, sich von ihrem Gefühl abzuschneiden, um nichts zu spüren. Aber dies führt zu nichts anderem als zu einer Blockierung auf dem Weg. Fixiert sich diese, sind zusätzliche Energien notwendig, um sie wieder aufzulösen, damit der eigene Prozeß wieder in Gang kommen kann. In diesem Zusammenhang erfahre ich holotrope Atemarbeit als sehr hilfreich.

G: Das stimmt. Bei dieser Methode werden Ego-Barrieren durchbrochen, anstehende Themenkreise manifestieren sich, und der Suchende kann seine Problematik selber erkennen. Probleme von Übertragung und Gegenübertragung werden auf eine andere Ebene gehoben. Es ist für TherapeutInnen in ihrer zeitlichen Bedingtheit unmöglich, bei einem psychischen Prozeß die absolute Übersicht zu wahren. Natürlich möchte es das Ego. Dies ist immer und überall sein Anliegen, weil es den Angstpegel möglichst tief halten möchte. Es geht aber nicht ums Niederhalten der Angst auf dem Weg, sondern um Vertrauen und Mut, die anstehenden Probleme zu lösen. Es ist wichtig, daß der suchende Mensch diese Prinzipien erkennt. Das Wissen über diese Zusammenhänge erleichtert den Prozeß.

L: In Zukunft möchten Theo und ich gerne mit Menschen langfristig arbeiten. Wird dies im neuen Atelier möglich

sein? (Ich sehe einen Trichter, der innerhalb von zwei Jahren übervoll sein wird.)
G: Für dich wird dann bereits wieder die Problematik der Abgrenzung aktuell.
L: Ich spüre Hitze im Halschakra und sehe, daß meine dortigen Knollen gerade verbrannt werden.
G: Du wirst immer mehr natürlichen Mut haben, zur Wahrheit zu stehen, ohne sie beschönigen zu müssen.
L: (Große Erleichterung.) Ich spüre, wie das Beschönigen ein Krampf für mich ist. Ich habe ihn so lange auf mich genommen, weil ich Angst vor Ablehnung hatte. Ich nehme gerade wahr, daß auch diese daran ist, sich aufzulösen. Ein großer Seufzer steigt in mir auf. Danke. Für mich ist es wie ein Wunder, daß meine jetzigen Probleme über das Erkennen gelöst werden können. Von meinem Weg her kenne ich diesen Kürzel nicht.
G: Christus ist der Erlöser; wenn du in IHM bist, wirst du werden wie ER. Die Christuskraft in dir tut das Ihre. Sie regt zur Entwicklung an und begleitet den Prozeß. Wenn du bei deiner Arbeit in der Schwingung des Mantras bist, kann Heilung geschehen. Lehre die Menschen, sich anzuvertrauen. Vertrauen ermöglicht loslassen, und loslassen ermöglicht jeweils den nächsten Schritt.
L: Also doch die Christusenergie gezielt einsetzen?
(Gabriel lacht über die Naivität meiner Frage. Nun, ich bin in diesen Bereichen wirklich naiv. Wie Er auch immer auf meine Fragen reagiert, seine Liebe weicht nie zurück. Ich fühle mich für immer in Liebe mit Ihm.)
G: Deine Aufgabe ist es, achtsam und unvoreingenommen da zu sein, die Energie, die das ihre tut, zuzulassen.
L: Nun brennt es in meinem Kopf. Ich sehe, wie eine verhockte Leitung bearbeitet wird, um später geöffnet zu werden. Was ist der Unterschied zwischen Heilung durch Christusenergie und das Erlösen der Probleme, indem man durch sie und durch den Schmerz hindurchgeht? (Mein Herzchakra glüht.)

G: Seine Liebe vermag alles. Wenn du jemanden bedingungslos liebst, kann er/sie geheilt werden. Heilung funktioniert aber nicht, wenn keine Erfahrung den Boden bereitet hat. Du kannst den Wert der Liebe und des Aufgehobenseins mit deinem menschlichen Dasein nicht abschätzen. Darum bist du im Augenblick ungläubig. Vertraue meinen Aussagen. (Hitze im 3. Chakra.) Handauflegen kann in bestimmten Situationen das Vertrauen stärken und somit das Loslassen erleichtern. Dies sind lediglich Voraussetzungen, die erfüllt sein müssen, damit die Energie wirken kann. Du siehst, es sind zwei Ebenen. Es ist wichtig, daß du das Deine leistest.

L: Nun bin ich sehr müde und schalte eine Pause ein.

20.30 Uhr
Eigentlich wollte ich heute meinem Körper zuliebe früh schlafen gehen. Jetzt, wo ich soweit wäre, spüre ich aber wieder Freude am Schreiben. Ist es stimmig, mit der Freude zu gehen? Ich habe mich daran gewöhnt, mit einigen Atemzügen ins Mantra zu gehen und dann den Engel anzusprechen. Warum steigen jetzt die Namen Rafael und Michael auf?

G: Heute bist du offener auch für ihre Energie.
L: Wollt Ihr mir etwas übermitteln?
M: Ja. Ich muß allerdings sanft beginnen, damit du es nehmen kannst.
L: Ich sehe, wie eine große Lichtwolke sich langsam auf die Erde zu bewegt. Sie hat noch keinen Kontakt mit mir. Michael, hat Deine Botschaft mit mir persönlich zu tun?
M: Nein.
L: (Mein Herz wird schwer.) Ich fürchte, sie hat mit Franz zu tun.
M: Er muß bluten, weil er das Gesetz zu wenig beachtet hat.
L: Was soll ich ihm übermitteln?

M: Seine Last erdrückt ihn. Er muß ein neues Maß für seinen Einsatz finden. (Mein Herz tut weh.) Er muß vieles fallen lassen, um seiner endgültigen Aufgabe gerecht zu werden. Du hattest letzten Mittwoch zuviel Angst, meine Botschaften für ihn zu empfangen.
L: Michael, ich höre Dich nicht so gut wie Gabriel. Unser Kontakt... (Ärgerlich, jetzt geht mir gerade noch das Farbband aus. Ein weiteres Zeichen dafür, daß unser Kontakt wackelig ist?) Können wir es bitte über Gabriel versuchen?
(Auch das gelingt mir im Moment nicht. Ich gehe also doch schlafen.)

Brief 19. 11. 1990

Lieber Franz,
daß mir gestern abend nicht gelungen ist, die Verbindung zu den Engeln herzustellen, hat mich irritiert. Ich will dringend lernen, wann es möglich ist und wann nicht. Darum habe ich nochmals nachgefragt.

Mit lieben Grüßen
Leta

L: Welche Bedingungen müssen erfüllt sein, damit wir miteinander kommunizieren können?
G: Die Öffnung muß spürbar sein. Sie fluktuiert wie die Perle. Du kannst sie nie erzwingen, sondern nur zulassen. Ganz steht sie zur Verfügung, wenn du ego-frei bist. Gestern hattest du Freude an der Wichtigkeit deiner Aufgabe, darum verschloß sich die Leitung.
L: Ich kann mich nicht mehr daran erinnern.
G: Egofreie Freude kommt von innen und hat mit der Fähigkeit, im Dienst zu sein, zu tun. Erwarte keinen

Applaus für dein Schreiben. Sei empfänglich für das, was du bekommst und mach nichts daraus. Du kannst wohl einigen Menschen, die dir nahe stehen, davon berichten. Somit können sich die Botschaften bei dir auch besser setzen. Bilde dir dabei nichts ein. Bleibe offen und nüchtern.
Die Nüchternheit ist deine große Gabe. Sie ermöglicht den direkten Anschluß an die Quelle. Jedes Denken schiebt sich zwischen dich und die Quelle und hemmt den Fluß. Je mehr VERTRAUEN du zu uns hast, desto schwieriger wird es für das Ego, sich zwischen uns zu schieben.

L: (Es läutet an der Türe. Angestellte des Elektrizitätswerkes teilen mir mit, daß die Stromzufuhr heute nachmittag abgestellt wird... Die Leitung ist unterbrochen... Synchronizität.)
Zeitweise spüre ich dieses Vertrauen, diese Verbundenheit.

G: Du hast diesbezüglich in den letzten Tagen Schritte gemacht.

L: Ich möchte mich Euch völlig hingeben und immer genauer auf Euch hören können.

G: Und immer genauer auch zu dir schauen. Auch wenn das Kanalisieren dir Freude bereitet, mußt du die Gesetze des Körpers ernst nehmen. Gut, daß du so viel geschlafen hast. Du brauchst jetzt mehr Schlaf als sonst.

L: Ich verstehe noch nicht, warum ich bei dieser Arbeit körperlich so müde werde.

G: Das Sich-Öffnen braucht auch physische Kräfte. Du bist eine Einheit von Körper, Geist und Seele. Wenn du dich öffnest, öffnen sich alle Ebenen. Dies ist für den physischen Körper bedeutend schwieriger als für den Astral- und den Denkkörper. Die beiden letzten sind flexibler von ihren Frequenzen her. Im Physischen ist alles schwerfälliger und unbeweglicher, dafür aber auch klarer. Der Körper lügt nicht.

L: Ich verstehe einerseits, daß Körper, Seele und Geist eine Einheit sind, und daß wir sie, von verschiedenen Seiten her betrachtend, verschieden wahrnehmen. Warum aber stehen Saturn, Mond und Sonne, die astrologischen Äquivalenten zu diesen Ebenen, in den Horoskopen so verschieden?

G: Das hat mit der Verbundenheit zu jenen Ebenen zu tun. Je stärker diese Planeten stehen, um so verbundener fühlt sich der Mensch mit jener Ebene und um so wichtiger ist sie ihm, aus seiner persönlichen Sicht heraus.

L: Stanislav Grof sagt, daß alle Erlebnisse auch im Körper gespeichert sind und daß sie ebenfalls dort bearbeitet werden müssen.

G: Dort sind die Blockaden am faßbarsten und die daraus entstehenden Schmerzen können die Menschen kaum wegdrängen. Noch ist es den meisten nicht klar, daß sich daraus vieles lernen ließe. Es braucht noch einen großen Schritt, bis es soweit ist.

Nur was der einzelne für sich in allen Erlebensdimensionen löst, ist auch in bezug auf andere gelöst. Geistige Erkenntnis allein genügt nicht. Das ist Spaltung. Wenn du nur in einem der drei Körper bist, vernachlässigst du die beiden anderen. Die sind aber immer auch da und melden sich dementsprechend. Über diese Spaltung ist schon viel geschrieben worden, und trotzdem haben es die wenigsten verstanden. Auf den schwächsten Persönlichkeitsplaneten 'hört' man am wenigsten, weil er einem am wenigsten vertraut ist. Es besteht die Tendenz, ihn zu ignorieren. Ganzheit meint das Erkennen der Gleichwertigkeit aller Ebenen. Erkennen erfordert ein sich völliges Einlassen.

Dasselbe trifft für das Thema »Sexualität auf dem geistigen Pfad« zu. Das Abspalten der Sexualität bringt Schaden, nicht Nutzen. Dieses Thema vermag immer wieder die Gemüter zu erhitzen. Gesamtmenschheitlich ist diesbezüglich die größte Spaltung da. Die sexuellen Kräfte lassen sich nicht einfangen. Darum ziehen es die meisten vor, sie zu unterdrücken. Zum Weg gehört, sie zuzulassen. Diese Kraft alleine würde es schaffen, die ganze Gesellschaftsordnung aufzubrechen. Kein Wunder, daß die Ego-Welt versucht hat, sie mit Normen und Vorschriften in Schranken zu halten. (Ein großer Seufzer in mir.) Nun sollen hier echte Änderungen in Gang kommen. Die Sexualrevolution war ein Ventil für diese gestaute Energie, ein bloßes Erleben des anderen Pols, in der Form des offenen Auslebens. Die Freiheit liegt in der Mitte. Es geht nicht darum, für Stauungen Ventile zu errichten. Diese vitalen Kräfte sollen von unten her dienstbar gemacht werden für den Aufbau der ganzheitlichen Persönlichkeit.

L: (Die Kinder stürmen zu mir herein. Dies tut mir körperlich weh. Ich möchte in Zukunft sanfter unterbrochen werden!)

20. 11. 1990, 9.30 Uhr
Die Sanitärmonteure haben mir soeben mitgeteilt, daß die Hauptzufuhr des Wassers einen Defekt aufweise. Am Nachmittag wird die Reparatur durchgeführt: Der Haupthahn muß ersetzt werden. Es ist für mich eindrücklich, die Aussagen der Bauleute mit meinem Prozeß zu vergleichen.

L: Was bedeutet das für mich persönlich, wenn der Anschluß der Hauptwasserleitung heute ersetzt werden muß? (Ich sehe eine Glocke über einem Graben.)
G: Das, was bisher in der Dunkelheit, im Graben lag, kommt ans Tageslicht, wird an die Glocke gehängt. Es muß viel gegraben werden, bis die Menschen zur Quelle vorstoßen. Das Ausgrabungsmaterial muß wegtransportiert werden, sonst rutscht es immer wieder nach unten und deckt die neu entdeckte Flamme zu. Erst wenn das Ego als Form stark genug ist, kann es all dieses Material selber zuerst abstoßen, später umwandeln.

L: Kann ich dazu beitragen, Material wegzutransportieren?
G: Deine Aufgabe ist es, dieses Material mit der Macht des Mantras umzuwandeln.
L: Kannst du mir bitte dazu konkrete Vorschläge machen? (Ich sehe das absolute Licht, das mächtig und stark in das Loch fällt. Es ist die Flamme, und es schützt sie in ihrer Zartheit und Weichheit. Die Erde, die beim Herunterfallen ans Licht herankommt, wird direkt transformiert.)
G: Du bist Transformator. Konkret machst du es mit deinem Herzen. Der Schmerz deiner eigenen Wunde – dort, wo ihr euch vom Schöpfer abspaltet, werdet ihr wund – läßt Barmherzigkeit zu, welche Voraussetzung für jede Heilung ist. Barmherzig sein bedeutet, sich in den Schmerz des anderen hineinzufühlen und liebend zu wissen, daß es die Bestimmung jedes Menschen ist, den Graben der Spaltung zu überwinden, um mit dem Schöpfer wiederum eins zu werden.
L: Habe ich gestern richtig verstanden? Ich brauche »nur« die Energie mit meinem Mantra zu verbinden, und sie tut das ihre, ohne daß ich sie gezielt weiterleite.
G: Fixiertes menschliches Leiden würde an der Flamme des einzelnen vorbeigehen. Wenn du dich völlig freigibst, ohne Erfolge zu erwarten, kann *ES* geschehen. Der Anspruch ist hoch, darum gibt es wenig Direktheilungen. Du hast in der Atemsitzung Januar 1985 in Esalen Direktheilung erfahren und weißt, daß es möglich ist (siehe Kapitel 1).
L: Ich kann mir immer noch nicht vorstellen, wie dieses Heilwerden praktisch aussieht.
G: Du schwingst nicht nur mit dem Christus-Mantra, sondern du *bist* das Mantra oder du *bist* Christus. Über seine Liebe vermag Christus alles. Im Konkreten wird es sich darin zeigen, daß du die Menschen immer mehr liebst. Was alle erlebt haben, ist bedingte Liebe: 'Ich muß etwas erbringen, um geliebt zu werden'. Dies ist Ego-Ebene. Absolute Liebe kommt von einer anderen Dimension. Diese stellt

keine Bedingungen. Jeder Mensch ist als Gottes Kind liebenswert. ER liebt seine Kinder bedingungslos. Da sich aber die Kinder an Bedingungen gewöhnt haben, können sie Seine Liebe lange nicht zulassen. Laß du erfahren, daß wahre Liebe für alle *ist* , daß sie nicht verdient werden muß.

L: Du sagst also, daß die Christus-Energie, die durch mich fließt, mein eigenes Herz mehr öffnen wird, so daß ich selbstverständlich und bedingungslos lieben kann. Ich glaube, augenblicksweise habe ich das bereits erlebt. Wo muß ich dabei vor allem aufpassen?

G: Du mußt mutiger Grenzen setzen, sonst bist du in Bälde ausgesogen.

L: (Ich sehe Menschen wie Saugnäpfe an meinen Konturen.)

G: Dein Körper sei immer dein Maß. Achte darauf, wieviel er verkraftet. Nimm seine Botschaften ganz ernst, auch wenn es ein leichtes ist, sie zu überlisten. Du hast keine andere Möglichkeit der Grenzsetzung. Merkst du, daß du auch jetzt beginnst, müde zu werden? Dies ist der Moment zum Aufhören. Ich sehe, wie dein interessiertes Ego dranbleiben möchte. Interesse soll nie der Leitfaden sein. Spüre die Verbundenheit mit uns und erinnere dich daran, daß im großen Plan alles seine Zeit hat. Etwas überspringen, bringt nichts. Ein Schritt kommt nach dem anderen.

L: Ich folge nun Deinen Anleitungen. Vielen Dank!

Antwortbrief 15

Liebe Leta,

zu Deinen letzten Briefen sende ich Dir einen Auszug aus meinem Tagebuch. Es hört sich an wie meine inneren Gespräche mit Dir über Dein Erleben.

Du darfst auch das Kanalisieren nicht übertreiben. Gabriel läßt Dir immer die Freiheit, nach Deinem Maß mit ihm in Kontakt zu treten.

Das geschieht nicht unabhängig von Deinen persönlichen Rastern, durch die Du die Welt betrachtest. Wir müssen sie nicht verneinen, nur durchschauen, daß es Deine und meine sind. Jeder Raster ist ein Tor in die hintergründige Wirklichkeit. Du wirst also immer wieder über den »astrologischen Raster« zu tieferen Einsichten kommen und kannst diese auch anderen Menschen in diesem Verstehensrahmen zugänglich machen, weil Du darin über viele Register verfügst. Ein von Dir belebter Raster ist auch ein Stück Materie, das durch Deine Begeisterung zum Leben erwacht. Wir brauchen immer wieder viel Achtsamkeit, daß wir auf diesen persönlichen »Rastern« nicht egomäßig in Selbstbeweihräucherung »abfahren«.

Solche Raster sind auch die Spekulationen über die Re-Inkarnation. Das »Re« könnten wir uns schon lange streichen, weil es ja nicht um ein »Wiederholen«, sondern um eine ganzheitliche Ausfaltung unseres Menschseins geht, unabhängig davon, in welcher Dimension dies geschieht. Sobald ich mir etwas einzubilden beginne, daß ich z.B. eine »alte Seele« bin, diene ich den Ego-Hüllen und nicht meinem Kernwesen. Das will aber in der Fülle seiner Schönheit aufleuchten. Die Schleier des Egos werden dabei immer wieder zerrissen auf diesem Weg der Selbsterkenntnis. Das holotrope Atmen bricht dabei die Grenzen auf, weil in jedem Atemzug der kosmische Atem in seiner göttlichen Ursprünglichkeit aufleuchtet. Diese Beseelung will aber nicht zerstückelt, sondern immer ganzheitlich fließen. Deshalb wird das zerstückelt, was das Ganzheitliche eingrenzt.

Der Lebens-Atem des göttlichen Geheimnisses wirkt in einer besonderen Weise in der Christus-»Energie« und will heilend in die Geschichte eines jeden Menschen einströmen. Im holotropen Erkennen erhalte ich Einblicke in das begrenzte Los meiner Raum-Zeit-Befindlichkeit. Ich begreife die Würde meines Menschseins in einem viel größeren Zusammenhang und ersehe, wie verhaftet ich mich an Zeitbedingtheiten festhalte. Die Erfahrung der Christusenergie wirbelt mich auf wie ein pfingstlicher Sturmwind und ermuntert mich, in SEINE Heilung einzutreten, damit sie mir ein »Heil-Land« werde. Dieses mich An-Vertrauen bedeutet, daß ich mein Schicksal

in seine Freiheit »loslasse«. Ja, ich »lasse mein Los«, gebe es in einen anderen Energiestrom hinein frei. Aus dieser Freiheit heraus geschieht etwas Neues. Der Evangelist Johannes überliefert dazu die folgenden Worte Jesu: »Wenn ihr in eins mit mir bleibt und meine Worte in euch bleiben, erbittet, was immer ihr wollt, und so wird es euch geschehen« (Johannes 15,7). Oder anders ausgedrückt: Wenn ich in die Christuswirklichkeit eintauche, im Wort (im Klang, im Ton) mit ihr mantrisch synton (in eins) werde, dann geschieht Lösung, Erlösung im Einklang der Liebe. Es sind also immer zwei Ebenen, die zusammenfinden und die Syntonie bilden.
Die Botschaft von Michael an mich hat nicht nur Dich aufgewühlt. Ich weiß, wie schwierig es für mich momentan ist, das richtige Maß zu finden. Ich bin noch in so viele »Verpflichtungen« eingewickelt, daß meine Entwicklung zur Zeit stark eingeengt ist. Ich nehme zu viele Rücksichten, deswegen muß ich »bluten«, d.h. ich brauche zuviel Vitalkraft, bin ständig erkältet. Meine Nase weint, weil ich sonst keine Zeit zum Weinen habe. Du merkst auch, wie Deine persönlichen Emotionen mir gegenüber die innere Wahrheit vernebeln und damit der Kontakt bei Deinem Kanalisieren gestört wird. Heute notierte ich in der Morgenmeditation, was eine klare liebevolle Stimme sagte:
»Ich locke Dich in die Festigkeit meiner Kraft, daß Du die Bewegungen meiner Geist-Ein-Wirkung erträgst und der Innigkeit meiner Berührung standhältst. Mein Liebesstrom durchflutet Dich in allen versteckten Furchen Deines Lebens in Deinem ganzen Menschsein. Was zögerst Du, Dich von der Wucht meiner Geisteinwirkung überschwemmen zu lassen. Lasse Deine Abwehrdämme aufbrechen, damit Du durchtränkt wirst vom Strom meiner göttlichen Gnade, Du mein Ebenbild!«
Sehr liebevoll und einladend tönen diese Worte. Wenn ich ihnen nachspüre, empfinde ich einen tiefen Frieden in mir und die Gewißheit, daß ich mich anvertrauen darf.
Am 19. 11. macht Dich Gabriel sehr bestimmt darauf aufmerksam, es sei für unsere Aufgabe *unbedingt wichtig,* daß Du Deinen Körper und seine Signale ernst nimmst. Wenn wir uns im Astral- oder

Mentalkörper bewegen, sind wir viel beweglicher, aber auch weniger faßbar. Unser Materiekörper ist als geprägte Form gefestigter. Euer Gespräch mutet mich ganz herzlich an, von Du zu Du. Was Gabriel über den schwächsten Planeten ausführt, erinnert mich an die minderwertige Funktion, von der C.G. Jung sagt, sie sei zugleich die Schöpferische. Wenn wir dieses »Talent« vergraben, bleibt uns tatsächlich eine ganze Welt verschlossen. Auch in den Märchen ist es meistens »dieser Dummling«, der zum Helden wird oder eben die große Kostbarkeit erringt.

Es ist nichts in der abendländischen Spiritualitätsgeschichte so abgespalten und zum »Dummling« geworden wie die Sexualität, als ob sich diese Beziehungsdynamik zwischen den Geschlechtern auch nur für einen Augenblick ausklammern ließe. So wie Kinder völlig unbefangen in das Arbeitszimmer hineinstürmen, gehen die unkontrollierten Triebkräfte mit uns um; sie sind unberechenbar, wie der Sturmwind, der halbgeöffnete Fenster und Türen in unserem Seelenhaus auf- und zuschlägt, weil Durchzug herrscht. Die Sexualität als Vitalkraft ist Ausdruck des ganzheitlichen Einheitsstrebens im Menschen, um weibliches und männliches Bewußtsein in Einklang zu bringen. Gleichzeitig wird diese Einheits-Sehnsucht auch in der personalen Begegnungshoffnung zwischen gegen- und gleichgeschlechtlichen Partnern gesucht. In der gemeinsamen Einheitserfahrung, unabhängig auf welcher Ebene sie geschieht, wird ein ganzheitliches Mensch-Sein erlebt. Solange ich einen Partner für dieses Erleben haben will, bewege ich mich noch stark auf der Ego-Dimension. Wenn beide Partner füreinander zur Animation, zur Belebung werden, finden sie sich vereint im einen »Ruach« des göttlichen Hauches. Vielleicht ist es für den heutigen Menschen verständlicher, wenn wir sagen: Sie finden sich vereint in der gleichen »Aura«. »Aura« ist das griechische Wort für das hebräische »Ruach«, was »göttlicher Lebens-Odem« bedeutet und oft mit »Seele« gleichgesetzt wird. Auch der Volksmund sagt ja, zwei Menschen, die sich in einer Liebesschwingung begegnen, seien »ein Herz und eine Seele«. Darin drückt sich auch die Sehnsucht nach der Ureinheit mit dem Geheimnis der göttlichen Liebe aus. Im gemeinsamen Erleben der einen Liebesschwingung findet es einen erfahrbaren Ausdruck.

Die innere Stimmung dieser Liebesresonanz ist für mich die Eroskraft, die sich in den verschiedenen Formen der Erotik äußert. Je gierfreier die zwischenmenschliche Erotik gelebt werden kann, desto wohlwollender und liebevoller wird der gegenseitige Umgang auf allen Ebenen der zwischenmenschlichen Kommunikation. Bruder-Mann erkennt Schwester-Frau und umgekehrt. Daß eine solche wertschätzende Liebe auch verhärtete Gesellschaftsordnungen aufzubrechen vermag, liegt in der Dynamik des Eros. Sie führt zur »Agape«, zum gemeinsamen Liebesmahl am selben Tisch, d.h. die Zweierbegegnung weitet sich aus auf die Gemeinschaft Gleichgesinnter... jetzt muß ich aber aufpassen, daß ich nicht in eine (noch) utopische Schwärmerei verfalle.

Der Weg dazu besteht darin, daß Dein Mantra »Christos« in Dir Gestalt annimmt. So vollzieht sich die Christusgeburt in Dir und ich darf Dir »Frohe und gnadenreiche Weihnachten!« zurufen... Dieses Christus-Licht klärt Deinen persönlichen, familiären und kulturellen Lebensschutt. Um dieser Klärung standzuhalten, braucht es ein starkes Ego. Im Licht-Klang des Mantras wird dieser »Schutt« nicht weggeschafft, sondern umgewandelt. Es gibt eine permanente Mahnung durch alle Jahrhunderte in der hesychastischen Tradition: »Nicht verdrängen, verklären!« Alles was ist und mir als Mensch widerfährt, darf ich in die lichtende Kraft des Mantras hineinstellen. Ich nehme dabei das Jesuswort »Ich bin das Licht der Welt!« voll ernst, oder wie es im Johannes-Prolog heißt: »Und das Licht leuchtet in der Dunkelheit«(Johannes 1,5a). Diese Worte aus den Evangelien ereignen sich nicht irgendwann, sondern immer ganz konkret im Lebensvollzug eines jeden Menschen. Im Mantra »Christos« bildet sich die Lichtbrücke über den »Graben der Spaltung«.

Gott will keine »Kasteiung« und Opfer, mit denen wir uns das Himmelreich zu erkaufen versuchen, wie es so oft in der negativen Askese aufleuchtet. Wollen wir wirklich die Spaltung überwinden, geht es um das Einüben von Wohlwollen und Barmherzigkeit auch unseren abgespaltenen Seelenkräften und Anteilen gegenüber. Die ganzheitliche Wertschätzung unseres Mensch-Seins läßt auch untereinander uns ganzheitlich begegnen. Christus ist der Vollmensch, wie er von Anfang an im göttlichen Geheimnis ruhte. Wenn wir in SEINE Schwingung in völliger Hingabe eintauchen, erfahren wir Heilung, werden wir »heil«, wie Du es im Januar 1985 in Esalen erfahren hast. Es ist eine bedingungslose Hingabe, also eine, die auf beiden Seiten keine Bedingungen stellt. Für mich bedeutet diese *bedingungslose Liebe* wirklich Weihnachten: die Öffnung Gottes und die Öffnung des Menschen ohne Wenn und Aber.

In diesem Sinne grüße ich Dich von Herzen
Franz-Xaver

Kapitel 4

Das Mantra eint ! –
Abbau und Aufbau

Einssein mit dem Mantra bedeutet Einssein mit Gabriel und allen Diesseitigen und Jenseitigen in einer universellen Liebe, die nüchtern und doch voll Freude ist. Um diesen Zustand zu bewahren, braucht es die Achtsamkeit des Herzens, die sich ihrerseits wieder an das Mantra bindet. Läßt die Aufmerksamkeit nach, zerfällt das Erleben der Einheit erneut in verschiedene Erfahrungsdimensionen. Dabei werden die jeweiligen zeitgeschichtlichen Faktoren der nationalen, gesellschaftlichen und religiösen Kräfte wirksam. Jenseitige begegnen uns Diesseitigen als Wesen, um uns auf dem eigenen Klärungsweg Hilfen anzubieten. Das wird bei Gabriel und später auch bei Emil, Joshua und Philomena offenbar, die ausdrücklich eine Zusammenarbeit suchen. So ist auch Gabriels Weisung, eine Kerngruppe aufzubauen, zu verstehen. Bei solchen Begegnungen mit Wesen jenseitiger Dimensionen braucht es die Gabe der Unterscheidung der Geister, um zu erkennen, welche in der konkreten Situation wirklich hilfreich sind.

Brief 22. 11. 1990

Lieber Franz,
die Kerngruppensitzung von gestern abend war für mich sehr stimmig. Ich bin erleichtert, daß wir alle ausstehenden The-

men besprochen und offene Fragen bezüglich des Rahmens und Vorgehens der Kerngruppe geklärt haben.
Heute wird bei uns im Garten gebohrt. Der Härtegrad des Felsens, auf den das Atelier zu stehen kommt, ist nicht so hoch wie befürchtet. Die Arbeiter kommen somit gut voran. Es ist aber sehr laut, und das ganze Haus vibriert, so daß bereits von einigen Fenstersimsen die Blumentöpfe heruntergefallen sind.
Nun versuche ich, mich vom äußeren Lärm abzuschirmen und wieder nach innen zu gehen. Gestern abend kam mir die Information zu, daß eine Auswahl meiner Träume in dieses Manuskript hineingehört. Somit lasse ich Dir den ersten zukommen.

Mit herzlichem Gruß
Leta

Traum – 22. 11. 1990
(Unser Haus ist zur Zeit nur über einen Brettersteg erreichbar. Darunter liegt die Ausgrabung.)

»Ein etwa vierjähriges Kind, das ich schon lange begleite, steht auf dem Steg, relativ nahe beim Hauseingang. Es strahlt eine erstaunliche spirituelle Reife aus. Franz erklärt ihm, meine Aufgabe sei nun das Kanalisieren, ich könne es zur Zeit nicht weiter begleiten. Die reife Seele in diesem Kinderkörper versteht dies sofort und geht ohne verletzt zu sein wieder den Steg hinunter. Ich bin einerseits dankbar und erleichtert, daß Franz für mich eine Grenze setzt, andrerseits staune ich darüber, mit welcher Sicherheit er zu wissen scheint, was für mich im Moment das Wichtigste ist. Und warum sagt er dies noch laut? Ich hätte es geheimgehalten.«

L: Ich meine, von Euch gehört zu haben, Franz müsse seine Arbeit reduzieren. Er fragt, wo er das darf.

G: Er soll in Zukunft diejenigen Tätigkeiten ausüben, die ihm Freude bereiten. Die anderen kann er langsam loslassen.

L: (Mir brennt's in der Wirbelsäule, jetzt auch im Halschakra.)

G: Franz soll sich für das Umpolen seiner Aufgaben ein paar Jahre nehmen. Dazu gehört das Planen und Lenken eures gemeinsamen Einsatzes. Der Abbau des Alten geht Hand in Hand mit dem Aufbau des Neuen.

L: Kannst Du mir bitte noch andere Fragen kurz beantworten?

G: Du bestimmst das Maß und die Länge. Wir haben keine Eile, nur Kairos. Wir freuen uns zur Zeit über deine Entwicklung.

L: (Ich frage mich, ob das möglich ist.)

G: Solange du diesen Zweifel in dir trägst, wirst du auch in der Außenwelt Skeptikern begegnen.

L: In welchem Zusammenhang steht denn mein Unglaube? (Eine Lotusblume öffnet sich. Sie ist so zart, daß jeder Hauch sie verletzen kann.)

G: Du hast dich unbewußt selber vor der Wucht der Erkenntnisse geschützt.

L: Sprichst Du meine Nüchternheit an? Besteht für mich nicht Sturzgefahr, wenn es mir immer bewußter wird, welche Bedeutung meine Aufgabe hat? (Ich sehe plötzlich ganz klar, auch wenn meine Augen etwas geöffnet sind.)

G: Du bist nicht mehr blind, Kind. Du bist sehend wie wir auch. Vergiß die Zusammenhänge nicht, und du wirst auf dem Weg bleiben. Alle Lotusblumen haben ihren Ursprung und ihren Nährboden im dreckigen Tümpel. Du kannst deine Blütenblätter noch etwas wachsen lassen, damit die Natürlichkeit sichtbarer wird. (Meine Schultern brennen.) Nur in der Nüchternheit ist der Geist rein. Und um Reinheit geht es, denn nur im Reinen kann sich der Schöpfer erkennen.

L: (Draußen schneit es. Die Landschaft wird in Reinheit eingehüllt.)

26. 11. 1990
Das 20. Atemwochenende mit derselben Gruppe liegt hinter mir/uns. – Welche Fülle, Dichte und Intensität. Ich bin sehr dankbar für die vielen Erkenntnisse, die ich dabei gewinnen konnte. Die Tatsache, daß etliche Teilnehmerinnen im Traum Teile meines Prozesses mitbekamen, ohne in der Zwischenzeit mit mir in Kontakt gewesen zu sein, bestätigt mir die Existenz der hintergründigen Vernetzung (z.B.: 'Du hattest euren Estrich als Schreibzimmer eingerichtet und schriebst und schriebst wie eine Entrückte.').
Nun gehe ich ins Mantra...

L: Gabriel, übers Wochenende ist mir bewußt geworden, daß Du *IN* mir bist, wenn ich mit dem Mantra eins bin. Ich erkenne jetzt, daß dann alles *IN* mir ist. Dann gibt es keine Bilder mehr, sondern nur noch das Wort (Hitze im Herzchakra). *DU IN MIR, ICH IN DIR.* Auch im Augenblick ist es so.
Was war in den letzten zwei Tagen mit diesem schnellen, kurzen Blitz in meiner linken Gehirnhälfte? Als ich gestern den Ursprungsort als Punkt entdeckte, ließ ich ihn mir ausdrücken. Ich hatte das Gefühl, etwas Böses sei darin eingeschlossen und könne nur geheilt werden, indem jemand von außen in gleichem Masse böse Gegendruck erzeuge. Zum ersten Mal spürte ich, was »Similis cum simile« bedeutet, und ich erkannte, daß auch die Grofsche Arbeit auf diesem Prinzip beruht. Heute morgen um 5 Uhr blitzte es bereits wieder. Seit ich schreibe, ist Ruhe. Kannst Du mir bitte etwas dazu sagen?
(Ich sehe einen edlen, geschwungenen Trichter, der mir für das Kanalisieren zur Verfügung steht, dessen Ausguß aber noch nicht in meinem Kopf endgültig fixiert ist. Seine Bestimmung ist es, in der Mitte des obersten Chakras zu

sein. Wenn er an einem anderen Ort ansetzt, blitzt es.) Habe ich es in der Hand, ihn richtig anzusetzen?
G: Laß ihn hineintauchen. Werde eins auch mit dem Trichter.
L: Ich lasse geschehen. (Der Trichter versinkt in meinem Kopf. Sein oberster Rand stützt sich am Rande meiner Öffnung.)
G: (Gabriel lacht.) Du mußt nun nicht mehr tun, sondern *SEIN*. Mit uns sein, in der Eins bleiben.
L: Dies ist neu für mich.
G: Laß es immer mehr zu und spüre fortwährend, daß ich tatsächlich du bin und daß du ich bist. Außer dieser Einheit gibt es gar nichts.
L: (Ein großer Seufzer der Erleichterung) Wie ist es denn möglich, daß wir Menschen so lange brauchen, bis wir diese Tatsache erkennen? Ich bin Du, Du bist ich, so wie der Wassertropfen im Meer zugleich Wassertropfen und Meer ist.
G: Es ist erst möglich, wenn ihr es erlebt habt.
L: Ich habe noch Fragen bezüglich der spirituellen Ebene in der Psychotherapie.
G: So schwinge dich in diese Fragen ein.
L: Ich weiß nicht, wie.
G: Zentriere dich im Herzen.
L: Ja. – (Eine neue Wesenheit bemüht sich, bei mir durchzukommen und ich spüre die Wichtigkeit dieses Kontaktes. Das freut mich, und gerade dadurch wird die Verbindung blitzartig abgebrochen. Ich bedaure es.)
G: Du verlierst die Zentrierung, wenn das Ego vordergründig wird.
L: (Ich gehe zurück ins Herz und spüre wieder die neue Schwingung. Ein älterer, weiser Mann wird sichtbar, und ich versuche, ihn auf meine Frage anzusprechen.) Manchmal wird der Vorwurf erhoben, die transpersonale Arbeit sei im Vergleich zur analytischen unsorgfältig. Es werde zu stark im Unbewußten gewühlt. Was meinen Sie dazu? (Ich sehe ihn schreiben.)

?: Ich selber war stets auf Exaktheit bedacht und verlor dadurch an Großzügigkeit.

L: (Ich sehe, daß er von Akribie getrieben war, und andrerseits auch, wieviel er für das Ganze tat, indem er seine persönliche Konstellation erlöste. *WAS EINER FÜR SICH TUT, TUT ER FÜR ALLE!*). Was tue ich jetzt für mich und für alle?

?: (Er lacht.) Du bist eine Tochter des Geistes. Ihr seid nun an der Reihe, das Weibliche zu befreien. Wir Söhne haben das Unsrige geleistet. Das befreite Männliche nützt uns aber ohne den Boden der großen Mutter nichts. Und sie läßt sich nicht mit Denktheorien finden, sondern nur durch das Zulassen des persönlichen Prozesses. Du hast das persönliche Weibliche mit dem mütterlichen Urgrund verbunden; deine Venus ist nun darin gebettet, nimmt vom Urgrund Nahrung entgegen und gibt sie transferiert weiter.

L: Das kann Verliebtheit auslösen und wird für mich zum Problem. Wie soll ich damit umgehen?

?: Du mußt klar bleiben, was du auch immer auslöst.

L: Im Gespräch mit Gabriel spüre ich jeweils Wärme, Verbundenheit und Liebe. Ihnen gegenüber nehme ich Distanz, Sachlichkeit und ihren persönlichen Willen wahr. Sie haben ein bestimmtes Anliegen, stimmt's? Der Engel läßt zu, was möglich ist.

?: Mein Wille ist existent, weil ich danach trachte, mein Werk zu vollenden. Die Situation der Menschheit ist im Moment an einem ganz entscheidenden Punkt. Entweder schafft sie den Übergang (ich sehe einen spitzigen Berg), oder sie fällt wieder zurück. Ein paar wenige zählen nun. Du gehörst dazu. (Diese Aussage habe ich auch schon gehört, kann sie gefühlsmäßig überhaupt nicht zulassen, schütze mich davor, indem ich die Wahrheit der Botschaft in Frage stelle.) Das zentrale Thema ist die Verbundenheit mit dem Urweiblichen. Es gab immer ein paar wenige, die sie herstellten.

L: Jetzt spüre ich Sie näher. Darf ich Sie duzen?
?: Dies ist nebensächlich. Schau, was du brauchst, damit der Kanal zu mir offen bleibt.
L: Beim Duzen ist mehr Nähe da. Dies hilft mir, offen zu bleiben...(Wärme im Herzen)
?: Wir sind dasselbe göttliche Licht und unterscheiden uns in der Ausfaltung. Somit können wir der Menschheit einen anderen Aspekt schenken. Da ich nicht im Körper bin, habe ich mehr Übersicht als Du.
L: Also, zurück zu meiner konkreten Aufgabe. (Großer Druck unter dem Halschakra.)
?: Du mußt die Menschen lehren, daß es um Liebe geht, daß nur Liebe zu heilen vermag. Hab keine Angst dabei. Solange du im Urweiblichen gegründet bist, kann dich nichts umwerfen.
L: Ist dies vor allem Frauensache?
?: Ein Frauenkörper verhilft zu anderen Erfahrungen als ein Männerkörper, und alles, was im Körperlichen geschieht, ist Übung für das Geistige.
L: Du meinst also, ich soll Frauen dazu ermuntern, ihren Weg zurück zum Weiblichen zu gehen?
?: Nicht nur Frauen, auch Männer, aber endgültig kann die Verbindung nur durch einen Frauenkörper hergestellt werden.
L: Mir ist diese Verbindung quasi zugefallen. Ist damit wirklich auch für das Ganze etwas erlöst worden?
?: Natürlich, es ist immer so. Gott gibt sich in die einzelnen Teile der Schöpfung hinein, damit diese durch die Individuation erlöst werden kann.
L: Jetzt meine ich, ich müsse meinen Weg von meiner Aufgabe trennen.
?: Der Weg ist gewesen, du bist er jetzt, und deine Aufgabe im großen Plan ist, aus deiner persönlichen Erfahrung zu schöpfen. Damit bist du glaubwürdig.
L: (Vor meinem dritten Auge ist eine fast klare blaue Perle, und Corina fordert mich auf, mit meiner Mutter frühstük-

ken zu gehen. Man spüre, daß dies fällig sei, sagt sie mir...) Ich schließe also das Gespräch und melde mich wieder bei Dir. Herzlichen Dank! (Er ist bereits verschwunden und meine Augen sehen im Hylotropen wieder klar.)

Montagabend – 21.35 Uhr
L: Gabriel, ich habe das Bedürfnis, mit Dir über die Begegnung von heute morgen auszutauschen. Jene Wesenheit spricht mich gefühlsmäßig an. Was meinst Du dazu? Hat sie wohl mit der Kerngruppe zu tun? (Ich sehe, wie verschiedene Pakete in eine große Öffnung fallen.)
G: Dieser Kontakt fällt dir zu. Geh sorgfältig damit um. Faß die Geschenke mit Liebe an und bringe sie sorgfältig in die Materie hinein.
L: War ich bislang sorgfältig genug?
G: Ja, und oft auch sehr überrascht.
L: Wie soll ich Dich nennen, wenn ich von Dir erzähle?
G: Gabriel.
L: Viele Menschen haben Abwehr vor christlichen Begriffen, und diese Abwehr bremst mich.
G: Ach Kind, willst du noch lange auf sie hören? (Diese Aussage berührt mich.)
L: Du meinst also, ich soll von Dir als Engel erzählen? Jetzt nehme ich Dich in der blauen Perle wahr. Bin ich aber ganz eins mit dem Mantra, dann gibt's nichts außerhalb von mir, dann sind wir vereint.
G: Das ist der Seins-Zustand. Sobald du in Aktion trittst, entsteht Zweiheit. Es gehört zum Weg, in die Zweiheit zu gehen *ohne* die Rückbindung zur Eins zu verlieren. Die Eins und die Zwei müssen sich vereinigen.
L: (Nun trifft der bekannte Blitz seit einigen Stunden das linke, innere Ohr. Heute nachmittag habe ich herausgefunden, daß diese Stiche immer dann auftreten, wenn ich nicht mehr im Mantra bin. Eine strenge Erziehung.)

G: Gott hat sich in der Schöpfung verloren und muß sich dort wieder finden. Wer IHN sucht, findet IHN in der Schöpfung. Du hast erlebt, daß die Schöpfung nicht mehr existiert, wenn du ER bist, weil du den Weg zurück zur Quelle beschritten hast.

L: Habe ich richtig verstanden, daß ich helfen und heilen kann, wenn ich meine Nächsten liebe? Es liebt nicht automatisch mit mir, auch wenn es meines Erachtens stimmig wäre.

G: Die liebende Energie fließt dir von innen her zu, das persönliche Tor deines Herzens nach außen ist aber noch nicht ganz offen. Beobachte achtsam, welche Bedingungen dieses Tor zu öffnen vermögen und welche es verschließen. Dies wird so bleiben, aber du wirst immer besser und schneller damit umgehen können. Nun bist du müde.

L: Ja. Und es fällt mir schwer, mich von Dir zu trennen. – Also, ein Willensakt: Auf Wiederhören und herzlichen Dank für ... Ja, wofür? Wir stehen ja im selben Dienst. Ich erkenne gerade, daß Du immer bist und immer warst, daß das Neue (für mich) lediglich darin besteht, daß ich Dich deutlicher wahrnehme. Ich spüre mich nun als »Bürgerin zweier Welten« und staune über diese Grundwahrheit menschlicher Existenz.

Antwortbrief 16

Liebe Leta,
Veronica und ich sind einige Tage weggefahren, so habe ich auch Gelegenheit, mich in den Abendstunden der »Kerngruppenarbeit« zu widmen. Ich will mich wieder betrachtend in Deine Tagebuchauszüge vertiefen.
Dein Traum vom 22. 11. zeigt mir deutlich, daß die Thematik des Kanalisierens auch ein Thema Deines Unbewußten geworden ist. Es geht darum, daß wir die Aufgabe, die uns dabei übertragen wird, ganz ernst nehmen. Dein innerer »Franz« macht darin keine Kom-

promisse (im Gegensatz zu mir, weil auf mir immer noch zu viele verschiedene Aufgaben lasten). Ich bemühe mich, in diesem Punkte mit mir gleich barmherzig zu sein wie Gabriel, der mir ja rät, daß ich mir für die Umpolung meiner Aufgaben ein paar Jahre nehmen soll. Ich vertraue auch, daß dies möglich werden wird. Bei Dir habe ich allerdings den Eindruck, daß Du diese gabrielische Geduld mit mir noch vertiefen mußt (oder kannst...). Die Jenseitigen haben »alle« Zeit – im Gegensatz zu uns, die wir in der Begrenzung des Stoffes leben. Wir haben meistens keine Zeit. Du spürst deutlich den Druck des Kairos, des schöpferisch wirkenden Augenblicks, den Du unter keinen Umständen verpassen willst. Deine Lotosblume darf in ihrer ganzen Fülle aufblühen! Das kann bei Dir in aller Natürlichkeit geschehen, wenn Du einfach in Deinem Denken, nüchtern in Deinen Emotionen und Gefühlen und rein in Deinem Herzen bleibst.

Je klarer Du den Sinnzusammenhang lebst, um so intensiver bist Du mit jenen verbunden, die auf Dich in irgendeiner Weise bezogen sind. Du bildest mit ihnen zusammen einen Teil des großen Netzes, das »gleich dem Himmelreich« ist. Diese Vernetzung nehmen die meisten vorerst gar nicht wahr. Sie träumen vielleicht von Dir und wundern sich bestenfalls darüber. Daß sie in einer Resonanzschwingung zu Dir stehen, merken Sie schon gar nicht, oder verdrängen diese. Bei aller Kompensations- und Tagesresttraumtheorie gibt es in der Erlebensdimension des Traumes eine Ebene, in der konkrete Begegnung und Kommunikation zwischen Träumenden und Geträumten geschieht. Ich wage nach dem Studium und der Besprechung von mehreren tausend Träumen zu sagen: Die Begegnungsdichte und Austauschtiefe zwischen zwei Menschen kann im Traum viel unverfälschter geschehen, je wahrhaftiger und offener jemand ist. Je syntoner (gleichgestimmter) die innere Verbindung zwischen zwei Menschen oder andern Wesen ist, desto schwieriger wird die Unterscheidung, wer wer ist. Du kennst wohl das Sprichwort: »Der Mensch denkt, und Gott lenkt!« Was ist jetzt zuerst, das Denken oder das Lenken? Wer lenkt das Denken des Menschen?... Wundere Dich auch nicht darüber, wenn Du in bestimmten Phasen des inneren Gespräches mit dem Engel nicht mehr zu unterscheiden weißt, zu wem welcher Gedanke gehört. Engel wirken oft durch Inspiration und kennzeichnen ihre Aussagen nicht immer mit einer Etikette. Du wirst aber bald einmal bemerken, daß sich Dein alltäglicher Sprech- und Schreibstil von jenem der Engel unterscheidet. Ich bin natürlich auch neugierig (entschuldige meine Gier!), ob die Engel mit Dir auch in Deiner Muttersprache, also rätoromanisch sprechen...

Es fällt mir auf, wie oft Du nach Deiner Frage an Gabriel ein inneres Bild wahrnimmst. Es scheint mir, als ob dies immer der einfachste Kanal ist, durch den Wesen aus dem holotropen Bereich in Deinen hylotropen einwirken können. Erst nachher formen sich Worte. Im geschauten Bild entdeckst Du Analogien zu Deiner inneren und äußeren Befindlichkeit. In der Betrachtung der Bilder kommt eine Wandlungsbewegung in Gang, in die Du freiwillig eintreten kannst. So geschieht dann eine Veränderung in Dir, die durch eine ganz andere Erfahrensschicht ausgelöst wird, als wenn Du Dir innerlich einen Befehl erteilst. Z.B. kommt auf die Frage: »Wie soll ich kanalisieren?« nicht eine direkte verbale Antwort, sondern Du siehst einen schön geformten Trichter, dessen Ausguß noch nicht fixiert ist. Du darfst in diesem Bild erkennen, daß Du ganz offen für diese Arbeit bist, aber wohin sie münden soll, ist noch nicht festgelegt.

Wir erleben uns im hylotropen Raum meistens im Machen im Sinne eines kausalen Geschehens. Ursächlichkeiten in uns lösen Wirkungen aus. Sie fordern zur Stellungnahme heraus, suchen Antworten und damit Entlastungen. In diesem Nach-Ein-Ander vergessen wir, daß wir beides, Ursache und Wirkung sind und nichts zu machen bräuchten, als zu sein, bzw. uns vom Sein tragen zu lassen. Unsere ganze Aktivität beruht dann nur noch darin, die Bereitschaft zu intensivieren, uns dem Quellgrund des Seins zu öffnen (vgl. das Gespräch über den Meister).

Im mystischen Einheitserleben gibt es außerhalb der Einheit NICHTS. Außerhalb des mystischen Erlebens, im hylotropen Raum, existiert außerhalb der Einheit des NICHTS alles. Um das ahnungsweise zu begreifen, kann ich dieses komplexe Geschehen auch anders ausdrücken: »Was ist der Quellgrund des Apfelkerns?«, fragte der Schüler die Amma. »Der Apfelbaum!«, antwortete sie. »Was ist der Quellgrund des Apfelbaumes?«, forschte er weiter. »Der Apfelkern!«, entgegnete sie schon ein wenig energischer und wollte gleichzeitig von ihm erfahren: »Was ist der Quellgrund von beiden?« Der Schüler war am Ende seiner Weisheit, denn er spürte die Billigkeit seiner Antwort, wenn er nun sagen würde: »Gott!«, darum schwieg er. Die Amma akzeptierte sein Schweigen nicht und bohrte weiter. Der Pilger fand aber die Antwort nicht. Da erwiderte sie mit Nachdruck: »Du Mensch bist der Quellgrund von beiden!« Da verstand der Pilger überhaupt nichts mehr.

Ich habe diese Geschichte immer wieder in mir bewegt und glaube die Lösung gefunden zu haben. Im holotropen Raum existieren Apfelbaum und Apfelkern gleichzeitig. Nur wenn ich mich in das Eine von beiden vereinzele, entsteht aus dem Einen die Zwei. Das entspricht aber nicht dem ursprünglichen Quellgrund, sondern der Phantasie meines Egos. Überall, wo Vereinzelungen entstehen, hat das kleine Ich seine »Hand« im Spiel. Das Ganze wird durch Betonung von Teilaspekten aufgelöst und vervielfältigt. Das Ego klammert sich in seiner Wahrnehmung immer an einzelnes, was ihm gerade so in sein Konzept paßt, und schuldet immer irgend etwas dem Ganzen. Darum mahnen die Jenseitigen stets von neuem, alles freizugeben, um den Kanal des Herzens ganz zu öffnen, sonst sind wir einfach in Gefahr, Egowünsche zu befriedigen und nicht von Grund auf zu befrieden.

Daß sich das kleine Ich immer gerne festklammern will, zeigt sich noch auf einer anderen Ebene. Du sprichst davon, daß bestimmte Erfahrungen und Einsichten, die Du weitergibst, bei gewissen Menschen beiderlei Geschlechts Verliebtheit Dir gegenüber auslösen können. Ich habe dieses Phänomen aus eigenen Erfahrungen in beide Richtungen schon lange beobachtet und viel darüber nachgedacht. Ich unterscheide zwei Formen des »Verliebtseins« auf dem spirituellen Entfaltungsweg:

1. Die Menschen, welche Du begleitest, verlieben sich in Dich;
2. Du verliebst Dich in die Menschen, die Du begleitest.

Ich bin mir klar, daß die Übertragungsphänomene in einer spirituellen Begleitung die gleiche Rolle spielen, wie in jeder Analyse oder Psychotherapie. Der/die Begleitete identifiziert den spirituellen Weg mit dem/der VermittlerIn dieses Weges und erwartet von der Begleitung, daß diese alle Aspekte des Weges in sich vereinigt. Die bewußte und unbewußte Sehnsucht nach Ganzheit und Einheit des Wesens im persönlich gelebten Menschsein weckt das Bedürfnis, sich ganz eng mit dem/der spirituellen BegleiterIn, dem/der UnterweiserIn oder dem/der MeisterIn zu verbinden. In diesem Streben liegt die Hoffnung, in einer »participation mystique« (auch erotisch-sexueller Natur) schneller zum Einheitserlebnis mit dem Urgrund oder zur Erleuchtungserfahrung zu gelangen. In diesem Geschehen wird die ganze psychische Energie (Libido) auch in Verbindung mit allen Idealvorstellungen in bezug auf den Weg auf die begleitende Person übertragen. Solange diese ideale Wegvorstellung an der begleitenden Person festgemacht werden kann, gibt es meistens keine Auseinandersetzung und Abgrenzung: Spirituelle LehrerInnen werden im Gehen des Weges verehrt und geliebt. Die liebende Symbiose wird gesucht. Das kann auch gegenseitig geschehen, wenn der/die spirituelle LehrerIn, aus welcher Einengung des Bewußtseins oder Egomusters auch immer, den/die IdealschülerIn gefunden zu haben glaubt. In dieser liebenden Symbiose liegt die Hoffnung, schneller zu einer mystischen oder transpersonalen Erfahrung zu kommen als in einer eher distanzierten wohlwollenden Begleitung. In dieser Beziehungsresonanz kommen alle Gefühle und Beziehungswünsche in Schwingung, gleichgültig, ob sie bi-, hetero- oder homosexuell sind, weil jeder Mensch zur ursprünglichen Schönheit seines Menschseins heimfinden will. Diese ist aber unabhängig von der momentanen geschlechtlichen Dynamik, in der jemand lebt oder sich zu einem bestimmten Zeitpunkt seiner persönlichen Lebensgeschichte vorfindet. Deshalb ist auch der herrschende Kulturkanon in dieser Frage, also ob jemand eine zölibatäre, lesbische, homo- oder heterosexuelle Lebensform gewählt hat, zweitrangig. Die Sehnsucht (das sehnende Suchen) verdichtet sich nur immer auf das Eine: Wie kann ich in der Beziehung zu dem/der spirituellen LehrerIn möglichst schnell und schmerzlos in eine Einheitserfahrung mit dem Urgrund des göttlichen Mysteriums gelangen? Deshalb werden dann alle zentralen Lebensgefühle an der begleitenden Person festgemacht in der Erwartung und Hoffnung, in der totalen Einheit mit ihr in diese holotrope Erfahrung zu gelangen. Daß dabei das ganze Spektrum der spirituellen Eifersucht zwischen den anderen, auch auf die Symbiose hin offenen SchülerInnen zu spielen beginnt, fällt meistens im konkreten Ringen aus dem Blickpunkt.

Diese Krise kann überwunden werden, wenn alle Beteiligten lernen, *durch* alle inneren und äußeren Verflechtungen hindurch zu spüren und so dem Licht hinter den farbigen Glasfenstern zu begegnen. Solange wir uns als aufsteigenden Wassertropfen aus dem Meer mit dem Meer verwechseln, glauben wir immer wieder, in der Verbindung mit einem anderen Wassertropfen oder in der Vereinigung mit einer Wasserdampfwolke schneller Meer zu werden. Wir sind immer Meer und Wassertropfen. Bewußtheit über das Meer erlangen wir erst dann, wenn wir als Wassertropfen in das Meer zurückgefallen sind...

Im hylotropen Raum unterscheiden sich die Beziehungsqualitäten wirklich zwischen den einzelnen Wesen. Du hast ja bemerkt, daß die Atmosphäre zwischen Dir und Gabriel eine andere Schwingung aufweist als jene zwischen Dir und dem neuen Wesen. Es ist zentral wichtig, die Unterschiede zu erkennen, damit auch die verschiedenen Resonanzebenen nicht einfach miteinander vermischt werden. Gabriel wirkt auf mich klar und offen, voll von Liebe. Seine einladende Werbung hat es nicht nötig, irgend etwas erzwingen zu wollen.

Im Gegensatz dazu hat das andere Wesen etwas Drängendes und fast Missionarisches in seinem Verhalten. Die gegenseitigen Konturen verschwinden auch bei Euch, sobald Ihr im gleichen Urlicht des göttlichen Miteinanders kommuniziert. Wenn dieser *Ein-Klang* wirklich da ist, braucht es keine Kommunikation mehr. Wir *sind* dann Kommunikation. Wenn Du aber das gleiche, was Du im Einklang erlebst, einem Dritten verständlich machen willst, brauchst Du wieder viele differenzierende Worte. Das ist immer eine mühselige Arbeit, weil es sich im mystischen Bereich viel leichter aus der

Syntonie heraus leben läßt. Diese braucht keine gegenseitigen Erläuterungen. Solange Du nicht klar bist in Deinem konkreten Auftrag an den Menschen, wirst Du wiederholt erleben, daß Dein Halschakra brennt. Es stellt jenen Energiekreis dar, der mit anderen Menschen in Verbindung tritt und sich in der Kommunikation ausdrücken will. Bestehen irgendwelche Hindernisse emotionaler Art dabei, wirst Du in diesem Chakra einen massiven Druck verspüren. Es drängt Dich dann, etwas von Dir sprachlich frei zu geben, aber Du wagst es noch nicht.

Für heute will ich meine Betrachtungen schließen, sonst gerate ich wieder unter Zeit-Druck. Du weißt ja, dies ist gegenwärtig mein Haupt-Druck.

In Liebe grüßt Dich
Franz-Xaver

Antwortbrief 17

Liebe Leta,
ich gönne mir gerne die Zeit, Dein Gespräch mit Gabriel vom 26. 11. zu betrachten. Das ist nur möglich, weil mir Veronica das Briefeschreiben abnimmt. Ich muß sicher noch einmal ins Fegefeuer und alle die Briefe schreiben, auf die so viele Menschen warten, weil mir die Korrespondenz längst über den Kopf gewachsen ist. Zum Glück ist in Deinem Gespräch mit Gabriel vieles enthalten, was in manchen Briefen an mich als Frage auftaucht. So geschieht eine Antwort auf diesem Weg.

Es wundert mich nicht, daß Dich die Abwehr christlicher religiöser Begriffe durch andere Menschen innerlich hemmt. Du bist ja im Zustand der blauen Perle so durchlässig, daß Du die kleinste Disharmonie Deiner Umgebung wahrnimmst. Andererseits wird das kleine Ich verletzt, wenn es mit »religiösen Antiquitäten« in Verbindung gebracht wird und nicht mit einer fortschrittlichen Spiritualität. Du möchtest weitergeben, was als Botschaft durch Dich fließt, und keine unnötigen Hindernisse aufbauen. Jede religiöse Institution gleich

welcher Prägung lebt in bestimmten, zum Teil geschichtlich gewordenen und fixierten religiösen Begriffen. Diese sind durch das Glaubensverständnis einer bestimmten Zeit geprägt und werden oft auch dogmatisiert. Ein Dogma ist eine Glaubensaussage, die zum unverrückbaren Erfahrungsbestand eines religiösen Bekenntnisses gehört. Jedes Dogma war einmal die verbale Fassung einer spirituellen Erfahrung. Die Gefahr liegt nun darin, daß die Dogmen verbal erstarren und die Verkündigung nur auf der Wiederholung solcher Aussagen beruht. Damit wird aber ein resigniert suchender Mensch selten angesprochen, weil er aus der konkreten Erfahrung heraus berührt werden will. Da kann noch mancher Weltkatechismus geschrieben werden, und die Kirchen füllen sich deshalb nicht mehr. Es tut der inneren Wahrheit eines Dogmas keinen Abbruch, wenn der gleiche Inhalt einer veränderten Zeitsprache angepaßt wird, die wiederum aus der aktuellen Glaubenserfahrung wächst. Das würde dann eine ganz spontane Verkündigung aus der persönlichen Ergriffenheit auslösen. Jetzt geschieht es aber oft so, daß in vielen Predigten in mühsamer Anstrengung versucht wird, die konkrete Glaubenserfahrung mit einem theologischen Vokabular zu erklären, das teilweise den Modergeruch von Jahrhunderten in sich trägt. Weißt Du, warum ich von »Modergeruch« spreche? Weil im Namen dieses verbal-orthodoxen Vokabulars in allen Religionen schon Tausende von Menschen in jedem nach-christlichen Jahrhundert gefoltert und hingerichtet worden sind. Ich bezweifle keinen Augenblick, daß hinter jeder dogmatischen Aussage eine echte religiöse Erfahrung steckt. Wer aber mit solchen religiösen Festlegungen andere Menschen verurteilt, ist eben aus der Einheit mit dem Mysterium der göttlichen Liebe herausgefallen und beginnt die »Ur-Erfahrung«, d.h. das Anfangshafte, das Erste, zu teilen. Diese Ur-TeilerInnen halten bestimmte Formen von Glaubensaussagen fest, wie Wegpfosten, und bleiben in und auf ihrem spirituellen Weg stecken. Bekanntlich kommen wir ja auf einem Weg nicht mehr weiter, wenn wir die Wegpfosten und Wegweiser umarmen...
Es fällt mir z.B. auf, wie viele Menschen sich verschließen, wenn ich das Wort »Herzens-Gebet« in den Mund nehme. Bei manchen

Leuten tauchen negative Gefühlsqualitäten im Umfeld des Wortes »Gebet« auf. Diese gründen zum Teil in der persönlichen Lebensgeschichte, ebenso in einer kollektiven Gestimmtheit in bezug auf »Gebet« ganz allgemein. Sage ich aber: »Wir lauschen auf den Klang der Stille in uns«, oder: »Wir lauschen auf den Ton des inneren Wortes«, öffnen sich die meisten Menschen ganz spontan. Erst viel später, wenn diese Leute mit dem Geschehen vertraut geworden sind, ist es für sie gleichgültig, welche Bezeichnung ich für ihre Erfahrung wähle. Vielleicht läßt sich das Wort Jesu: »Man gießt keinen neuen Wein in alte Schläuche«, auch auf eine Ersterfahrung eines spirituell suchenden Menschen anwenden. Dieser Satz Jesu würde dann lauten: »Bette keine aktuelle religiöse Erfahrung in ein für Zeitgenossen unverständliches oder veraltetes theologisches Vokabular!« So entspricht der Begriff »Engel« einem uralten jüdischen Vokabular, das von den Christen aufgenommen wurde. Die Wirklichkeit, die sich darin äußert, ist aber in ihrer Mächtigkeit zeitlos und sucht innerhalb von Raum und Zeit immer wieder einen neuen Ausdruck. Deswegen gibt es Namen und Begriffe, die von ihrem Inhalt her zeitlos sind und in ihrer Auswirkung immer wieder einen neuen Wein darstellen. Du wirst aber bald einmal feststellen, daß alles Sprechen über Gott und über religiöse Erlebnisse am Schluß nicht vom Vokabular, sondern von Deiner persönlichen Echtheit und inneren Glaubwürdigkeit abhängt. Je mehr Du selber zum Wort wirst, das Du aussprichst, um so weniger kannst Du davon unterschieden werden. Das gilt auch für jedes Mantra. Je einiger Du mit dem Mantra wirst, um so mehr leuchtet in Dir das göttliche Geheimnis auf, und Du selber fühlst Dich davon nicht unterschieden und damit auch in eins mit der ganzen Schöpfung und allen Geschöpfen. Das ist für alle schwer zu verstehen, die nicht mit einem Mantra leben.
In der religiösen Tradition wird oft gesagt: »Gratia supponit naturam!«, die Gnade setzt die Natur des Menschen voraus, d.h. Gott nimmt den Menschen in seiner Freiheit ganz ernst und tut nichts gegen diese. Gott würde sonst gegen sich selber handeln. Darum »bedient« sich Gott auch des persönlichen Rasters eines Menschen, d.h. der Art und Weise, wie jedes Geschöpf innerhalb von Raum und

Zeit aktiv wird. Innerhalb dieser Struktur kannst nur Du Dich öffnen, damit die Liebe und das Wohlwollen zum Fließen kommen. Der Klang aus der Mitte Deines Wesenskerns klingt so, wie »Dein Instrument« fähig ist, Resonanz zu geben und Echo in den anderen Menschen hervorzulocken. Damit wirkst Du heilend. Bist Du in der Art und Weise, wie Du Leute im selbstlosen Lieben begeisterst, nicht im Fluß der institutionellen Meinung, wirst Du ihre Festlegungen verunsichern und damit Widerstand ernten. Sobald diese HüterInnen der Schwelle begreifen, daß Du nicht gegen sie arbeitest, werden sie versuchen, Dich unter ihren allgemeinen und nivellierenden Mantel zu bergen.

Von Herzen
Franz-Xaver

Tagebuchauszug von Leta
27. 11. und 3. 12. 1990

27. 11. 1990
L: Gabriel, ich bin froh, daß ich wieder einmal ausschlafen konnte. In letzter Zeit erwache ich außergewöhnlich früh mit dem Bedürfnis weiterzuschreiben. Kommen solche Impulse von Dir?
G: Nein, das ist die unersättliche Seite deines kleinen Ichs. Am besten ist es für uns beide, wenn du dich mit deinen Bedingungen mir klar gegenüberstellst. Unsere Verwandtschaft soll dich nicht daran hindern, unsere Verschiedenheit zu erhalten. Du würdest sie noch so gerne loslassen, Kind, aber ohne sie kannst du deiner Aufgabe nicht gerecht werden.
L: Es berührt mich immer, wenn Du mich Kind nennst. Das mag ich gerne, nüchtern und neu sein wie ein Kind. Nun spüre ich den Sinn der biblischen Aussage »Werdet wie die Kinder.« Manchmal kommt es mir vor, als wäre der Weg für Fühltypen leichter als für andere.

G: Fühltypen neigen dazu, ihre Gefühle aus dem Bauch herausfließen zu lassen. Ihr Weg ist es, sie bewußt zu machen. Den anderen »Typen« ist manches schon bewußt, und sie müssen noch den Springbrunnen im Bauch ausgraben. Die Vereinigung von Gefühl und Verstand (Einsicht) findet dann im Herzen statt.
L: Ist es in Ordnung, wenn ich jetzt nochmals konkrete Fragen angehe? (Muß ich vorher wohl noch das Band der Maschine wechseln?)
G: Nicht unbedingt.
L: Zu Franz' Aufgabe in der Kerngruppe.
G: Was er beherrscht, ist das Verpacken von spirituellen Botschaften in Alltagspapier. Du hast noch große Scheu davor. Für ihn ist das natürlich und organisch. Er wird dich immer wieder auf neue Gesichtspunkte hinweisen, die du zu beachten hast.
L: (Ich spüre, daß dies stimmt.)
G: Es ist wichtig, daß ihr euch eurer Aufgabenteilung bewußt seid: Du hast Verantwortung fürs Kanalisieren, er fürs Weitergeben.
L: Welch große Freude, daß unsere Talente nahtlos, klar und sauber ineinander fließen und sich zum Ganzen hin bewegen.
Was soll ich im Moment in unsrer Zusammenarbeit vor allem beachten?
G: Dränge nicht. Alles hat seine Zeit. Bei ihm kommt eine Umwälzung mit großen Folgen in Gang. Ein Mann läßt seine männlichen Anliegen los, um sich seiner wahren Aufgabe zu stellen.
L: Ich spüre, wie ich meinen Widder-Mond zurückhalten muß. Er meint, solche Prozesse sollten viel schneller ablaufen.
G: Du bekommst die Chance, diesem Prozeß zum zweiten Mal beizuwohnen und dieses Mal nicht nur zu tolerieren, sondern auch zu akzeptieren.
L: Diese Aussage tut mir weh. Ich denke, ich habe Theo diesbezüglich nicht ganz verstanden.

G: Vergiß nicht, daß alle Ebenen gleichwertig sind.
L: Die Ungeduld in meinem Bauch erträgt diesen Satz nicht mehr. Weinen überrollt mich, weil ich spüre, welchen Schmerz es für das Männliche bedeutet, seine Klarsicht und Zielgerichtetheit loszulassen, um sich dem Weiblichen, dem Urgrund zuzuwenden. Für mich als Frau war diese Hingabe ein endlich »Loslassen-Dürfen« der Meinung, ich müsse männlich meine Frau stellen. Ich sehe, wie meine Knospe nun im Boden gegründet ist, und wie das Männliche sich daraus entfaltet.
G: Nur so könnt ihr Gott und der Schöpfung dienen.
L: Was muß Franz in bezug auf mich beachten? (Meine Töchter bringen mir gerade einen Vorschlag, wie wir das ganze Haus umstellen könnten, damit sie die Zimmer nebeneinander hätten, und die Türe an der Zwischenwand für immer offen bleiben könnte... Interessant.)
G: Du brauchst tatsächlich eine offene Türe.
L: Dies stimmt, doch habe ich den Schrecken davor, gerade dieses Bedürfnis jemandem aufbürden zu müssen. Es tut mir so weh, daß ich sie brauche und ich fürchte, daß niemand seine Türe für mich immer offenhalten kann, auf welcher Ebene dies auch immer gemeint sein soll.
G: Du fragtest doch für Franz, oder? Laß ihm die Antwort zukommen; er wollte es wissen.
L: Ich spüre, wie ich dieses innigste Bedürfnis immer wieder abgemurkst habe in der Angst, niemand schaffe es, seine Türe für mich immer offen zu halten. Tränen verdecken mir nun die Sicht. Ich war mir nicht bewußt, daß ich dieses Bedürfnis, von Theo oft als Riesenanspruch erlebt, haben darf. (Schluchzen) Nun bin ich in meinen Prozeß gefallen, obschon es Franz' Frage war.
G: Du weinst deine Tränen. Franz ist in diesem Thema frei.

Montag, 3. 12. 1990 - 11.00 Uhr
Die Befindlichkeit meines drittes Chakras erinnert mich an einen Waffenstillstand. Die Soldaten ruhen sich aus. Ich sehe

wie ihre Lanzen und Morgensterne in den Urgrund eintauchen und dort mit dem Ganzen verschmelzen. Welche Erleichterung, wenn keine Angriffe mehr zu erwarten sind. Ich höre in mir, daß meine Waffe – oder eher mein Werkzeug? – die Liebe ist.

G: Du hattest die Lanze lange im Schatten, weil dir der Mut fehlte, sie zur Hand zu nehmen.
L: Und jetzt?
G: Jetzt bist du damit ins Gleichgewicht gekommen. Du hast erkannt, daß Kampf auf der Ego-Ebene notwendig ist.
L: Gestern in der Atemgruppe war ich wohl zu müde, um völlig achtsam zu sein. Ich konnte mich fast nicht bündeln, um das Mantra zu werden, um Dir meine Hand zur Verfügung stellen zu können.
G: Du dienst dem Ganzen auch wenn du sitzt und meditierst.
L: (Diese Botschaft berührt mich tief.) Ich kann Deine Aussagen über die Wichtigkeit meiner Aufgabe noch nicht annehmen. (Jetzt werde ich wie von einer weichen, liebevollen Decke eingehüllt, als ob die geistige Ebene mir eine Albe schenken würde. Es wird aber noch eine Zeitlang dauern, bis ich mich getraue, mit dieser Albe nach außen zu treten.) Gabriel, das dritte Chakra tut wieder weh.
G: Dort sitzt der Schmerz von nicht ausgetragenen Konflikten. Das, was du jeweils eingesteckt hast, hat sich dort abgelagert. Sei geduldig, Kind. Du mußt es nicht von heute auf morgen lösen.
L: Wenn ich die Augen schließe, sehe ich eine fast ganz klare, blaue......., und wieder dieser bissige Schmerz im 3. Chakra. Wenn ich das Mantra bin, gibt es Dich Gabriel nicht mehr. Wenn meine Aufgabe aber in der Zusammenarbeit mit Dir steht, müßte ich Dich nicht als eigenständiges Wesen, wie ich es auch bin, allerdings auf einer anderen Ebene, wahrnehmen?
G: Du beklagst dich über etwas, das andere Menschen anstreben.

L: Das höre ich nicht gerne. Aber ich weiß jetzt wirklich nicht, was wichtig ist.
G: Gib weiter, was du erhältst.
L: Unabhängig davon, von wem ich es bekomme?
G: Es gibt nur eine Quelle. Du bist jetzt dort.
L: Mag sein, daß es merkwürdig tönt, aber ich spüre, daß dieses Eins-Sein für mich nicht alles ist. Ich habe das Gefühl, ich müsse zusätzlich noch etwas tun.
G: Du hast Großes vor, Kind. (Diese Aussage lasse ich gefühlsmäßig nicht zu.) Ruhe in der Einheit, damit das, was du sagst, aus ihr kommen kann.
L: Ist das ein unerlöster Teil von mir, der meint, er müsse zupacken?
G: Oh ja! Du kannst ihm jetzt standhalten und durchatmen. Es geht darum, auch diesen Teil ins Ganze hineinzuatmen.
L: (Ich konzentriere mich auf den Atem.) Wenn ich die Augen schließe, ist die blaue Perle da, ich bin auch sie. Und, was soll's? Ich verstehe, daß Gott sich in die Materie geworfen und somit das Spiel des Bewußtseins in Gang gebracht hat. Einheit allein *IST* einfach, aber ich vermisse in diesem Zustand noch einen letzten Teil. Ist das so, weil ich im Körper bin?
G: (Ein Licht taucht aus dem Boden heraus.) Das völlige Hineingehen in die Materie bringt euch den Segen. (Ich verstehe dies nicht ganz, lasse es aber stehen, um den Fluß nicht zu unterbrechen.) Das Licht ist in der dunklen Materie eingeschlossen, und wenn ihr in sie hineingeht, stoßt ihr automatisch auf das Licht. Etwas anderes gibt es nicht.
L: Ja, und wenn man im Licht drinnen ist?
G: Dies ist der Zustand der Erleuchtung.
L: Ich empfinde ihn als nichts Besonderes; ich meinte, Erleuchtung sei ein Zustand von Glückseligkeit. Diese nehme ich erst wahr, wenn ich aus der Einheit heraus handle und dabei sehe, wie das Handeln stimmig ist. Nun

taucht Angst auf, jemanden zu beleidigen. Ach, ich merke gerade, daß es außer mir niemanden gibt. Aber wenn es jemanden gäbe, vielleicht eine größere Einheit, in die ich als Einheit eintauchen könnte... Jetzt spüre ich, daß es sie tatsächlich gibt, und daß auch sie bloß eine Einheit ist, die sich wieder einer höheren unterordnen muß.... etc. Ich erkenne, daß ich die erste Erleuchtung erlangt habe, und daß es sieben gibt. Obwohl man noch im Körper ist, hat man dabei die Freiheit des Schöpfens. Was soll ich nun beachten?

G: Du mußt dir jetzt deiner Macht bewußt werden. Deine Gedanken werden sichtbare Wirklichkeit.
L: Du meinst, wenn ich das Mantra bin oder auch sonst?
G: Auch sonst. Darum mußt du von jetzt an positiv denken; deine kleinen Ängste kannst du loslassen.
L: Ich will aber dabei keinen Schatten aufbauen.
G: Dies ist kein Problem.
L: Darüber staune ich. Ich meinte, diese Gefahr bestehe immer.
G: Nur für die Blinden. Du vergißt, daß du jetzt sehend bist.
L: Das stimmt. Es ist so neu für mich.
    Jetzt schließe ich, weil ich Corina an ihrem WWF-Stand in der Stadt besuchen will. Möge sie weiterhin kreativ sein. DANKE!

Montagabend

L: Mich beschäftigt die Frage, ob ich dann nicht mehr in der Einheit bin, wenn ich den Engel wahrnehme.
G: In diesem Moment bin ich du.
L: Dann rede ich einfach von mir aus.
G: Reden tut die Quelle; sie ist Wort.
L: Liegt ein Unterschied darin, ob ich die Botschaften direkt aus der Quelle vernehme, oder ob sie zuerst noch durch Dich gehen? (Ich spüre Freude über diese Frage)

G: Es sind immer dieselben Worte, die gesagt sein wollen. Im Prinzip ist es unwichtig, wer sie sagt. Wichtig ist, daß die Botschaft weitergeht, bis sie alles erreicht hat.

L: Verstehe ich richtig, daß du für mich die Brücke zur Quelle warst?

G: In Wirklichkeit braucht es keine Brücken, weil wir Einheit sind. In eurem Bewußtsein erlebt ihr euch aber abgespalten und braucht sie.

L: Ach Gott, ich verstehe nichts....

?: Gabriel und du, ihr habt im großen Plan dieselbe Aufgabe. Ihr übermittelt die Botschaft, daß der Heilige Geist euch alle retten wird. Auf deiner Ebene ist dies schwierig zu verstehen. Ohne euch kann ich nichts bewirken, obschon ich alles bin. Du bist alles und du spezifisch, und dadurch hast du die Möglichkeit, spezifisch auf die Schöpfung einzuwirken, die Individuation der einzelnen in Gang zu setzen. Dafür braucht es ein Gefäß, das ich nicht habe. (Nun unterbricht mich Manuela... Ob ich den Faden wohl wieder aufnehmen kann?) Dein Gefäß, dein Ego, gehört zur materiellen Ebene und ist als Werkzeug absolut notwendig. Darum brauche ich dich dort.

L: Das verstehe ich nun. Was ist Gabriels Aufgabe, wenn ich nun Deine Worte direkt hören kann?

?: Seine Ebene ist synchron zu deiner. Die Botschaft muß durch alle Ebenen hindurchgehen. Die Schöpfung geht erst dann als Ganzes in die Einheit ein, wenn auf allen Ebenen alles erlöst ist.

L: Also, wir machen dasselbe, Gabriel und ich, lediglich auf anderen Ebenen. Kannst Du mir mehr von Gabriels Ebene mitteilen?

?: Sie hat mit der Senkrechten zu tun, mit der Verbindung von oben und unten. Deine Ebene ist die Waagerechte. Hier werden die Kämpfe ausgetragen, hier blüht die Polarität. Gabriel stellt die Verbindung zwischen der Quelle und dir her. Wenn diese nun steht, ist seine Aufgabe in bezug auf dich erfüllt.

L: (Oh, nein, schade.) Soll ich von jetzt an direkt mit Dir in Kontakt treten?
?: Alles ist möglich. Höre jeweils auf die innere Stimme, die dich ruft.

Antwortbrief 18

Liebe Leta,

am 27. 11. sagt Dir Gabriel, es sei die unersättliche Seite des kleines Ichs, die immer mehr möchte. Es braucht sehr viel *Dien-Mut* und Selbstkritik in bezug auf das *Mögliche* besonders beim Kanalisieren. In der Ent-Rückung spürst Du die hylotropen Bedingungen meistens nicht mehr. Du unterstehst ihnen aber trotzdem. Während der letzten Wochen war ich besorgt, daß Dich Dein inneres Drängen überrennt... Du läßt dann Deine Quelle, die aus Deinem Herzen fließt, einfach strömen und vergißt, daß jeder Strom auch ein Bachbett braucht. Bachbett und Strom sind gleichwertig. Fehlt das Bachbett, so gibt es Überschwemmungen, fehlt der Fluß, so entsteht Trockenheit. Das Kanalisieren kann nur in diesen »Bahnen« geschehen, die Dir naturgemäß entsprechen. Genauso braucht das Gefühl die Einsicht und die Einsicht das Gefühl. Beides fließt im Herzen zusammen. Vielleicht bin ich in unserer gemeinsamen Arbeit das Bachbett, das den Strom Deiner inneren Worte in den Verstehens-Raum der anderen Menschen lenken muß. Dabei bitte ich Dich wirklich mitzubedenken, daß die Quelle immer schneller strömt als der Fluß im Bachbett. Ich bin gerne bereit, für Dich eine offene Türe zu sein. Es wird aber Zeiten geben, da sind meine Tore zwar offen, ich aber bin im Hintergrund...

Der Krieg im Mittleren Osten beschäftigt mich sehr stark. Oft weile ich in meinem Herzensgebet dort und lenke das Kristallicht meiner Mitte auf die Schlachtfelder. Es tut weh, daß wir Menschen diesbezüglich aus der Geschichte scheinbar nichts lernen. Wir können auch nichts »machen«, außer uns gründlich um den Frieden und das Wohlwollen des eigenen Herzens bemühen, damit diese Strahlkraft in die ganze Welt hineinwirke. Was dann aus unserer Mitte ausstrahlt, ist ein »Angebot aus der Mitte« an alle, die guten Willens sind, damit sie sich in ihrem eigenen Lichte besser erkennen können. Ja, Deine »Waffe« ist die Liebe. Es ist so schwer zu begreifen, daß »Liebe allein« genügt. Das Schwingungsfeld der Liebe ist klärend und harmonisierend. Deswegen hat auch einmal ein befreundeter Weiser zu mir gesagt: »Ich sitze, damit wenigstens ein Mensch da ist, der die Welt liebt. In dieser Liebe bin ich in Einheit mit allen, die das gleiche tun. Nur so verwandeln wir diese Erde und ihre Bewohner!« Es geht immer neu um diese Offenheit in der Zuwendung, in der Bereitschaft, das Wohlwollen auch dahin fließen zu lassen, wo die kollektiven Vorstellungen die Feindbilder plazieren. Liebe unterscheidet nicht zwischen Freund und Feind (auch im Kriege nicht). Immer wieder drängt es mich in dieser schrecklichen Kriegshektik, in meinem Meditationsraum ein Licht zu entzünden, und ich lade alle Beteiligten ein, sich in das »Licht der Welt« zu stellen, um sich in Wahrheit anzuschauen. Dabei hoffe ich, daß sie ihr wahres Antlitz erkennen und sich in Ehrfurcht voreinander verneigen. Ein arabischer Sufi hat mir einmal gesagt: »Wenn wir auf einen Mitmenschen schießen, verwechseln wir sein Kernwesen mit seiner Fratze.« Heute würde Jesus zu jeder kriegerischen Seite sagen: »Wer ohne Fehler ist, feuere den ersten Schuß!« Auseinandersetzungen gibt es dort, wo wir in unseren psychischen Energien auf verschiedenen Ebenen schwingen und uns gleichzeitig zu begegnen suchen. Dieses Geschehen kann sich bis zum Kampf der Dissonanzen (dis = auseinander, sonare = tönen, klingen) steigern, bis alle Energien in die Vernichtung des Ein-Klanges investiert werden. Die Folge ist Krieg.

Deine Erfahrung ist wie ein Gegenpol zum Krieg: Wenn Du das Mantra *bist*, schwingst Du in Ununterschiedenheit mit Gabriel, also: Du in ihm – Gabriel in Dir. Dort, wo die Quelle sprudelt, sind noch keine verschiedenen Flüsse erkennbar. Erst im Abstand von der Quelle teilen sich die Urwasser. In der Brunnenvision von Bruder Klaus werden wir aufgefordert, einfach aus der Quelle zu schöpfen. Sie fließt für alle ungefragt und ohne Einschränkung.

Das gleiche gilt für das Licht: Es leuchtet einfach in der Finsternis, und diese ergreift es nicht. Wenn Du also in die Dunkelheit der

Materie hineingehst, begegnest Du dem Licht. Diese Erfahrung machten schon die Alchemisten, wenn ihnen in der dunkelsten Schwärze der Materie das Gold entgegenleuchtete. Es gibt 1000 Zugänge zum Licht, auch durch die Dunkelheit (vgl. Johannes von Kreuz, Die dunkle Nacht der Seele). Die Sehnsucht der Materie nach dem Licht ist gleich groß, wie die Sehnsucht des Lichtes nach der Materie. Sie sind in keiner echten Spiritualität gegeneinander auszuspielen. In der christlichen Erlösungsbotschaft bedeutet dies: Die Liebe Gottes bringt in ihrer heilenden Kraft die ganze Schöpfung ins Heil. Es ist für den Nichtmystiker so schwer zu begreifen: »Du bist Licht der Welt, wenn das Licht der Welt in Dir leuchtet!« Es sind dann immer wieder die Ängste des kleinen Ichs, die sich an irgend einem Detail des Lebens festhalten wollen, weil jedes Detail überschaubar ist. Sich in die Geborgenheit des Ganzen freizugeben, ist viel schwieriger, weil darin jedes Detail relativiert wird; und dennoch ist jedes Detail das Eingangstor in die Fülle. Darum kann auch Jesus sagen: »Was immer Du einem dieser geringsten Schwestern und Brüder tust, tust Du mir!« – Und damit tust Du es auch Dir. Ebenso begegnest Du im Wohlwollen den Rohstoffen, Pflanzen und Tieren gegenüber Deinem Kern. Ich hoffe nur, daß es nicht noch Tausende von Jahren braucht, bis wir Menschen dies begreifen. In dieser Wertschätzung der Schöpfung wirken wir heilend und verändernd innerhalb von Raum und Zeit. (Bitte, es geschieht immer ganz konkret: Wenn ich einem Menschen die Tasche aufhebe, die ihm an der Kasse im Kaufladen zu Boden gefallen ist; wenn ich einem ängstlichen Menschen die Hand reiche und mit ihm über den Fußgängerstreifen gehe; wenn ich in der kalten Jahreszeit eine offene Haustüre schließe, an der ich vorbeikomme; wenn ich an einen verschlossenen Menschen ein Grußwort richte usw.) Im Vollzug der Werke der Barmherzigkeit ist jeder Mensch auf seine ganz besondere Weise seliggepriesen und vollendet in seinem Tun die Einswerdung der Schöpfung in der »Voll-Endung« der Erlösung.

In Liebe grüßt Dich
Franz-Xaver

Tagebuchauszug
4., 5., 6. 12. 1990

Traum: 4. 12. 1990
»Morgens im Schlafzimmer. Theo und ich kleiden uns an, während Manuela auf meinem Bett sitzt und etwas erzählt. Ich höre zwei Männerstimmen im Parterre. (Wir hatten vermutlich wieder einmal vergessen, die Haustüre abzuschließen.) Sie fordern Geld und zwar sofort! Ich erinnere mich an ein paar Couverts mit Geld, die bei mir herumlagen. Hoffentlich finde ich sie.
Die zwei Männer steigen die Treppe empor. Der erste steht mir im Gang bereits gegenüber und fordert 2000 Franken in bar, was ich lachhaft wenig finde. Ich schätze ab, ob ich ihn angreifen soll, oder ob ich in einem körperlichen Kampf mit ihm zweite werden würde. Plötzlich erinnere ich mich an meinen gestrigen Text: ›Meine Gedanken werden Wirklichkeit‹. Ich schaue ihm also in die Augen und denke: ›Du steigst jetzt die Treppe hinunter!‹ Ich bleibe ganz bei diesem Gedanken, werde er und spüre mein drittes Auge leuchten. Der Einbrecher weicht langsam und wortlos zurück und steigt die Treppe hinunter. Ich muß mir eingestehen, daß das, was ich gestern über die Wirkung meiner Gedanken geschrieben habe, stimmt. Erstaunlich!«
Und jetzt – bei Tagesbewußtsein – erstaunt mich das nicht weniger.

Traum: Mittwoch, 5. 12. 1990
»Ich treffe eine Angestellte meiner Eltern mit ihrem ersten Mann, der klein und schwach ist, und lerne dazu ihren zweiten Mann kennen. Dieser ist dem ersten gleich, doch etwas größer und stärker. Nun hat sie noch einen dritten, der wiederum gleichförmig, aber noch größer und noch stärker ist. Ich hätte nie erwartet, daß sie dreimal heiraten würde, ohne sich dazwischen scheiden zu lassen.
Der erste Mann ist kleiner als sie, der zweite gleich groß, der dritte größer. Im dritten drin hätte sie völlig Platz.«

Dieser Traum erinnert mich an die erste, zweite, dritte usw. Erleuchtung, an das, was ich vor ein paar Tagen geschrieben, aber noch nicht verstanden habe.

L: Nun fahre ich zur Kerngruppensitzung. Wir werden das Manuskript miteinander besprechen. Was steht heute sonst noch an? (Ich sehe ein Buch.)
?: Lest in der Heiligen Schrift! Ihr werdet die Stelle finden, die auch für euch wegweisend ist.
L: Wie finden wir sie?
?: Schlagt die Bibel einfach auf. (Mein Herz brennt.)
L: Hast du noch eine weitere Mitteilung?
?: Geht nach dem Lesen ins Schweigen.
L: Somit kanalisiere ich heute nicht?
?: Nein. (Ich nehme mich völlig verschlossen wahr.)

Donnerstagmorgen, 6. 12. 1990
Gestern abend reichte die Zeit nicht aus, um über die Bibelstelle, die wir aufgeschlagen hatten, zu schreiben. Ich notiere sie mir jetzt: 2. Samuel 5, 1-3:

«Nun kamen alle Stämme Israels zu David nach Hebron und sprachen: Wir sind ja dein Gebein und Fleisch. Schon längst, als Saul noch über uns König war, bist du es gewesen, der Israel ins Feld und wiederum heim führte, und der Gott hat dir verheißen: Du sollst mein Volk Israel weiden, du sollst Fürst sein über Israel. Da kamen alle Ältesten Israels zum König nach Hebron, und der König David schloß mit ihnen in Hebron einen Vertrag vor dem Herrn, dann salbten sie David zum König über Israel».

L: Es kommt mir so vor, als sage mir/uns dieser Text etwas über den Unterschied zwischen dem äußeren und dem inneren = wahren König aus, ich meine, es habe zu tun mit Religion und Spiritualität. Grofs Aussage, Religion sei die sicherste Impfung gegen Spiritualität, ist mir jetzt ganz nahe.

?: Nur aus der Spiritualität heraus kannst du dein Volk weiden lassen; deine Verbundenheit mit Gott stellt die Weide dar. Daran sollen sich die Menschen ernähren.
L: (Ich sehe ein sachtes Herannahen einer Schafherde. Angst, die mit dem Ausmaß meiner/unserer Aufgaben zu tun hat, schleicht mich an. Ich muß noch einen Zwischenraum durchschreiten, bis ich sie bejahen kann.)
?: Wage es, Kind! Du bist geschützt!
L: (Dies berührt mich.) Du meinst, ich muß es allmählich zulassen, daß die Arbeit der Kerngruppe große Wirkung haben wird? (In mir lichtet sich etwas.) Ich bin immer noch über den Standpunkt meiner Entwicklung überrascht.
?: Das ist die Torheit der Weisen.
Auch innerhalb des Hesychasmus soll eure Echtheit zum Tragen kommen. Der Sitz Gottes ist in der Mitte des Herzens, und wenn ihr auf IHN hört, wird sich alles ergeben, denn im großen Plan hat alles seine Zeit. Nun ist die Zeit fürs Bündeln der verschiedenen mystischen Strömungen innerhalb des Christentums reif. Es soll gebündelt, nicht gemischt werden. Jede Strömung soll ihr spezifisches Anliegen erhalten und nicht gegen die anderen wirken. Im großen Plan haben alle Anliegen Platz, und sie können erlöst werden, indem Menschen sie durchleben.
L: Könnte das Buch von Franz in Zusammenhang mit Euch und mir entstehen und bezüglich des »Bündelns« somit einiges bewirken? (Ich sehe das Buch in Klarsichtfolie verpackt.)
?: Es wird wirken, wenn die Botschaften rein und richtig verpackt sind.
L: (Feines Herzklopfen und wie ein Messerstich in die unterste linke Rippe.)
?: Dein Brustkorb wird sich weiten, und die Aufgabe wird darin Platz haben. Wir wissen, daß es im Moment noch nicht so weit ist.

L: Franz scheint hier näher daran zu sein.
?: Er geht anders vor als du. Miteinander bringt ihr das, was für diese Aufgabe notwendig ist. Er das Können, du die Nüchternheit, das Nirgends-Fixiert-Sein, so daß durch dich alles möglich wird. Du hast die Identifikation nach innen fast gänzlich losgelassen, was *DIE* Voraussetzung für diese Arbeit ist.
L: Höre ich richtig: Das Buch, das bei Franz in Planung ist (vgl. Das Tor zur Rückseite des Herzens, Vier Türme Verlag, Münsterschwarzach), soll durch Eure Botschaften erweitert werden?
Nun spüre ich eine fremde Entität neben mir und einen Hinweis, wie das Herzensgebet heute vermittelt werden soll.
?: (Münzen fallen vom Himmel.) Wer vorbeiläuft, kann sie auflesen.
L: Wer bist Du? Ich spüre eine zögernde Wärme in meinem Herzen, eine sorgfältige Zurückhaltung. Wenn Du mir etwas mitteilen willst, bin ich bereit, es niederzuschreiben. (Ich spüre, daß es für ihn Kraft braucht, bei mir durchzukommen.) Wie kann ich es Dir erleichtern?
?: Du bist im Bauch gespannt und hast kalte Füße.
L: (Ich entspanne mich; die Sonne scheint gerade durch den Nebel hindurch auf mein Pult.)
?: Für mich ist es Neuland, bei einem Menschen durchzukommen. Ich habe Anliegen, die ich gerne weitergeben möchte. Bist du tatsächlich bereit, sie zu empfangen?
L: (Seine Zurückhaltung wirkt auf mich sehr sympathisch. Ich muß mich nicht ängstigen, überflutet zu werden.) Für mich ist jetzt Zeit zum Essen, aber ich komme wieder zum Pult zurück. (Ich spüre seine Erleichterung, daß ich zu mir schaue – herzlichen Dank dafür.)

Antwortbrief 19

Liebe Leta,
ich freue mich natürlich sehr, wie Deine Tiefenseele auf Dein Erleben im holotropen Raum mit Träumen antwortet. Sie sind in ihrer Aussage so klar, daß ich Deiner Sichtweise »fast« nichts mehr beizufügen brauche. Im Traum von 4. 12. wird mit Dir die Wirkmächtigkeit der mentalen Dimension auf das Verhalten von Menschen gezielt eingeübt. Im Traum vom 5. 12. werden verschiedene Stufen des Einheits-Erlebens (wohl besser als »Erleuchtung«) bewußt gemacht. Ich mache oftmals die Beobachtung, daß aus dem Einheitserleben die Erleuchtung aufblitzen kann. Das Einheitserleben ist aber noch nicht in jedem Fall schon die Erleuchtung (vgl. Carl Albrecht, Zur Psychologie des Mystischen Bewußtseins).

Die Frage: »Wer und wo ist das wahre Licht der Juden, der Menschheit?«, bewegte nicht nur die drei Weisen aus dem Morgenland. Es ist eine Frage, die in jeder Religion neu aufleuchtet: Wie wird das Geheimnis der göttlichen All-Liebe sichtbar, erfahrbar? Das religiöse Wissen, das in jeder Religion bewahrt wird, unterscheidet sich von der religiösen Erfahrung, die wir als Spiritualität bezeichnen. Die Spiritualität ist die religiöse Erfahrung, die Menschen im Erleben einer religiösen Tradition oder aus dem Erleben ihrer religiösen Natur machen. Wenn sich eine Religion auf das Tradieren von Wahrheiten festlegt, ohne den Menschen einen spirituellen Erfahrungsweg zu vermitteln, entleeren sich die Kirchen und Tempel, und gleichzeitig »impft« sie die religiös Ängstlichen gegen eine Ausweitung der spirituellen Erfahrung. Ich glaube, die institutionelle Kirche steht an einem ähnlichen Punkt wie die drei Magier bei ihrer Ankunft in Jerusalem. Die »Wissenden« der damaligen religiösen Institutionen des Judentums wußten ganz genau, daß »Bethlehem im Lande Juda keineswegs die geringste unter den Fürstschaften Judas« (vgl. Matthäus 2,5 5f.) war. Um sich aber auf den Weg zu machen und dem göttlichen Mysterium wirklich zu begegnen, braucht es die Berührung durch das Licht (vgl. Stern). Wenn ich nur auf eine Meinung starre: »Was kann denn schon Gutes aus Nazareth kommen?«, werde ich nie meinen Kopf erheben und mich vom Lichtstrahl treffen lassen.

Je unbefangener Du in bezug auf religiöses Wissen bist, desto freier kannst Du Dich den spirituellen Berührungen öffnen. Auch diese werden sich in ihrem Kern nicht von den großen mystischen Erfahrungen der Menschheit unterscheiden, aber sie tragen Deine ganz persönliche Farbe. Darin wird die Echtheit sichtbar, daß Du Dich in Deinem Ausdruck nicht verfälschen läßt und gleichzeitig in einen Dialog trittst mit anderen Menschen, die auch vom Mysterium berührt sind. Dieser gegenseitige, freie Austausch auf dem Weg »bündelt« eine Weggemeinschaft und läßt zusammenfinden, ebenso wie sich die drei Weisen auf dem Weg zum gleichen Ziel begegnet sind. Sie entstammten verschiedenen religiösen Strömungen und durften mit dem Gotteskind die gleiche Erfahrung machen. Dieses »Bündeln« der spirituellen Wege darf jetzt immer mehr zu einer ÖKUMENE der spirituellen Wege werden, ganz im Bewußtsein: »Das Himmelreich ist gleich einem Netz...«(vgl. Matthäus 13,47). Wollen wir alle uns nicht in diesem Netz wie in einer Hängematte ausruhen?

In Liebe
Franz-Xaver

Tagebuchauszug
7., 8., 9. 12. 1990

7. 12. 1990
Ich meine, den Alltag mit seinen Gesetzmäßigkeiten immer noch wahrzunehmen und manchmal deswegen das Schreiben auch wider Willen abbrechen zu müssen. Der folgende Traum sagt wohl etwas anderes:
«Ich sitze schreibend am Pult und spüre den Impuls, aus dem Fenster zu schauen. Zu meinem Erstaunen sitzt Manuela auf einem Erdhaufen und spielt. Ich realisiere, daß sie bereits vor einer Stunde nach Hause gekommen sein muß... und bedaure, es nicht gemerkt zu haben.»

Ich hoffe sehr, mein Schreiben werde den Kindern nicht zuviel. Sie reklamieren, wenn ich versunken wirke, und wollen wissen, was ich gerade denke. Meistens versuche ich bloß, ins Mantra zu kommen oder fühle, wie ich mit ihm schwinge. Manchmal lasse ich das vorher Geschriebene auf mich nachwirken.

Samstagmorgen, 8. 12. 1990
Im Moment beschäftigt mich die Aussage, daß es »der Erleuchtung egal ist, wie ich sie erlange«. Ich erlebe sie im Moment als Eins-Sein mit dem Mantra, als Transzendieren meiner eigenen Schwingungen, bis sie eins sind mit denjenigen des Schöpfers. Manchmal sehe ich gleichzeitig die blaue Perle, was nichts Spektakuläres mehr ist, dann werde ich auch sie. Es gibt auch den anderen Weg: Plötzlich und unerwartet öffnet sich die Perle; ich spüre, daß alles, was ist, Ausdruck des Einen ist und somit sinnvoll und richtig. Darauf werde ich eins mit ihr.
Das erste scheint mir jetzt ein männlicher Akt zu sein. Ich gehe bewußt ins Mantra, weil ich mich danach zur Verfügung stellen will. Wenn ich gut ausgeruht bin, funktioniert es nach dem ersten Atemzug.
Der zweite Weg kommt mir weiblich vor. Ich habe keine Absichten, lasse geschehen, gebe mich anheim im Wissen, daß die große Mutter mich immer auffängt. Das Aufgefangenwerden erlebe ich dann als großes Glück, nein, noch mehr, als Glückseligkeit. Jetzt spüre ich plötzlich, daß dieser Weg mir als Frau eigentlich angemessener wäre, aber etwas in mir wehrt sich dagegen. Ich höre, daß dieses Etwas meine kulturelle Prägung ist; die Meinung des Patriarchats in mir. Ich bin nun in der Nähe einer zentralen Aussage meines Lebens. Ob ich sie sprachlich wohl einfangen kann? Das Loslassen entspricht dem Weiblichen; und um eins zu werden mit dem Urgrund, müssen wir dies immerzu üben, konsequent und ohne Wenn und Aber. Dies ist für mich am einfachsten in der körperlichen Vereinigung. In diesen Au-

genblicken spüre ich die Schritte des Loslassens auf allen Ebenen, und indem ich achtsam mit dem, was ist, gehe, lande ich in der Perle. Die Glückseligkeit ist dann nicht nur spürbar, sondern auch faßbar. Ich spüre das Eins-Sein mit allem *UND* ich nehme wahr, daß die Eins in diesem Augenblick sich in den Körpern meines Partners und mir in der Polarität wiederfindet, sich in ihrem eigenen Spiegel wiedererkennt. Männlich und weiblich kehren nach einer langen Reise, auf der sie sich ganz verloren und wiedergefunden haben, nach Hause zurück. Innerer und äußerer Friede – Ziel erreicht! Und gleich schließt sich die Frage an: »Was nun?« - »Darin ruhen«, heißt es in mir. Zum ersten Mal nehme ich wahr, daß beide Wege erforderlich sind, um im Herzen anzukommen. Ich spüre, daß ich es bin, die für den weiblichen Weg eintreten muß, denn Erkenntnis muß ihren Niederschlag in der Materie finden. Die Gebärmutter (im Hebräischen dasselbe Wort für »Erbarmen«) ist das einzige Organ, das Leben erneuern kann. Sie empfängt, und wenn ihre Frucht reif ist, gibt sie sie weiter. Nur sie kann das fleischgewordene Wort gebären. Diese ihre Möglichkeit ist mit der Fähigkeit loszulassen gekoppelt. Der weibliche Zyklus der Frau ist der Ausdruck des Lebenszyklus: empfangen – austragen – freigeben, damit die Frucht/das Kind auf den Weg gehen und seine Aufgabe erfüllen kann.

Der Same kann nur dann zur Frucht werden, wenn er bereit ist, sich in die Dunkelheit hineinzuwagen und als das, was er im Moment ist, zu sterben. Dies ist für das Männliche bedrohlich. Macht es aber diesen Schritt nicht, kann es sich im weiblichen Boden nicht gründen. Über die körperliche Vereinigung mit einer Frau wird dieses Stück Weg für einen Mann möglich, das heißt, so kann er dieses Eins-Sein erleben. Natürlich kann der Mann über seine Anima mit dem Urgrund eins werden, wenn er fähig ist, der Anima den ihr gebührenden Platz im Leben einzuordnen. Dies ist nur selten möglich, darum wird es in der Projektion, also in der körperlichen Vereinigung mit einer Frau erlebt.

L: Mit wem spreche ich eigentlich? Ich nehme zur Zeit kein Du wahr. Wenn es so weiterfließt wie vorher, kann ich gut schreiben.

?: Es liegt nicht in den Möglichkeiten des Animus, sich hinzugeben. Darum muß der Mann, um ganz zu werden, seine Anima zulassen. Mit diesem Teil kann er sich mit der Gebärmutter der Urmutter vereinigen und somit auch selber zum Schöpfer werden.

L: Ich sehe, wie Same und Eizelle sich abstoßen, obschon sie sich eigentlich anziehen.

?: Bei jeder bewußten Vereinigung von Anima und Animus auf der materiellen Ebene wird Kern-Energie frei, die Tausenden zugute kommt. Es ist unwichtig, wie du diese Energie frei machst, aber du mußt das Prinzip verstanden haben.

L: Sehe ich richtig, daß es nicht ganz stimmt, wenn für das Weibliche gekämpft wird, statt es zuzulassen?

?: Wer dafür kämpft, lebt sein eigenes Muster auf dieser Ebene und hat somit die Möglichkeit, es zu erlösen. Bei dir geht es jetzt nicht um die Erlösung eines unbewußten Musters, sondern ums Weitergeben deiner Erfahrung. Die Durchschlagskraft einer Botschaft ist ver- schieden, je nachdem, ob sie der Gefangenschaft oder der Freiheit, dem Unbewußten oder dem Überbewußten entstammt. Wenn man im Körper ist, läßt man sich so leicht von der Ego-Ebene einfangen. Auch ich habe mich darin ver- strickt, obschon ich mich bemühte, höchst achtsam zu sein. Somit habe ich mir einiges an Karma eingebrockt. Nun bin ich daran, dieses abzutragen, was ich aber nur kann, wenn mir ein Kanal zur irdischen Dimension offen steht.

L: Dafür stehe ich Dir gerne zur Verfügung. Ich bitte Dich aber, mich sofort zu korrigieren, falls ich irgend etwas falsch verstehe. Ich kenne noch nicht alle Probleme, die sich beim Kanalisieren einschleichen können.

?: Wichtig ist die Essenz an sich, nicht die Art und Weise, wie sie ausgedrückt wird.
L: Habe ich heute morgen die Essenz einfangen können? (Ich sehe zwei Hände, die meinen Lichtkopf segnen und behüten. Dies berührt mich, ich hätte es nicht erwartet.)
?: Der Engel beschützt euch alle, wenn ihr im Sinne des Planes wirkt.
L: Du siehst also, daß ich meine letzten Ängste, einmal etwas nicht richtig fassen zu können, weil das Ego sich einschleicht, loslassen könnte?
?: Achtsamkeit sei immer das erste Gebot bei dieser Arbeit.
L: Und Achtsamkeit steht auch in Zusammenhang mit körperlicher Fitneß. Ich beginne zu erfassen, welche Wichtigkeit dem Körper zukommt. In der ausschließlichen analytischen Arbeit hätte ich dies nie erfahren können.
?: Ich habe dies zu Lebzeiten auch nicht erkannt. Doch aus meiner jetzigen Perspektive sehe ich, daß Körperarbeit absolut sinnvoll ist. Grof hat recht, wenn er sagt, alles sitze auch im Körper und müsse auch dort bearbeitet werden.
L: Franz fragte sich neulich, ob wir Gespräche mit Dir auf Tonband aufnehmen sollten?
?: Ausschlaggebend ist, was du brauchst, um offen zu sein.
L: Ich spüre ein Glücksgefühl, daß Du dir bei dieser Arbeit auch etwas holen kannst. Jetzt fällt mir ein, daß Du in der jetzigen Form vielleicht einen anderen Namen trägst als in der irdischen Dimension. Magst Du mir etwas darüber sagen?
Der Name »Emil« fällt mir ein und ich spüre, wie die Werte des Jenseits den unsrigen diametral gegenüberstehen. Was soll das?
?: Ihr könnt mich »Emil« nennen.
L: (Ich spüre große Widerstände, diese Aussage aufzuschreiben, bezweifle ihre Wahrheit. Und schon habe ich Kopfschmerzen, weil ich damit den Fluß blockiere. Die Erkenntnis darüber bringt mir Erleichterung.)

Also, wir nennen dich »Emil«.
E: (Seufzer der Erleichterung) Du brauchst keine Hochachtung vor mir zu haben. Ich versuche, wie alle anderen, auf meinem Weg weiterzukommen und nehme die Chance wahr, die sich durch euch ergibt.

Meine Kinder kommen höchst liebenswürdig und ruhig mit einem Picknick zu mir ins Zimmer. Sie sind wohl das größte Geschenk des Himmels. Ich stelle das Schreiben ein, um mit ihnen zu essen. Inzwischen trifft auch Theo ein. Pause.
Der Name »Emil« und mein Widerstand gegen diese irdisch-alltägliche Bezeichnung wirken weiter. Ich sehe aber plötzlich eine Verbindung zu einem früheren inneren Gespräch. Da erkannte ich eine direkte Linie: Christus, Gabriel, Nathanael, Joshua, E...i (Erwin oder Edwin, aber nicht genau), Leta... Diese Stelle fiel mir gestern abend plötzlich ein, als ich meine Notizen von der Kerngruppensitzung las. Franz erzählte mir zusätzlich von einem jenseitigen Joshua, und ich ahnte, daß es sich um dieselbe Seele handeln kann wie bei meiner dritten Wesenheit. Und jetzt der konkrete Name Emil, der von den mir bekannten Vokalen her stimmen kann. Nun gehe ich wieder ganz ins Mantra und versuche, auf dieser Spur weiterzukommen.

L: Gabriel, kannst Du mir bitte sagen, ob Joshua und Emil meine geistigen Helfer sind?
G: Natürlich. Für dich ist dies allerdings noch nicht faßbar.
L: Deine Bestätigung genügt mir.
G: Du hast noch nicht *ganz* eingewilligt.
L: Es ist mir klar, daß ich zu gegebener Zeit einwillige. Im Moment bin ich gefühlsmäßig noch nicht so weit.
   Wir sprachen auch über die Stariza Philomena, und ich spürte Solidarität zu ihr. Ob sie uns wohl auch noch etwas mitteilen will?
   (Leises Herzflattern. Ich nehme sie weit weg wahr.)
Ph: Atme noch einige Male durch, ich bin ganz für dich da.

L: (Ich spüre Stärke, Dichte, Intensität, weibliche Kraft, Schlichtheit und Einfachheit.)
Ph: Schwester, unser Kontakt funktioniert noch nicht ganz.
L: (Ich möchte mich dieser Frau nähern, sie interessiert mich.)
Philomena, willst Du Mitglied unsrer Kerngruppe sein?
Ph: Natürlich.
L: Ich sehe, daß die Kerngruppe nun komplett ist. Irgendwann, ganz am Anfang, hatte ich gesehen, daß wir zu fünft sein würden, zwei Frauen und drei Männer. Ich ließ aber das Bild fallen, als Franz den Wunsch äußerte, Veronika und Theo dazu einzuladen. Nun bin ich sehr erleichtert und beglückt. Ein wichtiger Punkt ist geklärt.

Sonntagmorgen, 9. 12. 1990
(Mir bleibt noch eine ganze Stunde, bis der Besuch zum Brunch eintreffen sollte.) Das Gleichgewicht zwischen Spiritualität und Sexualität zu erhalten, scheint mir ganz wichtig zu sein, weder das eine noch das andere zu übertreiben oder zu vernachlässigen. Sexualität kann auch spirituelle Übung sein, verleiht Boden, Verbundenheit, die Gewißheit, daß alle Ebenen gleichwertig sind. Körperlicher Genuß und geistige Glückseligkeit sind gleichzeitig erlebbar. In diesen Augenblicken bin ich am »ganzesten«; nichts wird abgespalten, nichts geht verloren; ich bejahe alles vollumfänglich. Daraus folgt für mich – und warum nicht auch für andere? – die Erkenntnis, daß die körperliche Vereinigung der einzige Augenblick ist, in dem die Eins und die Zwei gleichzeitig erlebt werden können. Im Moment kommt es mir so vor, als ob ich wieder einmal einen dicken, großen Schleier abgestreift hätte. Alles, was sich bei mir meldet, soll Platz bekommen. Wie ich wohl in meinem Alltag damit zurechtkomme?
Ich spüre nun die Wichtigkeit der Differenzierung zwischen Hingabe und Hergabe und nehme weiter wahr, daß dieses Thema von mir Wahrhaftigkeit und Konsequenz verlangt.

Somit kann ich mit den üblichen Normen in Konflikt geraten. Mag sein, daß mir auch dies mit der Zeit recht ist.

Ich bin immer noch glücklich, daß die Kerngruppe nun beieinander ist. Verschiedene Mosaiksteinchen haben sich zu einem Ganzen zusammengefügt. Es hieß anfänglich, »die ersten vier Schritte würden im Dunkeln ablaufen«, und wir hatten inzwischen vier Sitzungen.

Antwortbrief 20

Liebe Leta,

Deine Tagebuchauszüge vom 7. - 9. 12. 90 sprechen mich sehr an. Das Mantra ist stets ein Eingangstor in die umfassende Wirklichkeit. Manchmal hast Du das Gefühl, es sammle Dich ein, oft aber auch, es weite Dich in den Kosmos aus. Das »Tor« verschwindet in dem Augenblick, wo Du selber zum Klang wirst. Oft verdichtet sich ein Mantra im persönlichen Erleben in ein konkretes Symbol wie die »blaue Perle« bei Dir oder der »Bergkristall« bei mir. Diese Symbole führen meistens sofort in die kontemplative Atmosphäre hinein, sobald sie innerlich auftauchen, weil sie mit dem Zustand der inneren Ruhe verbunden sind. Sie bilden einen bergenden Raum, und insofern wir uns mit ihm vereinen, werden wir ein total offenes Gefäß, das bereit ist, alles zu empfangen. Diese Bereitschaft, sich im Anheimgeben ganz zu öffnen, führt in die Ruhe (Hesychia) des Herzens und damit in die absolute Geborgenheit. In diesem bergenden Aufgehobensein erneuert sich Dein ganzes Leben. Es ist aber nicht so, daß sich bei jedem Menschen ein Mantra in eine blaue Perle oder in einen Bergkristall verdichtet. Auch das Betrachten dieser beiden Symbole löst bei verschiedenen Menschen einen verschiedenen inneren Zustand aus. In der eigenen Erfahrung spiegelt sich stets die persönliche Lebensgeschichte. Ich kann nur mein »Gefäß« bereiten. Ich bin sehr froh, daß sich unsere Kerngruppe zusammengefunden hat. Mir persönlich gefällt dieser Dialog zwischen diesseitigen und jenseitigen Wesen gut, da viel weniger Trennung zwischen den Dimensionen besteht, als gemeinhin vermutet wird. Dennoch

scheint es mir wichtig, auch noch graphisch darzustellen, was wir neulich in bezug auf das Kanalisieren bei Dir und bei andern Sensitiven betrachtet haben..
Es gibt heute sehr viele Menschen, denen eine Verbindungsmöglichkeit zu jenseitigen Dimensionen geschenkt ist. Es suchen auch immer mehr Leute Personen auf, die einen solchen »Kanal« öffnen können, was »Channeling« oder »Kanalisieren« genannt wird. Es geht um Einsichten über den Sinnzusammenhang des eigenen Weges, der geschichtlichen Situation und grundsätzlich über alles, was einem Menschen fraglich ist. Auf verschiedene Möglichkeiten können diese Einsichten in das Bewußtsein des Menschen eintreten: Visualisierung (im Sinne des tibetischen Buddhismus), Träume, Visionen, automatisches Schreiben, verschiedene Orakelmethoden, innere Stimme u.a.m. Oft wird dieses Geschehen als intuitives Wahrnehmen in der Form einer Inspiration erlebt. Je konkreter die angesprochene oder die aussprechende Wesenheit in Erscheinung tritt, desto geheimnisvoller (weil ungewohnt in der Alltagswirklichkeit) wirkt das Geschehen auf uns. Viele Menschen beginnen dann, für alle Fragen die jenseitigen Wesen zu bemühen und geben ihre Eigenverantwortung auf. Wir werden aber nie davon entbunden. Selbst Gott geht nicht hinter die Freiheit zurück, die ER seinen Geschöpfen gegeben hat, auch wenn die Menschen diese mißbrauchen. Es ist uns überlassen, der inneren Botschaft eine ganz konkrete und individuelle Form innerhalb von Raum und Zeit zu geben. Diese Ausprägungen entsprechen auch der *ethischen Konsequenz*, die ganz persönlich gezogen werden soll.
Ich erlebe Deine Kanalisierungsaufgabe innerhalb der Kerngruppe als Dienst an der EINS, mit der alle Glieder der Kerngruppe in einer mystischen Partizipation stehen. Durch Deine Öffnung finden wir in ein gegenseitiges Gespräch. Philomena, Emil, Joshua und Gabriel haben ihre primäre Aufgabe in der transpersonalen Dimension oder im holotropen Raum. Sie öffnen uns die Sinne für das, was Du und ich in absehbarer Zeit im hylotropen Raum zu realisieren haben. Die EINS ist das Mysterium der göttlichen Liebe, die in der Christos-Wirklichkeit aufleuchtet und in Deinem Mantra Klang wird. Ich

spreche von »Wirklichkeit«, weil das Mantra in seinem Klang das Mysterium gegenwärtig setzt. Das gilt auch für das Symbol der blauen Perle, insofern jedes echte Symbol über seine konkrete Gestalt und Form auf das Geheimnis hinter dem Symbol verweist. Die ganze Kerngruppe schwingt also in der Atmosphäre dieses mantrischen Wortes, aber jede und jeder von uns hat auch eine individuelle Betonung.

Diese persönliche Betonung gibt der Wirklichkeit eine bestimmte »Färbung«, was im Schema 1 zum Ausdruck kommt:

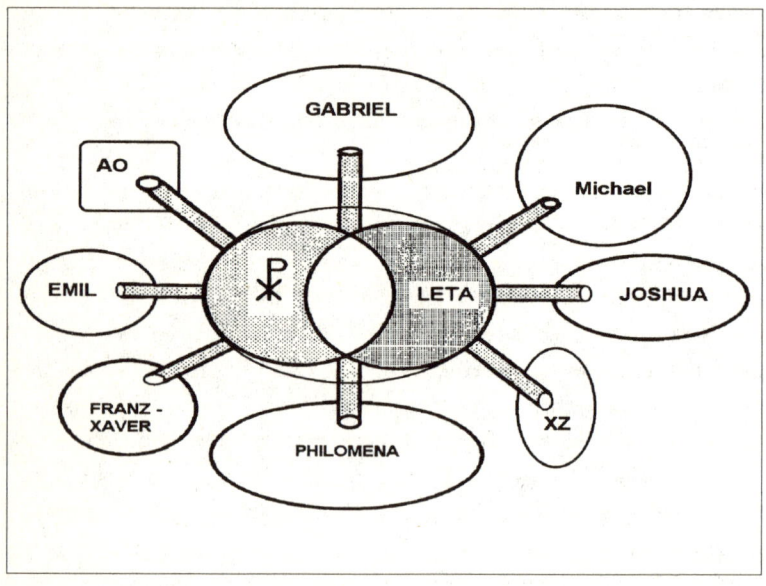

Wenn wir alle synton, also im Gleichklang schwingen, sind die individuellen Unterschiede fast aufgehoben. Die Atmosphäre: »Du in mir – Ich in Dir!«, ist in dieser Syntonie vorherrschend. In diesem Zustand weißt Du jeweils nicht, ob jetzt Du oder Gabriel oder eines der anderen Wesen spricht. Das Ziel bleibt aber in jedem Fall die Einswerdung mit der Christos-Wirklichkeit in der Mitte, vgl. Schema 2:

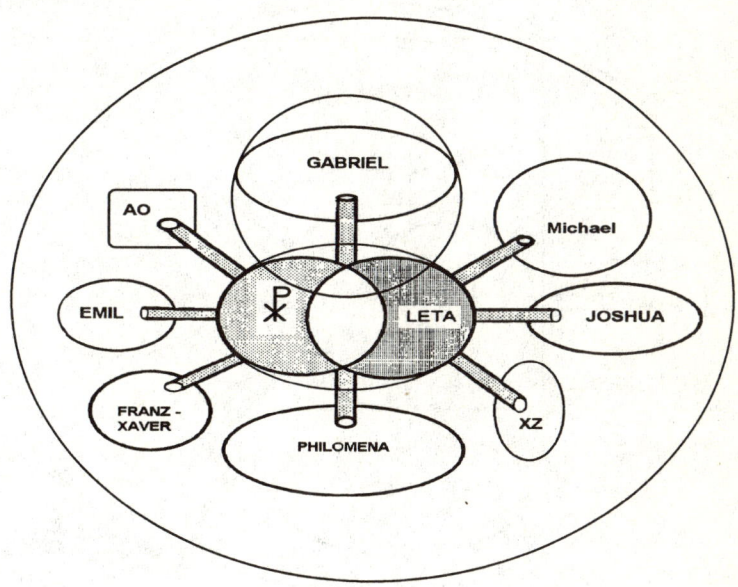

Sobald Du in den Klang des Mantras alles freigibst und in eine ruhige Gelassenheit hineinfindest, erscheint vor Deinem inneren Auge die blaue Perle (bei mir der Bergkristall). Sie ist ein Symbolausdruck für Deine Einheit mit dem Inhalt des Mantras. Aus dieser Einheit heraus kannst Du mit den anderen Wesen direkt sprechen und in Kontakt treten, die ebenfalls in dieser mantrischen Resonanz stehen, vgl. Schema 3:

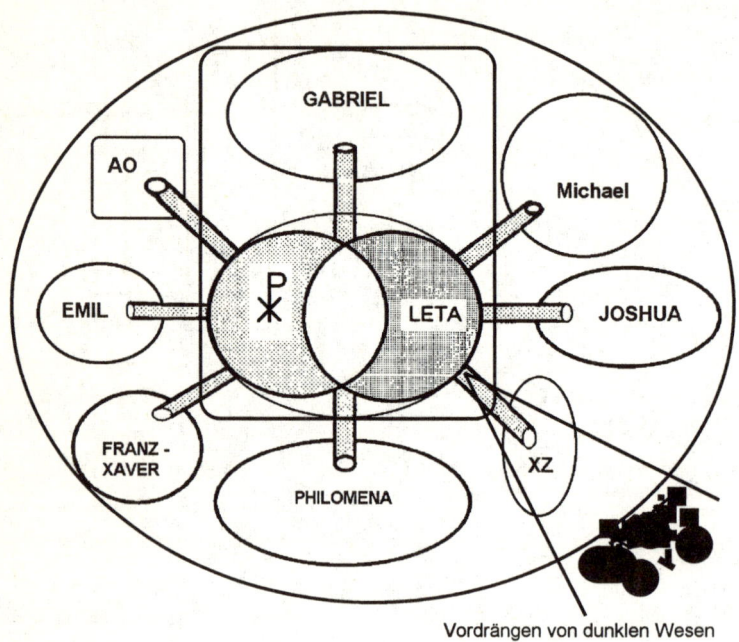

Vordrängen von dunklen Wesen

Wenn »Dein Kanal« geöffnet ist, können sich auch dunkle Wesen vordrängen und versuchen, mit Dir zu kommunizieren, weil Du in diesem Zustand einfach offen bist. Du bleibst in dem Maße auch in Deinem Ego geschützt, wie Du dieses in Deinem Mantra anheimgeben kannst.

Es gibt aber noch eine andere Form des Kanalisierens, die über ein mehr oder weniger entwickeltes dies- oder jenseitiges Wesen zur »EINS« führt. Das kann bei Menschen durch eine unbewußte Dynamik geschehen, indem sie psychische Energien auf andere übertragen. In der Traumdimension, durch das innere Wort oder eine andere Form der Inspiration wird Weisung erteilt. Auch eine jenseitige Gestalt, die sich oft als geistige Führung bezeichnet, kann sich als Begleitung anbieten. Der Unterschied dieses Geschehens zum Schema 1 steht in der Abhängigkeit von diesen Wesen. Sie nehmen Dich in ihr Schwingungsfeld auf. Du beginnst, Dich in ihrer Art auszudrücken. Oft verändert sich sogar der Tonfall der Sprache und auch das Bewegungsverhalten wird atypisch zum gewohnten Benehmen. Die Gefahr dieser Begegnungsebene besteht in einer radikalen Abhängigkeit. Die Annäherung an die EINS erfolgt nur über diesen Kanal. Wenn Du reinen Herzens bist, strömen Dir entsprechend hochstehende Weisungen in bezug auf Deinen Sinnzusammenhang oder jenen der anderen Menschen zu. Die Menschen Deiner Umgebung werden aber meistens gierig und wünschen immer wieder neu, daß Du für sie kanalisierst, anstatt daß sie sich in Selbstverantwortung selber dem Mysterium annähern. Das kann zu einer Egoinflation bei den Empfängern der Weisungen führen, weil sie sich als etwas Besonderes vorkommen, da ihnen solche »Botschaften von Jenseitigen« geschenkt werden. Das Diagramm einer solchen inneren Symbiose versuche ich im Schema 4 darzustellen.

Heute leben sehr viele Menschen in einem Verhältnis zum Schema 4. Das ganze mediumistische Geschehen der gegenwärtigen Zeit ereignet sich unter dieser Konstellation. Es ist auch so, daß die Wesen, die als Führungsinstanzen auftreten, sich in sehr unterschiedlicher Qualität offenbaren. Das hängt mit ihrer spirituellen Entwicklung zusammen, die auch in den jenseitigen Dimensionen weitergeht. (Sonst gäbe es ja keinen Reinigungsort...) Die Entwicklung der Gabe zur Unterscheidung der »Geister« ist deshalb von zentraler Bedeutung. Nicht alles, was sich aus der transpersonalen Ebene offenbart, ist von hochstehender Qualität. Je offener Deine Kanäle in die transpersonalen Dimensionen sind, um so zahlreicher sind die jenseitigen Wesen, die schon lange darauf warten, endlich einen Kanal zu finden, durch den es ihnen möglich ist, sich auf irgendeine Art zu offenbaren.

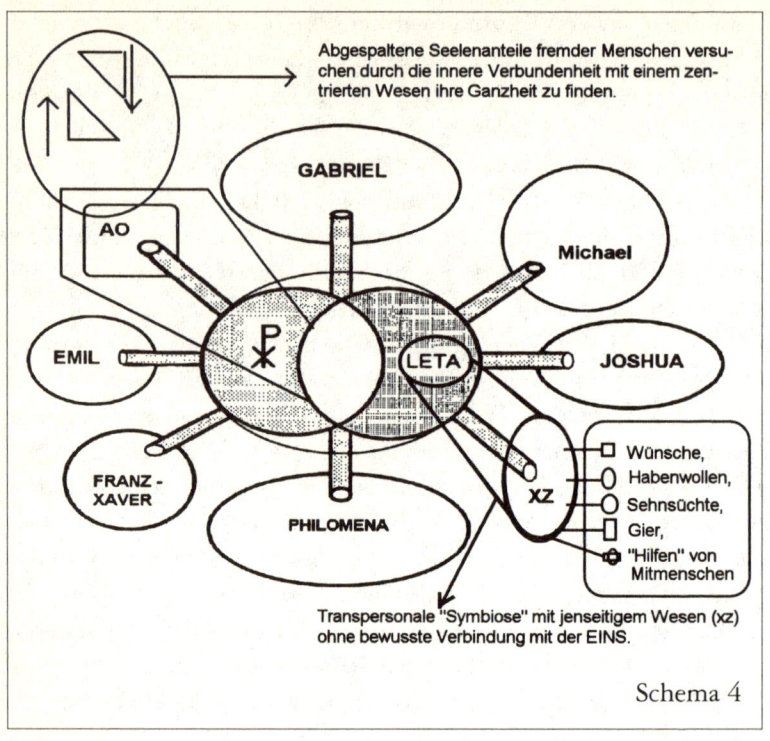

Schema 4

Es gibt auch eine Reihe von verstorbenen Menschen, die noch in einem »Zwischenreich« schweben und noch gar nicht recht »wissen«, daß sie verstorben sind. Auch sie möchten in die hylotrope Dimension hinein ein Zeichen setzen und mit Hilfe von medialen Personen durchkommen. Hin und wieder kann es auch geschehen, daß sich abgespaltene Seelenanteile noch lebender Menschen eines solchen »Kanales« bedienen, um wieder heimzufinden. Dazu braucht es aber Einsicht und Wissen in die schamanistische Weisheit.

Ich will zum Abschluß dieses langen Briefes noch einmal auf die ethische Konsequenz zurückkommen, weil ich darin einen möglichen Kreislauf der Ausfaltung unseres Kernwesens in der Raum-Zeit-Dimension und in gleichzeitiger Verbindung mit zugewandten jenseitigen Wesen erkenne, vgl. Schema 5:

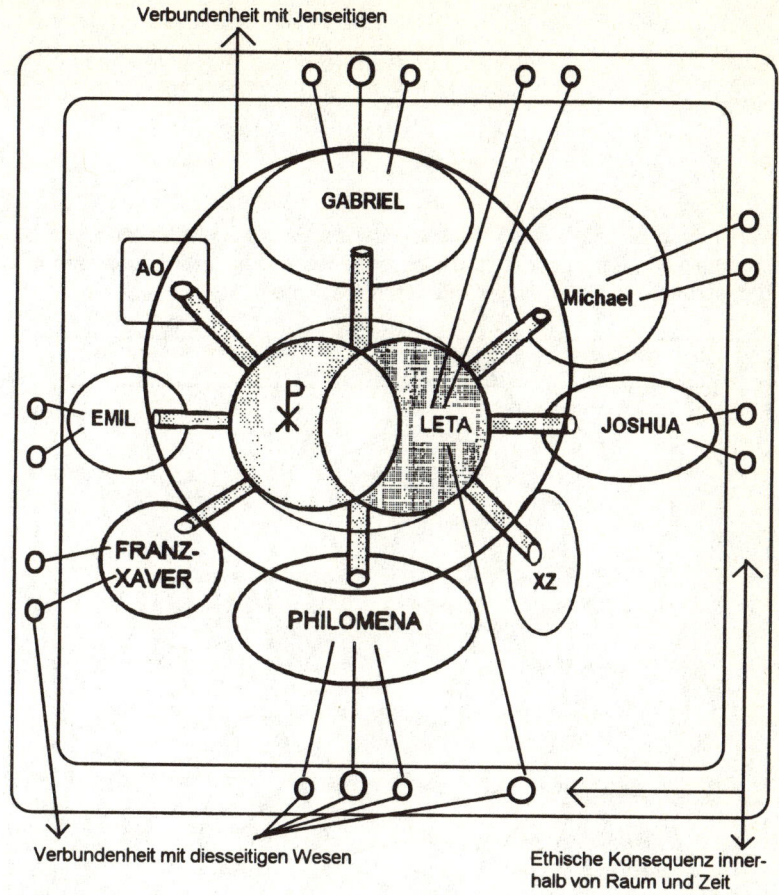

Schema 5

Durch die Offenheit auf die Botschaften aus dem transpersonalen Raum wird mein kleines Ich (Ego) zu einer Stellungnahme und persönlichen Antwort herausgefordert. In der Bereitschaft, die Egoanteile zugunsten des Kernwesens (= Gottebenbildlichkeit des Menschen) zu relativieren, geschieht Individuation. Das erfordert auch eine gründliche Auseinandersetzung mit dem Zeitgeist und den kulturellen Maximen. Es darf der inneren Betrachtung nichts vorenthalten werden, wenn wir unser eigenes und das fremde Welttheater durchschauen und hinterfragen wollen. Wir werden dabei entdecken, daß wir uns im Kern des Geschehens sehr nahe kommen, weil eben Deine Mitte auch meine Mitte IST, vgl. Schema 6:

Verbindung der Egoanteile mit dem Kernwesen als Individuationsdynamik innerhalb von Raum und Zeit. Die ethische Konsequenz wird zur Auseinandersetzung des Egos mit den kulturellen Maximen.

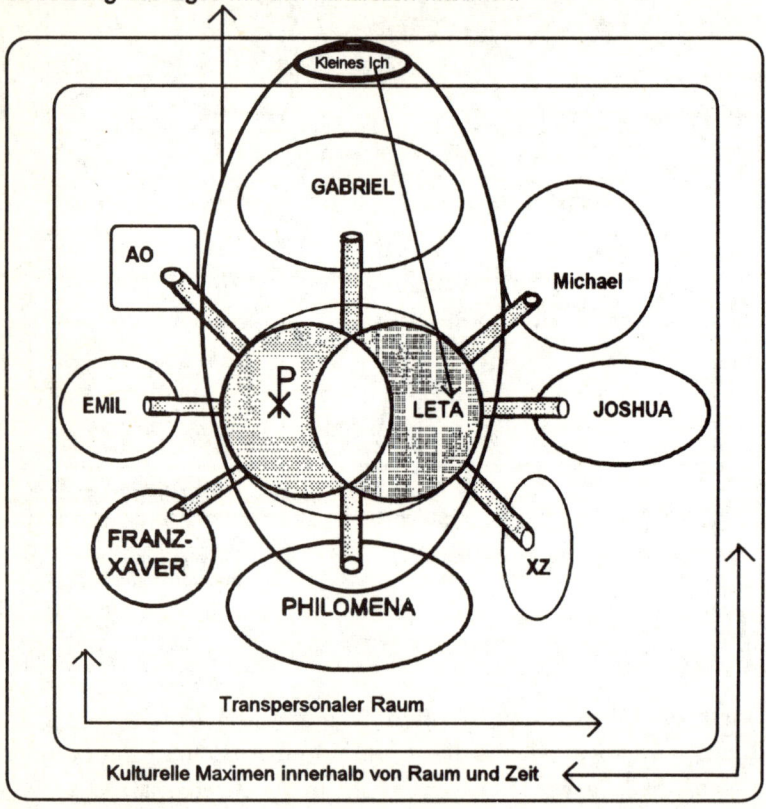

Ich wünsche Dir viel Geduld für weitere Betrachtungen und grüße Dich von Herzen
Franz-Xaver

Kapitel 5

Von der Polarität in die Einheit des unaussprechlichen Nichts – Entwicklung aus Verwicklung

Die Verankerung im Weiblichen und die Bewußtwerdung im Männlichen werden in der Fülle des Nichts aufgehoben. Schritte dazu geschehen in der Bewußtwerdung und Relativierung der eigenen Geschlechtlichkeit. Diese wird erlebbar in der sexuellen Dynamik als energetisches Geschehen in der Auseinandersetzung mit den verschiedenen Kraftzentren der Chakras. Durch die Erfahrung der Lebensenergie, die in jenen fließt, werden wir auf den Quellgrund jeglicher Spiritualität verwiesen (vgl. im jüdisch-christlichen Raum »Ruach Jahwe«, der alles belebende Lebenshauch). Dabei können auch ganz spezifische Ängste auftauchen, daß der Mensch diese »göttliche Animation« mehr für Egozwecke als für die ursprüngliche Aufgabe, Himmel und Erde im eigenen Wesen zu vereinen, einsetzt. Selbst Jesus mußte sich dieser Herausforderung stellen. Das Ganze ist ein prozeßhaftes Geschehen. Die gleichen Antworten haben zu verschiedenen Zeitpunkten eine verschiedene Gültigkeit im Kontext des konkreten Lebens und seiner Vernetzung. Diese Erfahrung machen auch Leta und Franz-Xaver. Es gilt achtsam zu sein, sich nicht in kleinlichen Fragen zu verlieren, sondern immer das Kernanliegen im Blickpunkt zu bewahren. Die Verbindung von Eros (Herzdenken) und Logos (Kopfdenken) ist der Weg der Ego-Entäußerung in die Inspiration der göttlichen Weisheit, die sich als Wahrheit des Augenblicks offenbart.

Tagebuchauszug
10. 12. 1990

Wie könnte der Mensch Himmel und Erde zusammenbringen, wenn er selber nicht im Gleichgewicht, in der Mitte wäre? Es ist so leicht, diesen Punkt der Mitte zu verlieren und oft mühsam, ihn wieder zu erlangen. Nach dem Traum von heute nacht muß ich annehmen, daß ich das Gleichgewicht zwischen Schreiben und Familie – trotz aller Bemühungen – doch verloren habe.

Traum
»Manuela bekommt Streit mit ihrer Lehrerin und entscheidet von sich aus, in eine andere Klasse zu gehen und dort ihren Lernstoff selbständig durchzuarbeiten. Ich finde, ich muß sofort mit den beiden Lehrerinnen Kontakt aufnehmen und abklären, ob sie wirklich damit einverstanden sind. Nach ein paar Tagen realisiere ich, daß ich mein Vorhaben völlig vergessen habe, was ich bedenklich finde. Ich frage mich, ob ich wegen der momentanen Verlagerung meines Hauptinteresses Manuela vernachlässige.«

Gefühlsmäßig möchte ich aber am liebsten mit der Schreibmaschine in Klausur gehen... Beim Wahrnehmen dieses Wunsches sehe ich, wie ich aus dem Gleichgewicht falle. Die Erfahrung zeigt: Je besser ich meinen Alltag bewältige, je besser kann ich schreiben.
Christos, hilf Du mir, in der Mitte zu bleiben; ich bin so beweglich wie eine Feder im Wind!
Vom Bauch her steigt ein neues Thema auf. Es erreicht meinen Brustkorb und gerät hier ins Stocken, weil dieser zu eng ist. Dieselbe Erfahrung machte ich bereits heute früh im Bett und erkannte, womit sie in Zusammenhang steht. Im Moment erinnere ich mich nicht mehr daran, aber ich lasse mich nun damit ein. Heute habe ich zum ersten Mal das Telefon ausgezogen, so daß ich nicht unterbrochen werden kann.

Es meldet sich der Impuls, auf die Thematik »Sexualität auf dem Weg« einzugehen. Einiges in mir sträubt sich dagegen. Dieses Thema habe ich bereits mehrmals aufgegriffen.
Die Erkenntnis, Treue zum inneren Kern zu wahren, scheint in der hylotropen Dimension zu Schwierigkeiten zu führen, weil es nicht nachvollziehbar ist, daß der Kern Liebe ist, und daß alles, was daraus hervorgeht, von ihr getragen ist. Egoismus, Gier etc. existieren in solchen Augenblicken nicht. (Ich spüre Erleichterung unter dem Magen. Etwas beginnt zu fließen.) Nun nehme ich die Liebe des Engels wahr.

G: Eine neue Kraft wird frei werden, wenn du dieses Thema ans Licht holst. Wir warten darauf und stehen dir zur Seite.
L: Danke! – Wo soll ich ansetzen?
G: Gott ist Ganzheit. Jeder Mensch ist gespalten und sehnt sich danach, wieder ganz zu werden.
L: Ja, und damit ich mich ganz erleben kann, darf die Sexualität auf dem Weg nicht abgespalten werden. Kultur und Erziehung bringen uns zwar bei, wie wir mit ihr umgehen sollen, allerdings mit wenig Erfolg.
Für mich erwies sich stimmige Sexualität als ein wichtiges Tor zu verschiedenen spirituellen Erfahrungen. Einerseits war es möglich, dem Göttlichen als absolutes Licht, Freiheit und Glück zu begegnen, andererseits als tiefgründigem, weiblichem Urgrund, was ich auch Göttin nennen möchte. Wenn es ihr gelang, mich von innen her zu ergreifen, stürzte ich in ihre offenen Arme. Lust, Begierde und das Bedürfnis, alles Bestehende zu verschlingen, nahmen dann Überhand in mir. Sowohl meine Souveränität wie auch meine Klarsicht waren verloren, zurück blieb ein laszi012ves Wollen, welchem ich ausgeliefert war. Die Folge davon: eine wunderbare, blinde Verliebtheit, das Bedürfnis, ein Kind zu bekommen. Meinen Partner erlebte ich in diesem Zustand als Geliebten und als Sohn (wie verwirrend), für den ich alles (!) getan hätte. Seither weiß ich, wie mächtig und stark die Göttin ist und

verstehe alle Menschen, die Angst haben, sich ihr zu nähern. Für mich gab es nur eine Rettung, um in ihrem Schoß nicht unterzugehen: das Mantra. Je länger ich darin bleiben konnte, desto freier fühlte ich mich wieder.

Ich verstand, daß ich/daß wir Menschen unsere Wurzeln im Reich der Göttin schlagen müssen, um danach aus dieser Verbundenheit mit ihr heraus uns befreien zu können, aber ohne den Kontakt mit ihr abzubrechen. Der Sohn muß sich von der Mutter befreien, muß er selber werden, ohne sich von der Mutter zu trennen. Oder: Der männliche Aspekt in uns kann erst dann Frucht tragen, wenn der weibliche zum Leben erweckt wurde. Jetzt spüre ich auch hier die Wichtigkeit des Gleichgewichts – welche Freude für meinen Waage-Aszendenten. Nur von der Mitte aus kann ich frei handeln. Alles andere ist ein Ausagieren von unbewußten Mustern.

Für das polare Gehirn gibt es aber Werte, die für das Funktionieren der Gesellschaft notwendig sind. Sie fördern allerdings nicht den Weg der Individuation des einzelnen. Anders besehen, tragen solche Normen von außen zu Auseinandersetzung und Bewußtwerdung bei, wenn sie nicht so stark sind, daß sie die inneren Impulse ersticken, bevor sie an der Oberfläche auftauchen. Mein Weg war auch diesbezüglich von Nüchternheit geprägt, und die Sehnsucht, weiterzukommen, hat mich immer wieder geleitet. Es ist mir bewußt, daß ich in einer einfachen, übersichtlichen und naturnahen Kultur aufgewachsen bin, in der das Präpersonale und das Transpersonale einander oft die Waage hielten.

L: Nun, Gabriel, jetzt habe ich mich durch das gewünschte Thema geschrieben und werde es, wie üblich, Franz zuschicken.
Bevor ich zum Kopieren gehe, möchte ich gerne wissen, ob die Zeit jetzt günstig wäre, um seine Fragen zu stellen.
– Ich sehe ein offenes, dickes Buch, von Licht beschie-

nen. Das Wort »WERK« sticht hervor. (Es blättert nach hinten.)
G: Du hörst fortlaufend von uns, was dein Werk in Zeit und Raum ist. Wenn du den Anweisungen folgst, wird es gelingen. Nicht ohne Mühe und Arbeit, aber damit wirst du deinen Teil erlösen.
Franz kommt immer näher zu seinem zentralen Anliegen; er wird allmählich bereit, loszulassen von äußeren Möglichkeiten. Auch er kann aus der Mitte heraus am besten senden.
Die Arbeit der Kerngruppe hat mit der tiefsten Ebene zu tun. Taucht ein, um zu erfahren, warum ihr da seid, warum ihr zusammengekommen seid. Befaßt euch mit den Kernaussagen.
L: (Ich sehe den blauen Kern und einen weißen Stern ganz tief unten, bereit, alles zu geben. Ich spüre, daß kein Mensch dort anzapfen kann.)
G: Nutzt die Zeit. Es ist gut, wenn ihr nach der Arbeit noch miteinander meditiert.

Antwortbrief 21

Liebe Leta,
es ist schon ganz selbstverständlich für mich, daß Du mir Deine Tagebuchauszüge schickst, damit ich Stellung beziehen kann. »Meine« Antworten sollen ja dazu dienen, einiges zu klären und zu vertiefen. Du weißt, daß ich dieses Geschehen um unsere Kerngruppe immer wieder in mir bewege und auch vieles von dem, was wir zusammen betrachtet haben, in meine Kontemplationskurse einfließen lasse.
Auch wenn Du in einem intensiven Schreibfluß bist, kannst Du nicht einfach mit Deiner Schreibmaschine eine Symbiose eingehen und alles um Dich herum vergessen, was sonst noch der hylotropen Dimension angehört. Sonst werden Deine Träume reklamieren und Dir klar machen, daß Du z.B. auch noch Kinder hast, die nicht nur Buchstaben

von Dir wollen. Die Alltagspflichten werden nie durch einen spirituellen Weg ersetzt. Gewöhnlich ist es gerade umgekehrt. Der spirituelle Weg wird durch die Alltagsaufgaben vertieft. Es sind wirklich alle Ebenen gleichwertig, aber andersartig, deswegen unterscheiden sie sich voneinander. Gottesliebe ist gleichwertig mit der Nächstenliebe, aber in ihrer Ausprägung und konkreten Form verschieden.

So werde ich oft gefragt: Wie kann ich das absolut Umfassende in seiner zeitlichen Bedingtheit erleben? Geschieht es nicht ausschließlich bruchstückhaft? Es sei denn, es gelänge, das Bruch-Stück auf seinen Kern hin zu transzendieren. Was dann bleibt, ist Liebe in ihrer reinen Bezogenheit: Du in mir, ich in dir! In diesem Zustand erlebst Du Ununterschiedenheit und das »Zwischen« als Einheit. Entweder werde ich jetzt höchst philosophisch oder finde eine ganz konkrete Sprache, wie auch die Mystik dieses Erleben in ihrer spirituellen Tradition auszudrücken sucht. Da müßte ich viele Passagen aus dem »Hohen Lied der Liebe« und aus der Liebesmystik des Mittelalters und der Neuzeit (vgl. Hadewijch von Anvers, 1230-1260; Mechthild von Magdeburg, um 1209-1283; Theresia von Lisieux, 1873-1927; Heinrich Seuse, 1295-1366; Bonaventura, 1221-1274 u.a.m.) anführen. Viele Stellen aus ihren Schriften sprechen eine innige und zärtlich-erotische Sprache, in der Spiritualität und Sexualität sich in keiner Weise gegenseitig abspalten, sondern eine tiefe Verbindung des Ausdruckes, des Berührtseins und intimen Erlebens eingehen. Leider ist die Qualität der Sexualität in ihrer erotischen Schwingung und in der ganzen Gestimmtheit des Eros immer noch in der Glaubensverkündigung von der Glaubenserfahrung abgespalten. Spiritualität und Geschlechtlichkeit müssen wieder zusammenfinden, wenn die Alltagschristen tatsächlich zum Liebesmahl in der Agape heimfinden wollen. Der spirituelle Weg ist in erster und letzter Konsequenz eine Liebesgeschichte des göttlichen Mysteriums mit dem Menschen. Dieses Geschehen ist nicht asexuell, sondern bezieht die geschlechtliche Dimension in die Begegnungsebene ein. Menschsein heißt Mann- und Frausein, gleichgültig in welcher geschlechtlichen Ausprägung ich lebe. Die Aufgabe besteht darin, männliches und weibliches, väterliches und mütterliches Bewußtsein in mir zu vereinen, bzw. darin in eine Einheitsbewegung zu finden (vgl. Individuation als Wandlung und Freigabe des Ichs, S. 107). Die ganze Dynamik der sexuellen Energien schwingt mit. Sie wird zur Triebkraft der bedingungslosen Hingabe mit dem ganzen Spektrum der Empfindungen und Gefühle, die damit verbunden sind. Erst aus diesem personalen Erleben heraus kommt die transpersonale Ebene in den Horizont der Wahrnehmung. Auch dieses Geschehen vollzieht sich in organischen Schritten, in denen sich die polaren Erfahrungen harmonisieren:

1. Die reine sexuelle Triebkraft wird in eine emotionale Dynamik umgewandelt, die sich in gefühlsbetonten Bildern, Vorstellungen und Empfindungen äußert. Sie ist mit einer tiefempfundenen Sehnsucht nach Vereinigung mit dem gegen- oder gleichgeschlechtlichen Seelenbild verbunden, das vorerst im Außen gesucht wird. Dabei kann das ganze Spektrum der erotischen Resonanz aktiviert werden.
2. In der Integration dieser emotionalen Schwingungsebene verfeinern sich die Gestimmtheiten der personalen Beziehungsgefühle zu anderen Wesen und zu Gott, d.h. das göttliche Mysterium leuchtet immer mehr als persönliches Du auf: In der Erfahrung der Männer wird es oft als »Sophia« (Weisheit) und im Erleben der Frauen als »himmlischer« oder »göttlicher Bräutigam«, und in der heutigen Zeit auch oft als mütterliche Gottheit erlebt. Der Umgang der MystikerInnen mit diesem göttlichen Du ist die Liebesgeschichte des Menschen mit Gott und wird als das »Hohe Lied der Liebe« empfunden. (Und es ist tatsächlich so, wie Du ja auch selber weißt...)
3. Diesen Zustand erleben wir als ein bedingungsloses Ergriffensein. Das Ego verblaßt im Kernwesen der eigenen Person und hat kein Wenn und Aber mehr entgegenzusetzen. Es wird in die höhere Wirklichkeit eingeschmolzen und fällt durch alle Emotionen hindurch, in die hinein es sich abspalten und vereinzeln möchte. Der Akzent von der emotional-haftenden Liebe wird in eine religiös-umfassende verschoben. »Religiös« verstehe ich als Rückverbundenheit mit dem Urquell.

4. Diese Integration geschieht durch alle Dimensionen menschlicher Befindlichkeit mit ihren charakteristischen Erscheinungsweisen, bis der Mensch in der »mystischen Hochzeit« mit dem Geheimnis der göttlichen Liebe verschmilzt. (Auch Teresa von Avila mußte die Inhalte der sieben Wohnungen durchleben, bis sie in der letzten Kammer dem GELIEBTEN begegnete.)

Diese Verfeinerung zur Einswerdung ist nur dann möglich, wenn wir die diffusen und undifferenzierten Ausprägungen der triebhaften Erstimpulse nicht verdrängen, sondern klären, durchlichten, verklären im ganzheitlichen und damit heilsgeschichtlichen Zusammenhang. Nicht die Unterdrückung der Triebkräfte befreit, sondern die Einbindung in den Sinnzusammenhang unserer bedingungslosen Existenz. Nur die »rück-gebundene« (religiöse) Liebe kann die haftende befreien und befrieden, d.h. die Identifikation mit einem Teilaspekt des Lebens oder der Liebe kann nur durch Rücknahme der Identifikation gelöst werden. Bevor wir uns mit den »Liebesobjekten«, auf die wir unsere tiefste Sehnsucht projizieren, ausgesöhnt haben, bleibt uns der transpersonale Raum weitgehend verschlossen. Es braucht die Auseinandersetzung mit dem eigenen Schatten (den nicht gelebten Seelenanteilen) und die Festigkeit eines erstarkten Ichs, die Freiheit in der Begegnung mit unserem wahren Selbst wirklich zu finden. Diese Freiheit und Unabhängigkeit strebt die transpersonale Psychotherapie durch eine »Dis-Identifikation« vom Ego an. In dieser Befreiung der Anhaftung des Egos erkennt der Mensch sein wahres Wesen und daß er in jedem Augenblick mehr ist als seine zur Schau getragene Persönlichkeit. Wir erleben so das befreiende Gefühl, die Maske endlich abgelegt zu haben. Damit öffnet sich das Tor zur allumfassenden Freiheit, in der eine erfüllende Ruhe und Stille (Hesychia) vorherrscht. Es ist der Raum der Kontemplation, in dem wir dem Mysterium der göttlichen Liebe begegnen (con - templum = zusammen im gleichen hl. Bezirk oder Raum). Dieser Ort ist voll Liebe und Barmherzigkeit, voll Wärme und Wohlwollen, voll Hingabe und Zärtlichkeit. Es gibt auch Zeiten der »Nacht«, da ist dieser Raum des reinen Schweigens wie vernebelt und trotzdem ist er da. In diesen Raum der Stille immer wieder neu einzutreten, entspricht dem klassischen Weg des Hesychasmus. Der je neue Schritt dazu ist stets die Dis-Identifizierung von jeder Art der Anhaftung des Egos. Diese zeigt sich in der Fähigkeit, den Augenblick nicht mehr zu reflektieren, sondern er ganz zu sein, die Fesseln eines einschränkenden Bewußtseins, das sich immer wieder an einzelnes festbinden will, fallen zu lassen, und die All-Bewußtheit in der Fülle des Jetzt auszukosten. Wenn wir einen spirituellen Weg gehen wollen, streben wir nach Eins-Sein mit dem göttlichen Mysterium. Obwohl wir uns danach sehnen, widerstehen so viele Seiten in uns diesem unverfügbaren Suchen. Diese Widerstände stehen für das Paradox des mystischen Weges. Evagrius Ponticus bezeichnet sie schon im 3. Jh. als Abwehr, sich in Gott hineinfallen zu lassen. Nur die Sehnsucht, in Gott ganz zu sein, läßt uns diese Leere und Dunkelheit der Nacht der Seele durchstehen und alle Illusionen freigeben. In dieser Gelassenheit kann es dann geschehen, daß wir plötzlich aufwachen und mit der wahren Wirklichkeit in Berührung kommen. Wir haben das Gefäß bereitet, gefüllt wird es vom Mysterium, frei von allen Abhängigkeiten. In diesem Zustand löst sich auch jede Einsamkeit auf, weil wir der ursprünglichen Wirklichkeit am nächsten sind, die ganz im Grundgefühl der Liebe schwingt.

In der Ekstase des geschlechtlichen Einsseins ist ein direkter Zugang zu dieser spirituellen Liebes-Erfahrung, weil der Mensch mit seinem Ego außer sich gerät und sich dadurch das Tor in die transpersonalen Ebenen öffnet. Er kann in diesem Augenblick nur noch stammeln: »Alles ist Liebe, Liebe ist wirklich Alles, Liebe ist göttlich!« Diese Erfahrung wird in ihrer letzten Konsequenz aber nach kurzer Zeit wieder verdrängt, da in ihrer Folge das bisherige Leben nach Verwandlung drängt, wozu das kleine Ich meistens nicht imstande ist. Es haftet noch zu sehr an Einzelgefühlen, die es mit Gier festhält. So bleibt dann meistens nur die Sehnsucht zurück.

Es kann dabei noch etwas anderes geschehen. Weil wir in unserem männlichen und weiblichen Bewußtsein dem göttlichen Mysterium ähnlich und gleich sind, können wir in diesem Zustand auch den männlichen und weiblichen Aspekt Gottes als Ganzheit erleben, und wir fühlen uns dann als Einheit mit einer mythologischen

Ausprägung der weiblichen oder männlichen Gottheit. In einer solchen Verfaßtheit erlebst Du Dich in den Armen oder im Schoß der »Göttin« und mit ihr ganz vereint. Erfährst Du Dich als Kali, kannst Du sehr grausam werden oder beginnst zu rasen. Als Gaia bist Du vielleicht die Natur gebärende Erdmutter oder fühlst Dich selber in ihrem Schoße gänzlich mit ihr verbunden und erlebst gleichzeitig einen Urdrang, Kinder zu gebären usw. In solchen Augenblicken bist Du mit der archetypischen Wirklichkeit des Ur-Weiblichen verbunden. Damit Du von ihrer Dynamik nicht einfach verschlungen wirst, gehst Du »instinktsicher« in Dein Mantra. Der Klang Deines Mantras ist umfassender als archetypische Ausformungen männlicher oder weiblicher Gottheiten. Es ist eine Form, Dich von der väterlichen und mütterlichen Ausprägung des göttlichen Geheimnisses zu befreien, ohne Dich aus ihrer Verbundenheit zu trennen.

Dieser Grundton, der in jedem Mantra erklingt, bringt uns beide der Kernarbeit näher. So verstehe ich auch immer besser, was mit Kerngruppe gemeint ist. Es sind jene Kräfte, die sich um den tiefsten Kern unseres Wesens gruppieren und in verschiedenen Wesenheiten mit uns in Kontakt treten. Je tiefer wir uns aber dem Kern annähern, um so ganzer und einiger werden wir mit diesem Kern, und die verschiedenen Wesenheiten, die mit uns sprechen, verschmelzen mit uns in eins im Einklang des Mantras in unserem Kern. Und wir sollen uns immer mehr, wie Gabriel sagt, mit den Aussagen des Kerns (= Kern-Aussagen) befassen. Tun wir dies, sprechen wir zusammen aus der Tiefe der Kontemplation. Deswegen sollen wir auch nach unseren Gesprächen immer wieder in die meditative Versenkung eintreten, um die innere Verbindung nicht zu verlieren und durch diese Tiefe verwandelt zu werden. (Seltsam, gerade tönt aus dem Radio aus Händels Messias: »Wir werden verwandelt!«...) So ist die Kern-Gruppen-Arbeit auch immer mehr eine Gruppenarbeit zwischen uns.

Mögen wir beide darin wachsen!
Franz-Xaver

Tagebuchauszug
11. 12. 1990

Ich bin von meinem Traum ganz betroffen. Er greift ein Bild auf, welches ich 1984 gemalt habe, bringt auch jene Facetten ein, die ich damals malerisch nicht auszudrücken wagte. In jener Woche beschäftigte mich auch die Thematik »Spiritualität und Sexualität«.

Traum
»Alle Menschen werden Brüder«. (Im Traum war dieser Titel ganz stimmig. Bei Tages-Bewußtsein meine ich, folgende Korrektur einbringen zu müssen: »Alle Menschen werden Geschwister«, aber gefühlsmäßig stimmt dies nicht.)
»Auf der Erde liegende Menschen bilden mit ihren Körpern einen großen Kreis. Sie sind alle individuiert, darum ist das spezifische Geschlecht des einzelnen nicht von Wichtigkeit. Jeder liebkost mit liebevoller Hingabe und Akzeptanz das Geschlechtsorgan des Vorhergehenden und bekommt gleichzeitig dieses Geschenk von seinem Nachfolgenden. Alle haben erkannt und akzeptiert, daß die erogenen Zonen das irdische Tor zum persönlichen und somit auch zum kosmischen Orgasmus sind. Das Christentum hat dieses Tor abgeschnürt, aber die Kraft des Lebens ist stärker als die Normen des menschlichen Geistes, und sie ist nun daran, sich ihren Weg zu bahnen. All diese Menschen mußten sich von den ihnen gegebenen Normen lösen und ihre je spezifischen Schritte auf dem Weg machen. Nun sind sie frei, erlöst und können bedingungslos lieben. Friede, Harmonie, Sein, Ruhe, ein Herz, DAS HERZ; der Schöpfer erkennt sich im reinen Spiegel des erlösten Geschöpfs. Die Geschöpfe treten endgültig in die Ewigkeit ein und sind somit vom Rad des Lebens befreit. Dies ist möglich, weil sie sich auf allen Ebenen lieben.« Dieser Traum erinnert mich an Schillers Gedicht »An die Freude«. Ich lese es bei ihm nach und höre mir noch Beethovens Neunte an.

L: Nun möchte ich der Frage nachgehen, warum alle Menschen am Schluß »Brüder« werden. Gabriel, kannst du mir dabei helfen?

G: Brüder steht für das Männliche, Schwestern für das Weibliche. Im Weiblichen müßt ihr alle verankert sein, befreien kann sich nur der männliche Aspekt, d.h. die Befreiung des Weiblichen liegt in der Hingabe, in der errungenen Fähigkeit, sich hinzugeben. Im Weiblichen, im Urgrund seid ihr verankert. Schwestern seid ihr, wenn ihr euch verwurzelt habt, aber nicht Individuen. Dies ist die präpersonale Ebene, zu der ihr wieder finden müßt. Aus dieser Ebene heraus wächst und entfaltet sich dann das einzelne Individuum, es wird sich innerhalb von Raum und Zeit immer bewußter, immer spezifischer es selber, immer mehr Bruder, bis er auch erkennt, was die Schwester schon immer gewesen ist, daß alle eins sind. Im Weiblichen *SEID* ihr, im Männlichen *ERKENNT* ihr. Die höchste Erkenntnis bringt uns wieder zurück zum Ursprung, dann sind das Bewußtsein und die Wurzeln, Mann und Frau, eins in der Eins.

L: Danke, Gabriel, ich verstehe Dich und fühle mich sehr wohl zusammen mit Dir. All meine Chakras sind nun offen und pulsieren. Ich bleibe nun in Meditation, lasse »mein Volk weiden«. Im ersten Chakra fühle ich mich eins mit der Schwester, im 7. eins mit dem Bruder. Nun sehe und spüre ich, was Du mir vor einigen Tagen gesagt hast, ich hätte mich in die Reihe der Sender eingeschwungen. Ich nehme mich im Lot oder im absoluten Gleichgewicht wahr, lasse meine Hände schreiben. Fragen habe ich keine. Wenn Du etwas mitteilen willst, bin ich in ein paar Minuten gerne bereit, es zu empfangen. CHRISTOS!

Mein Brustkorb weitet sich, damit das wachsende Herz darin Platz hat. Ich sehe und spüre, wie Christos Pantokrator in meinem Herzen ist und sich ausweitet. Die Zeit dafür ist reif. Ich lasse geschehen im Vertrauen. Kern-Energie soll frei werden, wenn Seine Kraft die Ausgänge meines kleinen Herzens erreicht hat. Der Prozeß läuft sehr sachte und langsam. Jetzt steigt Angst hoch... Ich lasse das Mantra schwingen... und sie klingt wieder ab. Sie schafft es, mir den Boden wegzunehmen, mich von ihm abzuschneiden. Angst bringt mich sofort in den Kopf und somit in Distanz zum inneren Geschehen. Ich gehe wieder zurück ins Mantra. Mein kleines Herz hat unten links einen größeren Riß.

L: (Offene blaue Perle.) Die Grenzen des Ichbewußtseins wollen sich im kosmischen Bewußtsein auflösen. Soll ich auch das zulassen?

G: Halten mußt du nur noch deine Identifikation mit Christos. Genau in der Mitte ist der Verbindungspunkt von Himmel und Erde. Dort bist du Christos. Trittst du aus dieser Mitte heraus, bist du nicht mehr Er.

L: Vorher sah ich, wie meine Chakras einerseits beim Rücken miteinander verbunden sind und wie sie andererseits, wenn sie im Gleichgewicht sind, einen Vereinigungspunkt über dem Herzen haben. Das Herz ist immer die Mitte, es kann sich kosmisch öffnen, wenn das Gleichgewicht der anderen Kräfte erlangt ist. Es ist Mittelpunkt vom 1. und 7. Chakra, vom 2. und 6., vom 3. und 5. Ich nehme es als ein gleichschenkliges Dreieck wahr. Der Rücken ist die Basis mit den Punkten A und B, Punkt C ist die Erhöhung des kleinen Herzens, der Punkt der Mitte von allem. Der Mensch bleibt definitiv in C, wenn er seine Triebe verfeinert, seinen persönlichen Schatten integriert hat und bereit geworden ist, Schatten für das Ganze abzutragen, d.h. anderen mit Erbarmen helfend beizustehen.

So erlebe ich die Chakras im Sitzen und Stehen:

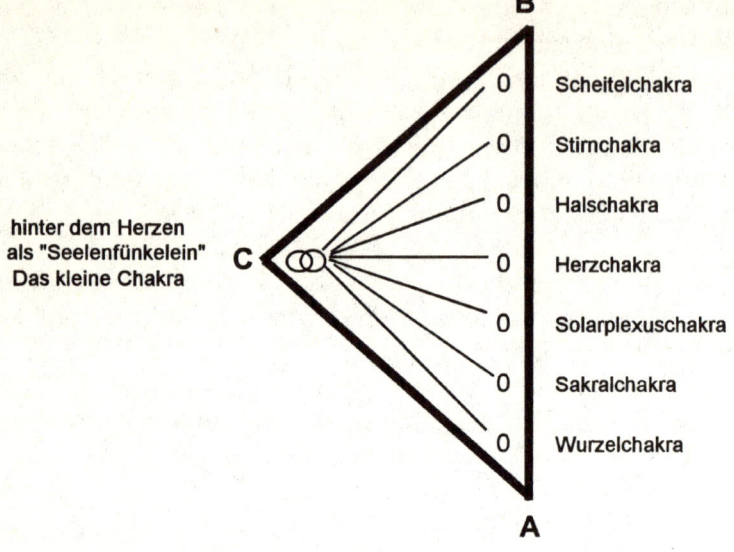

So erlebe ich die Chakras im Liegen:

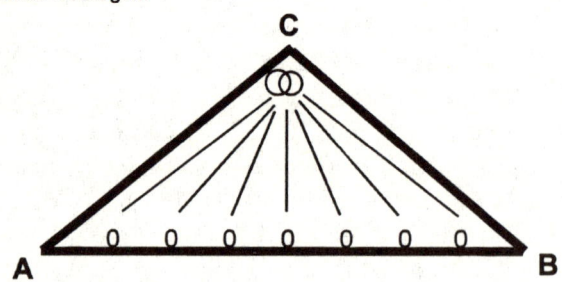

Nun muß ich einkaufen gehen, damit unser Mittagstisch zustande kommt. Ich höre noch: »Geh' in Frieden«, und meine Augen sehen meine Christus-Ikone von Meteora wieder scharf. Ich danke für alles mit Tränen der Berührung.

Antwortbrief 22

Liebe Leta,
Dein Traum vom 11. 12. ist ja in seiner Struktur ein gewaltiges Symbol. Alle beteiligten Menschen stellen zusammen einen uroborischen Kreis dar. Das wird oft in mythologischen Bildern als Schlange, die sich in den Schwanz beißt, dargestellt. In seiner dynamischen Kraft bedeutet es ein ganzheitlich vereinigendes Geschehen: Die Kraft kehrt zu ihrem Ursprung zurück und kreist um die Mitte des Kerns. Der Logos verbindet sich mit dem Bios und findet in diesem Vollzug zum »kosmischen Orgasmus«. Darin drückt sich die Ekstase der ganzen Schöpfung aus. Es ist das Einheitserleben in der mystischen Hochzeit der alchemistischen Adepten und Adeptinnen, der Braut und des Bräutigams im Hohen Lied der Liebe, von Shiva und Shakti in der hinduistischen Kosmogonie, von Yin und Yang im Tao usw. In dieser Einheitsdynamik lösen sich alle Normen von Raum- und Zeitbedingtheiten in die Harmonie und Ruhe des Friedens auf. Das göttliche Mysterium ruft Dich darin bei Deinem Namen und erkennt in Deiner Antwort: »Ich *bin* da!« das Spiegelbild SEINES Da*Seins*.

Das ist ein absolut ganzheitliches Geschehen. »Brüder« und »Schwestern« werden nicht im Sinne einer patriarchalen oder matriarchalen Wertskala verstanden, sondern als Ausdruck von gleichwertigen aber andersartigen Seinszuständen, die auch innerhalb von Raum und Zeit eine ganzheitliche Verbindung eingehen wollen. Wenn das Weibliche der »Mutter«-Boden des Erkennens ist, so erlebe ich in der »Logos«-Funktion des Männlichen, also im »Bruder«, die »Tat« des Erkennens im Sinne der Ein-Sicht-Nahme. Die Tat erwächst immer aus dem Mutterboden, d.h. aus einer Grundlage. Deswegen hat die Frau von Natur aus mehr spirituelle Kraft als der Mann, weil sie dem »Mutterboden« näher steht. Eine männliche Tendenz, ihn *aus*-zunützen, führt früher oder später zu einem »*Aus*« der Natur, die unter der Ausbeutung durch das männliche Bewußtsein zusammenbricht. Der Mann muß den »Mutterboden« (also die »Schwester in sich«) in einem langwierigen Einlassungsprozeß zuerst anschließen und ihm dienen lernen. Tut er dies nicht, bleibt sein Sprechen über die tiefsten Seinszusammenhänge meistens abgehoben und theoretisch. »Erkennen« heißt ja, mit dem Wesen des Erkannten zu einer Einheit zu finden. Die Frau ist mit dem »Wesen des Erkannten« in einer näheren inneren Verbundenheit und muß diese Erfahrung »aus-sprechen« lernen. Deswegen soll sie die »Logos«-Seite, den Bruder in sich, zur Ganzheit heranwachsen lassen, damit sie das, was im Mutterboden da ist, benennen kann.

Es braucht also im ganzheitlichen Menschen, im »Anthropos«, die männliche und weibliche Bewußtheit in einer einheitlichen Verbindung, um aus der harmonischen Fülle heraus zu leben. Damit könnte der Streit um die Gleichheit der Geschlechter in den letzten Jahrzehnten endlich vom Einsatz für die Gleichwertigkeit von Frau und Mann abgelöst werden, wobei wir die Unterschiede in ihrer Andersartigkeit aber Gleichwertigkeit anerkennen. Das bedeutet immer wieder neu, daß, christlich ausgedrückt, die Fixierungen des kleinen Ichs abnehmen sollen, damit das Christusbewußtsein, im Sinne des »Voll-Gott-Menschen«, als »Christos Anthropos« in mir zunimmt, bzw. als immer schon Vorhandenes sich ausweitet.

In der Sichtweise unserer Chakra-Dynamik empfinde ich diese Mitte-Zentrierung nicht als ein auf- und absteigendes, sondern als ein zentrifugales und zentripetales Geschehen im Sinne der alchemistischen Transformation von innen nach außen und von außen nach innen. Als Hilfsvorstellung kannst Du einmal das angeführte Schema betrachten.

Fasse ich meine Betrachtungen in bezug auf Deinen Traum zusammen, geht es darum, vorerst das Bruder- und Schwester-Sein in uns zu entfalten, bevor wir Geschwister sein können.

Also, bleiben wir weiterhin auf diesem Weg...

Von Herzen
Franz-Xaver

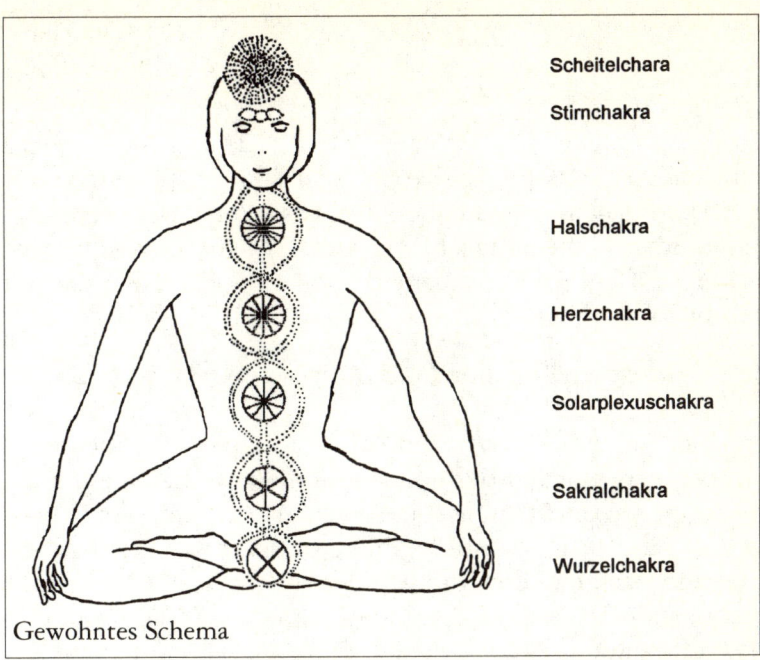

Gewohntes Schema

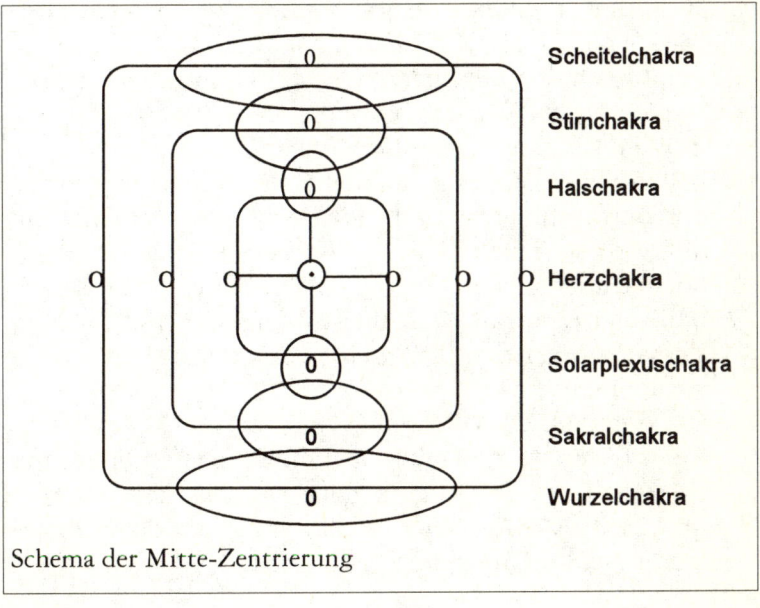

Schema der Mitte-Zentrierung

Tagebuchauszug
17., 18., 20. 12. 1990

Montag, 17. 12. 1990
Heute vor einem Jahr, spätabends nach 23.00 Uhr, erkannte ich in tiefer Meditation, daß es für mich stimmig ist, zusammen mit Theo das Atelier zu bauen. Damals staunte ich über diese Erkenntnis, heute ahne ich, wie wichtig es für mich sein wird, an diesem Ort meine spezifische Arbeit (oder Teile davon) leisten zu können.

L: Gabriel, wie funktioniert das mit dem kleinen Herzen im großen drin?
(Ich sehe das große Herz im Hintergrund, das kleine im Vordergrund. In der Spitze kommen die beiden zusammen. Das kleine muß seine eigene Form gefunden haben, damit es still ist und die Energie des großen aufnehmen und weitergeben kann. Durch das eigene Maß bestimmt das kleine, wieviel Energie durch es fließt. Dies ist ernst zu nehmen.) Was bedeutet, die eigene Form haben?

G: Wissen, wer ich bin, wie ich bin, ganz weltlich natürlich. Dieses Wissen gibt Standhaftigkeit. Unerlöste Themen auf der Gefühlsebene bilden dunkle Flecken im kleinen Herzen. Diese Stellen blockieren den Energiefluß des großen Herzens. Der Mensch kann sich aber auf die hellen Seiten seines kleinen Herzens konzentrieren, die dunklen fernhalten, und die Energie von hinten somit durch diese hellen Teile fließen lassen. Schattenintegration hat aber mit den dunklen Teilen zu tun. Jeder Mensch muß auch daran arbeiten, unabhängig davon, in welchem Verhältnis die hellen Teile zu den dunklen stehen. – Lerne aus deinem Prozeß!

L: ... wenn die Zeit dafür reif ist?

G: Nein. Du sollst die Liebe, die von der Tiefe her kommt, zulassen (große Wärme in mir). Du sollst ihr vertrauen und Dich riskieren. Hier ist der Punkt, der das Schwimmen bewirkt. Du riskierst nicht ganz.

L: Du meinst, ich will das Lieben des großen Herzens immer noch in einem bestimmten Rahmen halten, der dem kleinen entspricht?
G: Es gibt noch ein paar Normen, die du hier über Bord werfen mußt. (Ich spüre Angst.) In der großen Liebe hat *alles* Platz.
L: Ich danke dir! Es ist wunderbar, mit Dir zu sein. Ich glaube zu spüren, daß ich auf allen Ebenen bedingungslos lieben kann, wenn ich mit Dir vereinigt bin.

18. 12. 1990

L: Ich bin bereit, mich auf Dich einzustimmen und habe eine halbe Stunde Zeit. (Tief unten sehe ich die blaue Perle mit dem leuchtenden Christus-Zeichen.)
G: Dies ist die Essenz von allem, die Theosophia. Wenn die Herzen zweier Menschen vereint sind, sind sie auch eins in der göttlichen Lehre.
L: Ich sehe unsere Herzen aufeinander abgestimmt und kongruent mit der blauen Perle. So sind wir bereit für die göttliche Weisheit (Theosophia).
G: Im Herzen nehmt ihr die heilige Botschaft wahr, und mit eurem ganzen Wesen könnt ihr sie weitergeben. Wichtig ist, in der Ruhe des Herzens verankert zu bleiben.
L: Nun habe ich plötzlich den Einfall, daß Du, Joshua, da bist.
J: Schon eine Zeitlang.
L: (Hitze beim Rückenmark) Wie kann ich Dir am besten dienen?
J: Indem du hinhorchst.
L: Das will ich tun. Du wolltest uns einiges mitteilen? (Ich sehe, daß er zu dosieren beginnt.) Herzlichen Dank dafür, das nimmt mir die Angst, meine physischen Kräfte reichen nicht für alles aus.
J: Ich bin daran interessiert, meine Erkenntnisse aus dieser Dimension mitzuteilen. Diese bilden zusammen mit meinem irdischen Werk ein Ganzes.

L: Ich bin froh, daß ich Dein Werk nicht kenne und meine, ich könne somit sauberer kanalisieren.
J: Du bist sehr stabil als Kanal. Höre weiterhin auf die Stimmen deiner geistigen Führer.
L: Wer sind meine Führer?
J: Die Erzengel in erster Linie, dann stehen auch wir drei dir zur Seite: die Stariza, Emil und ich.
L: Gehe ich richtig in der Annahme, daß ihr auch Franz führt und daß wir darum auf Erden zusammengekommen sind?
J: Ja, und noch viel mehr. Aber das mußt du noch nicht wissen.
L: Joshua, ich habe in der letzten Kerngruppensitzung gesehen, daß es um 12 Themen geht, worüber wir schreiben sollen. Stimmt das?
J: Ihr werdet dabei immer tiefer hineinkommen. Jetzt läuft es bereits besser als am Anfang, und dies nimmt zu. Ihr werdet Schritt für Schritt vorankommen. Zu deiner Absicht, einen Plan aufzustellen: Dies ist nicht nötig. Wir wollen alle drei dasselbe; es gibt keine Unstimmigkeiten von unserer Seite her. Bei euch könnte dies anders sein, aber ich sehe gerade, daß es nicht ist.
L: Diktiert ihr uns Kapitel für Kapitel?
J: Nein, das nicht. Ihr müßt selber schauen, wie ihr es in eine gute Form bringt. Wir liefern euch die Essenz.
L: Ich sehe, wie ich mich sachte dem Schöpfer nähere und verstehe jetzt, daß unser Buch ein Ab- oder Ausdruck unseres Prozesses ist (Brennen auf der Hinterseite des Herzens) und nicht ein neutrales Diktat.
Ich bin wieder ganz nahe beim Schöpfer; wenn ich ihn berühre, brennt mein Herz. Ich sehe mich wie einen Federball, der mit dem Schläger des Schicksals dorthin geschossen wurde.
J: Nun ist nur noch ganz wenig Abwehr da, bis die Kugel des Federballs, dein Herz, in den Schöpfer eintaucht und sich verankert. Dann werden deine letzten Ängste ver-

schwunden sein, mit einem religiösen Thema an die Öffentlichkeit zu gehen. Dies steht dir bevor.
L: Ich sehe, daß prozentual wenig Menschen dieses Buch lesen werden.
J: Dies ist richtig; alles andere ist weder notwendig noch sinnvoll.
L: Inzwischen ist bereits die Hälfte des Herzens, des Federballs, verankert, und ich spüre, wie ich standhafter werde. Gerade kommt eines der Kinder nach Hause. Ich meine nicht einmal, ich müsse deswegen von der Schreibmaschine wegspringen.
Der Federball ist nun ganz verankert und trotzdem beweglich. Seine Federn haben mit meinen persönlichen Anlagen zu tun. Ich sehe übrigens, daß sie heute gereinigt und somit als Instrument gut geeignet sind. Sie sind es, die in Raum und Zeit hineinragen, die Bedingungen der Dimension mit Sensibilität wahrnehmen und das, was aus dem Herzen kommt, dosiert und stimmig weiter fließen lassen.
J: Ihr werdet alle Stürme überstehen.
L: Die Golfkrise fällt mir ein. Besteht Kriegsgefahr?
J: Ja. Hussein ist eine große schwarze Macht. Er wird den ganzen Raum von Irak bis Westeuropa überschatten und am Schluß doch keinen Profit daraus ziehen. Es kommt der Tag, wo er zur Einsicht gelangt, daß nur noch Rückzug sinnvoll ist.
L: Wird Europa verwüstet sein?
J: Schwer zerzaust. Die meisten werden sich nicht mehr nach Gut und Böse orientieren können; dies ist Husseins Geschenk an Europa. Die Europäer brauchen neue Werte, was nicht möglich ist, bevor die alten vernichtet sind. Die Katastrophe entspricht in gleichem Maße der Unfähigkeit der Europäer, vom Gewohnten abzulassen.
L: Können wir mit dem Herzensgebet den Prozeß des Loslassens erleichtern oder beschleunigen?

J: Je mehr Menschen Prozeßbewußtsein haben, um so einfacher wird es werden, mit dem Fluß der Wandlung zu gehen.
L: Das heißt also mehr psychologische als spirituelle Arbeit?
J: Alles ist notwendig. Ihr könnt in eurer Weihnachtsmeditation um Wandlungsfähigkeit bitten, für euch und für alle. Dies ist es, was ihr vor allem braucht.
L: Ich spüre, daß viele Menschen ihrem spirituellen Erwachen entgegengehen. Je flexibler und bewußter sie sind, mit um so weniger Macht kann die Zerstörungswelle sich über uns ausbreiten und um so schneller wird sie abebben. (»Bleibe noch ein bißchen dran«, höre ich Joshua sagen.)
J: Die Schärfe des Intellekts ist nur ein kleiner Teil der Wahrheit. Gebt dem Kopf den Platz, der ihm gebührt, bindet ihn ans Herz an.
L: Ich sehe, wie klare Köpfe sich massiv dagegen wehren.
J: Auch sie werden in die eine Sicht des Herzens eingeweiht werden.
L: Mir fällt der kürzlich verstorbene F. Dürrenmatt ein, der vielleicht wegen seines klaren Denkens den Weg zurück zur Quelle nicht gefunden hat. (Seit einiger Zeit juckt es mich unter meiner Uhr. Ich nehme an, es ist Zeit zum Aufhören.) Joshua, hast Du mir diesen Hinweis gegeben?
J: (Perle) Das liegt außerhalb meiner Möglichkeiten.
L: Ich danke Dir ganz herzlich. (Ich habe das Gefühl, er umarmt mich, und ich erlebe uns als Einheit – wunderbar!)

Donnerstag, 20. 12. 1990
Seit ich vorgestern Zeugin davon wurde, wie mein kleines Herz sich im großen verankerte, fühle ich mich ruhig, unbewegt, frei; ich halte nichts, und nichts hält mich; ich schwimme im Meer, in dem ich meine Heimat habe. Ich staune über den Lärm in der Außenwelt, über ihre Komplexität, Zeugen der Vereinzelung, Zeichen dafür, daß sich das kleine Herz veräußerlicht hat. Ich versuche nun zu beschreiben, wie ich

mich im Moment wahrnehme, weil ich weiß, daß dieser Zustand für die Hesychasten ein zentrales Anliegen ist.
Mein kleines Herz ist dreidimensional geworden. Die Vorderseite hat klare Konturen, und obschon es im großen Herzen eingetaucht ist, bewahrt es diese. Die Hinterseite ist mit dem großen Herzen verschmolzen, hat keine Konturen mehr. Der Mittelteil (= eine Masse) hat die Fähigkeit, sich mit seiner Hinterseite im großen Herzen zu fixieren und mit der Vorderseite beweglich zu bleiben. Dies ist nicht logisch, und ich sehe und spüre, daß es der Wahrheit entspricht. Dieses Mittelstück ist es, das die »verborgene Kammer« genannt wird. An diesem Ort ist Gott Mensch und Gott zugleich. Ich nehme IHN/mich wahr, ohne jegliche Emotion, ohne jegliche Berührung; in meinem Herzen vibriert ein großes, klares »Ja«. Ich bin Du, und Du bist ich, an diesem den Menschen ganz verborgenen Ort. Viele Inkarnationen waren notwendig, um an diesen Punkt der Erkenntnis zu gelangen. Ist das Weihnachten? Gott war immer auch Mensch, mit Jesus wurde dies für die Menschen erlebbar. Nachvollziehbar aber nicht. Dafür fehlte die notwendige Bewußtheit.
»Selig die Gläubigen!« Ich sehe, daß diese Aussage stimmt. Glauben bedeutet hier, sich damit einlassen, daß es so ist, auch wenn ich es nicht verstehe. Wer sich gefühlsmäßig damit einläßt, schwingt mit der göttlichen Botschaft und hat die Möglichkeit, auf seinem Weg zurück zur Quelle zu bleiben/zu gehen. Wem sollen denn die Menschen Glauben schenken? Auf wen sollen sie hören? Das Angebot ist heutzutage unüberschaubar geworden. Ich sehe, daß die wahren Meister auf einen Punkt, auf Gott, konzentriert sind, weil sie wissen, daß sie ER sind. Sie leben aus dem Eingebettetsein, ER wirkt durch sie. Die anderen verlieren sich irgendwo in der Vielheit, treten für den von ihnen besetzten Bereich ein. Dies ist in Ordnung, aber weit entfernt von Freiheit. Die Menschen können ihren Weg nur dadurch gehen, daß sie sich im zeitlichen Nacheinander mit allem einlassen, sich mit allem identifizieren, um sich wieder zu disidentifizieren. Auf dem

Höhepunkt dazwischen liegt das Ego in seiner vollen Blüte, mit seinen Fixierungen und Begrenzungen, mit dem Anspruch, allmächtig zu sein. Es ist für den Menschen sehr schwierig, auf diesem Höhepunkt den Blick nach innen zu wenden, denn damit bekommt alles, was er errungen, erkämpft, erlitten hat, ein anderes Vorzeichen. Wer sich auf den Weg zurück zur Quelle begibt, beginnt mit dem Loslassen von allem, was ihm vorher wichtig war. Es gehört zum Drama des Mensch-Seins, daß dieser Schritt meistens nicht freiwillig gemacht wird. Wenn der Mensch an diesem Punkt angelangt ist, konstelliert er sich unbewußt eine Situation, die ihn zwingt, seinen Blick von außen nach innen zu wenden. Die persönlichen Prozesse, die damit in Zusammenhang stehen, werden spirituelle Krisen genannt. Das Hauptproblem liegt darin, daß der Mensch erkannt hat, daß *DER* Weg nach innen geht und daß er ungeachtet dessen auch in der materiellen Dimension sein Dasein hat. Die beiden Dimensionen stehen über lange Zeit – für mich waren es 6 Jahre – wie im Seilziehen zueinander. Jedes Thema muß in dieser Spannung durchlebt werden, bis die beiden Pole sich in der Mitte treffen können. Und Mitte ist wiederum Herz. Echtes Aus-dem-Herzen-Leben ist erst nach viel Klärungsarbeit oder Therapie möglich. Alles andere ist scheinbares Herz, Liebsein aus unbewußten Ängsten heraus oder aus falsch verstandenem Christentum.

Antwortbrief 23

Liebe Leta,
da gibst Du mir ja eine rechte Masse »Kern-Energie« zu verdauen. Wenn Dein Helfer sagt: »Dies ist die Essenz von allem, die *Theosophia*«, so spricht er nicht die Theosophie der Helena P. Blavatsky (1831-1891) an. Es geht um die Erfahrung, die Paulus im ersten Korintherbrief anspricht, daß wir aus der göttlichen Weisheit heraus in Eins sind mit der Christos-Wirklichkeit. Allen, die auf das Wort Gottes hören und aus ihrer Kern-Mitte, mit ihrem Herzen, antworten, wird göttliche Weisheit zuteil. Der Christos ist uns von Gott

(1 Korinther 1,30) zur »Weisheit, Gerechtheit, Heiligung und Loskauf« gemacht. Der Weg in die göttliche Weisheit, in die Theo-Sophia, ist die Einheit des Herzens mit der Botschaft des Wortes, das im Uranfang wirkend, Leben und Licht ist (vgl. Johannes 1,1ff.). Dieses Wort »betont« im mantrischen Vollzug die Mitte des Herzens. Die Herzen der Menschen, die im gleichen Wort schwingen, sind aufeinander abgestimmt; sie können bitten, um was sie wollen, es wird ihnen geschehen, wie Jesus im Johannesevangelium bekräftigt (vgl. Johannes 15,7). Diese Theosophia verbindet alle Mystiker und wahrhaftig suchenden spirituellen Menschen in einer großen Geschwisterlichkeit und Weggemeinschaft. Aus der Sicht der christlichen Tradition geht der Strom von den alexandrinischen Vätern und Ammas über die spätmittelalterlichen Mystiker und MystikerInnen wie etwa Hildegard von Bingen, den Schreiber der Wolke des Nichtwissens, Jakob Böhme, bis in die Neuzeit mit Schelling, Edith Stein und vielen anderen. Wenn ich alle Namen nennen wollte, müßte ich Dir noch viele Seiten füllen; die vielen Starizas und Starez der hesychastischen Tradition gehören auch dazu... Wie steht doch dieser Strom der Weisheit in Gegensatz zum aktuellen Weltgeschehen!

Wenn ich auf mich wirken lasse, was gegenwärtig in Europa geschieht, so erschaudere ich, wie entwertet die kollektiven Richtmaß-Stäbe geworden sind. Jene, denen die Regierungsmacht in die Hand gelegt ist, wagen nicht, mit dem Stab den Weg zu weisen. Du wirst sehen, der nächste Krieg, der in Europa ausbrechen wird, findet sein Schlachtfeld in Jugoslawien. Die dominanten Völker werden viel reden und zuschauen, weil unter ihnen noch alte Rechnungen aus den Weltkriegen zu begleichen sind. Es wird viel Heulen, Wehklagen und höchste Grausamkeit unter den Betroffenen sein, wie das seit Jahrhunderten so war, wenn Serben, Kroaten und vom Islam geprägte Völker aufeinander losschlagen. Sie sind in einer Kriegssituation nicht bestialischer als andere Völker, aber von ihrem kollektiven Schatten her erfinderischer in Grausamkeiten, wenn die Geschichtsbücher über die letzten kriegerischen Auseinandersetzungen in diesen Regionen die Wahrheit berichten. Jene, die Macht hätten einzugreifen, gehen höchstens in eine Drohgebärde, knirschen mit den

Zähnen und rechnen sich schon heute aus, was sie an einem solchen Krieg zu gewinnen oder zu verlieren hätten.
Wenn die alten, weisen Mönche auf dem Berge Athos richtig sehen, wird in Jugoslawien, wie mir einige im Sommer 1988 mitteilten, der letzte große Konfessionskrieg zwischen Orthodoxen, Katholiken und Mohammedanern ausgetragen...
Was mich dabei so betrübt, wenn ich die zeitgenössischen kriegerischen Auseinandersetzungen betrachte, daß das Humanum, das Menschliche, in Westeuropa und auch in der »Neuen Welt« so wertlos geworden ist. Die Gier nach Macht und Konsum im Sinne der Wohl-Lust ist zur zentralen Maxime geworden; ihr wird fast alles geopfert. Es scheint tatsächlich so, daß diese »Wertkategorien« die Völkergemeinschaften und unser Zusammenleben zerstören, oder sie zerstören sich selber. Das wäre wohl der beste Fall, obwohl damit viele Geburtswehen für das Neue verbunden wären. In einer solchen »plutonischen« Umwälzung werden gegenseitig viele »Etiketten« verteilt. Das Gute des anderen wird vernichtet durch kollektive Schlagwörter wie: Fundamentalismus, Umweltfanatiker, Opportunismus, ultrarechts und ganz links. Auf dem Höhepunkt der Auseinandersetzung geht das Geschehen in eine Eigengesetzlichkeit über. Sowohl das herkömmlich Gute und Aufbauende als auch das Verletzende und Hemmende wird zerstört, damit »das Neue« in Erscheinung treten kann. Oft ist beides in gleicher Weise für eine Neugeburt hinderlich. Deswegen wird manchmal alles in den gleichen Schmelztiegel eingeschmolzen, und es tritt so etwas wie Grabesruhe ein. Was später gewandelt erscheint, ist nicht absehbar. In solchen Umwälzungsperioden dürfen wir nie vergessen, daß das politische Geschehen ein Spiegelbild für persönliche und kollektive Wandlungsprozesse darstellt. Für den Intellekt sind solche chaotischen Veränderungen schwer einsichtig, weil er gewohnt ist, sich an zielgerichteten Prämissen zu orientieren. In »Tabula-rasa-Zeiten« lösen sich alle Konzepte auf. Nur ein ganzheitliches Denken von der Mitte, vom Herzen her kann in etwa erahnen und später vielleicht begreifen, was vor sich geht, weil es noch andere Deutungsmöglichkeiten zuläßt als die nach reinen Kausalitätsprinzipien.

In der mantrischen Tradition des Herzensgebetes gehört es zum Schulungsweg, das Erkennen auf der Intellekt-Ebene (= Einsichtsebene) in das »Herz« zu bringen, damit sich das »Kopfdenken« in das »Herzdenken« wandelt. Die Grundgestimmtheiten des Herzdenkens lassen sich so umschreiben:

— Wertschätzen, Staunen und nicht Urteilen;
— Anerkennen der Andersartigkeit mit Wohlwollen;
— Argumentieren ohne zu hassen, also mit Liebe »kämpfen«;
— Bedingungs- und vorbehaltlose Akzeptanz;
— Barmherzig, mit dem positiven Kern rechnend;
— Einfühlend, verbindend; u.a.m.

Im Einüben solcher Grundhaltungen wandelt sich die Sichtweise des Intellektes. Das unterscheidende Wahrnehmen verändert sich in ein verbindendes, das sich mehr mit dem Gemeinsamen und Aufbauenden als mit dem Fremden und Trennenden einläßt. Es wäre irrig zu glauben, daß dieses Wahrnehmen akritisch sei. Es geht nicht darum, in eine arationale Bewußtseinsepoche zurückzufallen, sondern nachkritisch zu werden, d.h. auch die kritisch-rationalen Einsichten von einer holotropen Sichtweise her zu hinterfragen und nötigenfalls zu modifizieren. Ein nach-kritisches Bewußtsein tendiert auf ein »integrales Bewußtsein« hin, um mit Jean Gebser zu sprechen.
Nähert sich das »kleine Herz« der Integralität, »verliert« es sich tatsächlich aus dem Ego hinaus und verschmilzt mit dem kosmischen Herz des All-Christos. (Auf dieser Verschmelzungssehnsucht basiert letztlich die Herz-Jesu-Verehrung im katholischen Christentum. Der letzte Akt der Erlösungstat Jesu am Kreuz ist die Öffnung des Herzens, damit es sich in die ganze Welt hineinverströmt.) In diesem Zustand ist es sehr schwer zu unterscheiden, wer eigentlich lebt: ich oder der Christos, oder beide. So verstehst Du auch, daß ein Paulus in dieser Verfaßtheit rufen kann: »Ich lebe, doch nicht mehr als Ich, der Christos lebt in mir« (vgl. Galater 2,20). In diesem Zustand lebe ich tatsächlich aus der Mitte des Herzens heraus: Das Hylotrope verbindet sich mit dem Holotropen und umgekehrt. Solange ich

diesen Zustand nicht erfahre, muß ich glauben. »Glauben« in diesem Sinne bedeutet: sich einlassen, daß es so ist, nämlich: Gott in mir, ich in Gott. Wird diese Seinsverfassung zu einem realen Erleben, breitet sich in Dir eine unbeschreibliche Ruhe, Freude und ein tiefer Friede aus; Du wirst zur Hesychastin, eine, die in die Ruhe des göttlichen Mysteriums hineingefunden hat. Dann bist Du wirklich bei der Quelle angelangt.

Nur ganz wenige Menschen gehen diesen Weg der Ego-Entäußerung. Das hat schon Bruder Klaus in seiner Brunnenvision beklagt. Obwohl die Quelle in der Krypta, im Tabernakel des eigenen Herzens fließt und mit wunderbarem Klang und Ton auf sich aufmerksam macht, nehmen die wenigsten Menschen diese Einladung an, um sich beschenken zu lassen. Sie bauen lieber immer wieder neu ihre Zäune und Gatter um sich herum, kapseln sich selber ab und beuten dabei die anderen Mitmenschen aus. Sie merken gleichzeitig nicht, wie sie sich durch ihre eigenen »besetzten Bereiche« gegenüber dem unerschöpflichen Lebensstrom einschnüren. Erst wenn sie langsam hinter ihren eigenen Zäunen und Hecken selber verarmen, beginnen sie sich zu besinnen und kommen meistens in die erste größere spirituelle Krise und erhalten dadurch eine Transformationschance. Sie äußert sich oft in der Erkenntnis: »Wenn ich überleben will, muß ich zum nährenden Mutterboden heimfinden«. Die im Außen anhaftenden Sinne müssen nach innen gewendet werden und sich dort auf die Suchwanderung begeben, um seelisches Neuland zu entdecken, das die persönliche Außenwelt neu befruchten kann. Auf dem Schnittpunkt zwischen innen und außen ereignet sich die spirituelle Krise. Was sich innerhalb von Raum und Zeit (hylotrope Dimension) in der Begrenzung des Stoffes und der Kausalgesetze ereignet, sucht seine Analogie im ganzheitlichen, transpersonalen Raum (holotrope Dimension); was dort erlebt wird, will in der Begrenzung Gestalt annehmen. Beides verdichtet sich in die menschliche Person hinein und sucht Ausdruck im individuellen und gemeinschaftlichen Leben.

Für heute sei herzlich gegrüßt
Franz-Xaver

Tagebuchauszug
23., 25., 26., 29. 12. 1990

Sonntag, 23. 12. 1990
Der Berg unerledigter Korrespondenz nimmt inzwischen soviel Platz auf meinem Pult ein, daß für die Schreibmaschine fast keiner mehr bleibt. Frage ich mein Herz, was ich nun tun soll, Weihnachtsbriefe beantworten oder meiner inneren Aufgabe nachgehen, dann spüre ich beim ersten Belastung und beim zweiten Freude. Ich gehe mit der Freude... Laetitia-Laeta-Leta. Wie gut, daß meine Eltern die Namenstradition der Familie durchbrachen und mir meinen »richtigen« Namen gaben. Ich danke ihnen dafür und daß sie mich akzeptierten, mich im Rahmen ihrer Möglichkeiten unterstützten und, was mich am meisten berührt, mir immer vertrauten, obschon sie meinen Weg, der ihrer Tradition überhaupt nicht entsprach, kaum verstehen konnten. Nun muß ich vor Berührung weinen. Ich sehe, daß wir uns fanden, weil wir mehrheitlich gleich schwangen. Ihre Schwingungsmischung war das Energiefeld, das ich brauchte, um mich auf Erden niederzulassen. Und heute, 42 Jahre danach, nehme ich wahr, daß diese beiden Seiten in mir zusammengekommen sind. Mit der Achtsamkeit des Herzens gelingt es mir, mit diesen zwei Extremen im Gleichgewicht zu bleiben. Bin ich nicht regelmäßig im Mantra, hebe ich entweder ab und staune darüber, wie andere Menschen sich im Dunkeln verlieren und wie sie somit selber immer dunkler werden, oder ich stürze ins Reich der Göttin, und sie gewinnt Macht über mich. Ihre Ansprüche, Wut, Ärger nehmen ein Maß an, das mich selber beängstigt. Gerade vorher habe ich einen Satz aus einem Vortrag von Richard Baker »Zen und Gaia« mitbekommen. Er sagt, wir müssen mit der Spiritualität in die Natur hineingehen, was für mich nicht stimmt. Es geht um das Gleichgewicht, um die Mitte, die gefunden werden muß, und das ist das Herz, unabhängig davon, ob man HesychastIn ist oder nicht. Ich nehme mich nun in der innersten Kammer meines Herzens

wahr und spüre, daß Gott und ich eins sind, aber nur hier in diesem Verdichtungspunkt. Wenn ich Gott bin, habe ich keine Dimension, nehme ich keinen Raum ein und bin zeitlich nicht faßbar. Dann ist Ruhe, Hesychia. Ich spüre, wie dieser Punkt mit jedem Atemzug an Dimension gewinnt, bis sich ganz organisch eine Spaltung ergibt. Dann stehe ich IHM gegenüber, immer noch in der gleichen Kammer, aber nicht mehr genau in der Mitte. In diesem Stadium finden die Zwiegespräche statt.

25. 12. 1990 Ardez
Meine Weihnachtskerze leuchtet. Möge sie allen, die in den nächsten Tagen zu uns kommen, Licht spenden, ihnen die frohe Botschaft, die in uns allen schlummert, etwas näher bringen. Jetzt, wo das Feuer endlich brennt und der Ofen Wärme spendet, möchte ich mich dem Schreiben hingeben, aber die Kinder lassen mich nicht in Ruhe. Hier oben habe ich leider kein Arbeitszimmer; ich muß im Wohnzimmer schreiben. Ob ich es wohl schaffe, mich so abzugrenzen, daß ich meinen roten Faden nicht verliere? Im Moment bin ich noch in meiner Mitte. Ich nehme aber wahr, daß mich jede Unterbrechung durch die Kinder der Göttin näher bringt, und daß meine Distanz zu Gott somit im gleichen Maß zunimmt. In der Nähe der Göttin habe ich mindestens zwei Verhaltensmöglichkeiten: Entweder lasse ich meine Absicht zu schreiben los und gehe mit dem Fluß der Kinder (wir feiern heute abend traditionsgemäß Weihnachten in der Großfamilie bei uns, nicht mehr bei meiner Mutter); oder ich halte an meinen Bedürfnissen fest und werde ganz böse. Die verschlingende Kali? Saturn, die ihre eigenen Kinder frißt?
Weihnachten! Seit Christus in meinem Herzen geboren wurde, ist Weihnachten nicht mehr etwas Emotionales, sondern Klarheit, Leichtigkeit, Vertrauen, Getragensein und Tragen, mit-ein-ander, im Moment bloß ein leiser Hauch von neptunischer Liebe, aber in den vergangenen Tagen gab es Augenblicke, wo Seine Liebe ganz stark durch mich floß. Inzwischen

haben sich die Kinder neben mir eingenistet und lesen gebannt die Bücher, die sie erst heute abend hätten auspakken dürfen. Friede ist mit uns. Möge er über das Haus hinaus das ganze Dorf erreichen, Amen. Theo bringt den Christbaum.... Der Traum von letzter Nacht steigt auf und demütigt mich. Ich schreibe ihn nieder und erhoffe mir eine Interpretation von Emil.

Traum

»16.00 Uhr, Matura-Prüfungen. Ich schaue auf der Liste nach und sehe, daß ich 18.37 Uhr in Mathematik geprüft werde. Ich gerate in höchste Unruhe, weil ich realisiere, daß ich den Stoff seit der letzten Matura (also 1968) nicht mehr angeschaut habe. Eine Freundin, die im Begriff ist, ihre schriftliche Prüfung abzugeben, kommt mir entgegen. Ich entdecke gerade noch einen Fehler auf ihrem Blatt, aber sie will ihn nicht korrigieren, mit der Begründung, sie schloß das Gymnasium damals auch mit einer 5.8 und nicht mit einer 6 ab. Jetzt hätte ich eine Musikstunde. Soll ich frei machen und wenigstens noch ein paar Kapitel Mathematik durchlesen, damit mir zumindest die Begriffe wieder bekannt vorkommen? Die Vorstellung, ich müsse dazu stehen, daß ich nichts gelernt habe, ist für mich vernichtend. Kann denn Gott mir helfen, wenn ich meinen Teil nicht geleistet habe? «

L: Emil, bist Du da? Gibst Du mir ein paar Hinweise zu diesem ärgerlichen, immer wiederkehrenden Matura-Thema? (Ich nehme eine dünne Verbindung zwischen ihm und mir wahr; habe das Gefühl, daß mich jemand anrufen will, mag aber nicht unterbrochen werden.)
E: Dein Matura-Thema ist sehr komplex.
L: (Ich sehe einen Wolleknäuel mit etlichen Verstrickungen.)
E: Diejenigen auf der Beziehungsebene sind nun geklärt. Darunter ist das Thema »Flucht«. Dastehen und flüchten, diese Polarität ist bei dir noch nicht im Gleichgewicht. Der Traum weist daraufhin.

L: Dastehen mit der Schande der nicht erfüllten Pflicht?

E: Dieses Thema wurzelt bei dir im tiefsten Bereich.

L: (Ich sehe die Verwicklung tief im Unbewußten.) Beim Gedanken, dieses Problem anzugehen, flattert mein Herz. Es ist von einem Angst-Ring umgeben.

E: Das sind unbewußte Ängste. Um sie aufzulösen, mußt du das Thema ins Bewußtsein bringen.

L: Ich habe große Angst davor. Tränen beginnen über meine Wangen zu fließen. ›Christos eleison.‹ Bleibe ich mit der Achtsamkeit im Herzen, spüre ich, wie die Fäden dieses Knäuels langsam und einzeln ins Wirkungsfeld des Mantras hineinragen und sich darin auflösen. Ich bleibe dabei. Der Mittelpunkt des Knäuels ist von metallener Schwere, kommt mit dem Mantra in Kontakt und fällt wieder auf den Urgrund zurück. Was liegt darin? Die schwarz gewordene blaue Perle? Was soll denn das?

E: Geh weiter in deiner Imagination.

L: Ach, Du bist immer noch da und begleitest mich?

E: Deine Schritte mußt du machen. (Lachend) Ich kann sie nicht für dich tun.

L: Das weiß ich im Prinzip. Dort unten in der Tiefe ist also meine Perle schwarz, oder: ich habe sie schwarz werden lassen. Wie kam es dazu? (Nun sehe ich hell in der Imagination. Ich glaube, Gabriel hilft mir.) Ich habe mein Licht unbewußt immer mehr zugedeckt. Viele Schichten miteinander machen die Schwärze um die Kugel aus. Wie kam es dazu?

E: Dir fehlte die notwendige Form. Beim Zulassen des Lichts wärst du verbrannt. Abspaltung des Lichts bedeutet Schatten. Dies war ein organischer Prozeß. Du konntest dabei gar nicht anders als Schatten bilden. Das ist des Menschen Schicksal im zeitlichen Nacheinander. Aber heute hast du die Möglichkeit, gleichzeitig alles loszulassen.

L: Mein Herz ist noch schwer, aber rundherum lichtet es sich. Ich spüre etwas Erleichterung. Ist der direkte Zusammenhang mit dem Traum noch wichtig? Ich habe inzwischen die Übersicht verloren.
E: Alles ist wichtig, und nichts ist wichtig. Hauptsache, du läßt zu, was das Unbewußte dir bringt.
L: Emil, bist Du noch da? – Nun bin ich wieder ganz in der Mitte, wo es kein Du mehr gibt. Die schwarze Kugel ist daran, in mein Herz einzutreten. Nun ist sie drin und öffnet sich. Blankes Licht wird darin sichtbar und in der Mitte das Weihnachtskind. Also, ich habe für meine Matura nicht gelernt, damit mein Licht noch nicht geboren wurde.
E: Damals war noch nicht Zeit dafür. Das Unbewußte hat dich zu diesem Verhalten gezwungen. Erst heute ist dein Gefäß stabil genug, um es zu halten. Die vielen Träume zeigten dir, daß der Weg kontinuierlich weitergeht, abgesehen davon, ob wir es merken oder nicht.
L: Ich meinte immer, ich bleibe bei diesem Thema stecken, sehe jetzt, daß jeder einzelne Traum seinen Beitrag geleistet hat – erstens, um mich zu schützen vor frühzeitigen Durchbrüchen, zweitens, um Minderwertigkeitsgefühlen auf den Grund zu gehen. Ich nehme im Augenblick ein ganz neues »Im-Lot-Sein« mit Fühlen und Denken wahr.
E: Denken und Fühlen schlossen Frieden miteinander.
L: Ich nehme große Intensität in mir wahr. Herz- und Nabelchakra vibrieren, ich fühle mich so kräftig, daß ich Bäume ausreißen könnte. Meine physischen Augen sehen scharf, obschon ich noch ganz im Prozeß drin bin. Ein neuer Schritt, den ich nicht erwartet hätte.
Nun steigt ein wunderschönes archetypisches Bild der Urmutter in sexueller Vereinigung mit ihrem befreiten Sohngeliebten auf, der von ihrer Milch trinkt, weil nur diese ihm die Vollkommenheit erhält.

Ich fühle mich ganz neu, wie frisch geboren aus der unendlichen Dunkelheit heraus. Das Tippen mit offenen, klarsehenden Augen bereitet größere Freude. Im Augenblick fühlt es sich so an, als wäre ich nun für immer von den Gefahren der Göttin befreit. Ich kann mir nicht vorstellen, was dies bedeutet. Mein ganzer Körper ist nun stark und durchlässig, schwer und bodenständig. Urmutter und Sohngeliebter in Vereinigung haben eine göttliche Aura. Sie strahlen Liebe, Freiheit, Leichtigkeit, Ausgleich, Spiel aus. Dies alles ist möglich, weil der Sohn sich seiner völlig bewußt und zur Mutter zurückgekehrt ist. Nun stellen sie viele Ebenen dar: Mutter und Sohn im kosmischen Sinne, auch Vater und Tochter, Bruder und Schwester, Geliebte und Geliebter. Vereinigt fließen sie mit dem Fluß des Lebens mit, der sie auch selber sind. Bei mir ist inzwischen ein neuer Schritt passiert: Um genau in die Tiefe zu spüren, mußte ich bis anhin die Augen jeweils kurz schließen, jetzt funktioniert es auch mit offenen.

26. 12. 1990 – Firà da Nadal!
Draußen schneit es. Das schlafende, idyllische Dorf wird von den Schneeflocken sanft eingehüllt. Würde nicht hie und da ein Mensch durch die Gassen eilen und für kurze Zeit Spuren hinterlassen, könnte man meinen, absolute Ruhe sei eingetreten. Mich erlebe ich im Spannungsfeld zwischen spirituellen Erkenntnissen und kleinen, kaum erwähnenswerten Alltagsproblemen. Ich muß mich, wie alle anderen, im Alltag bewähren. Wie einfach und wohltuend es für mich wäre, wenn ich mich für eine Zeitlang mit der Schreibmaschine und genügend Farbbändern zurückziehen könnte. Noch so gerne antworte ich auf den inneren Ruf, ein halbes Jahr zu schreiben, und es macht mir Mühe, wenn Skorpionbetonte sticheln und aufzählen, was ich in letzter Zeit deswegen vernachlässigt habe. Warum ich auf sie höre? Ich weiß, daß gerade sie mit höchster Treffsicherheit auf die Wunden ihrer Mitmenschen hinweisen (meist unbewußt

natürlich). Ich bin mir bewußt, daß ich aufgerufen bin, das Holotrope in die hylotrope Dimension hineinzubringen, die Verbindung von Himmel und Erde herzustellen und zu erhalten, meine Fische im Jungfrauhaus zu leben. Bis ins letzte Detail hinein ist dies nur möglich, wenn ich gar nicht mehr werte. Sobald ich dem Himmel nur ein bißchen mehr Wichtigkeit zuspreche als der Erde, falle ich aus dem Gleichgewicht heraus. Und nur im Gleichgewicht gelingt die Verbindung der beiden Dimensionen.

L: Gabriel, wenn jetzt Zeit dafür ist, möchte ich gerne ein paar persönliche Fragen angehen und vielleicht auch noch diejenigen von Franz. (Mein Herz nehme ich offen wahr, mein 3. Chakra wie zementiert. Nun komme ich als Ganzes in Fluß, und das dritte Auge beginnt zu brennen. Ich konzentriere mich auf das 2. und 3. Chakra, in der Hoffnung, sie zu aktivieren. Loslassen, loslassen. Nun nehme ich einen oberen und einen unteren Kreislauf wahr, welche einander im Herzen berühren. Jetzt überlappen sie sich, und eine Mandorla wird sichtbar. Sie bleibt bestehen, solange ich mich aufs Herz konzentriere, ansonsten verschwindet sie.)
Ich möchte heute Klarheit über meinen Abschluß in transpersonaler Psychologie gewinnen. Du hast mich im Juli dazu ermutigt; neulich sah ich ein Nein bezüglich des Zeitpunkts. Ist mein Abschließen-Wollen stimmig oder nicht?
G: (Bild, das sonst für die Kerngruppe auftaucht.) Die Kerngruppe ist für dich erste Priorität. Tauche ganz ein.
L: Mehr als bisher?
G: Intensiver. Es ist so viel da, das euch gegeben werden will. Ihr nehmt noch nicht ganz.
L: (Ich sehe mein Zögern, z.T. basiert es auf Nichtwissen, wie ich vorgehen soll.) Soll ich mir im nächsten Halbjahr noch mehr Zeit für die Kerngruppe nehmen? (Schwere im 3. und 4. Chakra)

G: Eure persönlichen Fragen verengen die Möglichkeiten der Kerngruppe. Ihr sollt wohl persönlich einsteigen, aber den überpersönlichen Akzent dabei nicht vergessen. Verliert euch nicht in kleine Fragen.

L: Mein Diplom ist also etwas Kleines?

G: Etwas unter vielem. Verschwende keine Zeit damit.

L: Ich möchte nächsten Herbst nach Kalifornien gehen und abschließen. Ist dies o.k.?

G: Es ist nicht dein Kernanliegen!

L: Du meinst also, ich müßte davon loslassen? (Spüre Knoten im Magen. Ich muß zuerst diesen lösen. Das hängt damit zusammen, daß das Diplom für mich eine Ego-Sache ist. Der Knopf beginnt sich zu lösen.) Aber Ego und Form sind doch auch in Ordnung?

G: Ja, aber nicht um der Form willen.

L: (Ich spüre, wie dieses Problem bei mir lange abgespalten war und jetzt bei jedem Atemzug ein bißchen mehr ans Bewußtsein angeschlossen wird. Vorher war es Abspaltung und Kompensation, jetzt ist es die Einsicht, daß es für meine Aufgabe sinnvoll ist.)

L: Ich melde mich also an.

G: Du hast in erster Linie der Kerngruppe zu dienen. Ein Mensch kann nicht unendlich als Kanal dienen, da dies für ihn sehr anstrengend ist.

L: Ich erkenne, daß mein kleines Ich das Maß ist. Es flattert beim Gedanken, Grenzen setzen zu müssen und möchte sein Bestmögliches tun.

29. 12. 1990
Ich habe noch eine ganze Stunde zum Schreiben und das ganz neue Gefühl, heute sei nichts zum Pflücken bereit. Ich kam mir in den letzten Wochen wie ein Rebstock im Herbst vor. Viele reife Trauben hingen daran, und meine Aufgabe war es, sie sorgfältig und liebevoll zu pflücken. All diese reifen Trauben bedeuteten auch Belastung für mich. Nun ist alles geerntet, ich sitze an der Schreibmaschine und spüre, daß

das, was von nun an kommt, mit Freiwilligkeit zu tun hat. Ich schwinge mit Seinem Namen mit und spüre die Verbundenheit mit Ihm, mit dem Ganzen. Christos, führe Du mich weiter, ich erlebe mich am Punkt der absoluten Freiheit, wo ich nichts mehr muß. Was soll denn durch mich geschehen?

L: Ich sehe eine Hand, die über dem göttlichen Feuer viele Fäden zusammenhält. Ist das meine Hand?
G: Der Vater ist es, der durch dich wirkt.
L: Ich schwitze vor Hitze.
G: Du mußt nun alle möglichen Fäden in deiner Hand zusammenhalten, genau über der Flamme.
L: Ich habe Angst zu verbrennen.
G: Du verbrennst nicht, wenn du eins bist mit Ihm, sondern nur wenn du ins Ego fällst.
L: Ich entnehme daraus, daß ich das Mantra immer aussprechen sollte. Ich hatte in den letzten Tagen das Gefühl, mein Körper würde diese feine Schwingung nicht andauernd aushalten.
G: Halte dich an keiner Erkenntnis fest, sonst bremst du deinen Fluß. Sei immer im Hier und Jetzt und mit der Wahrheit des Augenblicks.
L: Ich gehe zurück zum Bild. Was bedeuten diese Fäden im Alltag? Ich sehe, daß sich an jedem Faden Menschen festhalten. Sie bemühen sich, nicht zu fallen. Nur über einen solchen Faden kann ein einzelner mit Gott in Kontakt kommen. Jeder hat seinen Faden, jeder hat seinen Weg. Nun sehe ich, daß diese Fäden auch unten von einer anderen Hand zusammengehalten werden. Auf der unteren Hälfte sind die Fäden dunkel, auf der oberen hell. Zwischen den haltenden Händen liegt das Herz. Wir kommen alle aus dem einen Herzen heraus und nehmen zunächst einmal den dunklen, irdischen Teil des Fadens »in die Hand«, als Wegweiser auf dem Wege. Der Faden führt den einzelnen an seine zu erlösenden Themen heran und läßt ihm die Freiheit, sie anzugehen oder nicht.

Dem Faden ist es egal, wie der einzelne mit seinen anstehenden Themen oder Lektionen umgeht. Für den Faden gibt es weder Gut noch Böse und somit auch keine Urteile darüber, was der Mensch sollte und was nicht. Der Faden trägt alle Weisheit in sich, er weist die Menschen auf ihren Weg hin. Ob der einzelne darauf achtet oder nicht, bleibt ihm allein überlassen. Je bewußter ein Mensch ist, um so schneller erkennt er die Hinweise des Fadens und um so bereitwilliger nimmt er seine Lektionen auf sich. Der Mensch, der noch völlig im Unbewußten tappt, braucht oft massive Herausforderungen. Ich sehe nun einen metallenen Wäschezuber und höre, daß dieser mit belastenden Erfahrungen voll sein muß, bevor der Mensch herausfällt und dabei erwacht. Dies ist das erste Erwachen, das dem Menschen seine Eigenverantwortung bewußt macht.
Ist dieses Erwachen die erste Einweihung?
G: Da spricht man noch nicht von Einweihung, sondern von Entwicklung aus der Verwicklung heraus. Einweihung heißen die Schritte auf der oberen Hälfte, nachdem der Mensch bereits erkannt hat, daß er ein göttliches Wesen ist, wenn er begonnen hat, nach innen zu gehen und immer mehr Verantwortung zu übernehmen.
L: Ich möchte nun fragen, wann und wo meine Einweihungsschritte geschehen sind, aber ich bin wieder in diesem Zustand, wo es kein Du, kein Gegenüber gibt. Die göttliche Flamme in meinem Herzen hat sich zu einem Feuer entwickelt, ich verschmachte fast vor Hitze. Dieses Feuer ist ER, und dieses Feuer bin ich. Vor Tagen war es noch ganz klein, ich dachte mir, es bleibe so, aber jetzt werde ich eines anderen belehrt. Ich schwitze, und das brennende Feuer ist absolut ruhig. Ich bleibe damit. Ich dachte mir, ich müsse zu dieser kleinen göttlichen Flamme in mir Sorge tragen, sehe jetzt, wie kleinlich und unwissend so ein menschlicher Gedanke ist. Was ich als Mensch kann, ist wirkliches Loslassen vom Gewohnten,

vom Bekannten, vom anscheinend Sicheren etc. Und je mehr ich loslasse, desto besser kann sich das Göttliche in mir entfalten. (Die Hitze ist nun etwas zurückgegangen.) Ich meine bei den Mystikern gelesen zu haben, daß dieses Eins-Sein mit Gott höchstes Glück bedeute. Ich erlebe es heute wie auch schon früher als ein Nichts, als Frei-Sein von allem und merke, wie diese Freiheit für mich nicht beschreibbar ist. Es ist einfach nichts mehr da, weder Gutes noch Schlechtes, weder ein Gefühl noch ein Gedanke. Einfach nichts. Es kommt mir unglaublich einfach vor. Ich habe für dieses Nichts auch keinen Namen, keine Synonyme. Dieses Nichts ist nicht einmal ein Punkt, nein. Und was ich jetzt darüber noch schreiben möchte, würde nicht stimmen, denn das Nichts läßt sich nicht in Worte und auch nicht in Bilder fassen.
Was ist denn Christos in bezug auf das Nichts?
G: In ihm hat sich das Nichts als das Alles verdichtet.
L: Ich spüre Seine Dichte und Intensität in der Person Jesu und nun dasselbe auch in mir.

Antwortbrief 24

Liebe Leta,
es wundert mich nicht, daß gerade zum jetzigen Zeitpunkt ein Maturatraum auftritt. Nach Ansicht der Schamanen vieler Völker ist ein Mensch dann im spirituellen Sinne »reif«, wenn er zwischen den verschiedenen Dimensionen der diesseitigen und jenseitigen Welten hin- und herschreiten kann, ohne dabei seine Seele zu verlieren. Initiation geht nicht nur in eine Richtung, sondern immer in beide. Werde ich z.B. in die Geheimnisse der »Unterwelt« eingeweiht, so muß ich auch den Weg wieder zurückfinden. Es könnte uns sonst wie dem Orpheus ergehen, der es nicht schaffte, zwischen den Welten hin- und herzugehen (und sie miteinander zu verbinden!) und dabei seinen Kopf verlor.
Zu dieser Reife gehört auch das klare Wissen, daß Gott für seine Gnade und Hilfe keine Bedingungen stellt. Gott hilft wann, wo und wie

seine Weisheit will. Gnade ist durch kein Mittel erzwing- und kaufbar. Auch wenn es noch immer Christen gibt, die im Sinne des alten Ablaß-Handels meinen: »Wenn die Münz im Kasten klingt, die Seele aus dem Feuer springt!«, Gottes Liebe lasse sich in irgendeiner Weise bestechen, so müssen sie früher oder später erkennen, daß sie sich lediglich ihrer Selbstverantwortung entziehen wollen. Das gleiche gilt auch in bezug auf unsere Ängste. Ein erwachsener Mensch kann seine Ängste in das Bewußtsein heben, um diese zu klären. Dann geschieht Heilung vom Kern der Person her. Gott wirkt in allen Fähigkeiten des Menschen, auch im Durchschauen der persönlichen Sinnzusammenhänge. Wenn ich mich vor meinen Ängsten auf die Flucht begebe, so werden sie mir unentwegt anhaften und ich verstricke mich mit ihnen in meinem Lebensfaden zu einem Knäuel. Es gibt dann keine Ent-Wicklung, sondern eine Ver-Wicklung.
Darum sagt Dir auch »Emil«, Du sollest in Deiner Imagination weiterfahren. Scheinbar hast Du gar nicht mehr bemerkt, daß er da ist, bzw. daß Du noch im inneren Bilderleben weiltest. Oft begleiten uns die Jenseitigen mit ihrer Inspiration. Es liegt aber an uns, den Fluß der Inspiration durch unsere Imagination in Gang zu halten. Dazu braucht es gleichzeitig eine schwebende Aufmerksamkeit und ein Fließenlassen des wahrgenommenen (= für Wahrheit nehmen) inneren Geschehens, damit es sich in die faßbare Wirklichkeit hinein entfalten kann. Um diese dann auch auszuhalten, müssen wir in der Mitte gut verankert sein, d.h. im Herzen, um dem Mysterium Gottes und den damit verbundenen Prüfungen (= Konfrontationen) im Alltag standzuhalten. Es ist nicht selbstverständlich, mit dem Geheimnis in uns umzugehen. Es braucht dazu einen täglichen Lernprozeß. Das wußten schon die alten hesychastischen Lehrer, wenn z.B. der hl. Isaak in der Centurie des Calistos und Ignatius zitiert wird: »Es gibt niemanden, dem die Zeit des Einübens nicht schwer würde, und niemanden, dem die Tage nicht bitter wären, da er das Aufhören der Prüfungen herbeisehnt. Aber ohne sie kann keiner eine kräftige (spirituelle) Gesundheit erlangen. Denn wie sollte die irdene Schale das eingegossene (göttliche) Wasser halten können, wenn sie nicht durch ein göttliches Feuer gehärtet worden wäre...« (vgl. Das

Herzensgebet, Die Centurie der Mönche Calistos und Ignatius, S. 51)
Die Christos-Geburt findet erst dann in Dir statt, wenn Du SEINE Wirklichkeit aushältst. Bist Du soweit, sagst Du wie Maria zum Erzengel Gabriel: »Siehe, ich diene Gott, mir geschehe nach deinem Wort!« Dann läßt sich schwer unterscheiden, ob der Christos in Dich oder Du in IHN hineinwächst... Wie Du dieses Geschehen in Dir erfährst, hängt natürlich auch von Deiner persönlichen Typologie ab.
»Denken und Fühlen« können sich am besten im Herzchakra verbinden, weil sie dort ihre Ego-Positionen zu Gunsten einer einheitlichen Sichtweise aufgeben. Das ist schon von der menschlichen Histologie her interessant. Es gibt Teile in unserem Kopf, die aus dem gleichen Muskelgewebe bestehen wie das Herz. Das finden wir nur beim Menschen auf diese Weise. Es handelt sich um die Stimmbänder und die Muskulatur von Hammer, Amboß und Steigbügel im Innenohr. Vielleicht sagt auch deswegen der Volksmund: mit dem Herzen hören und sprechen.
Verwundert es Dich nicht, daß Deine Frage nach der Matura im Gespräch mit Emil in der Vereinigung der Göttin und Urmutter mit dem Sohngeliebten endet? Wir sind wohl erst dann im tiefsten Sinne »reif«, wenn urweibliches und urmännliches Bewußtsein im gleichen Fluß des Lebens vereint sind, aus dem sie gemeinsam schöpfen. Aus diesem einheitlichen Schöpfen wird die Kern-Aufgabe sichtbar. Ich glaube, wir müssen uns darüber immer klarer werden, damit wir nicht seelische Energien für das »Kanalisieren« von Ego-Ansprüchen einsetzen, die wenig unserer Aufgabe dienen. Wenn Dein Psychologieabschluß nur einen zusätzlichen Stein in Deiner ohnehin schon leuchtenden Krone darstellt, so ist das zwar auch etwas Erfreuliches, aber Du könntest Deine Kraft ebenso für etwas gebrauchen, das unserer Kern-Aufgabe hilfreicher wäre. Ich bin mir bewußt, wir sollten alles meiden, was unsere Grundaufgabe stört (obwohl ich selber auch oft weit davon entfernt bin...). Ich spüre aber auch, daß Dich Dein Abschlußzertifikat vor einer bestimmten Willkür der kollektiven Einschätzung schützen wird. Die öffentlichen Instanzen, die uns beurteilen, schauen immer wieder auf die Zertifikate und Diplome, die wir vorweisen können.

Für die innere Transformation gilt nur das Hier und Jetzt. Es ist die »Wahrheit des Augenblickes«, wie sie Gabriel nennt, der wir uns aus der inneren Berührung durch das Mysterium der göttlichen Liebe stellen sollen. Das bedeutet für mich immer wieder erneut *totale Offenheit und Hingabe*. Jede Erkenntnis, die wir festhalten, macht uns unfrei. Glaube, der befreit, meint *nie* an Glaubenswahrheiten *festhalten*, sondern immer auf Glaubenswahrheiten *antworten*. Ein verantworteter Glaube vertraut der »Sophia tou theou«, der Weisheit und Inspiration Heiligen Geistes, ohne ihr vorzuschreiben, wann, wie und wo sie mich zu erreichen hat. Die persönliche Antwort (personare = hindurchtönen, d.h. mein persönlicher Wesenskern, meine göttliche Natur klingt in der Antwort auf) kann sich immer wieder neu in das Wort aus der Mitte (Mantra) hineinverdichten. Verweile ich in der Dynamik dieses Wortes, erfaßt es mich von innen, und ich komme in den Zustand des »immerwährenden Herzensgebetes«, wie es die Hesychasten beschreiben.

Unser Antworten auf die Berührung Gottes ist Dein und mein roter Faden der Beziehung zu Gott. Sind wir zusammen im Ein-Klang des Mantras, laufen die Fäden parallel, kaum voneinander unterscheidbar. An jedem persönlichen Faden hängen aber noch Hunderte von feinen Verästelungen. Es ist das Verwobensein unseres hylotropen Gewebes. Die Ent-Wicklung meines Fadens ist ein Spiegelbild meiner Beziehung zu Gott. Gestern hatte ich in der Meditation eine Vision:

»Ich sitze mit einer Gruppe Menschen jeder Altersstufe im Halbkreis um eine große Kristallkugel, die in allen Regenbogenfarben leuchtet. Ihr Licht hüllt die ganze Gruppe ein. Eine Stimme aus dem Raum sagt: ›Licht der Welt!‹ – Plötzlich kommt aus der Kugel ein sehr dickes, wunderschön geflochtenes Tau auf die Gruppe zu und franst auseinander auf jeden Menschen zu. Alle fassen ihren Teilstrang an und beginnen zu ziehen. Es läßt sich aber nicht aus der Kristallkugel herausziehen. Große Ratlosigkeit herrscht unter den Anwesenden. Da werde ich wie entrückt und von der Kristallkugel aufgenommen. Ich sehe, daß alles Ziehen nichts hilft, denn zu jedem Menschen führt für ihn unsichtbar sein Seilstrang durch die Kristallkugel hindurch unterirdisch (oder besser jenseitig) zu ihm zurück und ist mit seiner Mitte verwoben. Wenn sie also ziehen, ziehen sie an sich selber, und da sie sich entgegenstemmen, um mehr Kräfte zu entwickeln, entsteht eine Pattsituation: Es bewegt sich nichts. – Ich betrachte dieses ›Welt-Theater‹ tiefsinnig und ein bißchen hilflos und die Stimme aus dem Raum sagt: › Das Gleichgewicht der Kräfte ruht in der Mitte eurer Herzen!‹ «

In der großen Kristallkugel löst sich das dicke Tau in Nichts auf und gleichzeitig sind alle Herzen in dieser Lichtkugel miteinander verbunden. Nichts und Alles, Alles und Nichts! Das ist in der Raum-Zeitdimension nicht zu fassen, besonders dann, wenn »Nichts« und »höchstes Glück« in Eins sind, sobald Du vom »Licht der Welt« verschluckt wirst... Welch unendliche Freiheit in der Fülle des Nichts!

Für dieses Mal bleibe ich sprachlos und grüße Dich in Liebe
Franz-Xaver

Kapitel 6

Erschütterung des Ichs durch die Erfahrung des Nichts

Die Erfahrung des NICHTS und ALLES Gottes löst im Menschen tiefste Erschütterungen aus, die sich in physischen Symptomen zeigen können. Das Freigeben aller Gottes-Bilder ist die unabdingbare Voraussetzung für diesen Prozeß. Auch Leta und Franz-Xaver werden in dieses Geschehen hineingenommen. Die vertrauten Gottesbilder werden für sie Eingangstore in das unverfügbare göttliche Mysterium. Eine radikale (radix = von der Wurzel her) und ganzheitliche Hingabe öffnet die Pforte in die Gleichwertigkeit der verschiedenen Gottesbilder. Das wortlose Verweilen im Klang des Mantras unterstützt dieses Loslassen, bis Gott und NICHTS im Herzen des Menschen zusammenfallen und sich in das Erleben der Christos-Wirklichkeit verdichten. Diese ermöglicht neue Erfahrungshorizonte in der Alltagswirklichkeit und eröffnet innerhalb von Raum und Zeit in der Begegnung mit dem göttlichen Mysterium veränderte personale Zugänge. Es stellt sich ein differenziertes Wahrnehmen der Verantwortung für die ganze Kreatur ein. Diese ist durch Mitgefühl und Wertschätzung für alle Lebewesen und die ganze Schöpfung gekennzeichnet.

**Tagebuchauszug
31. 12. 1990; 1., 3.; 4. 1. 1991**

Silvester 1990
»Uen on nossa bod scrouda, el va, nu tuorna plü«
Wiederum geht ein Jahr zu Ende und kommt nicht/nie mehr zurück. Ich befürchte, nur zu gut zu wissen, was für mich nicht mehr sein wird, und spüre den Schmerz des Loslassens, obschon ich weiß, daß die Erkenntnisse von vorgestern sehr wichtig waren und mich weiterführen. Die Begegnung mit dem Nichts wirkt unangenehm auf mich weiter. Im Moment fühle ich mich ganz schwach, mein Magen vibriert und in Bälde könnte ich ohnmächtig werden. Da ich allein im Hause bin, wage ich nicht, mich diesem Prozeß völlig hinzugeben. Die Erfahrung, daß hinter Gott das große Nichts steht, kann ich noch nicht verkraften. Ich erinnere mich, wie ich Brechreiz und Durchfall bekam, als ein weiser Bekannter mir einmal beim Mittagessen sagte, man müsse halt einmal auch das »lieb Jesulein« loslassen, und es wird mir jetzt bewußt, daß ich gefühlsmäßig jeweils abschaltete, wenn Stan Grof über »the big void« (die große Leere) sprach. Auch »Triffst du Buddha unterwegs, erschlage ihn«, schob ich auf die Seite. Nun erlebe ich mich ganz existentiell bedroht. Es wird wohl nicht sein, daß ich auch Christus loslassen muß!? Mein Herz zerbricht bei diesem Gedanken, Tränen der Verzweiflung verdecken meine Sicht. Warum ist alles bereits vorbei? Ich hätte diesen letzten Schritt nie gewollt! Ich erkenne zwar das große Nichts als letzte Wahrheit, ertrage sie aber gefühlsmäßig nicht. Nun nehme ich wahr, daß ich mich von der Ohnmacht etwas entferne und mich ein kleines bißchen stärker fühle, weil ich diesen Riesenschmerz zulasse, daß auch meine Beziehung zu Christus Illusion war. Der Schmerz schüttelt mich wieder stärker. Früher fühlte ich mich jeweils in Gottes Schoß aufgehoben, was auch immer geschah. Und jetzt? Das Schluchzen verunmöglicht mir das Schreiben. Auf was soll ich denn mein Leben ausrichten, wenn auch Gott

sich als Illusion erweist? Ich empfinde zur Zeit den tiefsten Schmerz, den ich je empfunden habe. Es ist mir, als ob Raubtiere mein Herz zerfetzen und bis zum letzten auffressen würden. Andererseits nehme ich aber wahr, daß es mir körperlich zusehends besser geht, seit ich diesen fast unerträglichen Prozeß zulasse. Was soll denn das Ganze noch, wenn Gott nicht die letzte Wahrheit ist? Vorgestern kristallisierten sich Freiheit und Freiwilligkeit heraus, heute steht der Schmerz an erster Stelle. Daß ich so etwas Edles wie meine Christusbeziehung loslassen muß.... zu erkennen, daß auch sie »nur« polar war, ist schrecklich.
Jetzt ruft mich jemand an der Haustüre. Ich bin nicht gerade in der Verfassung, Besuch zu empfangen. Aber es sind zwei liebe Verwandte, die auch auf der Suche sind. Sie erschrekken, mich in diesem miserablen Zustand anzutreffen. Ich erzähle ihnen, was bei mir gerade abläuft, und dies verschafft Erleichterung. Sie berichten von Ramakrishna, Aurobindo, ich glaube auch von Krishnamurti bezüglich der letzten Wahrheit, und mir wird bewußt, daß ich auch all diese Stellen bis jetzt abgelehnt habe, in der unbewußten Meinung, für Christen sei die letzte Erfahrung eben anders. Darauf jedoch zitieren sie Meister Eckehart...
Nun ja, ich wäre trotzdem froh, wenn ich die Erfahrung des Nichts nicht gemacht hätte.
Jetzt, zwei Stunden danach, habe ich das Gefühl, aus einer ganz schlimmen Schlacht als Verliererin hervorzugehen. Verlieren war allerdings das Richtige. Wenn es nichts gibt, ist das einzig Sinnvolle das Erkennen dieses Nichts und das Verlieren oder Loslassen der Illusion des Seins. Mein Herz ist nun auf der Vorderseite ganz verschlossen und tritt auf der Rückseite aus meinem Körper heraus. Es schwebt auf Brusthöhe etwa zwei Meter hinter mir und ist nur noch an einem feinen Faden mit dem Körper verbunden. Ob dies meine Silberschnur ist? So schwach hänge ich also am irdischen Leben? Das mag mit der Frage zusammenhängen, ob das Leben nach dieser Erkenntnis für mich noch Sinn hat. Im Moment bin ich zu

benommen, um ihr nachzugehen. Dazu kommt, daß ich versprochen habe, das Silvestermahl für die ganze Sippe zu kochen. Somit ende ich für heute in der Erkenntnis, daß es auch mich nicht gibt. Ich staune, daß ich diesbezüglich so blind sein konnte, daß ich so lange in der Illusion lebte, es gebe mich und Gott und die Vereinigung von mir mit allem. Nun sehe ich gerade noch, wie ich meine metallene Kriegerrüstung ablege. Ich fühle mich ganz leicht und frei, kann dies aber nirgends einordnen, weil keine polaren Attribute dafür zur Verfügung stehen.

Träume

31. 12. 1990
»Ateliereinweihung. Sehr viele Leute, die in verschiedenen Gruppen kreativ tätig sind. Die einen machen unter der Leitung meines Bruders Raku-Schalen. (Er hatte gestern abend gefragt, ob dies sein Beitrag an unserer Eröffnung sein könnte.) Ich gehe in die Malgruppe, die im Freien stattfindet, zwei Frauen und ein Mann sind bereits dort. Ein für irdische Augen unsichtbarer Leiter erscheint und verteilt die Farben auf viereckige Glasscheiben. Er macht uns darauf aufmerksam, daß die Farben ihren spezifischen Ton verlieren, wenn sie in der Mitte zerfließen. Kaum ist er weg, kommen die Farben auf meiner Palette in Bewegung, obschon diese ganz flach ist. Alles fließt auf die Mitte zu, und dort verwandelt sich jede Farbe ins gleiche Grau. Ich kann nichts mehr auseinanderhalten, es gibt nur noch dieses eine Grau, und darin ist alles enthalten.«

1. 1. 1991
»Theo und ich nehmen an einem Kurs in Transpersonaler Psychologie teil. Ich erkundige mich bei jemandem, warum noch niemand anwesend sei, und er sagt, alle wollen noch vor Kursbeginn eine Fernsehsendung mit dem kürzlich verstorbenen Friedrich Dürrenmatt sehen. Enttäuscht, daß die Leiter dies zulassen, gehe ich spazieren.

Auf dem Rückweg treffe ich einen der Leiter an. Er ist ganz bleich und halb abwesend, legt seine rechte Hand auf meine Schulter. Ich stelle fest, daß wir heute gleich groß sind, was mich erstaunt. Dann sagt er auf Englisch: ›Das Göttliche will durch mich durchkommen, was für die Gruppe wichtig wäre, aber ich kann es heute nicht zulassen. Könntest du dich öffnen und es zulassen?‹ Ich freue mich darüber, ihm endlich einen Dienst erweisen zu dürfen und weiß auch, daß das Loslassen inzwischen für mich kein Problem mehr ist. Es nimmt mich wunder, ob er dies im Moment spürt, oder ob er sich noch an meine früheren Erfahrungen erinnert.
Wir kommen in einem Lokal an, wo viele Schaffelle auf dem Boden ausgebreitet sind. Er fragt mich, ob dies ein guter Ort dafür wäre. Ich lege mich an ein paar Orten hin um herauszuspüren, wo ich mich am wohlsten fühle.
Ich weiß: Die letzte Wahrheit ist das Nichts, ich habe weder Erwartungen noch Hoffnungen. Bevor ich mich völlig hingebe, geht noch der Gedanke durch den Kopf, wo wohl der Leiter auf seinem Weg steht, wenn er spürt, daß das Göttliche sich durch ihn manifestieren will.
Für mich steht das Göttliche vor dem Nichts, oder, sie stehen polar zueinander.«

3. 1. 1991
Die Erfahrung des Nichts war für mich eine massive Konfrontation. Ich konnte nicht dauernd dabei verweilen, weil die Tradition meine Tage mitprägte: »Wenn man hier lebt, muß man...«, sagt meine Mutter. Inzwischen verspüre ich aber einen Hauch von Leichtigkeit, Freude, Problemlosigkeit und staune darüber, daß es möglich war, das loszulassen, was mir im Leben am wichtigsten war. Ich kann noch nicht fassen, daß es so lange dauern konnte, bis ich erkannte, daß auch meine persönliche Gottesbeziehung vergänglich ist. Die hielt ich für absolut und beständig. Die Begegnung mit dem Nichts hat mich persönlich so stark erschüttert, daß ich im Moment gar keine Sehnsucht mehr spüre, ins Mantra zu gehen. Ich

bin ja auch selber dieses Nichts, und wozu sollte mir das Jesusgebet dienen? Ich will ja auch nirgends mehr hin oder irgendwie auf dem Weg weiterkommen. Bei diesen Gedanken geht ein leises Lächeln über meine Lippen. Der Verstand kann das Nichts überhaupt nicht erfassen, möchte es aber. Was er auch immer sagen würde, er würde einen Teil des Nichts ausschließen. Das, was der Mensch vermag, ist so klein, fast nichts im Vergleich zum Nichts. Ich erkenne, daß meine Erfahrung ein weiterer Schritt auf meinem Weg war, aber ich spüre mehr Bedauern als Freude darüber. Im Eins-Sein war Geborgenheit, Wärme, Vertrauen, Sinn. ER war in mir, ich in IHM. Es fühlte sich an, als ob alles vollbracht wäre. Nun dieser neue Schritt, der mich wie aus der Wiege geworfen hat, wohl im Eins-Sein mit IHM. Ich bin nun in der Leere, im Nichts, ohne Gefühle, Präferenzen, Urteile. Mein Zahnschmelz reagiert auf den neuen Zustand mit Offenheit, Weichheit, Durchlässigkeit, so daß ich fast nichts mehr essen kann, und von Reinigung des Mundes kann nicht die Rede sein. Das wiederum hat Folgen für das Zahnfleisch, welches keine Speisereste duldet. Früher hätte ich mich dieser Situation anheim gegeben. Was soll ich jetzt? Ich möchte meine Zähne retten. Auch die Nägel beginnen sich zu spalten, was ich noch nie erlebt habe. Mir wird bewußt, wie schnell und leicht ich mich früher jeweils hingab, und wie ein Teil von mir sich dagegen wehrt, daß dies nun vorbei sein sollte. Ich denke an das Glück der Menschen im Samadhi-Zustand und muß eingestehen, daß es für mich ganz anders ist. Dieses Nichts wirft meine letzten Ideale und Werte um, und ich kann mich zur Zeit überhaupt nicht orientieren. Der klare Wegweiser, der Christus für mich war, besteht in diesem Zustand nicht mehr, weil nichts mehr besteht. Auch »VATER« sagen und damit aufgehoben sein, gibt es für mich nicht mehr. Was gibt es denn noch? Mein Herz hat sich so verwandelt, daß ich kaum mehr den Begriff Herz dafür verwenden kann. Es gibt keine sicht- oder fühlbaren Grenzen mehr. Hat denn das noch etwas mit dem Herzen der Hesychasten zu tun? Ich spüre

Angst in mir, auch den Herzensweg loslassen zu müssen. Jemand oder etwas in mir verneint dieses Bedenken. Ich kann also beim Hesychasmus bleiben, im Wissen, daß er einen von vielen Wegen darstellt, die zur letzten Erfahrung führen.

L: Was unterscheidet denn die Wege voneinander?
G: Der eine ist direkter, der andere läßt mehr Umwege zu. Alle führen zurück zur Quelle und eines Tages durch sie hindurch, denn der Mensch ist so angelegt, daß er die Wahrheit erkennen will.
L: Ist es denn von Wichtigkeit, daß wir Abendländer einen christlichen Weg begehen?
G: Ihr habt eure Basis hier. In einer anderen Tradition schwebt ihr lange Zeit über der Basis, bis ihr sie wirklich versteht und sie euch zu eigen machen könnt. Bearbeitet statt dessen die Widerstände gegen den eigenen Weg.
L: Wie kam es denn, daß ich mich im christlichen Abendland inkarnierte? (Ich sehe mich aus der christlichen Basis auftauchen und sie mitnehmen, weil sie mein Eigen ist.)
G: Ihr Seelen wandert von Tradition zu Tradition, um alles kennenzulernen. Du beendest deine Reise im Christlichen, weil du ursprünglich diesem entsprungen bist.
L: Hört jeder Mensch dort auf, wo er begonnen hat?
G: (Lächeln) In Wahrheit gibt es weder Anfang noch Ende, aber für euch sieht es so aus.
L: Jetzt erinnere ich mich an ein Bild, das mir kürzlich erschien: Mein kleines Herz löst sich im großen Herzen auf; was von ihm bleibt, ist nur noch XP. Dieses Bild entspricht meinem jetzigen Gefühl. Dazu fällt mir ein: CHRISTUS ALS KERN, NICHT ALS BEGRENZUNG. Dieser Einfall stimmt mich glücklich. Ich kann mich zwar nicht mehr an Christus festhalten, aber sein Name ist in der Mitte meines grenzenlosen Herzens. Jetzt sehe ich einen Hauch der blauen Perle vor dem 3. Auge. Auch etwas Hoffnung schwingt mit, aber von einer anderen Richtung her als früher. Es ist nicht mehr diese unterwürfige

Qualität, doch noch das zu kriegen, was das Ego sich wünscht, sondern die Hoffnung, sich/Sich durch diese Form, durch dieses Ego, manifestieren zu können. Jetzt scheint doch wieder eine gewisse Identität da zu sein, die Identität mit dem Göttlichen, welches sich nur durch ein Ego manifestieren kann. Nun steht für mich das Göttliche nicht mehr polar zum Nichts, sondern sie haben sich vereint. Und diese Einheit ist beides. Könnte ich sie das göttliche Nichts nennen? Ich höre in mir »einfach Gott, von dem man sich keine Vorstellungen, keine Bilder machen kann.« (Hitze im ganzen Körper) Jetzt kann ich also wieder zu IHM beten, ins Mantra gehen; und schon bei dieser Wahrnehmung bin ich eins mit IHM. Das große Nichts ist nun nicht mehr die große Bedrohung, sondern eine Öffnung in die absolute Freiheit. Jetzt liebe ich freiwillig, vorher war es um Gottes Willen.

Ach, welches Spiel das Ganze ist! Sogar von Gott mußte ich mich befreien, um freiwillig mit IHM eins zu werden.

Freitag, 4. 1. 1991
Ich bin immer noch in diesem Zustand von Leichtigkeit und Freude, ohne Emotionen, ohne Wünsche, nur noch beobachtend, was ist und wie es ist. Ich erkenne, daß Gott weder besser noch schlechter ist als Nicht-Gott, und daß auch diese Polarität ein Konstrukt menschlicher Bedürfnisse und Erfassungsmöglichkeiten ist. In Wahrheit ist Gott auch Nicht-Gott, ist Fülle auch Nichts, obschon es nicht dasselbe ist. Diese Erkenntnis zeigt mir, wie unendlich eng ich vorher war in der Meinung, das, was mit Gott zu tun habe, sei besser als das andere. Es ist weder besser noch schlechter, weil es dasselbe ist. *GOTT UND DAS NICHTS SIND EINS UND IN MEINEM HERZEN VERDICHTET ALS CHRISTOS.* Es kommt mir vor, als sei Christus in mir die erste Emanation der Ganzheit Gott/Nichts. Heute erlebe ich Christus als Kern in meinem kleinen Herzen, das allerdings keine Begrenzungen mehr hat. Von diesem Kern aus wird mein ganzer Körper durchstrahlt, ernährt

und im Lot gehalten. Heißt es auch, daß diese Nahrung mir genügt? Verunmöglichen mir meine Zähne das Essen, damit ich erkennen kann/muß, daß ich leibliche Nahrung nicht brauche? Wie auch immer, ich habe ein Atemwochenende vor mir und fürchte, für die Körperarbeit nicht genügend physische Kraft zu haben. Früher hätte ich um Kraft gebeten, um gute Arbeit leisten zu können. Was mache ich jetzt? Ich spüre, wie dieses Beten und Bitten meinen Ego-Ängsten entsprang, und wie unfrei ich dabei war. Nun ist die Freiheit da und die Frage, ob ich wohl stark genug bin, um das Wochenende durchzustehen? Eine Antwort dazu nehme ich in mir nicht wahr. Wer/was sollte antworten? Für die Ganzheit gehört alles dazu, und, obschon differenziert wird, ist alles dasselbe. Ich nehme wahr, daß »ES nun in mir atmet«.

Freitagabend
Bei den Arbeiten im Haushalt ist mir noch bewußt geworden, daß die Begriffe Einheit und Gott für mein Gefühl nicht synonym waren. Die Einheit war wohl richtig außerhalb der Polarität, aber Gott war für mich eine bessere Polarität. Ich glaube zu sehen, daß dies für viele Christen so ist: Gott ist das Gute. Das stimmt für mich nicht mehr. Gott ist alles; Gott ist anders, als wir es uns vorstellen können.
Vor dem Schlafen möchte ich noch wissen, was ich mit meinen Zähnen soll?

L: Gabriel, kannst Du es mir sagen? (Ich sehe einen kräftigen, blutenden Eiszapfen.)
G: Geh ins Mantra, laß Seine Kraft in deine Zähne fließen, mit der Bitte, daß sie sich schließen.
L: Ich spüre die heilende Kraft. Vielen Dank. Ich muß also nicht fasten? —
G: Doch.
L: Das will ich keineswegs! – Aber wenn es sein soll, werde ich es auf mich nehmen. Auf jeden Fall hoffe ich auf einen klärenden Traum.

Antwortbrief 25

Liebe Leta,
da hat es Dich ja zum Jahresende noch gewaltig durchgeschüttelt. Es mutet mich wie ein seelisches Erdbeben an, als ob von Dir noch alle Illusionen in bezug auf Gotteserfahrungen und Gottesvorstellungen abfallen mußten. Das erinnert mich an ein persönliches Erlebnis, das ich vor vielen Jahren in meiner Zelle hatte, als ich mich für Exerzitien zurückzog. Der Exerzitienmeister war brillant, und alle Teilnehmer lobten ihn begeistert. An einem Abend erlebte ich die Atmosphäre in meinem Zimmer anders als sonst. Unruhig ging ich hin und her und fragte mich ständig: »Ist Gott wirklich so, wie alle sagen? Warum weiß Pater C. so genau, wie Gott am Menschen handelt?« Ich empfand diese brennenden Fragen wie einen Kobold, der mir im Nacken saß, und dachte: »Aha, das sind jetzt die Versuchungen des Egos auf dem spirituellen Wege!« Diese »tiefsinnige« Einsicht brachte mir aber keineswegs Erleichterung, sondern eine weitere Stimme gesellte sich dazu und meinte: »Vielleicht wehrst du diese unbequeme Frage nur ab«. Gleichzeitig hörte ich die Stimme meines Seelenführers wie aus weiter Ferne: »Wenn Du mit dem Geheimnis Gottes nicht mehr zurechtkommst, dann lasse alle Gefühle, Empfindungen und Gedanken und wende dich in deiner ganzen inneren Ausrichtung an Jesus. Du weißt ja, Jesus ist die Wirklichkeit, die heißt: › Gott rettet, Gott ist Heil!‹ « – Auch dieser innere Zuspruch löste meine Unruhe nicht auf, auch wenn das Herzensgebet wie eine mantrische Grundwelle aus einer unergründlichen Tiefe ins Tönen kam. Da fiel mein Auge auf das »leere« Meditationsrad von Bruder Klaus, das »zufällig« in meiner Zelle hing. Ich blieb auch daran »hängen«, und die Mitte des Kreises zog meine ganze Aufmerksamkeit an, gleichzeitig wurde ich wie in einen anderen Zustand versetzt. Ich erlebte mich auf das Meditationsrad gespannt, und es begann gleichzeitig in zwei Richtungen zu drehen, nach innen und nach außen; ich hatte den Eindruck, als ob in mir zwei Lichträder (besser: Feuerräder) gegengleich drehten und meine ganze Leibgestalt von der Mitte her nach allen Seiten durchglühten. Dieser Glut konnte

kein Ego-Anteil standhalten. Ich erlebte es wie Kern-Energie, die alles auflöste. Ich hörte mich stammeln: »Woran kann ich mich, um Gottes Willen, noch halten?« Gleichzeitig merkte ich, wie ich weinte. Eine ganz klare Stimme sagte nur: »An Nichts!« – Ich stammelte noch: »Oh, Gott, oh Gott!«, und erlebte mich völlig in tiefer Angst und plötzlich wie ausgelöscht und bewußtseinsleer. Als ich mich wieder wahrnahm, lag ich ganz zusammengekauert in tiefer Verneigung auf den Knien und stammelte: »Gott ist wirklich ganz anders; was soll dieses Theater, oh Gott, oh Gott...« Gleichzeitig erfüllte mich eine Ruhe in meinem Herzen, wie ich sie zuvor noch nie erlebt hatte. Ich meinte, genau zu wissen, was mit mir geschehen war, und konnte es doch nicht beschreiben. Es blieb ein hilfloses Stammeln. Anderntags ging ich zweimal zum Exerzitienmeister, um mich ihm gegenüber auszusprechen und für mich Klarheit zu finden, was allerdings überhaupt nicht möglich war. Und so sagte ich ihm: »Diese Exerzitien sind für mich zu Ende, lassen Sie mich bitte in der Betriebsgärtnerei arbeiten.« Er blickte mich an, als ob ich von einem anderen Planeten käme, ließ mich aber gewähren. Der Bruder Gärtner gab mir eine Baumschere und sagte: »Beginne mit dem Frühlingsschnitt!«; ich war dankbar, in der Natur sein zu dürfen...

Wenn Du von den Gottesvorstellungen entleert wirst, werden Dir die Anker entzogen, aber nicht der Quellgrund. Du irrst herum und suchst in diesem Zustand nach weiteren Halterungen. Am Schluß bleibt Dir nichts anderes übrig, als Dich in den Quellgrund fallen zu lassen. Du erlebst dieses Geschehen als eine radikale Entäußerung, ja als Ver-NICHT-ung *und gleichzeitig* als Neugeburt. Es ist völlig paradox: Das Lassen aller Bilder von Gott ermöglicht erst das Finden der richtigen Bilder innerhalb von Raum und Zeit, weil Dich dann *die* »Bilder« finden, welche Deinem Wesen entsprechen. Jede Beziehung zum Mysterium des Göttlichen ist eine Illusion, wenn sie als die einzig richtige definiert wird, und besonders die Anschauung, die ich mir davon mache. So ist auch die persönliche, egogeprägte Gottesbeziehung vergänglich. Erst der Mystiker kann die Relativität durchschauen und weiß gleichzeitig, daß jede Gottesbeziehung und jede Aussage von Gott *ein* Eingangstor in das Mysterium darstellt und bereits im nächsten Augenblick wieder aufgehoben ist. Es ist auch sehr schwierig, dieses »Koan« zu lösen: »Was gibt es dann, wenn es Dich nicht gibt und Gott nicht gibt?...«

Auf die vielen Fragen, die damit verbunden sind, eröffnet Dein Traum vom 31. 12. eine Antwort: Du kannst alles in Grau sehen oder in den verschiedenen Farben. Was waren aber die Farben, bevor sie »grau« waren? Die Unverfügbarkeit des göttlichen Geheimnisses gibt unserer Ratio unlösbare Rätsel auf und stößt uns immer wieder in die »Wolke des Nicht-Wissens«. Wenn sich das »Jenseitige« in einer bestimmten Farbe offenbart, zerfließt es sofort und verliert seine Erscheinungsweise, wenn es auf einen bestimmten Punkt hin, auch wenn es meine definierte Mitte ist, festgelegt wird. Es löst sich wieder in das Unfaßbare auf.

Auch im Traum vom 1. 1. wird Dir einsichtig gemacht, daß viele oft noch am »Verstorbenen« hangen und dann (noch) nicht bereit sind, sich auf das transpersonale Erleben einzulassen. Du selber hast keinen Grund, Dich auch auf diese Ebene des Toten einzulassen, und begibst Dich in einen anderen »Raum«. Dabei wirst Du von einer ganz anderen Seite auf Deine eigentliche Aufgabe angesprochen, nämlich Dich für »das Göttliche« zu öffnen. Nicht jeder Mensch, der innerlich diesen Impuls verspürt, ist bereit dazu, und auch nicht jeder Ort ist gleich gut dafür geeignet. Wir können aber einander helfen, damit die besten Bedingungen geschaffen werden, um der Sichtbarwerdung des Geheimnisses zu dienen. Dabei werden wir immer wieder erkennen, daß auch die persönliche Gottesbeziehung vergänglich ist. Wir sind bis in den Kern getroffen, wenn das Gottesbild verblaßt, weil wir ja im Kern auch IHM, dem Göttlichen, ähnlich und gleich sind. Dein Körper hat prompt auf diese Erfahrung reagiert. Sie ist so schwer verdaulich, daß sich bei Dir der Zahnschmelz geöffnet hat. (Du sollst ihn Dir deswegen aber bitte nicht auflösen lassen...) Gegen dieses Erleben gibt es auch keinen Schutz; darum spalten sich, wie in einer Symbolhandlung die Nägel. Fällst Du da hinein, bist Du im Zustand der dunklen Nacht (vgl. Johannes vom Kreuz, Die Nacht der Seele). Selbst der »Wegweiser Jesus« löst sich auf in »grau«. Vielleicht haben die Jünger und Jüngerinnen eine ähnliche Erfahrung vor der Entrückung Jesu gemacht, als er ihnen sagte, er müsse jetzt gehen und der Geist werde sie alles lehren. Sie standen im »Nichts« auf eine Hoffnung hin, die sich noch nicht manifestiert hatte. Andrerseits waren sie damit gezwungen, auch alle Bilder aufzugeben, die sie sich von Jesus im Laufe seines Lebens gemacht hatten.

In solchen Zeiten taucht erneut die Frage auf, ob der bisherige Weg der richtige sei. Die Standpunkte werden ja völlig entzogen oder aufgelöst in einem solchen Prozeß. Die religiöse Weisheitserfahrung mahnt, gerade dann nicht vom vertrauten Weg abzuweichen, weil nämlich der Weg selber ein Schutzgefäß darstellt. Er ist wie ein Ritual, welches das Geheimnis darstellt, ohne es zu vereinnahmen. Zudem braucht es eine sehr lange Zeit, um den spirituellen Weg eines anderen Kulturkreises zu adaptieren, bis er die »Farbe« der Kultur findet, der jemand entstammt. Das ist bei jedem Dialog der interspirituellen Ökumene mitzubeachten. Auch wenn ich das Gespräch zwischen den Wegen suche und fördere, dürfen sie nicht einfach vermischt werden. Es geht darum, die Analogien in den verschiedenen spirituellen und initiatischen Wegen zu finden und diese im eigenen Kulturkreis zu vertiefen. Gibt es diese nicht, braucht es im angestammten Kulturkreis ein fundamentales Erarbeiten eines Weges, um das dort Erlebte gleichsam in einem Quantensprung im eigenen Kulturkreis zu transformieren.

Die Erfahrung der Vereinigung von Gott und Nichts löst in Dir große Freude aus, weil einfach *NICHTS* mehr dazwischen ist. In dieser Freiheit kannst Du freiwillig lieben. Wenn wir Gott nicht mehr *haben* wollen, können wir seinem Mysterium wirklich begegnen. Diese Befreiung von Gott öffnet uns erst richtig, IHM zu begegnen. Gott ist das Geheimnis, das uns *bedingungslos* angeht als NICHTS und ALLES. Und jetzt dreht sich das Rad dieses Paradoxes gerade noch einmal. Wenn Gott »Nichts« und »Alles« ist, begegnet uns sein Geheimnis auch in unseren Vorstellungen, die wir uns von IHM machen. Als Kern dieser Begegnungsmitte leuchtet Christos auf, und in IHM fallen wir wiederum mit Gott zusammen...

Ach! ... Worte, Worte! Es bleibt tatsächlich unsagbar! ... Also kehren wir in unser Mantra zurück: »Christos eleison!«
Auch wenn jetzt zu Jahresbeginn Deine Zähne in ihrem Dienst für das Unergründliche zurückhaltend sind, wünsche ich Dir viel Mut und Zuversicht für die ganze Spanne der nächsten Tage und Wochen.

Dein
Franz-Xaver

Tagebuchauszug
6., 7., 8., 1. 1991

6. 1. 1991
Meine Zähne sind immer noch ganz offen. Ich ertrage weder kaltes noch warmes Essen, weder Süßes noch Saures; dazu kommt die Angst vor unzähligen Zahnarztbesuchen und deren Rechnungen. Es ist mir klar, daß Fasten das Sinnvollste wäre, aber ich nehme in mir Widerstände dagegen wahr. Sollte ich nicht einmal essen können? Und wie lange das alles? Nie mehr? Irgendwann wäre ich dann nur noch Haut und Knochen!? Nein! – Bitte nicht! Ich erkenne, daß ich auf das Essen an sich verzichten könnte, diesbezügliche Bedürfnisse und Gelüste scheinen – wenigstens im Moment – nicht vorhanden zu sein. Aber auf das Soziale rund um das Essen herum mag ich nicht verzichten!!!
Im Verlaufe des Vormittags (während einer Atemsitzung) wächst meine Bereitschaft, mich dem hinzugeben, was für mich ist, und zu akzeptieren, wenn meine innere Stimme meint, ich solle von nun an fasten. Ich spüre ein klares Ja in mir, bin ich doch da, um meinen Weg zu gehen. Bereits Minuten danach nehme ich wahr, wie meine Zähne sich zu schließen beginnen! – Ein Wunder! Ich bin unendlich dankbar und falle automatisch ins Mantra. (In den Tagen vorher war dies nicht mehr möglich.) Ich erlebe einen Augenblick höchster Klarheit und notiere gleich, was ich zum ersten Mal verstanden habe:

Christus ist Gott, das zenbuddhistische Nichts, das Nichtirgendetwas und im Gegensatz zu allem Nichtformulierbaren, Nichtfaßbaren, für mich im Herzen faßbar. Ich nehme ein Eins-Sein meiner weltlichen Seite mit der Ganzheit wahr und Christos als das umfassende »Gefäß«, in welchem Gott mit mir über den Heiligen Geist eins werden kann. Der Heilige Geist ist weder faß- noch wahrnehmbar und doch das Verbindende. (Bap, Figl e Spiert Sonch.) Ich bin der heimgekehrte Sohn (diese Formulierung stimmt auch für mich als Frau – was mich befremdet), der Heilige Geist hat die Rückbindung mit dem VATER ermöglicht. Das Eins-Sein strömt aus meinem Herzen in alle Richtungen. Ich stelle fest, daß ich mich mit allen Anwesenden auch körperlich eins fühle.
Nun meldet sich das Thema des Abendmahles. Ich habe keine Zeit zum Schreiben, aber höre:
Pigliai e mangiai, quist es meis corp, – Pigliai e bavai, quist es meis sang!
(Nehmet und esset, das ist mein Leib. – Nehmet und trinket, das ist mein Blut!)
Die Situation ist so intim und zart, daß nur noch meine Muttersprache Platz hat.
Wir sollen auf allen Ebenen Christos werden, sowohl im Bewußtsein, wie auch im Körper. Dein Körper ist auch mein Körper. Freude, Dankbarkeit, Klarheit machen mich aus. Es ist absolut wunderbar, in diesem Zustand zu arbeiten. Arbeit als Gottes-Dienst, höchste Erfüllung für meine Fische-Sonne im 6. Hause.

7. 1. 1991

Das Mantra hat für mich nach meiner existentiellen Krise ganz andere Dimensionen erlangt. Erstens muß ich nicht ständig hineingehen, um darin zu sein, sondern ich bin wie dort angesiedelt. Ich nehme wahr, daß vorher immer ein Bemühen des Egos da war, ins Mantra zu gehen. Während ich jetzt schreibe, weht ein liebevolles Lächeln über mein Gesicht, und ich höre die Botschaft: »Das war in Ordnung.« Zweitens ist die Begrenzung des Herzens einfach nicht mehr vorhanden. Freude und Liebe durchströmen mich ohne mein Dazutun. Das heißt, mein Anteil ist das Geschehen-Lassen. Es gibt keine Gründe für mich, nicht geschehen zu lassen. Die Erfahrung des körperlichen Eins-Seins ist immer noch da (nicht zu verwechseln mit körperlicher Vereinigung).

8. 1. 1991
In meinem augenblicklichen Bewußtseinszustand erkenne ich, daß in Wahrheit *nichts* besser oder schlechter ist als etwas anderes, was Freiheit und Erleichterung bedeutet. Die Basis meines Denkens und Handelns ist das Gefühl der Verbundenheit und Liebe mit Gott und der Schöpfung. Sobald ich in ein Thema oder eine Problemsituation gerate, wo ich eine klare polare Meinung habe, was gut und was schlecht ist, kann ich annehmen, daß das betreffende Thema in mir noch nicht erlöst ist. Das ist alles...

Nun habe ich noch 90 Minuten Zeit und möchte gerne den Bogen zur letzten Kerngruppensitzung spannen. Ist das stimmig? (Fast hätte ich gefragt: Ist das gut oder nicht?) Ich entnehme ein »Ja«.

19. 12. 1990 im Zendo: Grundgefühl von Vertrautheit, Vertrauen, einige Male auch von Eins-Sein und Getragen-Sein. Ich spüre große Umwälzungen auf Franz und mich zukommen, wenn wir mit dem Fluß oder dem Prozeß der Kerngruppe mitgehen. Und – bleibt uns etwas anderes als diesen Weg zu gehen?

Nein, aber wir können ihn freiwillig gehen. Dies zu wissen, tut mir gut.

Antwortbrief 26

Liebe Leta,
Du tust mir leid, wenn ich mich in Deinen schmerzenden Mund hineinversetze. Es ist für mich eindrücklich zu beobachten, daß sich die Begleiterscheinungen der Mystik zu allen Zeiten wiederholen. Bruder Klaus hat nach seiner erschütternden Gotteserfahrung bis an sein Lebensende nichts mehr gegessen. Und vielen ist es von dem Zeitpunkt an wieder möglich zu essen, wenn sie beides, zu essen oder nicht zu essen, freigeben können. Auch bei Dir beginnt sich der Zahnschmelz zu schließen, sobald beides für Dich gleich-gültig wird. Diese Haltung der »Apatheia«, der Leidenschaftslosigkeit, ist eine Grundeinstellung des mantrischen Weges und läßt Dich sogleich wieder in das innere Wort »fallen«. Sobald Du an nichts anhaftest, wirst Du zum Ganzen befreit und findest zur Ruhe und zum Frieden. Daß sich diese »Schwingung« auch auf alle Teilnehmer Deiner Atemgruppe auswirken kann, wenn sie nur ein klein wenig offen sind, liegt im Verbindenden der Geist-Einwirkung. Deine Arbeit wird zum »Gottes-Dienst«, sobald Du aus Deiner Herzmitte heraus in der Christoswirklichkeit atmest. Dieser Atem verbindet uns auch mit dem Wesenskern der anderen Menschen, auf die wir bezogen sind. Daß dies höchste Erfüllung für Deine »Fische-Sonne« bedeutet, erinnert mich an Jesu Wirken zu Beginn des Fischezeitalters. Gleichzeitig sind die Sonne und die Fische seit der Frühzeit christlicher Spiritualität zentrale Symbole für Christos. Ein mittelalterlicher Hymnos preist Christus als »Sonne der Gerechtigkeit«.
Wenn der Kern Deines Herzens synton, eins wird mit dem Mantra, erlebst Du Dich als das Mantra. Du ruhst dann tatsächlich im Wort. Das Ego bleibt völlig entlastet. Das Wort spricht sich in Dich hinein aus und Du wirst zum Wort. Die Tradition nennt diesen Zustand das »selbst-tätige Herzensgebet«. Es gibt nichts mehr außer dem Wort. Die Verfaßtheit des Herzens wird als leere Reinheit erlebt. Die kontemplativen Väter des Altertums bezeichneten diesen Zustand auch als »puritas cordis« oder »apatheia«. Die innere Gestimmtheit erlebst Du dabei als Hesychia, als Ruhen im Geheimnis

der göttlichen Liebe. Gleichzeitig inkorporiert das Wort, es wird Fleisch, körperlich, in Dir. Darum kannst Du auch sagen: Ich werde mit Christos ein Leib.

Dieses »Ein-Leib-Werden« geschieht noch viel umfassender. Es verbindet uns auch in der Kerngruppe miteinander, weil wir im gleichen Quellgrund schöpfen, der gleichzeitig das Wort des Ur-Anfanges ist. Das göttliche Geheimnis der Liebe nahm freiwillig in der hylotropen Dimension Gestalt an. Im Klang dieses Mantras bzw. Herzensgebetes werden wir in diese Freiwilligkeit Gottes einbezogen. Sie entlastet das Ego, etwas tun zu müssen. Es kann sich einfach (»pure«) dem Selbst anvertrauen. Dieses Selbst ist aber ein »Gefäß der göttlichen Gnade«, wie einmal C.G. Jung in einem Brief an Gebhard Frei schreibt. Wir können uns deshalb auch dieser Gnade anvertrauen. Der tiefste Ausdruck der Freiwilligkeit des zentrierten Menschen lautet: »Dein Wille geschehe!« – »Ich bin da, mach DU!« – Teresa von Avila sagt einmal in ihren Hinweisen zum Gebet der Ruhe: »Gott beginnt in einer so tiefen Freundschaft mit der Seele zu verkehren, daß ER ihr nicht nur ihren Willen zurückgibt, sondern ihr auch noch den SEINEN dazuschenkt. In einer solchen Freundschaft ist es die Freude Gottes, die Herrschaft mit der Seele zu teilen: ER tut, worum sie IHN bittet, da sie SEINEN Willen tut; und ER erfüllt ihren Willen weit besser, als sie selbst es könnte, denn ER hat die Macht, alles zu tun, was ER will, und nie hört ER auf, es zu wollen« (vgl. Teresa von Avila, Die Botschaft vom Gebet, Leipzig 1988, S. 104).

Es ist eine wunderschöne Erfahrung, daß Gott seinen Willen mit unserem Willen teilt, eine radikale Umwälzung für das kleine Herz.

In Liebe
Franz-Xaver

Tagebuchauszug
10. und 13. 1. 1991

Es war mir gestern ein Anliegen, zusammen mit Franz unsere eigenen Vorstellungen und Ziele bezüglich der Kerngruppe zu formulieren. Ich spüre auch hier ein klares Bedürfnis nach partnerschaftlicher Zusammenarbeit, wo jeder/jede seinen/ihren Anteil einbringt und wo alle Anteile miteinander ein stimmiges und sinnvolles Ganzes ergeben. Zu sehen, daß Franz zu mehr Hingabe an die geistigen Helfer bereit wäre als ich (kann ich es so nennen?), weckt in mir die Frage, ob mein Standpunkt zu eigenwillig ist? Nun ja, im Moment ist das Bedürfnis da, der hylotropen Welt meine eigene, erfüllte Aufgabe zu hinterlassen, so klein oder so groß sie auch immer sein mag. Meine Frage ist nun, ob ich »bloß« als Kanal zu dienen habe, oder ob auch mein persönlicher Weg von Wichtigkeit ist?

L: Gabriel, gehst Du auf meine Fragen ein? (Ich sehe eine blaue Perle in der Dunkelheit, die oben rechts, bei 13.30 Uhr, einen Kanal aufweist.)
G: Was fließt, ist überpersönlicher Natur. Der Rand der blauen Perle, das bist du. Je besser du im Einklang mit der Perle bist, um so weniger Probleme gibt es beim Ausfluß der Botschaften. Laß los, um immer wieder von Neuem eins zu werden mit allem und somit auch mit deiner Aufgabe.
L: Dann bin ich also doch noch zu eigenwillig bezüglich der Kerngruppe?
G: Du mußt den Jenseitigen deinen Willen gegenüberstellen. Aber laß zu, was aus Gottes Hand dir zufließt.
L: Jedes Kerngruppenmitglied hat seinen persönlichen Standpunkt, der wichtig ist, und miteinander geben wir uns der Auf-Gabe hin?
G: Du hast verstanden. Unterscheide die verschiedenen Ebenen voneinander. Ihr müßt euch in der Kerngruppe

persönlich finden, damit ihr als Gefäß dienen könnt. Alles wartet darauf, daß ihr zwei das letzte Ja gebt, damit es anlaufen kann.
L: Ich spüre, wie die Bremse bei uns Irdischen liegt. Magst Du mich aufklären, woran es liegt? Ich hoffe, Deine Geduld nicht zu strapazieren.
G: Ihr seid noch zu stark verhängt. Riskiert alles, und es wird Segen bringen.
L: Ich habe fast all meine Verpflichtungen losgelassen, um kanalisieren zu können. Jetzt bekomme ich Angst, dies genüge immer noch nicht?
G: Kind, du bist in eine Sackgasse geraten. Du tust etwas, damit... Ursache und Wirkung haben mit eurem Denken zu tun. Für uns gibt es, in Seinem Fluß zu sein oder nicht. Und das erreichst du mit Hingabe, nicht mit Eigenwilligkeit.
L: Ist es also nun stimmig, wenn ich Emil, Joshua und Philomena frage, was ihre Anliegen sind, und wenn wir dann versuchen, uns zu einer guten Arbeitsgemeinschaft zu finden?
G: Endlich.

Philomena
L: Darf ich bei Dir anfangen? Ich weiß quasi nichts von Dir, was mir das Kanalisieren erleichtert. Wie und womit möchtest Du Dich in die Kerngruppe einbringen?
Ph: Ich biete euch einen ganz einfachen Boden an mit der Bitte, euch darauf niederzulassen. Ich zeige euch, daß es darauf ankommt, sich mit dem ganz Einfachen einzulassen, denn das Einfache in eurer Dimension ist analog zum Einfachen der Eins. Je besser die Menschen zur Einfachheit zurückkehren können, um so näher sind sie bei Gott, um so ähnlicher ist ihre Schwingung dem Göttlichen.
L: Philomena, Du würdest uns somit auch Ratschläge für das Alltagsleben geben? In mir jauchzt es bei dieser Überlegung. Wie sollen denn die Massen leben, die noch

nicht erwacht sind, um sich trotzdem auf das Licht hin weiter-entwickeln zu können?
Ph: Mir geht es weniger um die Massen als um geistige SchülerInnen. Das Wirrwarr auf Erden ist heute so groß, daß sie genaue Anleitung aus sauberer Quelle brauchen. Darum ist es wichtig, daß du dich beim Kanalisieren völlig hingibst, um reine Botschaften zu erhalten. Ist dieser Prozeß vorüber, sollst du wieder zu dir und zu deinem Weg stehen.
L: Philomena, ich bin ganz glücklich, daß ich Dich heute so gut höre, daß die Schwelle zu Dir überschritten werden konnte. Ich verstehe Dich auch und stelle fest, daß deine Aussagen mit meinem Gefühl übereinstimmen. Ich plane, während der nächsten Wochen nur morgens zu schreiben, damit sich meine Kinder besser orientieren können, wann ich für sie da bin und wann nicht. Was meinst Du dazu? Ich spüre von Dir ein gezieltes Vorgehen-Wollen und auch, daß die Kerngruppe Hauptanliegen ist.
Ph: Ich bin immer da, wenn du mich rufst. (Sie lächelt liebevoll über meine irdischen Probleme bezüglich der Zeiteinteilung... Ich nicht!)
L: Franz möchte auch gerne seinen Kanal zu Dir erweitern. Was meinst Du dazu?
Ph: Ich stehe zur Verfügung. Es liegt an ihm. Um seinen Kanal zu erweitern, muß er sich mehr auf diesen einfachen Boden niederlassen. Wenn er will, kann er üben, aber dies ist nicht seine spezifische Aufgabe in der Kerngruppe. Er muß den Überblick über das Ganze wahren und dir beistehen.
Du erfaßt immer noch nicht die Wichtigkeit deiner Aufgabe und du trägst immer noch zu wenig Sorge für deinen Körper.
L: Ist das möglich?

Ich spüre das Schwingen des Mantras und rufe *Joshua* an.

L: Joshua, kannst Du mir sagen, was Du in die Kerngruppe einbringen willst? (Ich sehe verschiedene Bücher, eines davon in hebräischer Schrift, die ich nicht entziffern kann.)
J: Euer Buch soll auch einen theologischen Ansatz haben. Die spirituellen Wege sind in spezifische Religionen eingebettet, was bei der Betrachtung der verschiedenen Wege nicht außer Sicht geraten darf. Transplantationen der mystischen Pfade außerhalb ihrer Religionen können nur selten assimiliert werden. Meine Erfahrung zeigte, daß wir Christen gut daran tun, uns mit unserer Kultur und Religion auseinanderzusetzen. Die Chance, eine Religion zu verstehen, ist am größten bei der eigenen, weil man ihre Geschichte in sich trägt.
L: Welche Bedeutung haben denn meine Inkarnationen in Tibet? Haben sie mir nicht auch Boden gegeben?
J: Boden nicht, aber sie haben dich für das Andere geöffnet.
L: Ich spüre den Unterschied. Joshua, hast Du ein Konzept, wie wir miteinander vorgehen sollen? (Nun sehe ich einen ganzen Bücherberg.)
J: Das ist eure Verantwortung.
L: Meldet sich Emil später?
J: Rede mit ihm darüber. Wir können uns nicht absprechen, sondern nur über dich in Verbindung treten.
L: Das verstehe ich nicht.
J: Nur du kannst das Gemeinsame in Form bringen, weil du auch Form bist. Wir fluktuieren beide und treffen uns wegen der gemeinsamen Schwingung in Raum- und Zeitlosigkeit. Hier gibt es keine Worte, diese entstehen erst im Zusammenhang mit dir.
L: Merkwürdig.

Ich bin inzwischen müde geworden, werde zu einem späteren Zeitpunkt das Gespräch mit Emil aufnehmen.

Sonntag, 13. 1. 1991
Das Mantra schwingt, und die Perle öffnet sich. Meine Finger bewegen sich so leichtfüßig auf den Tasten der Schreibmaschine, als wären sie Gedanken. Eine noch nie dagewesene Leichtigkeit. Das Eins-Sein mit der Perle bedeutet völlige Befreiung oder Erlösung. Auch Flucht vor ungelösten Problemen? Mir fällt ein Bild ein, das ich vor Jahren gemalt habe: Christus kann mich von allem befreien.
Nachdem ich wiederum einen persönlichen Engpaß hinter mir habe, fühle ich mich bereit, mit *Emil* ins Gespräch zu treten.

L: Emil, kannst Du mir jetzt mitteilen, was Du in die Kerngruppe einbringen willst? Ich habe das Gefühl, es sei für Dich im Moment schwierig, bei mir durchzukommen. Wie kann ich es Dir erleichtern?

E: Werde ganz das Mantra und laß deinen Bauch los. – Alte innere Muster sind ständig auf der Lauer und versuchen, das Ego einzufangen. Du hast die Möglichkeit, dich dem hinzugeben oder dich zu entziehen. Als Ausgleich zu deiner großen geistigen Öffnung der letzten Zeit melden sich in gleichem Maße auch die Ebenen der Göttin. Dieser Ausgleich ist notwendig, damit du in der Mitte bleiben kannst.

L: Kann ich selber dafür sorgen? (Ich sehe, wie die Zähne eines Reißverschlusses ineinandergreifen, und wie der Schieber achtsam und sorgfältig in der Mitte darüberfährt.)

E: Das Eine zieht jeweils das Andere nach. Nach der Dunkelheit kommt das Licht. Nach dem Licht kommt die Dunkelheit. Da du dein Dasein in der Polarität hast, bist du immer auch mit ihren Gesetzen konfrontiert.

L: Nun sehe ich klarer. Kommen wir zur Kerngruppe.

E: Ich möchte das einbringen, was zur Vervollständigung meines Werkes beiträgt. (Ich nehme Hartnäckigkeit wahr, das, was er will, auch durchzubringen.) Die Therapeuten müssen erkennen, daß es immer um religio geht. Dies ist nur möglich, wenn ihre Ausbildung weiterentwickelt wird. Viele von ihnen verlieren sich in die Vielheit hinein, ohne den wirklichen Durchbruch zu ermöglichen.

L: Emil, ich spüre Respekt Dir gegenüber. Denkst Du, mir ganze Kapitel zu diktieren?

E: Ich fließe einfach ein, wenn du offen dafür bist. Oft wirst du nicht merken, daß ich es bin. Du erlebst meine Anliegen bereits auch als die deinen. Wir arbeiten am selben Werk, das nach Vollkommenheit strebt. Dort, wo wir eins sind, können wir echt wirken.

Antwortbrief 27

Liebe Leta,

die Widerstände und Hindernisse, sich mit der Kerngruppe frei und offen einzulassen, kommen aus unserer hylotropen Vernetzung, weil ich z.B. in gewissen Belangen andere Akzente setze als Du. Es braucht immer wieder Bereinigungen, was weiter zu klären und auszufalten ist. Bleibt unsere Grundhaltung die Hingabe an dieses numinose Geschehen, werden wir von innen her auf die richtige Spur geführt. Die Berührung durch das Mysterium der holotropen Dimension entbindet uns nicht, die alltäglichen Aufgaben innerhalb von Raum und Zeit auf uns zu nehmen. Auch wenn der Kanal in das ganzheitliche Erleben geöffnet ist, erscheint dieses in der Vernetzung von räumlichen und zeitlichen Kategorien begrenzt. Es bleibt unser Bemühen, das Bruchstückhafte in unserem Leben als Ausdrucksweisen des Ganzen sichtbar werden zu lassen und gleichzeitig die Begrenztheit des Ausdruckes anzuerkennen.

Daß in der Begrenztheit das ganze Geheimnis aufleuchtet, damit hatten schon die Jünger Jesu große Mühe. Du findest dazu eine klassische Stelle beim Evangelisten Johannes (vgl. 14,8-14): Jesus sagt zu Philippus: »So lange Zeit bin ich bei euch, und du hast mich nicht erkannt. Wer mich gesehen, der hat den Vater gesehen. (...) Glaubst du nicht, daß ich in Eins mit dem Vater bin, und der Vater in Eins ist mit mir? Der Vater, der bleibend in mir ist, tut seine Werke. Glaubt mir, daß ich in Eins bin mit dem Vater, und der Vater in Eins ist mit mir. Wenn nicht, so glaubt um eben der Werke willen. (...)« Das Mysterium des »Vaters« als die Fülle wird in der Entäußerung des Menschen Jesu sichtbar. Nur ein ganzheitliches Schauen wird es erkennen können. Als Mensch hoffte Jesus, daß auch seine Vertrauten *ein-sichtig* geworden sind, was in seinem Wesen aufleuchtete, aber er rechnete zu wenig mit ihren Vor-Stellungen, die ihnen den Weg zur wahren Sicht Jesu verbauten. So gab er ihnen eine weitere Möglichkeit: »Schaut wenigstens, was aus meiner Existenz Gestalt annimmt, also meine Werke«, d.h. bindet euren Glauben an einer Teil-Erfahrung fest. Weil es »nur« eine Teil-Erfahrung ist, will der Mensch immer wieder neue Beweise. So zeigt es sich auch in der heutigen Zeit immer deutlicher, daß viele Menschen in vielen hylotropen Erlebnissen der holotropen Erfahrung nachjagen, aber nicht den Mut finden, sich ganz freizugeben, um sich finden zu lassen... Vielleicht ist es auch gerade unsere Aufgabe, sichtbar werden zu lassen, daß die ganze Kerngruppe die Wirkung des Mysteriums im Alltag offenbar werden läßt, und daß Du und ich innerhalb dieses Geschehens eben eine je spezifische, aber vernetzte Aufgabe haben. Die Aufgabe in der Kerngruppe entbindet uns nicht von unseren täglichen Pflichten. Auch wir haben die Teller zu waschen, aus denen wir gegessen haben...

So sagt z.B. Philomena, daß meine spezifische Aufgabe jetzt nicht das Kanalisieren ist, sondern den »Überblick über das Ganze zu wahren«. Ich kenne Philomena schon viele Jahre. Sie hat mir im inneren Wort öfters einen Einblick gegeben, wie das göttliche Mysterium heute zum Menschen spricht. Sie hat aber immer zu mir gesprochen, wenn sie wollte, und nicht, wenn ich es gut und schön fand, sie wieder einmal anzuhören. Ich ging bei ihr in die Lehre, das Wollen freizugeben. Wenn Du willst, kannst Du Dich einmal in ihre Worte vertiefen, die sie mir geschenkt hat.

Ich komme noch einmal kurz auf die »Transplantation« der mystischen Wege zu sprechen. Joshua meint, die Assimilation eines mystischen Weges einer fremden religiösen Kultur in die eigene sei sehr schwer zu leisten. Die archetypischen, also die ursprünglichen religiösen Bilder finden ihre Prägung durch die eigene Kulturgeschichte. Diese trägt jeder Mensch eines bestimmten Kulturkreises in sich, was auch die Traumpsychologie immer wieder neu zeigt. Der Weg zu einem Dialog zwischen den verschiedenen spirituellen Wegen führt über die Analogien, die in den verschiedenen Wegen sichtbar werden. Es gibt dazu eine gute Studie von Peter R. Lipsett »Wege zur Transzendenzerfahrung« (Schriften zur Kontemplation Nr. 7, Vier-Türme-Verlag, Münsterschwarzach 1993). Deswegen will ich jetzt auf solche Vergleiche nicht mehr näher eingehen, sondern mich deutlicher auf den mantrischen Weg der hesychastischen Kontemplation einlassen, um einen ausführlicheren Leitfaden für die heutige Zeit sichtbar werden zu lassen.

Joshua weist uns auch darauf hin, daß wir nicht nur auf ein »Diktat« aus der Tiefe hoffen können in Hinblick auf die Vermittlung des mantrischen Weges. Wir sind in Kontakt mit den jenseitigen Seelenführern, die untereinander auf der Resonanzebene in Verbindung treten. Unsere Aufgabe besteht auch darin, ihrem jenseitigen Fluktuieren untereinander im Diesseitigen eine Form zu geben. Das ist besonders Deine Aufgabe beim Kanalisieren, während meine mehr darin besteht, die Einbettung in die Tradition aufzuzeigen. (Darum werde ich mich auch bemühen, die Centurie des Calistos und Ignatius auf das Lebensgefühl eines Menschen des 20. Jahrhunderts zu befragen, das sich sicher von demjenigen des 13./14. Jahrhunderts unterscheidet.) Es stellt sich die Frage, welche Wegakzente und Anleitungsimpulse sollen heute gegeben werden, um das Tor in das »Christos-Mantra« zu öffnen? Die Identifikation mit den Sichtweisen eines spirituellen Weges, die aus früheren Jahrhunderten stammen, kann einen Menschen einer anderen Zeitepoche in seiner spirituellen Praxis völlig zum Ersticken bringen, weil die Weiterentwicklung des Gottesbildes neue Schwerpunkte mit sich bringt. Wenn ich das Herzensgebet in der Form des Christos-Mantras betrachte, so darf ich bei der Unterweisung eines suchenden Menschen von heute nicht mehr die theologische Weltsicht des 10. Jahrhunderts oder des 2. Jahrhunderts und die leibfeindliche Askese des 4. Jahrhunderts vermitteln. Auch wenn der Weg immer der gleiche ist, müssen hin und wieder die Wegplatten und die Wegweiser erneuert werden. Es stellt sich immer neu die Frage, wie bleibe ich der inhaltlichen Tradition eines Weges treu, ohne die gegenwärtige Zeitepoche mit veralteten Sichtweisen zu vergewaltigen. Nicht der Fundamentalismus ist das Kennzeichen eines echten mystischen Weges, sondern die Lebendigkeit im Vollzug.

Ich hoffe, ich mache Dir Mut, daß Du Deinen Christos-Klang im Herzen nicht durch alte Verhaltensweisen einengen läßt. Es ist einfach so, daß die Gesetze der Polaritäten in der Raum-Zeit-Dimension die holotrope Erfahrung verkürzen und kategorial »fesseln«.

Von Herzen grüßt Dich
Franz-Xaver

Tagebuchauszug
14. 1. 1991

Zwei Themen haben in mir weitergewirkt: einerseits die Macht der Göttin, andrerseits Christus als mein Erlöser. Als DER Erlöser für alle?

Traum der letzten Nacht
»Theo und ich fahren nach Scuol ins Hotel Belvédère, um das Hochzeitsfest zu bezahlen. Es kostet wiederum 8000.– Franken wie letztes Mal, als unsere Väter es bezahlten. Ich staune darüber, daß die Preise innerhalb von 16 Jahren nicht gestiegen sind. Verheiratet zu sein, ist immer noch ein rundes, stimmiges Gefühl.
Während Theo nach Luzern zurückgeht, bleibe ich noch ein paar Tage im Engadin. Jemand leiht mir höchst moderne Skier in Leuchtgrün aus. Sie sind breiter als alpine Skier, haben eine Bindung, die sich sowohl für Langlauf, für alpines Fahren als auch für Touren eignen soll. Man kann sie ganz einfach selber

dem Fuß anpassen. Schuhe braucht man keine, nur dicke Socken. Ich befürchte, kalte Füße zu bekommen, aber man versichert mir, dies treffe nie ein. Ich lege also den rechten Fuß auf die Bindung und passe sie rund um meinen Fuß an. Man sagt mir, es funktioniere 100%ig, wenn ich die genaue Form des Fußes hinkriege. Mir kommt dies wie ein Wunder vor, nachdem ich seit Jahren mit Riesenschuhen und komplizierten technischen Bindungen herumgefahren bin. Alles wird einfacher.«
Ich denke, die Träume bestätigen die »Reißverschluß-Vereinigung«, die gestern in mir entstanden ist. Meine zwei Seiten, Theo und ich, oder Alpine- und Langlauf-Skier, haben geheiratet, sind miteinander eins geworden, und über jedem vereinigten Thema steht groß, stark und Ruhe ausstrahlend der Reißverschluß-Schließer. Werde ich bezüglich Achtsamkeit nachlässig, öffnet sich der Reißverschluß, und ich falle auf die eine oder auf die andere Seite; ich werde z.B. männlich strebsam, und das Weibliche lauert auf eine günstige Gelegenheit, um zum Zuge zu kommen. Dann ist Unruhe, Polarität da. Christos ist also der Erlöser aus der Polarität, aber nur, wenn ich ER bin. »Erlöse uns von dem Bösen« kann erst geschehen, wenn der Mensch das Mantra ist.

L: Gabriel, beim Schreiben der letzten zwei Sätze spürte ich ein Nein in mir. Wie kann also Christus erlösen?
G: Seine Kraft ist alles und in allem, darum vermag sie *alles*.
L: Sie kann uns also aus der Polarität erlösen?
G: Ja. Der einzelne hat *jederzeit* die Möglichkeit, sich für eine begrenzte Zeit mit IHM zu vereinigen, und dabei erfährt er Erlösung des gerade anstehenden Problems. Mit IHM vereinigt zu bleiben, erfordert viele kleine Schritte auf dem Weg. Dies ist für die meisten Menschen nicht aktuell. Sie wollen wissen, wo ihr nächster Schritt aus dem Schlammassel heraus ist. Wenn genügend Hingabe vorhanden ist, kann jeder Schritt zu Christus führen.
L: Ich spüre, wie diese Aussage stimmt und erinnere mich an viele Situationen, in denen ER mich gerettet hat,

obschon ich bewußtseinsmäßig weit weg von IHM war. Zu Christus beten hat also für jeden Menschen jederzeit Sinn, unabhängig davon, wo er steht.
(Nun sehe ich einen Pfadfinder-Kochkessel auf dem lodernden Feuer.) Sprichst Du die momentane politische Situation an?
G: Sie beschäftigt dich nicht sehr.
L: Ich sehe, daß mich etwas von dieser Problematik trennt.
G: Du bist zu wenig realistisch. Das Feuer ist überall. In Bälde wird es ausbrechen. Sei dann auf unserer Seite und bringe göttliche Energie auf Erden. Der Moment deiner Mission ist gekommen.
L: Entschuldigung, ich habe diesbezüglich anscheinend bis jetzt geschlafen. Sag mir bitte, was ich jetzt soll. (Ich sehe die blaue Perle mit einer riesigen Trichteröffnung.)
G: Laß soviel Kraft wie möglich in die Erde hineinfließen; verteile sie auf die ganze Kugel.
L: Ich visualisiere die Erdkugel während der nächsten Stunden und lasse beim Ausatmen die Kraft des Mantras in die Materie hineinfließen.
Soll ich auch Franz dazu aufrufen?
G: Er fühlt sich bereits angesprochen.
L: Ich bin nun wach, staune darüber, daß ich so blind sein konnte. Soll ich die Energie mit Gedanken begleiten?
G: Die Gedanken geben ihr Form, und Form ist bei euch gefragt. Verstehst du?
L: Diktier mir bitte ein paar Gedanken. Ich schreibe, was ich höre:
Die Macht der Göttin steigt heute nacht aus der Tiefe heraus. Möge sie gefaßt und für die Entwicklung konstruktiv eingesetzt werden.
Die Verbindung vom 3. Chakra zum Herz muß zustande kommen, ansonsten entgleitet diese zerstörerische Kraft und richtet nicht wieder gut zu machenden Schaden an.
Das Feuer muß gefaßt und nach oben geleitet werden, um der Evolution dienstbar zu sein.

Soll ich also das Schreiben einstellen und nur noch im Mantra bleiben mit der Visualisierung: »Feuer bündeln und nach oben schicken«?
Große Erleichterung kommt über mich. Ich nehme an, ich habe es richtig verstanden.
? Bist du eigentlich zur Zusammenarbeit noch bereit?
L: Persönliche Probleme haben mich in Beschlag genommen. Nun bin ich erleichtert, vieles abgesagt zu haben. Somit steht mir der freie Abend zur Verfügung.
? Deine Mitarbeit nimmt nun neue Ausmaße an.
L: Ich sehe, daß ich die nächsten Tage in Meditation verbringen werde und beginne hauchweise zu spüren, was Du letzten November zu meiner Aufgabe sagtest. Ich hätte nicht gedacht, daß es so schnell soweit sein würde und schon gar nicht, daß meine Aufgabe auch einen politischen Aspekt hat.
?: Wir müssen dich für die Not-Wendigkeit einsetzen können. Versteh endlich!
L: (Ich spüre nun Michaels Energie und sehe, daß Gabriel ihm seinen Platz nicht räumt. Damit schützt er mich.) Danke Gabriel!
Ich soll also endlich verstehen, daß meine Mitarbeit im Moment absolut wichtig ist. Ich schwitze.

Antwortbrief 28

Liebe Leta,
die mütterliche Kraft Gottes erkenne ich als die Macht der Göttin. Das heißt für mich: Wir finden nur Geborgenheit in Gott in unserer Erbarmens-Würdigkeit. Lehnen wir diese ab, beginnen wir in allen möglichen und unmöglichen Formen Sicherheit und Geborgenheit zu suchen und werden unser ganzes Machtpotential ausnutzen, um sie in irgendeiner Weise zu finden. Das »Aufsteigen der Göttin« bedeutet ein Wetterleuchten und beinhaltet: »Ich bin da! Ihr könnt mein Geborgenheitsangebot nicht eigenmächtig usurpieren, sonst

werdet ihr euch durch eure Machtspiele selber vernichten oder schwer schädigen.« Die Göttin ist für mich nur in der Raum-Zeit-Dimension eine Polarität zu Christus. Die Christos-Dynamik bringt mich in eine Einheitsbewegung, daß dort wo »Ich« ist, »ER« wird. Dann ist die Polarität aufgehoben, da Christos gleichzeitig der all-kosmische Voll-Mensch, der Anthropos, ist. Wenn ich nun das Christos-Mantra werde, bin ich vom Wort ununterschieden, und die Sogkraft des Dunklen-Bösen löst sich auf, denn diese Art der Hingabe ist eine weibliche Kraft in mir. Nach hesychastischer Sichtweise erfordert die permanente Vereinigung mit Gott eine ständige Hingabe an die inhaltliche Schwingung des Mantras. Das ist aber nur in der bergenden Kraft von Gott-Mutter möglich. Um in diese Kraft hineinzufinden, braucht es in der Zeit-Dimension Rituale, da ja das Ritual immer auch das Mysterium und einen möglichen Umgang mit ihm darstellt.

Immer wenn wir ein Ritual vollziehen, hat dieses Tun auch eine politische Dimension, weil die größere Gemeinschaft, mit der wir vernetzt sind, in einen solchen Vollzug einbezogen bleibt. Rituale haben stets einen überindividuellen, also archetypischen Bezug zur harmonikalen Struktur der Schöpfung. Im Ritual wird ein Zustand, eine Befindlichkeit wieder symbolisch und konkret in die Harmonie des Gleichgewichtes gebracht. Das vollzieht sich manchmal in einer großen Dramatik, weil Übergewichtiges ab- und Untergewichtiges aufgebaut werden muß. Deswegen werden viele Rituale alles andere als harmonisch empfunden, weil oft ein Gegen-Satz gestaltet werden muß, um das harmonische Gleich-Gewicht strukturell zu setzen. Aus dieser strukturellen Setzung kann das Schöpferische sich entfalten. (Die Astrologie würde wohl sagen: Erst wenn die saturnischen Satzungen als innerer Raster wirksam sind, kann sich das Uranische frei und fruchtbar ausfalten.) Wenn Du also die Wirklichkeit des Urwortes in Deinem Mantra in den Ausatem hineinfließen und diesen in die Erdkugel weiterströmen läßt, verbindest Du den Erdkreis durch Dich hindurch mit der Urliebe, die im Mantra schwingt. Darum ist es für die tibetischen Lamas ganz klar, das tönende Wort (= Mantra) in Gefahrenzeiten als heilenden und heiligenden Klang über die

Gebetszeiten hinaus erklingen zu lassen. Auch in der Tradition des christlichen Abendlandes werden im Chorgesang längere, mantrisch rezitierte Fürbitten angefügt. Du siehst, welche Möglichkeiten uns im mantrischen Weg des Herzensgebetes geschenkt sind. So bleiben auch wir im Mantra miteinander verbunden.

In Liebe
Franz-Xaver

Tagebuchauszug
19., 21., 23., 24. 1. 1991

19. 1. 1991
Ich habe in den letzten Tagen alle kardinalen Impulse in mir in Meditation umgewandelt, um meiner Bestimmung näher zu kommen. Dies hatte zur Folge, daß ich das ganze politische Geschehen ganz nahe bei mir und zeitweise sogar in mir spürte. Im Augenblick sehe ich, wie Flüsse natürliche Grenzen setzen und wie die menschliche Raffgier sich immer wieder darüber hinwegsetzt. Heute nacht soll Irak Israel zum zweiten Mal angegriffen haben. (Ich höre etwas von Euphrat und Tigris als zu respektierende Grenzen, verstehe nicht, was damit gemeint ist.) Ich spüre Ärger und Wut in bezug auf die Israelis. Jetzt sollen sie sich – meines Erachtens – zurückhalten. Israel in mir nehme ich als kleinen Kreis südlich des Flusses wahr (vor der Gabelung nach rechts). Verborgen ist das große Geheimnis, das niemand wirklich versteht.

L: Darf ich wissen, was das Geheimnis ist? Joshua, klärst Du mich auf? (Ich höre und spüre keine Antwort, sehe eine ganz ruhige Perle, die ohne mein Bemühen bleibt. Warum vibriert sie nicht?)

Heute scheinen keine Antworten zu kommen. Ist das eine Folge davon, daß ich mich nun robuster und körperlich

stärker fühle als sonst? Bin ich somit auch weniger durchlässig? Ich nehme immer noch nichts als die ruhende Perle wahr. Abends schlage ich »zufälligerweise« Muktanandas Buch an der Stelle auf, wo er die ruhige Perle beschreibt. Er unterscheidet vier Körper:
1. Den grobstofflichen Körper (rot)
2. Den feinstofflichen Körper (weiß, daumengroß). Darin schlafen und träumen wir.
3. Die kausale Ebene (schwarz, wie die Spitze des Mittelfingers), Zustand der Leere.
4. Die suprakausale Ebene (blau, wie ein Sesamkorn): Zustand der Transzendenz, blaue Perle:
a) ständig in Bewegung
b) in Stillstand gebracht.

»Wenn du ein Verehrer irgendeiner Form Gottes bist, kannst du eines Tages die Form, die du liebst, in dem Blauen Licht erblicken« (Swami Muktananda, Der Weg und sein Ziel, S. 142).

Montag, 21. 1. 1991
Anscheinend ist ein neuer Schritt in meiner Meditation vollzogen worden. Ich hatte ihn nicht erwartet und merke jetzt hinterher, daß es mir auch recht gewesen wäre, mit der sich bewegenden Perle zu bleiben. Heißt das wohl, daß ich mich langsam in dieser suprakausalen Ebene verankern kann? Das bewußtere Im-Mantra-Bleiben der letzten Tage ließ mich erstens nicht schreiben (es wird wohl seinen Sinn haben), und zweitens bewirkte es eine ganz neue Dichte in mir, weil der Raum des Hier und Jetzt sich ausgedehnt hat. Nun geht es darum, den Raum der Ruhe immer mehr auszudehnen; er liegt in den Atempausen, sowohl zwischen dem Aus- und dem Einatmen als auch zwischen dem Ein- und dem Ausatmen. Es fühlt sich so an, als ob die erste Variante meinem Wesen mehr entsprechen würde; ich empfinde sie als natürlich, weil ich alles sein lassen kann. Die zweite erfordert eine Handlung (eben Atem anhalten). Vom Hellsehen her bin ich auch gewohnt, die Bilder nach

dem Ausatmen kommen zu lassen. Da habe ich das Grundgefühl, das meinige vorher ausgeatmet zu haben und somit reiner oder rein zu sein. Stoße ich hier auf die Thematik »Loslassen und Festhalten«, weiblich/männlich? Im Augenblick erkenne ich, daß diese beiden Pole miteinander ins Gleichgewicht kommen müssen, daß Loslassen eigentlich nicht besser ist als Festhalten. Physisch gesehen wäre das wahrscheinlich der Eutonus. Ich verstehe dies zum ersten Mal auf einer tiefen Ebene, das heißt, ich spüre es, vorher verstand ich es. Aus der »erkannten Erkenntnis« (David Steindl-Rast) wurde eine »erfahrene Erkenntnis«.
Nun möchte ich gerne die Fragen von letztem Mittwoch angehen. In mir und um mich herum nehme ich eine ausgedehnte Ruhe wahr. Meine unbewußten Impulse »mach jetzt«, »handle«, »nun los« etc. sind nicht mehr als solche wahrnehmbar. Ich habe das Gefühl, sie seien kanalisiert worden und fließen jetzt direkt ins Ganze hinein. Integration meines Mars? Somit könnte ich seine Kraft mit meiner Sonne/meinem Willen bewußt einsetzen. Dieser Gedanke beglückt mich. Habe ich doch lange genug unter Energieknappheit gelitten. Die große Ruhe erschwert mir aber das Kanalisieren; sie zieht mich wie in den Boden hinein, wo ich Gefahr laufe, auch selber schwer zu werden und somit an Achtsamkeit einzubüßen.

Frage bezüglich des Athos
L: Ist es sinnvoll für Franz, dieses Jahr hinzugehen? (Ich sehe einen leuchtenden Kelch mit einer leuchtenden Kugel drin.) Soll er ihn abholen?
G: Das nicht. Aber er kann über Begegnungen dazu kommen, daraus zu essen.
L: (Es heißt essen, nicht trinken.) Ich spüre, wie dieses Gericht ins Buch hineinfließen kann und höre, daß das, was auf dem Athos lange Zeit gehortet wurde, jetzt verteilt werden soll. Der Inhalt des Kelchs ist göttlicher Natur. Diese Reinheit konnte lange Zeit bewahrt werden und ist jetzt bereit, nach

außen getragen zu werden. Vorher kam mir noch der Name »Gral«. Hat das mit diesem Kelch etwas zu tun?
G: Es geht um das Geheimnis Gottes. Ihr sollt immer näher daran kommen.
L: Jetzt spüre ich diesen vollen Kelch auch in meinem Herzen.
G: Beschreibe deine inneren Erfahrungen so genau, wie du nur kannst, im Wissen, daß es immer noch nicht ganz ist. Denn sobald du ES ausdrückst, zerfällt es.
L: Ich spüre jetzt, daß Franz derjenige Mensch ist, der über die notwendigen Möglichkeiten verfügt, um das »Geheimnis des Athos« angemessen nach außen fließen zu lassen. Ich sehe auch, daß er sich dessen nicht ganz bewußt ist. Doch dieses Hinaus-Tragen ist in seinem Leben zentral. Nun nehme ich wahr, daß ich an dem Punkt angelangt bin, wo ich vieles verstehen kann. Es wird einfacher werden, das letzte Ja zur Kerngruppe zu geben. Franz ist Verbindungsglied zwischen »Athos« und Welt; ich zwischen Diesseits und Jenseits. Dies ist notwendig, da das Buch dem Ganzen dienen soll. Nun steigt das Bild eines gleichschenkligen Kreuzes auf. Franz tritt für die Waagerechte ein, ich für die Senkrechte, und im Schnittpunkt der beiden ist der volle Kelch, das Abendmahl, das Erleben, daß Christus Brot und Wein ist, daß Er alles ist, Weg und Ziel, Himmel und Erde. –

Ich danke dafür, daß mir dies offenbart wurde.

Franz, ich habe das Gefühl, ich müsse es nochmals niederschreiben, damit es Dir ganz klar ist: Entweder stellst Du diese Verbindung her oder Du verpaßt Deine zentrale Aufgabe, die Aufgabe Deines Lebens. (Mein Herz brennt.) Du kannst gerne weitere Fragen dazu stellen. Ich muß nun laut lachen, weil ich gerade wahrnehme, daß ich auch mit Dir eins bin, und daß es somit nicht darauf ankommt, wer die Fragen stellt.

Mittwoch, 23. 1. 1991
Den Gral in mir wahrzunehmen, ist ein rundes Gefühl: Ich bin zwar Teil von dieser Welt, habe Anteil an ihr, gehöre ihr aber nicht an. In mir sind Ruhe, Frieden und die Freiheit, die Dinge so zu sehen, wie sie sind, ohne sie zu beurteilen; das gilt auch für die Frage, wie sich der Golfkrieg weiterentwikkelt. Falle ich aus meiner Schwingung heraus (aus dem Mantra oder aus der Mitte), meldet sich Wut auf Husseins Uneinsichtigkeit, Ärger, daß die Alliierten doch nicht anders können, als sich auf die niedrige Stufe von Kampf und Totschlag einzulassen. Dann rette ich mich wieder im Mantra, in der Hoffnung, dies sei mein Beitrag in dieser katastrophalen Situation. Wenn ich Meldungen von einzelnen Menschenschicksalen höre, z.B. von den 6 Piloten der Alliierten, die als lebendige Schutzschilde für irakische Militäreinrichtungen eingesetzt werden sollen, dann spüre ich, allerdings nur einen Hauch, 'compassion and suffering with' (Mitgefühl und Mitleid), wie Joseph Campbell es nennt. Ich erkenne, daß dieses Tor in mir sich noch mehr öffnen muß, und dies geht Hand in Hand mit dem Begreifen, was Christos ist, wie Christos wirkt.

L: Was soll aber durch diese Kraft geschehen, wenn es für Ihn Gut und Böse nicht gibt?
G: Der Prozeß des Erkennens dessen, was wahr ist, soll vorangetrieben werden, damit der menschliche Geist sich befreien kann.
L: Die Entwicklung aus der Verwicklung heraus. Manchmal denke ich mir, daß Krieg und Brutalität viele verhärtete Schalen/Egos aufbrechen können, und daß der einzelne somit Einsicht gewinnt. Aber karmisch gesehen, entstehen somit wieder undurchsichtige Verwicklungen, die auch ausgetragen werden müssen. Muß es so laufen?
G: Du mußt mit dem Fluß mitgehen, mitfühlen, dabei immer aus dem Gral heraus Christos mitfließen lassen. Mögen die Menschen auf ihrem Weg sich von der Polarität

erlösen. Christos trägt das Anliegen mit, aber erkennen muß jeder selber.
L: Steckt die Menschheit denn so tief im Dunkeln, daß so viele Bomben notwendig sind, um sie aufzurütteln?
G: Die Kinder haben sich tief in die Materie hinein verloren, in der Meinung, daß sie diese einmal beherrschen können. Dies ist nie möglich, auch wenn sie unaufhörlich linear weitergehen. Der männliche Aspekt ist ausgelotet.
L: Und ich sehe, daß er keinen Boden hat und somit keine Möglichkeit, sich einzubetten, um Sinnhaftigkeit zu erfahren. Dafür müssen weibliche Kräfte in uns in Bewegung kommen: Die Göttin, Kali, Innana... Hussein hat wohl recht, wenn er den Golfkrieg »die Mutter aller Kriege« nennt.
G: Phylogenetisch sind wir dort.
L: Ich bin im Moment eins mit allem und nehme somit weder Subjekt noch Objekt wahr, somit kann ich auch nicht meine Fragen von Deinen Antworten unterscheiden. Ich höre somit mit direkter Rede auf und setze sie wieder ein, wenn ich ein Gegenüber wahrnehme.

Das Bild des Reißverschlusses ist wieder da. Diesmal liegt er waagerecht vor mir, größtenteils ist nur der obere Teil sichtbar, der von der Existenz des unteren nichts weiß, ihn nur dann wahrnehmen kann, wenn sich dieser selber meldet. Der untere ist völlig eins mit dem Boden, ist der Urboden oder die Urmutter, welche die ganze Zeit hindurch unbewußt abgespalten wurde. Nun ist aber die Zeit reif, sie, die Göttin aufsteigen zu lassen, und der jetzige Krieg dient Ihrem Erwecken. Männliche Potentiale müssen auf der Ego-Ebene erschlagen werden, Niederlagen erleiden, damit die Menschen, die beide Teile in sich haben, sich ergeben können, damit das Weibliche zum Zuge kommen kann. Nun kommt mir der Gedanke, daß das Erschlagen des Männlichen auch nur ein Teil und nicht das Ganze ist, daß beim Zurückschlagen des Geistes auch die Materie leidet. Aber erst das Leiden bringt sie in Bewegung, erweckt sie aus ihrem eigenen Schlaf. Hier liegt der tiefe Sinn des Leidens. Es berührt das Herz und wirft somit den Menschen auf das Ganze zurück. Neptun oder Christus als transzendierter Mond oder transzendiertes kleines Herz. Ontogenetisch gesehen, muß sich der einzelne früh oder spät daran machen, das Weibliche in sich zu erlösen. Hier taucht die Frage auf, welche psychologischen Mittel dafür geeignet sind. Von meiner persönlichen Erfahrung her ist es klar, daß dieser Prozeß intensiv und zeitweise massiv ist, und daß dafür auch geeignete Methoden nötig sind. Ich bin sehr dankbar, Stan Grof kennengelernt zu haben. Dank seiner Methode, dem Holotropen Atmen, wurde mir ermöglicht, zementierte Blockaden in mir aufzulösen, und somit zu erkennen, was dahinter steht, und was das Ganze soll.

Donnerstag, 24. 1. 1991
Es blutet im Irak, es blutet in mir. Die Göttin leidet und steigt damit ins Bewußtsein hinein. Das Leiden scheint ihr Wesen zu sein. Ich spüre Schmerz und Mitgefühl dafür, daß ich in diesem Leben nur zweimal schwanger war, und wie oft ich Ängste ausgestanden habe, durch eine nichtgewollte Schwangerschaft in die Klauen der Göttin zu gelangen und völlig angebunden zu werden. Ich höre immer noch die Leidensrufe in mir: »Was könnte ich dann beruflich noch machen?« Eben nichts mehr, außer mich der Situation hinzugeben. Heute erkenne ich es als die Panik des Geistes, eingebunden und somit angebunden zu werden, seine vermeintliche Freiheit zu verlieren. In diesem Punkt ist er ganz blind, von sich aus kann er nicht erkennen, daß es gesamthaft nicht um Macht und Fortschritt geht, sondern um Ganzwerdung. Erst wenn er in seiner Linearität Grenzen erfährt, taucht die Möglichkeit auf, seinen Blickwinkel zu erweitern, eventuell sogar in die Tiefe zu blicken.

Antwortbrief 29

Liebe Leta,
manchmal würde ich am liebsten kopfstehen und wie Diogenes brüllend durch die Gassen der Städte rasen: »Wo finde ich einen Menschen!«, wenn ich sehe, daß wir Lebewesen, die sich »Menschen« nennen, uns weiter die Schädel einschlagen, wenn auch heute mit Raketendruckknopf. Ist denn das Wesen, das sich als Mensch bezeichnet, so verbohrt, daß es im Laufe von Millionen Jahren Geschichte nur Millimeterschrittchen in der versöhnenden Liebe vollzieht? Aufschlußreich, wie gierig die Leute vor den Bildschirmen hocken, um dieses kriegerische Schachspiel »authentisch« mitzuerleben. Wie schwierig ist es in diesen In- und Desinformationswellen, das Wohlwollen allen an diesem Krieg Beteiligten gegenüber aufrichtig wachzuhalten: »Möget ihr friedvoll sein, friedvoll und frei!« Das ist nur möglich, wenn unsere innere Haltung der Liebe allen Parteien gegenüber »ohn Warum« ist – so lehrt es Angelus Silesius als eine mystische Grundhaltung. Die Atmosphäre des Christos-Mantra ist »ohn Warum«, wie Jesus bei der Voll-Endung seines Lebens auch »ohn Warum« war: »Abba, in Deine Hände gebe ich mich anheim...!« In diesem Augenblick hält die Schöpfung den Atem an und es tritt ein Augenblick der absoluten Ruhe und Stille ein. Dann der Riß durch den Vorhang (die Begrenzung) des alten Zeitalters. Das neue Zeitalter der geschwisterlichen Mahlgemeinschaft beginnt. Wie weit sind wir damit in zweitausend Jahren Christentum gekommen? Viel muß geschehen, bis die Menschen begreifen, daß Krieg ein untaugliches Mittel für Konfliktbewältigung ist. Denn der Krieg ist eben gleichzeitig in uns drinnen. Verschiedene seelische Strebungen bekämpfen sich gegenseitig und errichten Blockaden. Wenn wir sie aufweichen und lösen, lösen wir auch Verfestigungen in der Schöpfung und zwischen den Völkern. Die Panik des Geistes, eingebunden zu werden, löst oft auch Kriege aus. Er will seine Unabhängigkeit durch alle Dimensionen hindurch bewahren.

Wenn wir uns wirklich in die atmosphärische Schwingung des Christos-Mantras hineinbegeben und darin verweilen, klären sich die verschiedenen Dynamiken des Lebens, da sie zur Ruhe finden. Der PUNKT zwischen Aus- und Einatmen ist der Augenblick der Ganzhingabe, wo es nichts mehr zu sagen gibt. Und weil alles gegeben wird, wird auch alles empfangen. In diesem Zustand hast Du auch kein großes Bedürfnis mehr zu kanalisieren, sondern etwas öffentlich zu machen, was mir auf dem heiligen Berg Athos begegnet ist. Da es ja um das gleiche Mysterium geht, bist Du ein bißchen von Deinen Pflichten entlastet, oder... ?
Es ist jetzt auch eine Zeit, in der die hermetische Tradition zur Heilung der Menschen stärker öffentlich werden soll. Darum darf das Geheimnis des Athos angemessen nach außen fließen. Das bedeutet auch, daß die mantrische Tradition des Herzensgebetes eine Anpassung im Sinnzusammenhang der heutigen Zeit finden wird. Es ist für mich eindrücklich, wie viele Athosmönche auf »Missionsreise« gehen, um ihre spirituellen Söhne und Töchter »in der Welt« aufzusuchen und ihnen wegweisend beizustehen.
Im Sichtbarwerden des mystischen Stromes empfinde ich deshalb unser Schreiben an diesem Buch als einen »Grals-Dienst«...

Von Herzen
Franz-Xaver

Tagebuchauszug
25., 27., 28. 1. 1991

Freitag, 25. 1. 1991
Eigentlich möchte ich jetzt gerne unsere Helfer ansprechen, um einige Fragen zu klären, aber ich rutsche immer wieder in die Eins hinein und habe somit kein Gegenüber mehr. Hier gibt es weder die Helfer noch mich, sondern nur diese unbeschreibliche, alles einschließende Einheit. Ein Gegenüber haben zu wollen, um mich mit ihm auseinandersetzen zu können, ist dann unmöglich. Ich versuche trotzdem, Emil anzurufen und zu schauen, was dann passiert.

Zuerst ist die ruhige Perle da, sie scheint ohne mein Dazutun zu bleiben. Dann stört mich der Lärm des Bohrers im Keller. Anscheinend wird heute die Türe vom Haus ins Atelier durchgebrochen. Durch diese Störung falle ich aus der Schwingung des Mantras heraus, und im neuen Zustand kann ich Emil sehen: nach vorne gebückt, in der rechten Hand ein dickes Buch (Gefühl von Hauptwerk).

L: Emil, kann ich Dir Fragen stellen?
(Er öffnet das dicke Buch.) Ich erkenne das Wort »DU«. Bedeutet es, daß ich dran bin? (Das Buch schließt sich wieder.) Emil, sind Symbolerleben und aktive Imagination gute Mittel für Klärungsarbeit auf dem Weg?
Ich sehe einen Querschnitt mit einer dunklen, relativ weichen Schicht, darunter eine ganz helle, schneidende, und noch tiefer glatten Granit.)

E: Symbolerleben und aktive Imagination bewegen sich in den zwei ersten Ebenen. Kommen sie an die dritte heran, werden sie wie reflexartig zurückgeworfen. Diese Methoden haben mit Kontrolle über sich selber und den Prozeß zu tun. (Im Keller bohrt es weiter...) Sie sind auch direktiv in bezug auf Ego-Einsatz, und damit läßt sich die dritte Ebene nicht ein. Diese muß durchbohrt und durchbrochen werden, um zum Kern vorstoßen zu können.

L: Astrologisch gesehen reichen die zwei genannten Methoden nicht in den Bereich der Aspekte hinein. Habe ich das richtig verstanden? Dieser Bereich ist zum Schutze des Egos abgeschlossen. Die Menschheit kommt aber nicht weiter, wenn er abgeschlossen bleibt. Die Frage ist nun also, wie wir ihn öffnen? Ich komme später gerne wieder darauf zurück. Jetzt möchte ich zu Franz' Fragen kommen. Er will wissen, wie Ihr das Ikonenmalen seht. Kann es durch die obengenannten Techniken ersetzt werden?

E: Ikonenmalen beinhaltet nebst Klärungsarbeit auch spirituelle Schulung. Diese Verknüpfung läßt dem eigentlichen Prozeß zu wenig Spielraum, ist noch direktiver als die beiden anderen. Malt Ikonen aus der Mitte heraus, benützt sie nicht als Ausdrucksmittel. Die meisten menschlichen Komplexe müssen sich anders ausdrücken können, als dies auf einer Ikone möglich ist.

L: Ich sehe, heute, morgen und übermorgen müssen wir mit den Schülerinnen und Schülern tiefergehen. Die Zeit ist reif dafür.
Du hast Dich zwar zum Holotropen Atmen bereits geäußert. Ich würde diese Methode dort ansiedeln, wo die drei anderen aufhören. Wie siehst Du es?

E: Setzt alle ein, und seid darauf bedacht, sie miteinander zu verbinden, damit der einzelne sich nicht in einem der Bereiche verliert und dort verweilt.

L: Ikone zum Beispiel als Einstieg in die Imagination?

E: Ihr könnt im Kombinieren kreativ werden, ansprechende Mittel einsetzen, auch Musik und Bewegung.

L: Sollte Franz während seiner Kontemplationswochen die Klärungsarbeit intensivieren? (Ich sehe Widerstände bei vielen Teilnehmern.)

E: Spezifischere Klärungsarbeit ist notwendig, damit die Not-Wende möglich wird. Seine Arbeit muß anders angekündigt werden, damit er die richtigen TeilnehmerInnen hat.

L: Mir schwebt nun ein größeres, fundiertes Konzept vor, indem Menschen spirituell geschult werden *UND* Persönlichkeitsarbeit auf jeder Stufe machen können. Ist damit die Schulungsgruppe gemeint?

E: Als ein exemplarisches Beispiel. Es wird noch andere geben.

L: Ich spüre große Hitze und Freude in meinem Herzen. Diese Schwingung geht über ins Gefühl, daß wir wirklich sinnvolle Arbeit leisten werden. DANKE, danke ALLEN und ALLEM.

Sonntag, 27. 1. 1991
In meinem Bauch ist vieles in Bewegung. Tiefe Schichten verschieben sich, als ob das Unbewußte sich umgestalten würde. Ich sehe auch, wie es stark geschrumpft und bereit ist, sich zu verströmen und sich zu verschenken. Nun spüre ich eine intensive Schwingung im ersten Chakra und höre, zu dieser Ebene müsse ich besondere Sorge tragen. Loslassen sei hier nicht angebracht. Im Herzen ist Freude, weil ich im Zusammenhang mit dem Golfkrieg und der Mythologie nahe daran bin, etwas Wichtiges zu erkennen. Ich spüre, daß in der Menschheitsgeschichte etwas ganz Schlimmes passiert ist, als Mutter-Göttinnen in Vater-Götter umgewandelt wurden. Dies geschah im Bereich des Mittleren Ostens. Nach dem Grundsatz »similis cum simile« muß auch die Heilung dort geschehen, und zwar mit derselben »Lanze«. Um hier in die Tiefe zu gehen, brauche ich mehr Zeit als ich jetzt habe. Heute bin ich an der Reihe, meine Schwiegermutter, die dem Tode nahe steht, zu besuchen.

Montag, 28. 1. 1991
Noch etwas verschlafen gehe ich in die Küche, wo aus dem Radio unser momentanes Lieblingslied ertönt: »We are the world, we are the children, we are the ones to create a better universe...« – Wir sind es, wir zählen. Ich erinnere mich an Theos Niedergeschlagenheit von gestern abend wegen der momentanen ökologischen und weltpolitischen Situation. Er fragte sich, was wir wirklich tun können, worauf ich das Manuskript der letzten Tage holte, um nachzulesen, was gesagt wurde. »We are the ones«. Mögen wir andauernd ins Mantra gehen, dort SEIN, mit dem Geschehen mitfühlen und für alle um Erbarmen bitten. Nun brennt es in meinem Herzen wie richtiges Feuer. Es tut physisch weh.

Mein Traum
(In den Spätnachrichten habe ich gestern abend noch mitbekommen, daß die Alliierten eine irakische Grenzstadt bombardiert haben, und daß die Erschütterungen auch in angrenzenden iranischen Städten wahrgenommen wurden.)

»Ich bin vorübergehend in meinem Heimatdorf, nahe der österreichisch-italienischen Grenze. Durch die Bombardierungen jenseits der Grenze geraten alle Mauern in eine langsame aber stete Bewegung. Die Gassen werden immer schmaler, und die Dorfbevölkerung flieht durch sie auf das Feld hinaus. Ich bin – zu meiner Verblüffung – extrem viel größer als alle anderen. Auf der Höhe meines Brustkorbs, ist es inzwischen so eng, daß ich nicht mehr weiterkomme. Ich erkenne, daß ich mich nur retten kann, wenn ich auf die Mauer hinaufsteige und dort weitereile. Einige Kameraden aus der Primarschulzeit bieten mir im Vorbeispringen ihre Hilfe an. Ich möchte allein hinaufklettern, es eilt. Nun stehe ich auf den Mauern, die inzwischen einen kompakten Boden bilden. Hier oben strahlt der Engadiner Himmel. Ich stelle fest, daß ich gerettet bin, weil ich durch meine spezifische Körpergröße in höchster Gefahr war. Ich blicke durch einen Spalt hinunter, wie all meine Bekannten inzwischen in völliger Dunkelheit desorientiert umherirren und auf dem Erdboden einen Fluchtweg suchen. Ich bin mir sicher, daß sie sich auf der Horizontalen nicht retten können. Rettung ist nur auf der Vertikalen möglich. Aber die Öffnungen nach oben sind inzwischen alle geschlossen, niemand kann mir folgen. Ich fühle mit der Dorfbevölkerung mit, habe Erbarmen mit ihr. Ist es das, was ich tun kann?
Im nächsten Bild bin ich auch unten, inmitten des zerstörten Dorfes. Mit Erstaunen stelle ich fest, daß unser Atemraum im jetzigen Rohbau auch hier ist und überhaupt nicht beschädigt wurde. Die Leiter, die ich kürzlich den Bauarbeitern gegeben habe, um in den Raum hinunterzusteigen, weil noch keine Treppe da ist, konnte anscheinend von vielen als Rettungs-

anker benutzt werden. Ich sehe, daß sie oben mit einer Schnur festgebunden ist, und daß die Leute von der obersten Sprosse aus noch wagen mußten, sich nach rechts hinüberzustrecken, und einzeln das Törchen zur Freiheit öffnen mußten. Es wäre doch schneller gegangen, wenn jemand diese Türe für alle offengehalten hätte! Aber nein, dort kann niemand stehen bleiben. Auch dieses Tor ist ein persönlicher Durchgang.
Danach helfe ich, wo ich kann, Ordnung und Übersicht zu gewinnen und die Reinigungsarbeiten voranzutreiben. Ich stelle fest, daß es für mich völlig stimmig ist, diese Arbeit zu erledigen, es könnte auch irgendeine andere sein.«
So deutlich wie noch nie zuvor spüre ich heute, daß ich alle Teile dieses Traums bin. Die Tatsache, daß ich ganz gleichmütig Reinigungsarbeiten nachgehe, nachdem ich mich gerettet habe, erinnert mich jetzt an die Zen-Geschichte des Bauern, der mit dem Ochsen am Schluß wieder in die Stadt zurückkehrt. Ich nehme auch wahr, daß heute nacht mein Tor zu »compassion and suffering with« (Mitgefühl und Mitleid) sich geöffnet hat. Ich atme mit der ganzen Schöpfung mit. Atmen ist Leben, und Leben tut weh. Dieser Schmerz ist permanent, ob wir ihn spüren oder nicht. Jetzt fällt mir wieder die Geschichte von »Zündholz und Kerze« von Gabriele Unkelbach ein. Die beiden wollen sich nicht anzünden lassen und erkennen dann aber, daß sie den Sinn ihres Lebens nur erfüllen, wenn sie brennen. »Ich bitte dich«, sagt die Kerze, »zünde mich an.«

Ich atme nicht nur mit der Schöpfung mit, ich fühle und leide auch mit ihr, weil ich sie bin. Aber dies ist nur ein Aspekt meines Wesens oder meiner Ganzheit. Ich bin auch eins mit der Christos-Schwingung, die das Ganze einschließt, beinhaltet und der Menschheit zu höherem Bewußtsein verhilft, wenn einzelne Menschen sich zur Verfügung stellen, Ihr zu dienen. Ich erlebe ganzheitlich, daß dies die Wahrheit ist, und ich werde bei meiner Auf-Gabe bleiben, was auch immer

weitergeschieht. Ich sehe, wie rund um mich herum Gottesbilder zusammenfallen und große Schmerzen verursachen, Sinnlosigkeit und große Ängste auslösen. (Jetzt brennt's wieder in meinem Herzen, die Flammen dehnen sich nach oben und nach unten aus. Es fühlt sich so an, als ob die Barrieren um mein Herz herum bestürmt worden wären und nun lichterloh brennen.)
Ich fühle mich im Augenblick im Lot. Beim Einatmen steigt die Erfahrung des Einsseins mit der Gott-Mutter auf, beim Ausatmen ist mir Gott-Vater präsent. Mitatmen ist synonym geworden für Mitfühlen, Mitleiden, Lieben und Erbarmen haben. Ich sehe, wie diese Begriffe die Eins sind, oder anders ausgedrückt, wie die Eins über sie die Möglichkeit hat, in Ausdruck zu gehen. – Oder noch anders: Diese Möglichkeiten und noch andere mehr sind Ausdruck des Wesens Gottes. (Das Brennen in meinem Herzen ist nun fast atemraubend, die Perle ist da. Sie bewegt sich nicht, obschon Manuela zu mir kommt und wir miteinander reden.) Mein Atem ist regelmäßig. Ich nehme ihn wie eine Ellipse wahr, bei der alles im ewigen Rhythmus fließt. Jegliche Manipulation, wie sie auch immer sein würde, wäre ein Eingriff und somit eine Störung der Harmonie. Wir müssen einswerden mit SEINEM Atem, nicht etwas verändern wollen. Nun ist das beißende Feuer im 3. Chakra. Ich höre noch, daß ich Bush und Hussein gleichzeitig ein- und ausatmen muß, um keinen Augenblick zu polarisieren. Und nochmals: In Christos sind die beiden vereinigt. Darum ist es richtig, zu Christos zu beten, weil in Ihm Wertfreiheit herrscht. Wenn Franz kürzlich sagte, die Hesychasten würden wertfrei beten, kann ich es jetzt bestätigen, oder ich stelle den Satz besser um: Wer wertfrei betet, kann HesychastIn genannt werden.
Was mich nun intellektuell interessiert: Warum brauchte ich als Fühltyp so lange, um die Fähigkeit des Mitfühlens und des Erbarmens zu erlangen. Theo weist mich auf Jack Kornfields Aufsatz hin: »Der Weg des Buddhismus und soziale Verantwortung«. Ich staune immer wieder darüber, wie er –

im Gegensatz zu mir – das Gelesene einordnet, speichert und jederzeit abholen kann. Früher löste dies bei mir Minderwertigkeitsgefühle aus; heute freue ich mich darüber, ihn in greifbarer Nähe zu wissen (nicht zu »haben«, das habe ich inzwischen gelernt...).

Antwortbrief 30

Liebe Leta,
in der heutigen Zeit ist das Ikonen-Malen oft das Erlernen einer Technik wie die Bauernmalerei. Das hat aber überhaupt nichts mit dem ursprünglichen Vollzug dieses Geschehens zu tun. Ein Athos-Mönch würde nie von Ikonen-*Malen* sprechen, sondern immer nur von Ikonen-*Schreiben*. Es handelt sich, wie Emil sagt, primär um eine spirituelle Schulung, die eine gründliche Klärungsarbeit bereits voraussetzt. Das Mysterium der göttlichen Liebe schreibt sich durch den Menschen hindurch und nimmt im Bild Gestalt an. Das Ikonenschreiben dient nicht dazu, menschliche Komplexe aufzuarbeiten, sondern das numinose Inbild des Göttlichen aufleuchten zu lassen. Wenn dies geschieht, werden die Komplexe wie überlichtet. Es bleibt die Aufgabe, diese innerhalb von Raum und Zeit zu klären und zu integrieren. Wird eine Ikone »nur« gemalt, vermittelt sie Glaubens*wahrheiten*, wird sie aus der Kernmitte heraus geschrieben, berührt sie die Glaubens*erfahrung* der Gottebenbildlichkeit des Menschen. Darum sagt Emil auch: »Malt Ikonen *aus der Mitte* heraus!« Es gibt ein Ikonenschreiben, das der Aktiven Imagination und dem Symbol-Erleben sehr nahe kommt. In diesem Vollzug werden die Prozesse, die das Gestalten auslösen, in Form eines inneren Bilderlebens verarbeitet und integriert (vgl.. F.-X. Jans-Scheidegger, Das Tor zur Rückseite des Herzens, Vier-Türme-Verlag Münsterschwarzach, S. 110ff.).
Wenn das Ikonenschreiben aus der Mitte heraus geschieht, mobilisiert es die tiefsten Schichten des Menschen. Du hast allerdings recht, daß damit oft nur die Umwelt konditioniert wird, weil der Mensch nicht selber zur Ikone wird, an der er schreibt. Das wäre nämlich der

tiefere Sinn dieses Tuns. Wir müssen für die innere und äußere Klärungsarbeit alle Mittel einsetzen, damit der Mensch ganz wird, und sehr genau darauf achten, ob bei der Aktiven Imagination, beim Symbolerleben (vgl. Mandalamalen) und beim Ikonenschreiben oder beim holotropen Atmen angesetzt werden soll. Öfters erweist es sich als sehr fruchtbar, mehrere Verfahren miteinander zu verbinden. Das bedeutet für mich, daß bei jedem Versenkungsweg die Reinigungsarbeit auch in der Form der Schattenintegration ein *not*-wendender Bestandteil des Weges sein muß und nicht einfach im Sinne einer Krisenintervention den spirituell offenen TherapeutInnen überlassen werden darf. Das gilt besonders für Versenkungswege fremder religiöser Kulturen, die im Abendland adaptiert werden und umgekehrt. Ich erlebe oft, daß Zen-LehrerInnen das Auftreten von massiven komplexhaften Bildern als »Makyo« zu ignorieren versuchen, und Kontemplations-Lehrer-Innen sich durch eine Forcierung einer eher negativen Askese (Verneinung bestimmter Lebensbereiche und Lebensvollzüge durch Unterdrückung) schnellere Fortschritte auf dem spirituellen Weg erhoffen. Beides entspricht mehr einer Verdrängung als einer echten Integration und Klärung. Wer mit den Erscheinungsweisen des Komplexhaften der Tiefenseele nicht im Sinne einer echten Durchlichtung und Integration umzugehen weiß, sollte meines Erachtens noch nicht Menschen auf einem Versenkungsweg begleiten.

Eine besondere Krisensituation entsteht dann, wenn verschiedene Gottesbilder als gleichwertig erkannt werden und oft in eins zusammenfallen. Der ganze Fundamentalismus des religiösen Zeitgeistes kann dabei in Bewegung kommen und dem erlebenden Menschen Vorwürfe machen. Viele Religionskriege wurden (und werden auch heute noch!) dadurch ausgelöst, weil wir doch unendlich hartnäckig an Gottesbildern haften. Daß in einem jahrhundertelangen Prozeß im Mittleren Osten die Mutter-Göttliche-Kraft durch Vater-Göttliche-Kräfte (z.B. Jahwe-»Gottheiten«) abgelöst worden ist, hat eine gewaltige patriarchale Akzentuierung des Gottesbildes mit sich gebracht. Wir können dies z.B. im zeitgenössischen Erleben des *Erbarmens* Gottes feststellen. Es wurde und wird als *herablassende*

Zuwendung eines väterlichen Gottes an einen erbärmlichen Menschen und nicht mehr spontan als *Zusage der Geborgenheit im mütterlichen Schoß Gottes* verstanden. Die ganze liturgische Sprache der Christenheit müßte dem sich wandelnden Gottesbild angepaßt werden. Wie können die katholischen Christen, um ein anderes Beispiel zu erwähnen, 2000 Jahre nach der Auferweckung und Verklärung Jesu immer noch in der großen Danksagung der Eucharistiefeier beten: »Herr, ich bin *nicht würdig,* daß Du eingehst unter mein Dach, aber sprich nur ein Wort, so wird meine Seele gesund!« Sind wir nicht alle längst erlöst, und hat Gott nicht zu einem jeden Menschen »*ja*« gesagt? Wäre die Aufforderung: »Christos, *ich bin würdig,* daß Du einkehrst in meiner Mitte, denn Du hast mich bei meinem Namen gerufen, ich bin Dein!«, nicht viel einladender, am Mahle teilzunehmen? Solche Anpassungen der Kultsprache in der Liturgie brauchen Jahrzehnte und rufen immer wieder gewaltige Polarisierungen bei den Glaubenden hervor. – Und dennoch ist es höchste Zeit, es auch wirklich auszusprechen, daß sich in der Christos-Wirklichkeit des Gottmenschen die Gegenwärtigkeit der Gott-Vater- und Gott-Mutter-Qualität in wunderbarer Weise vereinen.
Das hat etwas Beglückendes in sich und bewegt meine Mitte!
Ich hoffe auch Deine!

Franz-Xaver

Kapitel 7

Integration spiritueller Erfahrungen als Bodenarbeit im Alltag und Ruhen im Ganzen

Es braucht die unterscheidende Michaelskraft, um eine spirituelle Erfahrung im Alltag lebendig werden zu lassen und so die Spannung zwischen »Himmel und Erde« auszuhalten. Im gemeinsamen Bemühen um Einsicht in die transpersonalen Erfahrungen erkennen Leta und Franz-Xaver immer deutlicher das Fragmentarische im Sprechen über Gott, weil sich SEIN Mysterium so offenbart, wie ES will. Auch sie werden herausgefordert, ihr »Ich« immer mehr in den Dienst des Umfassenden zu stellen. Diese persönliche Zentrierung auf die Mitte, wie sie in der Mandala-Erfahrung ihren Ausdruck findet, ist eine sichtbare Brücke zwischen holotropem (ganzheitlichem) und hylotropem (stofflich-raum-zeitlichem) Erleben im Alltag. In dem Maße, wie diese Verbindung intakt ist, fühlt sich der Mensch heil und eins mit dem göttlichen Funken in seinem Herzen. Die Gefahr der Gier nach dem Göttlichen ist aufgehoben im inneren Gleichgewicht des Friedens. Die Urquelle der Liebe fließt in uns und vereint alle »dies- und jenseitigen HelferInnen« in sich; in diesem Zustand werden sie »über-flüssig«, denn die Weisheit offenbart sich direkt. Erneut stellt sich die Frage: »Und was antworte ich jetzt?«

Tagebuchauszug
29. und 31. 1. 1991

Dienstag, 29. 1. 1991
Ich vergewissere mich, daß ich ganz im Mantra bin. Nach einigen Atemzügen ist die offene Perle da. Beim Überlegen, wie ich meine Frage formuliere, stelle ich fest, daß dieses Denken heute die Perle nicht verdrängt. Früher, als ich sie möglichst lange offen halten wollte, schloß sie sich beim ersten Gedanken. Jetzt, wo es mir nicht mehr um dieses Erlebnis geht, bleibt sie...
Die Frage, wie wir in der Kontemplation mit »Makyo« umgehen sollen, steht heute im Vordergrund.

L: Im Zen läßt man sich damit nicht ein. Wie sollen wir damit umgehen?
G: Beide Weisen haben ihre Berechtigung: vorbeiziehen lassen und darauf eingehen. Sie stellen zwei verschiedene Aspekte mit verschiedenen Zielen dar. Das erste ist spirituelle Schulung, ausschließlich auf das Nichts hin meditieren, sich nirgends verlieren, immer weitergehen. Das zweite ist Klärungsarbeit. Das Unbewußte bringt aktuelle, zu klärende Themen hervor, an denen ihr arbeiten sollt.
Zur Neuen Zeit gehört die Kombination beider. Ausschließliche spirituelle Übung kann sehr weit bringen, aber das Erreichte sitzt nicht, wenn der Boden nicht gereinigt und gefestigt ist. Bodenarbeit allein kann sich in Ziellosigkeit verlieren.
L: Spirituelle Schulung und Klärungsarbeit, beide notwendig auf dem Weg, kommen mir wie Ausatmen und Einatmen vor. Das Gleichgewicht zwischen den beiden ist gefragt, damit sich das Ich als Instrument in der Mitte der Mandorla niederläßt und von dort aus agiert, reagiert oder auch einfach ist.
Gibt es denn Kriterien, wie man innerhalb der Kontemplation mit Bildern umgehen soll?

G: Auch hier gilt es, das Gleichgewicht zu halten. Das eine tun, das andere nicht lassen. Dabei sollen die SchülerInnen wissen, um was es in der spezifischen Sequenz geht, damit sie das, was sie tun, bewußt tun.
L: Und wenn jemand allein meditiert?- (Ich spüre, daß z.B. Themen, die nicht zugelassen werden, sich im Bereich eines Chakras niederlassen und sich dann melden, weil sie der Beachtung bedürfen.)
G: Es kommt darauf an, was jemand bewußt will. Meditieren heißt nicht geschehen lassen. Es soll bei Beginn der Meditation herausgespürt werden, was zur Zeit angebracht ist. Soll das Un- oder das Überbewußte zum Zuge kommen? Es gibt auch die Zeiten, wo es darum geht, in der Mitte von beiden, in Christos, zu weilen.
L: Bei mir nehme ich wahr, daß dieses In-der-Mitte-Bleiben oder Im-Mantra-Bleiben andauernde Achtsamkeit und eine ganz bestimmte physisch-psychische Spannkraft erfordert.
G: Es ist Teil des großen Planes, daß zur jetzigen Zeit Frauen aus dem Kollektiv aufsteigen, um Gottes Wort zu verkünden.
L: Welche Eigenschaften müssen diese Frauen verkörpern?
G: Verbundenheit mit dem Boden, mit der Urmutter, einen klaren, gesunden Menschenverstand als Produkt eines Weges, der in früheren Zeiten für Frauen nur selten möglich war, eine Sensibilität, die erkennen läßt, wo sie selber stehen, wo andere stehen und die Bereitschaft, den messerscharfen Pfad zu gehen.
L: Ich verstehe. Jetzt, wo ich mich beruflich von der Außenwelt stark zurückgezogen habe, beschleicht mich manchmal die Angst, für mögliche Arbeitgeber in Vergessenheit zu geraten.
G: Siehst du, wie dieses Denkspiel dich aus der Mitte herausholt?
L: Ich sehe und fühle es, und es tut mir weh, daß ich so kleinlich bin... Aber eines Tages möchte ich wirklich

meine Existenz wieder selber sichern. Schließlich habe ich eine 6.-Haus-Sonne, die dies erfordert.

G: Laß von diesen Problemen los, mein Kind. Im 6. Haus mußt *du* lernen, was du aus dem großen Meer deiner Fische spezifisch aufnehmen und hinausfließen lassen kannst (Aussteuerung). Das finanzielle Überleben war und ist kein Thema für dich.

L: Was ich früher meinen Eltern überließ, überlasse ich somit heute meinem Lebenspartner. Ich bezweifle, daß dies für eine Frau des 20. und 21. Jahrhunderts stimmig ist.

G: Bei dir wird mit anderen Ellen gemessen. Deine Aufgabe ist sehr spezifisch. Überlaß anderen, was sie übernehmen können.

L: Heute bleibt die blaue Perle ohne mein Dazutun. Der Impuls, Bush und Saddam gleichzeitig ins Mantra zu nehmen, damit sie sich in der Einheit treffen, hat mich stark herausgefordert. Als ich in den Mittagsnachrichten hörte, wie Saddam angeblich einen CNN-Reporter in einem Interview über den möglichen Einsatz von biologischen, chemischen und atomaren Waffen informierte, verfiel ich der Wut, der Urmutter in mir. Was ist die Wahrheit? Besitzt er diese Waffen?

G: Nicht alle erwähnten; du kannst dich beruhigen. Er ist aber in Verhandlungen mit Rußland und versucht, welche zu bekommen.

L: Ich hoffe, Gorbatschow gibt sie ihm nicht.

G: Gorbatschow weiß längstens nicht mehr, was die Sowjetunion tut.

L: Ist es für mich immer noch stimmig, weiterhin beide Führer, beide Pole, ins Mantra zu nehmen?

G: Es wird ein Desaster geben, und darin ist es sehr wichtig, klare Lichtquellen zu haben, damit die Kern-Energie in Fluß bleibt. Schließ dich zusammen mit Theo und Franz...

L: (Nun beginnen meine Arme zu brennen. Weisen sie mich auf Handlungen hin?)

G: ... und bildet reine Zellen, welche bereit und fähig sind, Dunkelheit zu transformieren. Wertet die Dunkelheit nicht, sonst bildet ihr persönlichen Schatten. Ihr sollt die Situation anschauen und aus der Mitte heraus Stellung beziehen. Die Menschheit ist polarisiert. Setzt der Polarität die Einheit gegenüber!
L: Nun habe ich den Eindruck, daß dieser Prozeß unendlich lange andauert.
G: Ja. Aber du hast auch erfahren, wie dieser Krieg dich zu konzentriertem Kontemplieren gezwungen hat. Der Satan will stets das Böse und tut das Gute.
L: Dies war auch das Thema meines Traumes von letzter Nacht. Man konnte Sätze drehen, wie man wollte, es kam immer das Gute heraus. Ich bin nun wieder an diesem Punkt, wo das sogenannte Böse das Gute ist, weil es Bestehendes aufbricht und somit dem organischen Wachstums- und Wandlungsprozeß seinen Fortlauf ermöglicht.
Obschon ich weiß, daß Gott jenseits von Gut und Böse ist, werde ich wütend, wenn der irakische Führer verkündet, er bete für das amerikanische Volk. In diesen Augenblicken meine ich, er sei nicht dazu berechtigt, Gott für sich in Anspruch zu nehmen. Als ob ich beurteilen könnte...
Ich höre wiederum, daß ich in jedem Augenblick die Mitte anstreben muß, daß ich keinen Beitrag zum Frieden leiste, wenn ich polarisiere, wohl aber, wenn ich alles ein- und ausatme. – Ist denn Frieden nicht auch polar?
G: Es gibt Frieden und FRIEDEN.

Nun kommen die Kinder nach Hause. Bevor ich abbreche, nehme ich Franz und seine Gruppe in die Perle hinein. Mein Herz brennt. Adoramus te, Domine! Ich spüre die Verbundenheit mit der Quelle, die ich bin, die wir alle sind.

Donnerstag, 31. 1. 1991
Heute fühle ich mich von einem ganz sorgfältig geflochtenen Mandala umgeben, bei dem die Füße herausragen. Das Geflecht besteht aus verschiedenen Mustern, die harmonisch ineinander übergehen. Jeder Schnittpunkt hat direkten Kontakt mit meinem Herzen. Beim Einatmen rücken die Ruten einander so nahe, daß keine Öffnung mehr besteht. Die Mandorla wird dann zu meiner Form. Kaum atme ich aus, dehnt sich diese Form so aus, daß überall Öffnungen entstehen. Durch die Achtsamkeit des Herzens vermag ich, den Korb wie einen Schirm aufgespannt zu halten. Fällt er da oder dort – mangels Achtsamkeit – auch nur etwas zusammen, kann die auftauchende Botschaft verfälscht werden.

L: Kann ich denn in Zukunft den aufgespannten Korb als Zeichen dafür nehmen, daß ich zum Kanalisieren bereit bin? Und was ist mit den herausragenden Füßen gemeint? Soll dies so sein?
Auf beide Fragen hin sehe ich die ruhige Perle und spüre Zustimmung.
Im Gespräch mit Franz habe ich bereits einige Male festgestellt, daß Es in mir und durch mich fließt, ohne daß ich mich auf Kanalisieren einstelle. Dies ist praktisch und ökonomisch. Bin ich im genauen Gleichgewicht mit Ego und Selbst, dann weiß jeder Teil, was seine Aufgabe ist. Falle ich aus dem Gleichgewicht heraus, tauche ich entweder ins Selbst hinein und schwimme form- und ziellos herum, oder das Ego reißt in Blitzestempo das Sprachrohr an sich und hat somit Macht über das, was ausgesprochen wird. Die Tatsache, daß ich »bloß« im Gleichgewicht zu verbleiben habe, ist für meinen Waage-Aszendenten ein großes Glück. (Der Archetyp der Waage strebt nach Ausgleich, Harmonie etc.) Ich sehe zur Zeit nicht ein, was die Theorien über die Zerstörung des Egos schlußendlich erzielen. Mein Ego ist gerne bereit, des Selbstes Diener zu sein.

G: Die alte Tradition weist den Menschen auf seine Sündhaftigkeit hin. Hier soll er ansetzen und sich der Barmherzigkeit Gottes anheimgeben.
L: Diese Aussage wirkt auf mich wie ein Trick, um das Ego für den inneren Weg zu gewinnen. »Egos für den Weg gewinnen wollen«, ist aber ein Ego-Anliegen. Wissen wir doch alle (alle?), daß wir uns gar nicht anders als zu Gott hin entwickeln können. Was ist denn zu beachten, wenn wir so oder so zu Gott kommen?
G: Sündig ist das Ego, weil es vom Wesen abgespalten ist, nicht aber der Mensch, der auch Gott ist, auch wenn er sich dessen nicht bewußt ist. Die SchülerInnen des Weges müssen sich im Neuen Zeitalter auch theoretisch mit diesen Fragen auseinandersetzen. Da keine Kirchentreue verlangt werden wird, besteht weniger Druck von außen (oder kein?), und die einzelnen werden sich aus eigenem Anliegen für den Weg bewußt entscheiden. Es ist so, daß der Mensch seinen Weg geht, wenn er selber wählen und entscheiden kann.
L: Meine Grundhaltung in Entscheidungsituationen, wenn ich in Not war, entsprach vor allem dem Jesuswort: »In Teis mans remet eu meis spiert.« (»In Deine Hände befehle ich meinen Geist.«)

Antwortbrief 31

Liebe Leta,

Du vergewisserst Dich immer wieder, ob Du ganz im Mantra schwingst. Damit richtest Du Dein Bewußtsein auf die Kernwirklichkeit Deines Menschseins aus. Die Stimmigkeit mit dem Mantra läßt keine Unstimmigkeit mit Deinen Alltagszusammenhängen zu, weil Du sonst aus der Hesychia, der Ruhe des Herzens, herausfallen würdest. Da Dein Mantra auch identisch mit dem Symbol der blauen Perle ist, nimmt sie Dich jeweils atmosphärisch in sich auf, solange Du in der Stimmigkeit des Mantras schwingst. Wenn ein Mensch einmal diese Stimmigkeit des Einsseins im Klang des inneren Wortes erfahren hat, läßt sich keine Lebenslüge mehr aufrechterhalten. Du beginnst sofort existentiell zu leiden, wenn die innere Wahrheit verletzt wird.

In diesem Zusammenhang will ich noch einmal auf die Frage des »Makyo« im Zen und der »Scheinwirklichkeit« in der Kontemplation ergänzend zurückkommen. Beide Erlebnisse entstammen m.E. der gleichen Erfahrungsdimension. Sowohl die Erfahrung der Buddhanatur im Zen als auch das Einssein mit dem Urgrund des Göttlichen in der Kontemplation ist *radikal einfach* (sofern Worte überhaupt auszudrücken vermögen, was ich meine). Jede Erscheinungsweise innerhalb von Raum und Zeit ist im Verhältnis dazu ein Nichts. In jedem echten Versenkungsweg begegnest Du dem Nichts und Alles. Die Begrenzung dieses *Nichts und Alles* im hylotropen Raum ist in jeder Erscheinungswirklichkeit letztlich nur eine Illusion, eine Scheinwirklichkeit, ein Gaukelspiel der Sinne (= Makyo). Wer sich davon einfangen läßt, verpaßt die Sehnsucht seines Suchens und verfällt den Myriaden von möglichen Erscheinungsbildern der schöpferischen Urkraft. Wie kann ich aber in das Urschöpferische »hineinfallen«, wenn ich seinen Ab-Bildern »verfalle«? Ich jage nur seinen Hüllen nach, ohne es zu merken. Gelingt es mir, durch die Hüllen hindurch auf den Kern hin zu spüren, fallen diese in sich zusammen wie ein Phantom, ohne daß ich den Kern in seiner All-Fülle auszuschöpfen vermag. Es braucht dann das bildlose Verweilen in der Stille, damit sich diese Kernerfahrung immer mehr in meine Bewußtheit hinein ausfalten kann. Diese spirituelle Dimension der Wahrnehmung gehört ganz dem holotropen Raum an und ist von dort her völlig einsichtig, aber eben nur, wenn ein Mensch dort ist, was eher ein seltenes Daseins-Geschenk bedeutet. Die meiste Zeit erleben wir uns in der Begrenzung von Raum und Zeit, also im hylotropen Raum, und erfahren uns in der Konfrontation der archetypischen Abbilder des reinen Seins. Insofern diese Abbilder nicht aus sich heraus existieren, haben sie Anteil an der »Arche«, am Ursprung. So hilft uns die Integration der inneren Dynamik dieser Abbilder zur Annäherung an den Quellgrund des ursprünglichen Seins. Die Bilder, welche meine Seele und mein Bewußtsein behaften,

haben auch mit dem Sinnzusammenhang meiner Lebensmuster zu tun, die ich mir in der gegenwärtigen Existenz gewählt habe. In dem Maße, wie ich sie kläre, kann ich sie freigeben und nähere mich dem Mysterium meines Lebens. Das ist nicht eine fiktive, sondern eine konkrete Lebensaufgabe, die sich jeder Mensch außerhalb von Raum und Zeit gewählt hat. Ich kann sie also nicht »wegsitzen«, solange ich nicht in der Raum-Zeit-Losigkeit aufgehoben bin. Die Klärungsarbeit des Unbewußten im Sinne der Schattenintegration bleibt als Via purgativa (Reinigungsweg) keinem spirituell suchenden Menschen erspart. Dazu produziert die Tiefenseele, gemäß ihrer Eigenart, innere und äußere Bilder. Diese Erzeugnisse als »Makyo« stehen zu lassen, erspart die Integration dieser Inhalte des Unbewußten nicht. Wesens-Erfahrungen in jeder Form der Versenkungsmeditation suchen Verankerung innerhalb von Raum und Zeit, solange wir auch diesen Gesetzmäßigkeiten unterstellt sind. Meine Erfahrung ist die, daß viele spirituelle LehrerInnen, besonders auf der Zen-Linie, aber ebenso innerhalb der kontemplativen Wege, Makyo-Erscheinungen wegschieben und ignorieren. Sie beurteilen diese »Widerfahrnisse« bereits von der Wesens-, bzw. Kensho-Erfahrung her und nicht von der Wegstufe und den Wegschritten, die ein Mensch dahin zurücklegt. Jedes innere Bild ist ein Eingangstor für eine Erfahrung, die dahinterliegt. Das Tor kann offen sein, und weil ich auf den Weg schaue, komme ich automatisch weiter. Es gibt Situationen, da irrt ein Mensch im Umfeld des Tores herum und findet den Durchgang nicht. Wenn er dann das Tor nicht genau ansieht und die Umgebung für sich klärt, verpaßt er die Übergangsschwelle, d.h. er bleibt auf einer bestimmten Wegstrecke haften.
Makyo-Erfahrungen können sich in jeder Bewußtseinsdimension unseres Menschseins einstellen, ob es sich jetzt um die mineralische, vegetative, animalische oder mentale Ebene handelt. Immer geht es darum, daß wir die emotionalen Anhaftungen von Körperempfindungen, inneren Bildern und Gestimmtheiten, Visionen und Gedanken nicht verdrängen und verneinen, sondern klären und integrieren. Die Integration der Schattenanteile (der nicht gelebten Bewußtseinsinhalte) ist nicht eine Aufgabe, die dann auch noch parallel

neben der spirituellen Übung meines Zen- oder Kontemplationsweges mit mehr oder weniger geschickten PsychotherapeutInnen abgehandelt wird. Diese Aufgabe ist ein innerer Bestandteil jedes Verwandlungsweges, mit dessen Gesetzmäßigkeiten die spirituellen WegbegleiterInnen vertraut sein sollten. Besonders für die abendländischen SchülerInnen lassen sich im Umgang mit dem Makyo nicht die gleichen Verfahren anwenden, wie dies ein Zenmeister für seine orientalische Schülerschaft in seinem Zenkloster tut, die er über Wochen und Monate in seinem Blickfeld hat. Im Klartext heißt dies: Das Loslassen der Körperempfindungen, der inneren und äußeren »Bilder«, Gestimmtheiten und Gedanken, ist nur durch eine *Integration der psychischen Energie* (bzw. der »Kundalinikraft«), aus der diese »Phänomene« in Erscheinung treten, möglich; sonst haftet jene wie eine Klette an unseren Fersen und besetzt in den phantasievollsten Ausprägungen unsere Bewußtseinsräume. Und wenn es sich um archetypische, komplexhafte Bilder handelt, kann dieses Anhaften bis zur Besetztheit und periodischen totalen Fixiertheit führen. (Ich würde nicht davon sprechen, wenn mich nicht schon Dutzende von Menschen, die auf einem der spirituellen Wege üben, darauf angesprochen hätten. Oft haben es Begleitende und Begleitete auf ihrem Weg nicht gelernt, mit der Wucht und Kraft dieser archetypischen Bilder umzugehen.) Daß es Netzwerke für Menschen in »spirituellen Krisen« geben muß, weist darauf hin, daß die Tragkraft der verschiedenen Weggemeinschaften oft sehr schwach ist, und das Wissen zur Lösung und Integration dieser Krisen nicht mehr bei den »Weggeschwistern«, sondern bei Spezialisten ruht. Diese sind meistens nicht auf dem gleichen Weg wie jene, die von einer solchen Krise befallen sind. Ein wirklich tragendes Netzwerk müßte so aufgebaut werden, daß die Krisensituationen in den spirituellen Gruppen der gleichen Weggemeinschaften ausgetragen werden können. Das braucht eine kontinuierliche Schulung der »Weggeschwister« und somit eine Ausweitung des »Einkanalsystems« zwischen den spirituellen SchülerInnen und spirituellen LehrerInnen, bzw. MeisterInnen, in die Richtung der dialogischen Weg-Basis-Gruppen, in denen das Charisma, also die besondere Begabung der einzelnen Glieder, anerkannt ist und in Krisen zum Tragen kommen kann. Das gleiche Problem stellt sich auch in allen Gruppen, in denen sich transpersonale Erfahrungen in Gemeinschaft ereignen. Je mehr Menschen holotrope Erfahrungen machen, desto vernetzter wird die Integrationsarbeit innerhalb von Raum und Zeit und kann nicht einfach den hinführenden TherapeutInnen und GruppenleiterInnen überlassen werden. Integrationsarbeit bedeutet dabei auch ein gemeinsames Suchen, wie eine ganzheitliche Erfahrung in den Sinnzusammenhang des Alltages des betreffenden Menschen Eingang findet.

Ich hoffe, daß meine vorläufigen Betrachtungen zur Frage des Makyo ein wenig Klärung bringen. Etwas ist mir dabei noch besonders wichtig. Die Frauen müssen künftig viel mehr zur Bewältigung von spirituellen Krisen beigezogen werden. Das weibliche Bewußtsein in seiner unverfälschten Art hat einen besseren Bezug zur spirituellen Kraft, weil die Frau als Frau der Matrix des Urgrundes stärker verbunden ist und damit viel *einschließlicher* empfindet als der Mann mit seinem *gerichteten* männlichen Bewußtsein. Es geht darum, daß Frauen und Männer lernen, ihre je spezifische Aufgabe zu übernehmen und dabei die Gleich*wertigkeit* ihres Tuns ohne Anspruch auf Gleich*macherei* anzuerkennen. Je mehr es selbstverständlich wird, spirituelle Krisen in einer weiblichen, mütterlichen Sichtweise zu betrachten, desto mehr werden die Einseitigkeiten einer körperverneinenden, negativ akzentuierten Askese ausgeglättet.

Eine negativ akzentuierte Askese weiß immer, was »gut« und »böse« ist, wie im gegenwärtigen Golfkrieg. Die Sichtweise des »Mutterbodens«, aus dem Unkraut und Weizen wächst, läßt vorerst einmal wachsen, wird also Saddam und Bush mit dem Licht des Herzens anstrahlen, damit beide zur rechten Einsicht finden und weder den einen noch den anderen verurteilen. Beide sind in der Grausamkeit des »Tötens« »gleichwertig«. Du wirst also beide dem Klang des inneren Wortes in Deinem Mantra anheimgeben. Auch wenn jedes Morden richtigerweise beendet werden muß, wird erst die spätere Geschichte zeigen, welcher von beiden dem Sinnzusammenhang mehr gedient hat. Eine solche Einstellung ist für eine funktionale und zielgerichtete Daseinsbewältigung schwer auszuhalten. Es fordert auch heraus, das Dunkle nicht zu bewerten und die Botschaft auszuhalten: »Und das Licht scheint in der Finsternis; und die Finsternis ergreift es nicht« (vgl. Johannes 1,5). Es liegt mir fern, hier die ganze Problematik des Bösen aufzurollen, aber vielleicht lassen sich einige Aspekte anleuchten, über die wir später miteinander sprechen können: »Das Böse« gibt es nur in einer Polarität zum Guten; Teilaspekte des Seins werden verabsolutiert und stören das liebende Beziehungsfeld zwischen den Geschöpfen; es liegt in der Freiheit des Menschen, auszuwählen und zu entscheiden, womit die Möglichkeit, ausschließlich zu werden, immer mitgegeben ist; das »Böse« kann sich auch verselbständigen und dem Menschen als eigenständige Wirkkraft entgegentreten, was zu einer kollektiven Identifikation mit allen Erscheinungsweisen von Tod und Verderben, Machtmißbrauch und Unterdrückung führen kann; inwiefern etwas »böse« oder »gut« ist, läßt sich erst am Ende einer Lebensphase entscheiden; die Erfahrung, daß eine Schuld auch zur »glücklichen Schuld« werden kann, ist in der Periode des Erleidens nur aus der ganzheitlichen Erfahrung möglich. Angesichts dieser Betrachtungspunkte verstehe ich Jesus immer mehr, wenn er uns ermahnt, das Urteilen dem göttlichen Mysterium zu überlassen. Wie ist es dem unterscheidenden Bewußtsein möglich, immer alle Wirkfaktoren einzubeziehen? Auch wenn das »Böse« bestehende verhärtete Strukturen aufbricht und Wandlungen in Gang bringt, so haben jene, die dieses Aufbrechen aushalten müssen, ein gewaltiges Potential an sehr schmerzlichen Prozessen zu ertragen.

In einer solchen Auf- und Umbruchsituation stellt sich immer wieder neu die Frage, welcher Wirkkraft das »Ich« (Ego) dient. Das Ego wird leidenschaftlich, wenn es in seinem Harmoniestreben gestört wird, weil es innerhalb von Raum und Zeit den größtmöglichen Entfaltungsrahmen sucht. Es möchte die Daseinsfülle optimal ausnützen. Gleichzeitig wird diese Dynamik immer wieder neu in ihrer Begrenzung erfahren, und es fällt sehr schwer, dies in einer Haltung der »Apatheia«, der Leidenschaftslosigkeit, auszuhalten, um nicht ständig vom Ego her für seinen Anspruch auf Fülle zu eifern. Erst im Mut, dem Selbst zu dienen, kann dieses Verlangen freigegeben werden. Um dieses Gleichgewicht zwischen den Tiefenschichten der Seele und dem Ego herzustellen, braucht es die Offenheit für einen innerseelischen Dialog zwischen beiden Ebenen. Die asketische Tradition des Mittelalters hat alle Ansprüche des Egos, die irgend eine Form von Selbstgefälligkeit beinhalteten, als sündhaft, d.h. den göttlichen Willen beeinträchtigend, bezeichnet.

Wenn wir in unserem Kern »Söhne« und »Töchter« Gottes sind, wird künftig die Syntonie zwischen Göttlichem und Menschlichem immer zentraler. Auch kann sich der Mensch immer weniger seiner globalen Verantwortung für das Schöpfungsganze entziehen. Diese Verantwortung kann nicht mehr einfach an Institutionen delegiert werden, im Sinne: Die Kirche müßte doch endlich... Es wäre doch längstens die Aufgabe des Staates, daß... Es gibt keine religiöse und staatliche Gemeinschaft ohne den einzelnen Menschen.

Und so sind auch Du und ich immer wieder neu herausgefordert, aus der Mitte des eigenen Herzens heraus innerhalb von Raum und Zeit Stellung zu beziehen. Eine schöne und schwierige Aufgabe.

Dein
Franz-Xaver

Tagebuchauszug
4., 10., 11., 14. 2. 1991

4. 2. 1991
Einige Notizen zu den letzten 4 Tagen, die für mich intensiv und wichtig waren:

– Der Impuls kommt mir zu, unsere Donnerstag-Gruppe zu einer der Lichtzellen zu machen, sie ins Meditieren mit Mantras einzuführen. Ich gehe durch einige Widerstände und Fragezeichen hindurch und beschließe, mich der Aufgabe zu stellen. Damit öffnet sich eine sehr schwere Barriere in mir. Die Reaktionen der TeilnehmerInnen sind erfreulich positiv.

- Atemwochenende. Die blaue Perle bleibt ständig offen, wie in den Tagen zuvor. Einige Leute nehmen etwas Neues an mir wahr. Ich lasse es mir beschreiben, um zu wissen, wie ich wirke. »Du bist deutlicher präsent und doch weniger faßbar.«
- Im Zustand der offenen Perle erlebe ich völlige Freiheit und Klarsicht. Ich sehe im Moment, daß die Weisungen der Kontemplationslehrer (auch Muktanandas) über sexuelle Enthaltsamkeit nicht stimmen, daß es darum geht, die Leidenschaften zu kultivieren und zu transzendieren, nicht zu bekämpfen. Das Zusammenkommen eines Liebespaars ist (nur für mich?) ein sich Einschwingen aufeinander und ein körperliches Nachvollziehen dessen, was geistig permanent vorhanden ist. Ich spüre, daß es nur eine Wahrheit gibt, und daß sie in jedem Geschöpf vorhanden ist.
- Die Perle, die mich auch heute nicht verläßt, öffnet sich unerwartet in der Mitte: Ein klares, wachsendes Licht taucht auf. Ich bin mir bewußt, daß jetzt etwas Wichtiges passiert. In der Mitte des Lichts (in der Mitte der ruhigen Perle) erscheint eine prallvolle Kelchschale. Ich bleibe damit, bis das Licht sich schließt, wie sich früher die Perle schloß.

Aurobindo und Muktananda gehen mir durch den Kopf, dann auch der Traum, der mir beibrachte, alles sei (»nur«) Durchgang. Ich bedaure, daß auch die Erfahrung der ruhigen Perle bereits vorbei ist, erinnere mich an die Aussage eines ehemaligen Freundes, ich könnte aus meinen spirituellen Begabungen Kapital schlagen. Ich bin sehr darauf bedacht, sie nicht zu mißbrauchen.

Sonntag, 10. 2. 1991
Die Unruhen der letzten Tage hielten mich vom Schreiben ab: Fasnachtsvorbereitungen, ein Ferienkind, das Verdauen des Atemwochenendes, das Zusammenbrechen des Bezie-

hungsgeflechts zu einer Freundin, schließlich die Fahrt ins Engadin...

Ich beginne heute mit dem Niederschreiben meines Traumes, um somit auch mit mir wieder ganz in Kontakt zu sein:

»Gegen 22.00 Uhr, ich bin bereits im Pyjama. Eine Klientin bringt mir ganz aufgeregt die Botschaft, eine Frau unsrer Gruppe sei Richtung Westen verschwunden. In der Hoffnung, jemand erkenne sie, habe sie ein paar Blätter ihres Manuskripts tausendfach kopiert und über Frankreich verteilen lassen, mit dem Kommentar, ein solch wertvoller Mensch dürfe nicht verlorengehen. Das Original drückt sie mir in die Hand. Ein Satz über Engelkontakte sticht heraus, und ich frage mich, ob die Frau inzwischen den Durchbruch zur Transpersonalität geschafft hat. Mir fällt ein, daß Neptun nun auf 15° Steinbock steht und somit ihr ganzes Fünfeck aspektiert, d.h. hylotrope Grenzen lösen sich auf, was spirituelle Öffnung und/oder Flucht bedeuten kann.

Ich mache mich im Pyjama und ohne Schuhe nach Westen auf, in der Hoffnung, sie irgendwo finden und retten zu können. Nach dem Überqueren eines Bahngeleises finde ich ein einsames Haus vor, in dem ich mich kurz aufwärmen will, damit ich mit Sicherheit differenziert spüre, wo die Suche entlang gehen soll.

Ich trete in die Stube ein, wo gerade die Frauensession der Bundesparlamentarierinnen stattfindet. Jemand weist mir den Platz zuoberst am Tisch zu. Die Sitzungsleiterin scheint TZI-orientiert vorzugehen, gibt mir als erster das Wort. Ich gestehe, daß ich nur da bin, um mich aufzuwärmen, daß ich dann weitergehen muß. Meine Nachbarin zur Rechten ergreift das Wort und drückt sich pointiert feministisch aus. Ich schmunzle innerlich über ihre Ego-Schachzüge und sehe, daß sie mich als Frau ohne jegliches politisches Bewußtsein einschätzt. Dermaßen verkannt zu werden ist schmerzlich. Doch ich atme durch diesen Schmerz hindurch und stelle fest, daß ich inzwischen wieder warm genug habe, um weiterzuziehen.

Mein erstes Anliegen ist es, so schnell wie möglich die Kopien des Manuskriptes einzusammeln. Es war völlig unangemessen, diese zu verteilen. Man weiß nur selber, wann man sein Manuskript aus der Hand geben kann.«
Nun sehe ich, daß das Mantra heute im Herzen eingeschlossen und von verschiedenen Nebelschichten umhüllt ist. Bei jedem bewußten Atemzug lichtet sich der Nebel ein wenig, ich werde dabei durchlässiger und spüre, daß meine Helfer in der Nähe sind: Philomena taucht in der Mitte auf, ich stimme mich auf Joshua ein, der ebenfalls erscheint und warte auf Emil, der noch eine Ebene durchschreiten muß. Joshua und Philomena nehmen ihn jetzt in ihre Mitte, ich stehe ihnen gegenüber. Die Situation ist ganz neu: Ich begegne ihnen in der Mitte, und wir alle behalten unsere Individualität und sind auf der Herzensebene miteinander verbunden.

J: Jeder einzelne muß sorgfältig seine Triebnatur kennenlernen. Nur durch sie ist er mit dem mütterlichen Boden verbunden, und nur durch diese Erfahrung wird er fähig, die Mutter, die Materie zu lieben, statt sie auszubeuten. Solange Menschen ihre Triebnatur bewußt oder unbewußt ablehnen, lehnen sie die Verantwortung für das weibliche Prinzip und somit auch für den Planeten Erde ab.

L: (Ich sehe gerade, daß ich zum Nachtessen erwartet werde.)

Montag, 11. 2. 1991
Seit Tagen erfahre ich, daß Ego und Selbst im Gleichgewicht zueinander stehen müssen, damit die Persona (das Ego) für den inneren Meister (das Selbst) durchlässig sein kann, und frage mich, inwiefern dies allgemein zutrifft. »Der Ruf nach dem Meister« von K.G. Dürckheim bietet sich mir zum Nachblättern an:
»Für den westlichen Menschen aber wird Meister nur sein können, wer den Gegensatz von Innerlichkeit und Welt nicht

zugunsten einer alles Weltliche aufhebenden Innerlichkeit löst, sondern in einer Verfassung einlöst, in der der »Geist Fleisch werden« kann und die Welt vom Überweltlichen her in ihrer Geschichtlichkeit und Mannigfaltigkeit verwesentlicht wird.« (S. 18)

»Den Meister in sich anzuerkennen, hat nichts mit Überheblichkeit zu tun. Es ist erhebend, beglückend und belastend zugleich. Die Last des Weges, der nun bevorsteht, anzunehmen, erfordert Demut. Rechte Demut bedeutet nicht nur, nicht mehr scheinen zu wollen, als man ist, sondern auch, das anzunehmen, was man mehr ist, als man scheint. Es gibt die falsche Bescheidenheit, die in Wahrheit nur Angst vor der größeren Verantwortung ist. Sie steht dem Hervorkommen des inneren Meisters im Wege.« (S. 41)

»Das Auftauchen des Meisters ist wie das Grollen des Löwen, Ankündigung eines Kampfes auf Leben und Tod. Es ist der Kampf, der keinem zu höherer Stufe bestimmten Menschen erspart bleibt. Es ist der Kampf, dem kein Berufener ausweichen kann. Es ist der Kampf, der das Größte verheißt, aber auch das Schwerste voraussagt: Das wirkliche »Stirb und Werde«, nicht einmal, sondern als ewige Formel des Weges.« (S. 45)

L: Daß das innere Bedürfnis nach Gleichgewicht eine persönliche Neigung ist, ist astrologisch klar. Nun meine ich aber, es müsse einmal bei allen erlangt werden. Übertrage ich dabei meine Erfahrung auf andere?
Ich nehme Emil wahr.

E: Das Postulat des Gleichgewichts stimmt. Jeder muß aber auf seinem Wege dazu kommen. Erst das Erleiden der Einseitigkeit, der Nicht-Ganzheit, öffnet neue Wege und bringt das Bedürfnis nach Gleichgewicht zutage. Es muß von innen her kommen. Jedes Darüberstülpen blockiert den Fluß, statt ihn zu fördern.

L: Mir fällt wieder die Fleischwerdung des Wortes ein. Astrologisch heißt es: Die geistigen Kräfte (Neptun, Uranus, Pluto) manifestieren sich durch die persönlichen Planeten (Sonne, Mond, Saturn). Besteht eine direkte Verbindung (Aspekt) zwischen diesen Kräften, ist der Mensch in seinem Alltag automatisch mit transpersonalen Themen konfrontiert. Je nachdem, wo er auf seinem Wege steht, wie bewußt er ist, zeigen sie sich verschieden, z.B. als Benebelung oder Auflösung des Egos, als brutale Machtausübung oder aber bei einem geklärten und gefestigten Ego als übernatürliche Fähigkeiten.

Donnerstag, 14. 2. 1991
Strahlendes Ferienwetter, aber Temperaturen unter -20°, zu kalt, um mit den Kindern auf die Piste zu gehen. Ich gerate unter Druck, weil sie so nichts Sinnvolles aus ihren Ferien machen können. Meine Alternativvorschläge taugen für sie nicht. Wenn ich nicht ganz in der Mitte bin, was hier oben leicht passiert, weil ich andauernd mit fremden Ansprüchen konfrontiert bin, ertrage ich ihre Zurückweisung immer noch schlecht.
Ich sehe ganz klar, daß für mich im Moment das Schreiben das Wichtigste ist. Ich werde von innen her dazu getrieben, und wenn ich nicht damit gehe, gerate ich in eine Spannung, die – wenn schon – sich sehr unangemessen entlädt. Wie schwierig es ist, auf dem messerscharfen Pfad zu bleiben! Das Ego lauert wirklich immer und ist sehr raffiniert im Bereich »die Herrschaft wieder zu erlangen«. Es ist ein »Teufel«, und gerade dieser »Teufel« zwingt mich zu Gott. Somit ist er also ein Diener Gottes. Ich spüre jetzt, daß die Zweiteilung in Gut und Böse ein Produkt des menschlichen Bewußtseins ist. Ja, ja, auch das Ego ist göttlich. Es geht darum, ihm den ihm angemessenen Platz innerhalb des Ganzen einzuräumen, und nicht, es zu eliminieren.
Ich übergebe mich nun dem Mantra, und die Perle öffnet sich. Mit jedem Atemzug gehe ich tiefer in sie hinein und lasse alles, was mich noch vor Minuten beschäftigt hat, hinter mir. Dank dieser Entscheidung wandere ich durch verschieden

dicke Nebelschichten hindurch und gelange in die nebelfreie Zone. Die Ebene zu wechseln ist für mich inzwischen ein Willensakt. Der Nebel hält mich nicht zurück, er existiert einfach und bietet sich als Wohnung an. Ich habe die Freiheit, sie zu benützen oder nicht. An sich ist der Nebel nichts Schlimmes, obwohl das Leben darin den Gesetzen der Polarität ausgesetzt ist. Das Individuum meint dann, von außen gesteuert zu sein. Es ist darum sinnvoll, von Zeit zu Zeit im Nebel zu hausen, ihn wirklich ganz kennenzulernen, um die Einsicht gewinnen zu können, wie hilfreich diese Ebene auf dem Weg ist, und um schlußendlich zu verstehen, daß auch Maya göttlich ist. So ist es. Ich fühle mich im Moment wie aus einem tiefen Schlaf erwacht und sehe, daß jeder Sturz in den Nebel hinein oder aus der Perle heraus uneinschätzbar nützlich ist. Daß wir diesen Schmerz immer wieder ertragen müssen... Christos eleison... Der Schmerz erinnert mich an mein menschliches Dasein und, daß ich an menschliche Bedingungen gebunden bin. Er hilft mir, mit anderen Menschen mitzufühlen, was wichtig ist, soll ich ihnen auf ihrem Weg weiterhelfen können. Irgendwo in mir spüre ich auch eine Müdigkeit, diese immer wiederkehrenden Nebelrunden drehen zu müssen. Aber ich erkenne auch, daß ich dies muß, um mit dieser Ebene verbunden zu werden. Wenn ich einmal das Hylotrope gänzlich bejahe, sind solche Taucher nicht mehr notwendig.
Dies ist eine hohe Herausforderung. Am besten werde ich ihrer bewußt, wenn das Fernsehen Kriegsbilder zeigt. Gestern haben die Alliierten einen sogenannten irakischen Militärbunker bombardiert. Anscheinend sind 500 Frauen und Kinder dabei ums Leben gekommen. Die verzweifelten Angehörigen zu sehen, mit ihnen mitzufühlen und dabei in der Perle zu bleiben, das gelingt mir noch nicht. Im Augenblick erkenne ich, daß es für mich schwieriger ist, den Kontakt zur Erde zu erhalten als denjenigen zum Himmel. Ich sehne mich danach, den Anspruch, immer alles im Gleichgewicht halten zu müssen, auch loslassen zu können.

(Nun ist die ganze Familie für eine Wanderung bereit. Ich mache somit eine Pause und gehe mit.)

Antwortbrief 32

Liebe Leta,

ich werde oft gefragt, wie ein Mensch zu *seinem* Mantra finden könne. Innerhalb der spirituellen Tradition gibt es zwei bekannte Wege: Der/die Suchende findet das Mantra selber oder er/sie wählt eines aus der Tradition eines bestimmten Weges aus. Ein Mantra ist immer Ausdruck für das göttliche Mysterium. In seinem Klang verdichtet sich der Name Gottes in der Sprache des Betenden zur Gegenwärtigkeit. Welcher Name Gottes nun zum Klang meines Herzens wird, kann ich daraus erkennen, wie das Geheimnis Gottes immer wieder in meinem Leben sichtbar geworden ist. Diesem Sichtbarwerden kann ich einen Namen geben, den ich dann ununterbrochen wiederhole in der Verbindung mit meinem Atem, bis mein ganzes Sein in diesem »Wort« schwingt und mich von innen her wandelt. Dieses Wiederholen nannten die alten WüsteneremitInnen »Ruminatio« (= Wiederkäuen); ich kaue das Wort solange wieder, bis ich selber zum Wort werde, da ich es ganz in mich einverleibt habe, d.h. ich werde ein Leib mit ihm. Dabei geschieht ein Reinigungsweg, bei dem alles von mir abfällt, was dem Inhalt dieses Gottesnamens entgegensteht. Diese Klärung ist immer wieder eine totale Herausforderung für das Ego. Soll nun Deine Donnerstaggruppe zu einer Lichtzelle werden, braucht es die Bereitschaft, daß alle Gruppenmitglieder je nach persönlicher Möglichkeit an der Vertiefung der Liebe im angestammten Umfeld arbeiten. Der Klang des inneren Wortes als Ausdruck einer erfahrenen Qualität des göttlichen Mysteriums darf sich auf diese Weise ausfalten. Das bedeutet gleichzeitig eine Verwandlung der Leidenschaften im Sinne der Durchlichtung und Klärung.

Im Zustand der »offenen Perle« erlebst Du eine totale Freiheit und Klarsicht. Für viele Menschen wird dieses Erlebnis zu einer Inflationsgefahr, wenn sie wieder aus dem Zustand der Einheit mit dem

Mantra herausgefallen sind, weil sie dann erneut den Gesetzmäßigkeiten von Raum und Zeit unterstehen, aber die Erinnerung an dieses ganzheitliche Erleben weiter in sich tragen. So hat die Mahnung zur Enthaltsamkeit von jeglicher Gier bei den spirituellen WegbegleiterInnen auch noch eine ganz andere Dimension. Es geht um die Einübung der Gelassenheit, der Apatheia, in dieser Triebdimension, in die hinein der Mensch am umfassendsten vereinzeln kann, weil darin die Liebesgeschichte Gottes mit dem Menschen verborgen ist. Dieses Ergriffensein von der göttlichen Liebe möchte natürlich jeder suchende Mensch *haben* und verfällt dabei sehr leicht der Gier. Jede Gier vernebelt immer wieder die Reinheit der radikalen Hingabe. Die Enthaltsamkeit darf aber nicht in eine negative Askese ausarten, die einfach voll von Angst eine menschliche Grundbefindlichkeit ausklammert, weil jemand der Wucht der emotionalen Kraft entgehen oder sich ihr entziehen will, wie z.B. der Sexualität und Erotik. Dieses Nicht-Haben-Wollen ist in gleicher Weise gierig wie das Haben-Wollen und befreit den Menschen auch nicht.

Einige Hinweise zur Frage der Triebnatur des Menschen sind mir noch wichtig. Joshua weist darauf hin, daß jeder und jede »seine Triebnatur kennenlernen« soll. In der Triebnatur kündet sich das Kernwesen des Menschen an. In dem, was mich antreibt, ist die Grundkraft verborgen. In der Auswirkung meines Instinktverhaltens, das eng mit meinen Vitaltrieben verbunden ist, vermag ich zu erkennen, wie mein Kernwesen durch mich wirksam werden kann, um sich schöpferisch auszufalten. Wenn das Instinktverhalten situationsgerecht ist, bezieht es alle herausfordernden Faktoren mit ein, so daß es zu einer stimmigen Reaktion kommt. Sonst hängt es sich an lebensgeschichtlich traumatische Strukturen, die die bestmögliche Überlebenschance bieten. Es ist der »Mutterboden«, der diese »treibende« Energie immer wieder neu aus sich herausgebiert. Eine Verachtung des »Fleisches«, der Materie, kommt einer Verleugnung des mütterlichen Bodens gleich und wird sich auch in allen Formen der Ausbeutung der Natur zeigen. Es ist letztlich eine Verleugnung des weiblichen Prinzips in uns, das in seiner extrovertierten Form zur Zerstörung des Planeten Erde führt.

Wenn ich Deinen Traum vom 10. 2. auf mich wirken lasse, so kommt er mir wie eine Standortbestimmung Deines aktuellen Weges vor. Ich versuche einige Sequenzen zu beleuchten:
- Du bist gerade im Begriffe, Dich der Ruhe zu überlassen (wir haben ja schon oft über »die Ruhe des Herzens« gesprochen). In diesem Tun wirst Du unterbrochen durch eine weibliche Kraft, die Dich mit einer Botschaft aufschreckt, eine Frau sei »nach Westen verschwunden«, also wiederum ein Teil des weiblichen Bewußtseins, das sich entzieht. Die Richtung scheint »Frankreich« zu sein. Das »Franken-Reich« ist das Reich der »Freien«. Scheinbar sucht ein weiblicher Anteil mehr Freiheit im Umfeld und in der Konzeption jener Gruppe.
Die »Hiobsbotschaftsträgerin« möchte nicht, daß die Spur dieses sich entziehenden weiblichen Bewußtseins einfach verloren geht und läßt eine verbale Botschaft dieser »Frau« im »Reich der Freien« verteilen. Scheinbar gehört das »Original« dieses Manuskriptes zu Dir. Damit wird die Entschwundene als ein Schattenanteil von Dir gekennzeichnet, da Du ja auch seit Monaten mit einem Manuskript beschäftigt bist. Gleichzeitig setzt Du Dich auch mit Deinem »lichten Ebenbild«, wie die Engel oft in bezug auf den Menschen genannt werden, auseinander. Deswegen fällt Dir gleich der Satz über »Engelkontakte« auf. Wie sehr Du Dich mit den Fragen der transpersonalen Dimension auseinandersetzt, zeigt sich darin, wie Du sofort, selbst im Traum, über die astrologische Konstellation nachzusinnen beginnst.
- In dieser Betroffenheit machst Du Dich gleich auf die Suche. Du möchtest diesen entschwundenen Seelenanteil nicht missen. Übrigens bedeutet die Auseinandersetzung mit dem Westen in der indianischen Spiritualität die Konfrontation mit den Auswirkungen des persönlichen Karmas innerhalb von Raum und Zeit. Die Kraft des Westens hilft dazu, diese Konfrontation zu bestehen. Du läßt auch Deine Schuhe, also den Schutz Deines Standpunktes, zurück. Es zeigt die Wichtigkeit und Dringlichkeit dieses Unternehmens. Es geht Dir aber an die Substanz und Du beginnst zu frieren. Bevor Du wieder Wärme (zusätzliche Energie) findest,

mußt Du ein »Bahngeleise« überqueren, d.h. die »kollektive Schiene« soll überschritten werden. Du kannst nicht diesen Weg beschreiten, den alle in den öffentlichen »Bahnen« gehen. Dieses führt zu einer neuen Besinnung.
- Dabei landest Du in der politischen Form der »Frauen-Kraft«. Das »Weibliche« berät. Du wirst als wichtig genug erachtet, »zuoberst am Tisch« Platz zu nehmen, und erhältst auch sogleich das Wort erteilt. Es scheint, daß es für Dich Zeit ist, öffentlich (politisch) wirksam zu werden. Du bist aber in einer ganz anderen Intention da und wirst sofort »feministisch« verkannt. Weil sich deswegen Dein Ego nicht verwickeln läßt, erhältst Du sofort zusätzliche Energie (Wärme).
- In dieser neuen Kraft ist Dir die Suche nach den Manuskriptkopien wichtiger als das Finden der »Frau«. Du bist plötzlich mit dem Geschriebenen identifiziert und damit wieder eins mit Deiner gegenwärtigen Aufgabe. Und es ist ja tatsächlich so: Die »Perlen« wirft man nicht einfach jedermann und jedefrau zum Fraße hin... Immerhin scheint es eine weibliche Seite zu sein, die in Not ist und auf sich aufmerksam machen will.

Solche Träume, in denen ein Teil oder jemand verschwindet, erleben wir oft dann, wenn etwas in unserem inneren Gleichgewicht labil geworden ist. Du erlebst Dich in Deinem Mantra wie von »Nebelschichten umhüllt«. Das ist auch ein inneres Bild für Polarisierungen. Einige Gegebenheiten sind mehr, andere weniger verhüllt. Bleibt etwas sonst Bekanntes längere Zeit umnebelt, wird die Sehnsucht nach dem »Meister« wach, um wieder größere Klarheit zu finden. Je mehr Du Dich in solchen Situationen Deiner Kernmitte zuwendest, um so näher empfindest Du Deine inneren HelferInnen. Sie stehen im Dienst dieses göttlichen Funkens in Dir. Die Wertvorstellungen der anderen Menschen, besonders jener, die in unserem Leben bestimmend waren, schleichen sich immer wieder neu als »Über-Ichs« ein und verdunkeln die tieferen Einsichten. Das Ego hält sich lieber an das, was ihm vertraut ist. Ungewohntes verunsichert schneller. Insofern das Ego immer wieder das Vertraute als erstrebenswert vertritt, wird es oft zum diabolischen Verwirrer. Es zwingt, mich nochmals

rückzubesinnen, was tatsächlich wesentlich ist, und so dient es dennoch dem göttlichen Funken in mir. Gerade für eine verneinende Askese ist es schwer auszuhalten, daß auch das Ego Anteil am göttlichen Funken in mir hat, und damit auch göttlich ist. Andrerseits vertritt das Ego mehr den hylotropen Bereich und die Gesetzmäßigkeiten von Raum und Zeit. Aus diesem Blickwinkel wird die Unterscheidung der »Geister« wieder vorrangig, und dazu brauchen wir öfters Hilfestellungen durch »meisterliche« Mitmenschen, die wiederum »nur« die meisterliche Instanz in uns spiegeln, damit wir klarer sehen.
Das wünsche ich uns immer wieder neu.

Franz-Xaver

Tagebuchauszug
22. - 26. 2. 1991

22. 2. 1991
Vorerst ein Traum

(Nach der Sitzung von letztem Mittwoch fragte ich mich, worauf ich in der Zusammenarbeit mit Franz mein Augenmerk richten soll.)
»Sitzung mit Franz, der heute ohne Bart erscheint. Ich frage ihn gleich zu Beginn, was für ihn schwierig sei in der Zusammenarbeit mit mir. ›Dein Drängen‹. Dies trifft mich, habe ich es doch auch von Theo des öfteren gehört. Aber was soll ich mit dieser vorwärtsstürmenden Kraft in mir tun? (Mein Widder-Mond in Verbindung mit dem Mars...) Selber tun? Tue ich nicht schon die ganze Zeit? Ich bin verärgert!«

L: Gabriel, kannst Du mir sagen, wo ich nicht tue, was ich tun müßte?
(Ich sehe einen Wolleknäuel mit hervorstehendem, von niemandem berührten Ansatz.) Womit hat dieser Knäuel zu tun?

G: Du bückst dich zu wenig, um ihn in die Hand zu nehmen.
L: Ich sehe, daß ich zu wenig elastisch bin, um mich tiefer zu bücken.
G: Dein Rückgrat darf beweglicher werden. Du fürchtest dich immer noch davor, deine wahre Aufgabe wahrzunehmen, hältst dich hier zurück und projizierst das »Tu endlich« auf Theo und Franz und andere. Hierher kommt deine Ungeduld.
L: Ich spüre jetzt Angst vor meiner wahren Aufgabe, habe das Gefühl, nicht genügend Luft zu bekommen. Gabriel, führe Du mich bitte so sachte dazu, daß ich sie nehmen kann.
G: Du bist jetzt wie ein Kanal von ca. 5 cm Durchmesser. In Bälde wird dieser Kanal platzen und du bist ständig das Ganze.
L: Ich muß also nicht mehr kanalisieren, sondern alles ist immer vorhanden. Sagst Du Genaueres dazu?
G: Es genügt.
L: Ich sehe nun einen vollen Bottich, aus dem ich nach meinem Dafürhalten verteilen kann. Jetzt erinnere ich mich an das erste Engels-Gespräch, wo Du, Gabriel, sagtest, meine Aufgabe sei, Korn und Wein zu verteilen. Ich erkenne: Wenn ich im Ganzen verankert bleibe, bin ich Wein und Gefäß. Ich kann dann aus mir heraus fließen lassen, wie ich es für richtig halte. Die großen Spannungen, die ich in den letzten Monaten aushalten mußte, um Himmel und Erde zusammenzuhalten, sind dann vorbei, was auch heißt, daß es für mich gesundheitlich einfacher wird. Ich spüre Angst und Freude, diesen nächsten Schritt auf mich zukommen zu lassen.

Sonntag, 24. 2. 1991
Um schreiben zu können, muß ich jeglichen hylotropen Druck aufgelöst haben. Dann fühlt sich mein kleines Ich frei von diesseitigen Forderungen oder Wünschen, und ich werde fähig, mich dem VATER anheimzugeben, mich IHM zu

öffnen, um ER zu werden. Nur wenn ich ER und ich bin, ist das Schreiben rein:
Christos, steh Du mir bei, daß mein kleines, erbärmliches Ich immer fähiger wird, sich nach innen hinzugeben, ohne den Bezug nach außen zu verlieren. Ich fühle mich zur Zeit noch nicht aufgehoben und geborgen, lasse mich tiefer ins Mantra fallen...

L: Gabriel, kannst Du mir anfänglich beistehen, ich habe ein paar konzeptionelle Fragen bezüglich der Kerngruppe? (Ich nehme nun eine sehr hohe Schwingung in meinem Herzen wahr. Damit ich ganz klar sehe, muß sie sich über meinen ganzen Körper ausdehnen. Ich sehe, wie Gedanken Unklarheit bewirken. Also, ausschließlich im Herzen bleiben! Die offene Perle kommt mir jetzt wie eine Baumnuß vor, die sich vor einem hungernden Menschen öffnet, damit er sich ernähren kann.)
Gabriel, bezüglich Rhythmus haben Franz und ich ganz verschiedene Bedürfnisse. Kann ich für mich wieder klarere Strukturen fordern, ohne ihn in seinem Fluß einzuschränken?
G: Nein.
L: Schwierig. Ich fürchte, mit der Zeit am Ziel meiner Aufgabe vorbeizugehen, wenn ich nicht gezielter schreiben kann. (Ich spüre ein Lachen im Bauch.)
G: Alles ist Aufgabe. Daß ihr miteinander den Weg geht, ist genau so wichtig wie das Erscheinen des Buches. D.h. das Buch wächst bei euch, darum ist nicht nur dein, sondern auch euer Prozeß von Wichtigkeit.
L: Könnten wir die anstehenden Fragen bezüglich Wegbegleitung etc. aus unserem Beispiel heraus beantworten?
G: Ihr seid modellhaft.
L: Wobei ich vermute, daß wir unser Modell nicht auf andere übertragen können.

G: Euer Modell ist wichtiger, als du im Moment wahrnehmen kannst. Ihr seid bereit gewesen, miteinander eine Beziehung einzugehen, die dem inneren Weg entsprach.

L: Ich freue mich darüber, daß dies möglich war und ist. Ist es aber nicht eher eine Ausnahme als ein Modell?

G: Das Auftauchen von etwas Neuem sieht immer wie eine Ausnahme aus. Erweist sie sich aber als sinnvoll, wird sie sich ausdehnen. Beschreibt euer Vorgehen als ein mögliches Beispiel auf dem Weg.

L: Eignet sich das idiorhythmische System bei uns im Westen besser als das koinobitische?

G: Es geht um eine gute Kombination der beiden. Wer anderen voraus ist, soll dies nicht verwischen. Darin liegt ja das, was dieser Mensch dem Ganzen zu geben hat. Alle müssen von allen lernen können, nicht nur die/der einzelne von der Meisterin / vom Meister. »Was kann ich von wem lernen?«, soll die Frage lauten. Dies führt die SchülerInnen zu mehr Achtsamkeit und weist sie stärker auf ihren Schatten und somit auf die Notwendigkeit von Klärungsarbeit hin. Der/die LehrerIn soll somit Teil der Gruppe sein und transparent in seinem/ihrem Prozeß, damit sich möglichst wenig Illusionen aufbauen. Andererseits soll er/sie reifer sein als die SchülerInnen, um ihnen die richtigen Impulse geben zu können.

L: Diese letzten Sätze geben mir ein wunderbares Gefühl im Bauch. Auf diese Art und Weise bin ich gerne bereit, Menschen auf dem spirituellen Weg zu begleiten. Die Solidarität, die dabei entsteht, wird zu einem tragenden Boden für alle. Dies erfordert aber vom Lehrer/von der Lehrerin psychologische Kenntnisse bezüglich Gruppenleitung, -dynamik etc. Spirituelles Wissen allein genügt nicht, um Menschen langfristig begleiten zu können. Auch hier ist das Sowohl-als-Auch angebracht, nicht das Entweder-Oder.

G: Es ist an der Zeit, daß ihr das neue Modell durchsetzt. Jetzt geht es um die Fleischwerdung des Wortes, um die Durchlichtung der Materie. Und dies ist nur möglich bei Menschen, die ein entwickeltes und gegründetes Ego haben. Die Aufgabe ist also eine doppelte: Ego aufbauen und Ego hingeben. Es gibt kein besseres und kein anderes Werkzeug für den einzelnen. Gott benützt deine Hände... Die neuen LehrerInnen müssen über spirituelles und psychologisches Wissen verfügen und es anwenden, sich eingestehen, daß sie selber auch auf dem Weg sind. Somit taucht weniger Bewunderung etc. bei der Schülerschaft auf, und alle müssen mehr Verantwortung für sich und ihren Weg übernehmen, was dem westlichen Menschen durchaus zumutbar ist.

L: Gabriel, stimmt es, wenn ich zusammenfassend sage, daß der/die LehrerIn der Kontemplation gleichzeitig LehrerIn und SchülerIn ist? Eigentlich analog zum TZI-Modell von Ruth Cohn?

G: Ja.

L: Das heißt also, daß wir das Modell des Athos in Hinblick auf idiorhythmische und koinobitische Lebensweise nur zum Teil übernehmen können?

G: Ja. Das Leben der einzelnen Menschen ist bei euch viel vielfältiger als in den Athos-Klöstern; die einzelnen haben verschiedenste Möglichkeiten und sollen herausfinden, welche für sie stimmig ist. Diese Vielfalt wird vor allem in der Klärungsarbeit Platz haben. Dadurch, daß der/die SchülerIn mehr Verantwortung übernimmt, wird er/sie auch selbständiger und selbststehender, und die Problematik von Übertragungen kann in einem psychologischen Kontext immer wieder angeschaut werden.

L: Nun fällt mir eine Aussage von Stan Grof ein: Die TeilnehmerInnen sollen ihren Weg bewußt in die Hand nehmen, mit der begleitenden Person mitdenken, mitreden und sich in den eigenen Prozeß hineinlassen, also Reflexionsebene und Aktionsebene. Wer dazu nicht fähig ist, muß sich für eine Zeitlang einem anderen Prozeß unterwerfen, wo es wenigstens so aussieht, als wüßte die Therapeutin, wo es beim Klienten entlanggeht. (Ich muß schmunzeln beim Schreiben dieser Worte. Als ob ein Mensch jemals...)

Müdigkeit überfällt mich, und ich entscheide mich, eine Pause zu machen. Das Schreiben scheint vermehrt Kraft zu brauchen. Oder habe ich zeitweise diesen Kraftaufwand übersehen und mußte deshalb in regelmäßigen Abständen das Bett hüten? Ich bekomme von innen her die Bestätigung, daß diese Vermutung stimmt. Das heißt also für mich, daß ich mit Maß schreiben muß, und daß es ganz stimmig ist, daneben auch noch anderes zu tun, wobei ich gerade höre, ich müsse dringend im Mantra bleiben. Die Achtsamkeit, die dafür erforderlich ist, ringe ich meinem Körper ab, und er ist es, der sich wehrt, sich nicht ausbeuten läßt. Er erinnert mich immer wieder daran, daß der Pfad messerscharf ist und daß ich von dieser Scheideklinge nicht abzuweichen habe. Die goldene Mitte erlangen und erhalten, im Wissen, daß alles, was links und rechts von ihr ist, auch in Ordnung ist und bearbeitet werden will und soll. Widersprüchlich und wahr.

Dienstag, 26. 2. 1991
Traum

»Obschon ich von meinen Noten her ins Gymnasium gehen könnte, entscheide ich mich für die Sekundarschule. Erster Schultag: Auf dem Schulweg treffe ich eine Kollegin aus der Gymnasialzeit, die auch in die Sekundarschule kommt. Wir rennen hin und her, finden im Schulhaus unser Zimmer nicht, erkundigen uns hier und dort. Ich treffe eine ehemalige Ober-Seminar-Kollegin von mir, die im Schulhaus eine Spielgruppe leitet und staune über ihre soziale Position. Endlich

meine ich, mein Klassenzimmer gefunden zu haben. Aber ich treffe auf eine Fortbildungsgruppe von Praktikumslehrern, alles Männer in gepflegten Anzügen.
Die Tatsache, daß ich meine Sekundarklasse nicht finde, läßt mich fragen, ob ich doch meinen Noten entsprechend ins Gymnasium gehen müßte?« (Ich erwache gestreßt.)

L: Emil, kannst Du mir bitte ein paar Hinweise zu diesem Traum geben?
E: Du verkaufst dich unter deinem Wert, das geht nicht mehr. Versuche, zu deiner Größe zu stehen.
L: Ich sehe, wie ich unbewußt den Schrecken davor habe, das in seiner Größe unfaßbare Licht in mir zuzulassen.
E: Natürlich sprengt es alles Begrenzte in dir, aber nur wenn du das zuläßt, kannst du Gottesverwirklichung erlangen.
L: Ich sehe, daß ich noch drei Schritte machen muß, um diesen Zustand zu erreichen. Sagst Du mir, womit sie zu tun haben? (Ich sehe die drei obersten Tritte einer Treppe, die ins ewige Licht führt. Wieder ein bißchen Atemnot.)
E: Es hat mit der Überwindung von Ängsten zu tun. Du möchtest dein Gesicht und deine Form wahren; das geht nicht. Deine jetzige Form muß zertrümmert werden, damit das Große in dir Platz findet.
L: Ja, stimmt. Ich nehme Ängste wahr, ich könnte meinen Alltag nicht mehr bewältigen und bereits beim Schreiben dieser Worte spüre ich, daß dieser Punkt unwesentlich ist, daß die Angst, loszulassen, lediglich auf dieses Thema projiziert wird. Ich versuche also augenblicklich, diese Angst nach innen zurückzunehmen und sehe, daß sie nur noch an den letzten Fäden hängt. Ich lasse also geschehen... »In Teis mans remet eu meis spiert.«... (»In Deine Hände befehle ich meinen Geist.«) Und — nimmt ER mich auf? Bei dieser Frage taucht ein Bild meines leiblichen Vaters mit offenen Armen auf. Er nahm mich immer auf, ob ich mit Erfolgen oder Mißerfolgen nach Hause kam. In der Pubertät empfand ich dieses Verhalten als undif-

ferenziert. Nun sehe ich, daß ich Teile dieser Erfahrung auf meine Gottesbeziehung übertrage: Übersieht ER nichts, wenn ER bereit ist, mich für immer in SEINE Arme zu schließen? Ich lasse im Moment meinen Kopf extra ausgeschaltet, er würde nämlich eine ganze Seite Argumente zu meiner Frage diktieren.

Nun stehe ich als kleiner Mensch vor dem unendlichen Licht. Ich müßte »bloß« mit dem Herzen ja sagen, um von IHM aufgenommen zu werden, um von dann an in IHM zu ruhen. Wieder das Bild der mir fehlenden Tritte. Inzwischen sind es nur noch zwei. Der eine ist soeben vollzogen worden. (Nun muß ich das Korrekturband der Schreibmaschine wechseln... Leider bin ich dadurch aus dem Fluß gefallen, versuche, wieder hineinzukommen.) Ich kann zu diesen zwei letzten Schritten nicht »ja« sagen, weil ich nicht weiß, was nachher ist.

E: Mehr Freiheit, mehr Liebe, Absolutheit.
L: Ich beobachte, daß bei jedem Atemzug ein Teil des Absoluten in mich hineinfließt. Knapp die Hälfte ist nun drin, und das Fließen kommt ins Stocken. (An der Fassade des Hauses wird gebohrt, und das Vibrieren wirkt ablenkend auf mich.) Zwischen mir und dem Absoluten ist nun ein stillstehender, breiter Lichtfluß, der die zwei fehlenden Tritte unsichtbar macht. Er ist blockiert, weil ich nicht mehr zulassen kann. Diese Einsicht bringt wieder ein leises Fließen in Gang. Die Frage »Soll ich weitergehen, soll ich nicht?«, taucht auf. Ich bin mir bewußt, daß es keine Rückkehr zum Alten mehr gibt. Das Schwingen des Mantras, »Christos«, das alles einschließt, wird intensiver. Dies hilft meinem kleinen Herzen, sich zu öffnen. Erstaunlich, wieviel Krusten es doch noch hat. Eine Stimme sagt mir gerade, meine Krusten seien sehr dünn, das Minimum an Schutz, was ich mir anlegen mußte. Ach, wie unwissend ich immer noch bin. Und egomäßig soll und werde ich unwissend bleiben. Nur dasjenige Ego, das seine Unwissenheit

anerkennt, kann sich der größeren Weisheit hingeben. Um dies zulassen zu können, muß das Ego auf beiden Beinen stehen.

Das Bild der Treppe taucht wieder auf. Ich sehe, daß ein zweiter Schritt inzwischen vollzogen worden ist. Nun nehme ich mein Herz als blaue Perle wahr, als klaren Spiegel für das absolute Licht, das für mich jetzt gelb scheint/ist. Dies ist die Trennung von Schöpfer und Geschöpf, die notwendig ist, damit der Schöpfer Sich Seiner Selbst in der Perle des Geschöpfs bewußt werden kann. Damit erkennt ER, daß alles EINS ist. Ich spüre diese Einheit, wenn ich im Herzen bin. Sobald ich aber zu denken beginne, sehe ich mich wieder vor dem Licht stehen. Der Kopf trennt, und das Herz vereint. So einfach ist das. Wobei beide Ebenen ihre Daseinsberechtigung und ihren Sinn haben. Der Kopf kann nur trennen, was noch nicht endgültig vereint ist, somit kann er aufzeigen, was noch vereint werden muß.

Ich stehe nun auf der obersten Stufe, atme nochmals tief und bewußt und spüre das Schwingen des Mantras. Wieder Anzeichen von Atemnot und Angst. Was auf mich zukommt, ist so groß, daß es mich ersticken könnte. Inzwischen wäre Zeit, in die Küche zu gehen. Soll ich? Oder soll ich mich nochmals in Vertrauen loslassen? (Die Diskussion mit Franz über Freiheit fällt mir ein.) Welche Freiheit habe ich im Moment? Ich kann doch nichts anderes als mich hingeben, wenn ich nicht ewig unvollkommen bleiben will, und wer erkannt hat, was Absolutheit ist, ist doch bestrebt, aus der Relativität der materiellen Welt herauszuwachsen. Ich meine auch zu sehen, daß ich meine Aufgabe nicht erfüllen könnte, wenn ich wirklich die Freiheit hätte, auf dem Weg stehenzubleiben oder weiterzugehen. Frei ist der menschliche Wille nur außerhalb der Evolution. Und da Außerhalb-Sein eine Illusion ist, ist auch der freie Wille in diesem Sinne eine Illusion. Nun fällt mir Kant mit seinen durchdachten Aussagen ein.

Ich fühle SEIN Herz in mir schlagen. Auf dem Bild bin ich nun im Lichte drin und schreite weiter... Christos, hilf mir standzuhalten in Dir!

: Du hast nun die große Schlucht überwunden. Du bist mein, gerettet aus dem Rad des Lebens.

L: Es atmet mit mir, als ob ich einen strengen Lauf hinter mir hätte. Ich sehe, wie die Kruste des Herzens sich fortlaufend auflöst, und lasse es geschehen. Alles, was in SEINEM Plan ist, ist stimmig, und stimmig ist die Gestaltwerdung der Evolution, damit wir uns alle eines Tages aus dem Rad des Lebens befreien können, oder mit christlichen Begriffen: damit wir uns erlösen können, allerdings indem wir Christos werden, nicht, indem wir Christus anbeten. Jetzt geh' ich aber für meine Familie kochen!

Antwortbrief 33

Liebe Leta,

die »vorwärts-stürmen-wollende Kraft« in Dir ist ja gewaltig groß. Sie will unser Buch zu einem baldigen Abschluß bringen. Sogar im Traum sage ich Dir, »Dein Drängen« mache eine Zusammenarbeit mit Dir für mich schwierig. Ich gestehe Dir diese Tat- und Drang-Kraft zu und lasse mich (wenn möglich) doch nicht aus der Ruhe bringen. In der Raum-Zeit-Dimension haben wir immer in einer Ecke unserer Seele Angst, den richtigen Zeitpunkt für eine Aufgabe zu verpassen. In der Osternachts-Liturgie singen wir doch: »Sein ist die Zeit und die Ewigkeit!« Wenn wir immer mehr eins werden mit dem »Christos-Mantra«, brauchen wir also nicht um unsere Zeit zu fürchten. Das Mysterium offenbart sich sowieso dann, wenn es sich offenbaren will. Auch wenn Du im Ganzheitserleben des Mysteriums selber zum Mysterium wirst, unterstehst Du innerhalb von Raum und Zeit trotzdem ihren Gesetzmäßigkeiten, gerade weil sie ein Teil des Mysteriums sind. Es ist eine immer neue Herausforderung, das was im holotropen Erleben ganzheitlich ist, in der Raum-Zeit-Dimension meistens nur bruchstückhaft zu erfahren und dabei auch immer wieder zu fragen, ob wir das aktuelle »Stück« erwischt haben. Daß wir uns, im Versuch das Rechte zu tun, immer wieder sehr »erbärmlich« vorkommen, ist nur die eine Seite. Erlebst Du Dich nicht gleichzeitig als erbarmens*würdig*, weil Du doch auch immer wieder in umfassendem Sinne die Geborgenheit in der Barmherzigkeit erfahren darfst? – Nun gut, wir sollen nicht zuviel darüber philosophieren. Das Entscheidende ist, daß wir zusammen den Weg gehen, und als Frucht unseres Gehens wächst ein gemeinsames Buch heraus... Je mehr wir die differenzierende Betrachtung des Kopfdenkens mit der ganzheitlichen Schau des Herzens verbinden, um so einheitlicher wird unser Prozeß. Beide Sichtweisen sollen einander dienen.

Ich will in diesem Zusammenhang noch einige zusätzliche Betrachtungen zum Thema »Wegbegleitung« (abgesehen von jenen im 32. Antwortbrief) mit Dir anschauen. In der Frage des idiorhythmischen (im eigenen und ausschließlich persönlichen Rhythmus) oder koinobitischen (gemeinschaftlichen) Beschreitens des spirituellen Weges künden sich weltweit Veränderungen an. Viele Suchende stellen sich immer öfter die Frage: »Was kann ich von wem für mich am besten lernen, um es dann ganz persönlich zu vertiefen?« Das ist ein radikal idiorhythmisches Verhalten. Gleichzeitig wächst das Bewußtsein für eine Ökumene der spirituellen Wege ganz allgemein, um gegenseitig etwas zu den Gemeinsamkeiten und Unterschieden zur Vertiefung und Ergänzung des eigenen Weges beizutragen. Daneben gibt es auch problematische Nebenerscheinungen. Es wird aus vielen Wegen zuviel verschiedenes herausgepickt und nichts gründlich erarbeitet. Ich bezeichne dieses Verhalten als spirituelle Gier, die mehr den mystischen Nervenkitzel als den oft mühseligen Weg sucht. Die Alternative zum »einkanaligen« LehrerIn-SchülerIn-Verhältnis ist, wie ich oben betont habe, die Weggemeinschaft. »Adepten« und »Adeptinnen« beschenken sich gegenseitig. Die Wahrheit des Weges ist nie ein Besitz, immer ein Ereignis mit Begegnungscharakter von mehreren Beteiligten. Begleitende und Begleitete sollen zusammen die Ausprägung eines spirituellen Weges in einer bestimmten Zeitgestalt finden. Dazu braucht es die Offenheit für den Wegdialog von beiden Seiten. Weil somit die spirituellen LehrerInnen auch Teil einer vernetzten Gruppe sind, müssen sie auch für ihre SchülerInnen in Hinblick auf die eigenen Mängel transparent sein. Die natürlichen Übertragungen, die Suchende machen, daß ihre LehrerInnen und MeisterInnen alles wissen und stets in der Vollkommenheit des Weges aufzuleuchten haben, wird in einer Weggemeinschaft auf eine geschwisterliche Art relativiert. Damit wird natürlich die Verantwortung aller Beteiligten für die Herausforderung des Weges größer. Gleichzeitig kann sich das Charisma des/r einzelnen deutlicher mit dem Charisma des Weges verbinden.

Gerade bei einer Ökumene der spirituellen Wege ist große Achtsamkeit nötig, damit wir nicht die »Meistervorstellungen« einer bestimmten spirituellen Kultur einfach auf eine andere übertragen, sonst versuchen wir, analog ausgedrückt, die Moll-Tonart für die Dur-Tonart zu erklären. Obwohl beide Arten aus Tönen bestehen, ist der harmonische Zusammenklang verschieden. Ich glaube aber, daß es noch sehr lange Zeit dauert, bis die spirituelle Wegbegleitung sich zu einem echten Gruppengeschehen wandelt, bis also das »Symphonische« gegenüber dem »Solistischen« immer deutlicher vorrangig wird. In einer Symphonie ist jeder Ton gleich wichtig und auch »gleich-gültig«.

Es ist eine echte Herausforderung, zu dieser inneren Größe zu stehen, die wir tatsächlich verkörpern. Meistens ist sie von vielen lebensgeschichtlichen Vorbehalten überlagert, die das Ego mit unzähligen Wenn und Aber belasten. Sie entstammen nicht nur der eigenen Lebensgeschichte. An ihnen hängen meistens auch die Verhaltensmuster einer ganzen Sippe, eines Volkes und Kulturkreises. Ich begreife gut, daß in diesem Zusammenhang Emil von der »Zertrümmerung der jetzigen Formen« spricht. Der göttliche Lichtkeim in uns kann nicht zum Strahlen kommen, wenn wir ihn immer wieder neu mit Ego-Ängsten und anderen Vergänglichkeiten zudecken, und dadurch unsere wahre Seelengröße verhüllen. Es entspricht aber unserem Kernwesen, ihn tatsächlich erstrahlen zu lassen, oder wie es Gregor von Nyssa ausdrückt: »zum Urbild der Schönheit« zurückzukehren, das wir von Anfang an sind. Diese Umkehr der Ego-Werte wird in der alchemistischen Kontemplation »Mortificatio« – »Zerstückelung« genannt. Sie leitet die »Transformatio« (Verwandlung) des Egos in seiner Grundmasse ein, damit es sich immer mehr der »Inspiratio« (Eingebung des Göttlichen) öffnen kann, um zu erkennen, wie es sich am besten in den Dienst des Kernwesens stellt und damit seine Aufgabe an seinem entsprechenden Ort erfüllt. In Hinblick auf dieses Geschehen ist das kleine Ich nicht frei, weil es sich von Natur aus den Ausprägungen des Sinnzusammenhanges in Raum und Zeit stellen muß. Im ursprünglichen Sinne ist der menschliche Wille nur außerhalb der Evolution in seiner Kernverbundenheit mit dem Lebenshauch Gottes frei. Die eschatologische (endzeitliche) Erlösung geschieht dann mit uns, wenn wir selber zu Christos werden. Dann wird Christos, Weg, Wahrheit und Leben in Dir und mir.

Freue Dich und sei von Herzen gegrüßt!
Franz-Xaver

Tagebuchauszug
7.-11. März 1991

Donnerstag, 7. 3. 1991
Mein Pfad ist immer noch messerscharf. Einerseits höre ich, Kanalisieren sei meine spezifische Aufgabe, andererseits sehe ich, daß mein Körper sie nur zeitweise erfüllen kann. Bei dieser Feststellung seufzt es in mir: Er ist nicht grenzenlos, wie es mir lieb wäre. Er gehört einer anderen Dimension an als mein Wesen. Andererseits stellt er aber auch die einzige Chance dar, mich/Mich in die materielle Welt hineinzubringen. Er ist mein Werkzeug und als solches für mich einmalig. Seit er bereit ist, Diener des Wesens zu sein, sehe ich, daß es nur durch ihn möglich ist, mein Charisma zu realisieren. Er bringt alles mit sich, was ich dazu benötige. Seine nun gereinigten Muster haben durch ihr So-Sein die Möglichkeit, das Absolute in meiner spezifischen Spektralfarbe aufzunehmen und weiterzugeben. Wie einfach und wie logisch dies

eigentlich ist. Und wie schwer tun wir Menschen daran (oder nur ich?), dies anzunehmen. Das einzig gültige Rezept auf dem Weg kann demzufolge nur lauten: Schau dich an, damit du dich erkennen kannst – ich bin gefühlsmäßig in Delphi vor dem Apollon Tempel und sehe den Platz, an dem die Pythia das Orakel sprach.
Inzwischen hat sich die Perle geöffnet, und ich spüre das Vibrieren des Mantras im ganzen Körper. Bleibe ich mit der Achtsamkeit im Herzen, spüre ich Einheit mit allem. Es gibt kein Gegenüber, keine Ich-Du-Beziehung, keinen Dialog. Das kleine Ich ist im großen Ich eingebettet und verankert, ich erlebe mich in beiden gleichzeitig. Ein tiefer Seufzer meint dazu: Endlich. Die bearbeiteten Themen auf meinem Wege kommen mir jetzt wie verschieden dicke Vorhänge vor, die je nach Beschaffenheit bei ihrer Reinigung unterschiedlich behandelt werden mußten. Im Moment sind sie sauber und durchlässig, so daß das Licht der Mitte durch sie hindurchscheinen kann. Ich nehme gerade zur Kenntnis, daß ich dieses Bild nur fragmentarisch, aspektweise, beschreiben kann, und daß dies zur Folge hat, daß jeweils der größere Teil immer in den Hintergrund und somit in die Dunkelheit rückt. Dieses Faktum entspricht dem Gesetz der Polarität, und da Sprache polar ist und ich die Wörter hintereinander reihen muß, damit mein Text überhaupt lesbar wird, gelingt es mir, in jeder Sekunde jeweils nur Teile der Ganzheit, nie die Ganzheit selbst, zu beschreiben. *Alles* Ausgesprochene kann somit nur Fragment sein.

Freitag, 8. 3. 1991
Ich erwachte heute ganz neu und unfaßbar glücklich: Ich bin eins mit IHM und mir. Es fühlt sich so an, als hätte ich inzwischen zu allem ja gesagt. Ich sehe von hinten Gottvater konkret sitzend und seiend und doch unfaßbar und unendlich. Es wird mir bewußt, daß ausschließlich ich IHN in dieser Form sehen kann, weil ich mit meinen Möglichkeiten wahrnehme, die von meiner Biographie geprägt sind. Stehend und

in Seinen Armen sehe ich mich (auch von hinten), SEIN Kind, als erwachsenen, neugeborenen Menschen. SEINE Liebe wird von der Hinterseite meines kleinen Herzens kanalisiert. Sie durchfließt meinen ganzen Körper und gelangt somit in die materielle Ebene. Ich sehe, daß mein Ego nun stark genug ist, sich dem Selbst hinzugeben und standzuhalten, ohne seine Form zu verlieren. Himmel und Erde sind somit vereint. Nun spüre ich den Impuls, nochmals auf das Bild des VATERS zurückzukommen, ich höre, ich habe es vorher nur überflogen. Also... ER ist so, wie ich IHN liebe, auch so wie ich meinen leiblichen Vater geliebt habe, bloß auf einer anderen Ebene. Astrologisch müßte dies mit meinem Vater-Imago, mit Pluto, zu tun haben. Betrachte ich nun Plutos Aspekte in meinem Geburtsbild mit dem inneren Auge, sehe ich, daß das Gefühl (der Mond) eine harmonische Beziehung zu ihm (Pluto) hat. Das Kind fließt harmonisch in den Vater hinein; das Bewußtsein (die Sonne) sehnt sich nach Pluto, und wenn es ganz viele Schritte macht, erreicht es ihn. So ist es archetypisch in mir angelegt, darum erlebe ich es so. Jeder Mensch kann nur mit seinen Mustern sich selber und Gott begegnen und erkennen (Muster = Tore.) Ich beobachte nun, daß ich mit dem VATER eins bin, wenn ich ganz im Lot bin und eine spezifische Distanz zu IHM einhalte. Weiche ich auch nur um einen Bruchteil eines Millimeters nach hinten, verliere ich den Kontakt mit der materiellen Welt; weiche ich auch nur einen Bruchteil eines Millimeters nach vorne, falle ich aus der Einheit mit IHM heraus. Es gibt also für mich heute nur diesen einen Punkt. Mich nehme ich inzwischen als einen neugeborenen jugendlichen Androgynen wahr. Die ewig sich erneuernde Jugend in Verbundenheit mit der göttlichen Quelle Freude durchströmt mich. Probleme sind keine vorhanden.

Montag, 11. 3. 1991
Nach einem intensiven Atemwochenende
Da ich von den letzten Nächten keine Träume habe, knüpfe ich an der Schreib-Erfahrung von Freitag an: Ich geriet an die

Grenze der Sprache, war bemüht, das Numinose, das sich für mich in einer absolut persönlichen Form offenbarte und zu dem ich eine persönliche Beziehung spürte, in Worte einzufangen. Mein ganzer Wortschatz, meine Syntax waren für diesen Akt untauglich. Jeden Formulierungsvorschlag mußte ich fallen lassen, weil er nur einen Teil der Erfahrung auszudrücken oder wiederzugeben vermocht hätte. Ich verstehe nun, warum es in der Kabbalah mit wenigen Ausnahmen verboten war, Gottes Namen auszusprechen: ES läßt sich nicht aussprechen, denn durch das Aussprechen wird ES bruchstückhaft.
Und trotzdem hält mich meine innere Stimme zum Weiterschreiben an. Ich höre, daß SEINE ganze Kraft auch in jedem Bruchteil ist, und spüre, wie ungeheuerlich groß die Gegenkraft darin ist, die auf Leben und Tod bemüht ist, Kontrolle zu bewahren und die Tiefen der Seele nicht zuzulassen. Ich komme mir nun vor, als ob ich noch nie mit Sprache operiert hätte, wie ein Urmensch, der in einem hochspezialisierten Operationssaal des nächsten Jahrhunderts Hand anlegen muß... Und nur jener Urmensch kann den Patienten retten.
Wieder zum Bild, zu meinem urpersönlichen Bild, das so ausschließlich für mich stimmt.
(Telefon... Kinder... Küche...)
Ich sehe also IHN und mich von hinten... Und ich gerate bereits wieder in Wortnot. Kein Wort wäre edel genug, um dieses Bild zu beschreiben. Ich habe nur die Wahl zwischen ungehobelt schreiben oder gar nicht. Und da ich zu schreiben habe, muß ich jetzt einen riesigen Widerstand überwinden und mir eingestehen, daß mein Bestes nicht besser ist.
Ich höre: »Deine Worte sind sehr wichtig, bleibe daran!«
Ich bin mit meiner Rückseite für SEINE Kraft aufnahmebereit und aufnahmefähig. Dies überrascht mich. Bis anhin habe ich immer mit meiner Vorderseite genommen und gegeben. Ich sehe, daß SEINE Form, im Gegensatz zu meiner, keine fixe Form ist und verstehe, daß ich mein eigenes Gottesbild zur

Verfügung habe, um mit dem Numinosen überhaupt in Beziehung treten zu können. Eigentlich ist es mir ganz klar, daß dies so ist, ist doch die Eins in jeder Zahl enthalten, in jedem Muster, in jeder Form. Dadurch, daß ich mein Bild zur Verfügung stelle, kann sich die Eins in Reinheit darin spiegeln, und ich spüre, wie Schöpfer und Geschöpf in mir ganz nahe beieinander sind. Es fühlt sich wie eine Liebesbeziehung an, d.h. alle Ebenen von Liebe sind da. Ich liebe IHN wie einen Liebhaber und so, wie ich gewohnt war, IHN auf eine überpersönliche Weise zu lieben. Das Geschehen beglückt mich wie eine lodernde Liebesbeziehung und noch viel mehr. Ich merke wieder, daß es fast unsagbar ist, Glück in seiner unendlichen Fülle! Alles, was ich sage, ist bloß wie ein Sandkörnlein, dabei geht's mir um die unendliche Anzahl aller Sandkörner. Denn so groß und noch viel größer ist das Glück. Nun weiß ich, was die indischen Heiligen mit Ananda meinen, und ich verstehe ihre Beschreibungen, wie heiß sie ihre Gurus lieben. Ja, es ist eine alles erfüllende Liebesbeziehung. Den Begriff »liebende Beziehung«, den ich bisher schätzte, empfinde ich jetzt als flach und aussageschwach. Es brennt in mir so stark, daß ich inzwischen schweißgebadet bin. Ich erkenne, daß dieses Liebesfeuer nur möglich ist, weil ich Sexualität auf der Ego-Ebene annehme. Sonst würde mir gerade dieser Teil zur Vollendung fehlen. Und die Kirche hat diesen Bereich schon frühzeitig abgespalten!
Die Anstrengung, den VATER und mich in einer bestimmten Distanz zueinander zu halten, hat sich plötzlich aufgelöst.
Während des ganzen Atemwochenendes war ich von Glückseligkeit durchströmt. Geriet ich irgendwie ins Stocken, mußte ich mir nur vergegenwärtigen, daß ER hinter mir ist, und schon floß die Lebenskraft wieder. Beim Abschieds-Ritual wollte ich ein neutrales OM anstimmen. Doch wie ein Blitz durchzog es mich »Adoramus Te, Domine«. Ich klärte schnell bei einer Teilnehmerin ab, ob ich damit wohl alle katholischen Widerstände hervorrufe. Sie verneinte es, und ich stimmte das Lied an, das für mich stimmt. Plötzlich ereignete

sich etwas Gewaltiges in mir: Zwei starke Magnete, die sich über Jahrmillionen gesucht hatten, standen in diesem Augenblick einander genau gegenüber (die Kraft, die bisher bewirkte, daß der eine den anderen umkreiste, fiel aus, weil sie ihre Aufgabe beendet hatte), und zogen sich mit ihrer übermäßigen gegenseitigen Kraft an. Der Prozeß lief im Blitzestempo ab. Ich hörte nur noch einen gewaltigen Schlag in meinem Herzen und war tränenüberströmt vor Berührung. Ich fühlte mich wie DIE Liebe, die verströmt wird, und nahm Abschied von der Gruppe.

Zu Hause angekommen, meinten meine Kinder, ich sehe unerwartet strahlend, friedlich und frisch aus, als ob ich überhaupt nicht gearbeitet hätte. Sie baten mich, ihnen beim Umzug ihrer Zimmer zu helfen...

Erst im Bett fand ich Zeit, um nachzuspüren, was gegen Ende des Seminars geschehen war. Ich hörte in mir:

»*Es ist vollbracht:*
Ich und der Vater sind eins.«

Ich habe nichts mehr zu sagen. Meine Suche hat ihr Ende gefunden. Morgen und übermorgen bin ich noch an einer Schule verpflichtet und danach werde ich sehen, was fällig wird. Ich höre: »Leben, um zu lieben.« Das Mantra scheint aufgehoben zu sein, »SEIN Herz schlägt nun in meiner Brust« und löst bei jedem Schlag eine Welle von Liebe und Glückseligkeit aus. – Leben, um zu lieben !?! Wahrscheinlich...

Antwortbrief 34

Liebe Leta,

das Ruhen im Klang des inneren Wortes, im Klang des Herzens, in der Atmosphäre des Herzensgebetes (damit ist immer die gleiche mantrische Wirklichkeit gemeint!) verbindet Dich mit dem Frieden der ganzen Schöpfung, bzw. Du wirst *fried-voll*, voll von Frieden, absolut bedürfnislos, d.h. auch frei von jeglicher Gier, und trotzdem ganz wach, ganz bezogen, ganz offen für das DU, weil Du dieses gleichzeitig in Dir erlebst und Dich mit dem DU *in-eins* erfährst. Das sind echte Taborerlebnisse. Das Taborlicht durchflutet in dieser Verfaßtheit Deine ganze Wirklichkeit. Die hylotrope Dimension fordert uns trotzdem, und wir können in diesem Taborlicht keine Hütte bauen, solange wir in Raum und Zeit Aufgaben zu erfüllen haben. Das erinnert mich an einen Traum. Ich will ihn Dir erzählen, weil er typisch für das Erleben des »Fragmentarischen« nach einer solchen »Taborstunde« ist:

»Ein Adler winkt mir mit seinen Schwingen und führt mich auf einen hohen Berg. Als ich ankomme, ist es bereits Abend, und ich weiß genau, daß mir die Zeit für die Rückkehr nicht mehr reicht. Das bedrückt mich. Eigenartigerweise ist aber sonst mein Herz voll Alleluja-Gesang. Es verwundert mich auch nicht, daß plötzlich von überall her Frauen, Kinder, Männer, Jugendliche und die unterschiedlichsten Tiere auf diesen Berg zusammenströmen. Da sagt der Adler: › Dieser Berg heißt Tabor‹.

Daß dieser Adler jetzt auch noch zu sprechen beginnt, mutet mich geheimnisvoll an, erschreckt mich aber nicht weiter. Oben gerät alles in Bewegung: Die Sonne schwebt vom Horizont auf den Berg zu und hält auf der Höhe des Berges an. Es entsteht eine Lichtbrücke zum Gipfel des Berges. Ich sehe, wie die ganze Menschen- und Tierprozession über diese Brücke in das Licht der Sonne schreitet. Als keine Tiere und Menschen mehr da sind, geht eine neue Bewegung los: Alle Pflanzen machen sich auf den Weg in das Licht und anschließend auch die Steine, Flüsse und Meere. Ich bin ganz von Staunen ergriffen und vergesse alles um mich, merke erst, als mich der Adler mit seinem Flügel hinter meinem Ohr kitzelt, daß auch der Berg unter meinen Füßen im Licht dieser seltsamen Sonne verschwunden ist, und ich selber auf der freischwebenden Lichtbrücke stehe. Der Adler flüstert: › Die Schöpfung faltet sich in den Ursprung ein‹. Ich antworte ihm: › Dann gehören wir auch dazu‹, und merke, wie es mich in dieses Licht hineinzieht. Der Adler erwidert nur: › Dann gehe, wenn du glaubst!‹

Ich tue zwei, drei unsichere Schritte auf der Lichtbrücke und spüre, daß sie mich trägt. Der Adler geht hinter mir her und gibt mir

Rückendeckung. Gerade, als mich dieses Sonnenlicht aufnehmen will, bildet sich aus einem Strahlenbündel eine wunderschöne Frau. Ich bleibe wie gebannt stehen. Der Adler schubst mich und flüstert: ›Gehe auf sie zu! Sie heißt Anima Mundi!‹ Sie winkt mir und kommt einige Schritte entgegen, dennoch habe ich den Eindruck, sie stehe immer in der Sonne. Ich bin ganz ergriffen von ihrer Anmut und trete zu ihr hin. Sie umarmt mich und zieht mich dabei noch mehr in das flutende Licht hinein. Es verbreitet sich eine große Innigkeit und vertraute Wärme. Plötzlich habe ich das Gefühl, ich werde wie aufgelöst, nein, wie eingeschmolzen in dieser Frau und die Frau in mir. Ich kann nicht mehr unterscheiden: Bin ich flutendes Licht, Frau oder ich; nein, ich bin überhaupt nichts mehr und gleichzeitig alles – völlig fassungslos – entbewußt und unfaßbar bewußt. –
Ich weiß nicht, wie lange dieser Zustand dauert. Plötzlich sagt eine Stimme: ›Blicke in die Tiefe!‹ Da merke ich, daß ich auf einem Felsen sitze, unterhalb von mir der Adler. Tief im Tal schreitet eine leuchtende Frau. Die Landschaft im Licht der Abendsonne atmet eine Frische wie nach einem Frühsommerregen. Der Adler lüftet sein Gefieder, bereit abzuheben und spricht: ›Steige hinunter, die Anima Mundi wartet auf dich, daß du ihr dienst‹; nach diesen Worten hebt er ab und fliegt in das Licht der Abendsonne. Ich bin noch ganz benommen, verstehe überhaupt nichts. Auf dem Weg in die Tiefe läßt mich die Frage nicht mehr los: Was ist Entfaltung in die Schöpfung, was ist Einschmelzen in das Licht der Anima Mundi? Im Erwachen wiederhole ich: Anima Mundi...«
Wie fragmentarisch sind doch die unzähligen Erscheinungsweisen des Zeit- und Raumgeformten im Vergleich zur Fülle des Lichtes, und doch schreitet die Anima Mundi durch Raum und Zeit...
Die Anima Mundi ist auch die göttliche Beseelung, die göttliche Animation, der ganzen Schöpfung. Sie bringt die persönlichen Gottesbilder in uns hervor, die wiederum geprägt sind von unserer vernetzten Lebensgeschichte. Deswegen ist in letzter Konsequenz eine Gotteserkenntnis nicht von außen machbar. Jede religiöse Tradition ist nur ein Bachbett, in dem das Mysterium fließt. Wie es in uns Gestalt annehmen kann, hängt davon ab, *welche* Gottesbilder in

uns aktiviert werden. Kein Gottesbild und kein Sprechen über Gott wird aber die Wirklichkeit Gottes auch nur annähernd einfangen; es bleibt fragmentarisch, genauso wie die Partitur einer Symphonie den Klang noch nicht hörbar macht. Vermag das Ego diese »Sprachlosigkeit« dem göttlichen Mysterium gegenüber auszuhalten, taucht es plötzlich in eine große seelische Ruhe ein, weil nicht mehr an der eingrenzenden Sichtweise des kleinen Ichs festgehalten wird, um in einer vermeintlich sicheren religiösen Weltanschauung zu stehen. Es wird sich immer wieder diese Sehnsucht nach Sicherheit im persönlichen Gottesbild als Gegenkraft zum Freisein von Gottesbildern melden. Dieser Impuls ist identisch mit der Phantasie des Petrus bei der Verklärung Jesu, auf dem Berg Tabor drei Hütten zu bauen. Diese »Taboritis« ist die Versuchung jedes Fundamentalismus, bestimmte Gotteserfahrungen ein für allemal zu zementieren. Die Dynamik Gottes läßt sich nie fixieren. Trotzdem ist das eigene Gottesbild auch ein Tor, mit dem Mysterium Gottes in Verbindung zu treten; es dient als Brücke zu einer vertieften Erfahrung mit dem Unfaßbaren. Früher oder später wird sich eine brennende Sehnsucht nach Gottesbegegnung einstellen.

Die Hesychasten sprechen in diesem Zusammenhang vom brennenden Herzen, das sich wie in einem Liebesfeuer für die Gegenwart Gottes verzehrt. Die gleiche Erscheinung begegnet uns in der Du-Mystik des Mittelalters, im Sufismus, im Bhakti-Yoga, im Tao der Liebe, im Amida-Zen usw. Im Holotropen erfährt es der Mensch als Bewegung in das Gott-Mensch-Sein, im Hylotropen als konkrete Liebesgeschichte Gottes mit dem Menschen, wie sie auch im Hohen Lied der Liebe und ganz allgemein in den verschiedenen Formen der Liebesmystik aufleuchtet. Deine Erfahrungen mit dem »Gott-Väterlichen« hat die Qualität der »Liebesbeziehung«. Füllt sie Dein Bewußtsein, wird sehr oft darin das Mantra aufgehoben und Du fühlst Dich unendlich geborgen.

Das gönne ich Dir von Herzen.

Dein
Franz-Xaver

Tagebuchauszug
26. 3. – 18. 5. 1991

Dienstag, 26. 3. 1991
In letzter Zeit beschäftigt mich die Frage, in welcher Form und in welchem Rahmen unser Buch erscheinen soll. Soll es in die Tradition der Hesychasten hineinpassen, dort seinen Boden finden und aufgehoben sein, oder soll es etwas Neues sein? Ein Dokument des »Wassermann-Zeitalters«, in dem aufgezeigt wird, wie ein Mensch in der Vielfalt der angebotenen Wege seinen eigenen finden kann? Der zweite Gedanke gibt mir ein besseres Gefühl. Ein innerer Blick auf meine Geburtskonstellation zeigt, daß ich aus der Tiefe schöpfend dem Du geben muß. Und was ich zu geben habe, ist das, was sich immer wieder durch mich ausdrückt, meine Wahrheit.
Bin ich dem Hesychasmus verpflichtet? Ich sehe mich in einem geflochtenen Korb, den Blick auf Christus gerichtet. (Dieses Szene erschien erstmals 1984.) Ich spüre jetzt zum ersten Mal, daß ich wirklich vom Hesychasmus ausgefüllt bin und mein Leben mit seiner Tiefe gestalte. Dies passiert, ob ich es will oder nicht. Heißt das auch, ich müsse mich nicht speziell bemühen, ihn unter die Leute zu bringen? – Ich spüre Zustimmung.
Vor mir sehe ich den Verlauf meines Prozesses mit klaren Bezügen zu verschiedenen Traditionen. Ich höre, daß die verschiedenen Wege Diener der Menschen sind, nicht die Menschen Diener eines Weges, und daß es jetzt für mich darum geht, alles zu transzendieren, nirgends stecken zu bleiben.
Nun fällt mir der Traum von letzter Nacht ein:
»Ende der Ferien, Abschiedsstimmung in der Stube meiner Mutter. Eine Schublade ihres Buffets ist offen, und ich erblicke darin eine Menge Kinderschuhe, zum Teil erkenne ich sie, zum Teil nicht. Ich kann mich nicht erinnern, sie hierher gebracht zu haben. Jetzt erblicke ich zwei Paare mit der

jetzigen Größe meiner Kinder. Diese hatte ich im letztjährigen Ausverkauf vorsorglich für sie eingekauft. Da ich in der Handtasche noch Platz habe, nehme ich sie mit und freue mich über den Zufallsfund.«

L: Emil, hilfst Du mir bitte beim Deuten dieses Traumes?
E: Franz und du, ihr braucht neue Schuhe, um den ganz neuen, schmalen Pfad zu beschreiten. Das bedeutet, geradeaus blicken, weder nach links noch nach rechts.
L: Dazu fällt mir die Bibelstelle ein, die wir einmal zu lesen angeleitet wurden. Es ging um den Bund mit Gott. Wenn ich den Bund mit Gott endgültig geschlossen habe, schreite ich geradlinig auf meinem Weg weiter und lasse die Reaktionen und die Kritik anderer Menschen links und rechts liegen.
Ich sehe uns auf dem Scheitel eines Berges und spüre, daß es für mich als Erst-Strahl-Menschen (nach der Theosophie von Alice Bayle) stimmt, mit einer neuen Botschaft aufzutreten, sie zu vertreten. Franz untersteht dem fünften Strahl, was konkretes Wissen bedeutet. Ist damit das Wissen gemeint, das sich bei ihm im Laufe der Jahre herauskristallisiert hat? Ich meine die Essenz von vielen Kontemplationskursen? So vorzugehen würde für unsere Sonnenstellungen in der unteren Horoskophälfte stimmen: zuerst erfahren, dann die Lehre daraus ziehen. Bei diesem Gedanken spüre ich Stimmigkeit.
Also, eine Neuschöpfung, die nur dem Bund mit Gott standhalten muß.

16. 5. 1991
Endlich schaffe ich es, wiederum ans Schreiben zu gehen. Seit meinem Sturz und der damit verbundenen Bänderzerrung vom 8. 4. ist es mir nicht möglich gewesen, das Erlebte in eine kristallklare Form zu bringen. Alle Grenzen verwandelten sich in Nebel, der beliebige Bewegungsfreiheit hatte und sich somit vom Eingefangenwerden abwendete. Ich erkenne jetzt so klar

wie noch nie, daß meinem Ego in diesen Situationen der eigene Wille fehlt, um sich durchzusetzen. Beim Niederschreiben dieser Erkenntnis spüre ich Vergleichbares in mir (siehe »Zündholz und Kerze«). Gleichzeitig sehe ich, daß die Art und Weise, wie ich männlich und weiblich in mir erlebe, der Tantra-Philosophie entspricht. Ich notiere kurz die Quintessenz meiner letzten Atemsitzung: Ich erkenne Shiva als den oberen, blauen, fixen, statischen Energiekreis, Shakti als den unteren, roten, beweglichen, dynamischen. Blau IST, erlebt sich in oder durch Rot. Rot erlebt sich/verwirklicht sich durch Widerstand. Ich neige dazu (immer noch?), Widerstände zu umgehen, weil sie mir zu polar erscheinen. Somit bewirke ich jedes Mal eine Trennung zwischen Dynamischem und Statischem in mir. Die Shakti rennt dann nur noch mit brennendem Streichholz in der Hand herum und erreicht alles andere als den Docht der Kerze, Shiva in mir. Ich spüre jetzt, wie der weiblichen Kraft in mir der ihr angemessene Platz zugeordnet wird, und daß es der Unfall war, der mich aus dem festen Gefüge, aus einer eingespielten Bahn, hinausschleuderte. Ein Teil meines Bodens wurde damit gereinigt, und ich spüre, wie Shiva und Shakti sich partnerschaftlicher auf einer neuen Ebene treffen und verschmelzen. Aber Shakti ist immer noch Dienerin Shivas, nicht gleichberechtigt oder gleichwertig. Dies sagt wohl etwas über meinen heutigen Standpunkt aus. Ich meine, einmal sollen sie als gleichwertig erlebt werden. Stimmt das? Und beim Formulieren der Frage dehnt sich die Shakti aus, und ich sehe, wie Shiva sich nicht überall mit ihr einlassen kann, weil sie sich an gewissen Punkten abstoßen, statt sich anzuziehen. Wie heißen denn diese Punkte? Ich fühle eine Konzentration im dritten Auge, und eine trübe blaue Perle taucht auf.

: An diesem Punkt hast du den Durchblick, der in die Shiva-Ebene hineinragt. Weil du immer noch zu wackelig auf Erden stehst, hebt es mit dir in diesen Augenblicken ab. Fühle immer und immer wieder in deine Füße hinein, auch jetzt beim Schreiben, und du wirst vermehrt im Leibe bleiben können. Bringe Kopf und Füße in dir in ein Gleichgewicht.

Ich spüre, daß ich beide eingrenzen muß, um in Ruhe aus dem Herzen heraus handeln zu können. Und im Herzen ist auch das Mantra. Eigentlich müßte ich endlich den Mut aufbringen, mein Mantra zu enthüllen und ihm seinen spezifischen Namen geben. Im Moment empfinde ich diesen Begriff als sehr intim und will ihn nicht kundtun. Ich erkenne auch, daß ich damit meine Sprengkraft einschnüre, welche mich somit träge und zunehmend handlungsunfähig macht. Also, Mut zu meiner Wahrheit? Nein, ich spüre, daß ich noch nicht so weit bin.
Ich bin berührt, daß das Schreiben mir trotz langer Pause immer noch als Werkzeug zur Verfügung steht. Shiva ist immer und überall, ich muß mich in jedem Augenblick von neuem IHM zuwenden, mich IHM öffnen. »VATER, verzeihe mir alle Augenblicke, während denen ich meinen Blick statt auf DICH auf die Egowelt gerichtet hatte. Gib DU mir immer wieder Kraft, zu DIR zu stehen, DICH hier auf Erden angemessen zu vertreten. Ich spüre jetzt, wie ich DU und DEIN bin, wie es nichts außerhalb von DIR gibt, und ein leises Lächeln weht über mein Gesicht: Daß es möglich ist, dies immer wieder zu vergessen... Im Augenblick wünsche ich mir, DU würdest mir nicht alle Freiheiten lassen, in DIR zu sein oder mich von DIR zu entfernen. Denn diese Ferne ist es, die das menschliche Leiden bewirkt. Und das Fern-Sein birgt alle Gefahren des sich Verstrickens in sich, und damit beginnt jeweils eine neue Runde auf dem Rad des Lebens. Ich sehe, daß mein Rad zur Zeit stillsteht, und daß jeder Augenblick eine neue Möglichkeit bietet, wieder einzusteigen. Diese Gefahr nimmt in dem Maße für mich ab, wie ich bereit werde, meine Füße und somit die hylotrope Dimension zu bejahen, damit Shakti in mir gleichwertig mit Shiva ist, damit Geschöpf und Schöpfer gleichwertig und somit eine

Einheit ohne Spannungen sind. Ich sehe auch, wie sich diese dann zu einem Punkt kontrahiert, der die Bereitschaft hat, wiederum in die Schöpfung hineinzugehen.

Samstag, 18. 5. 1991
Das Gespräch mit Franz über das Konzept des Buches hat mir gut getan. Eigentlich kann ich es kaum fassen, daß sich das Leben in mir zur Zeit im Schreiben erfüllt.

Traum von letzter Nacht
»Wir wohnen am Fuß eines ganz symmetrischen Hügels mit einem zu renovierenden Hause auf der Kuppe. Unser Architekt hat sich dieses Haus gekauft und will es ausbauen. Ich stelle fest, daß er keine direkte Zufahrt hat, um das Material zu transportieren, und schätze ab, wieviel seine Mehrkosten wohl betragen, wenn er das ganze Baumaterial vom Fuß des Hügels zur Kuppe mit Kranen transportieren lassen muß. Dann fällt mir auf, daß das Terrain zwischen den Bäumen bereits bepflanzt und wegen der niedrigeren Nachttemperatur noch zugedeckt ist. Ich hebe eine dieser dicken, grünen Plastikdecken auf und sehe darunter ganz viele, robuste Tulpen, die wunderbar gedeihen. Ich halte es nicht für möglich, daß sich Leben in solcher Dunkelheit entfalten kann, und stelle mir vor, in welcher Pracht der ganze Hügel strahlen wird, wenn die Tulpen blühen. Wunderbar wird es sein, auch wenn sie ganz regelmäßig gesetzt sind. Kultur, nicht freie Natur.«

L: Emil, kann ich annehmen, daß die Tulpen mit der Entstehung des Buches zu tun haben?
Ich sehe ganze Berge Bücher, von denen das oberste sich öffnet. Was hat es mir zu sagen? Ein großes W taucht in deutscher Schrift auf.
?: Wievielmal muß ich dir noch Aufschluß geben? Gibst du mir dein Wort oder nicht? (In diesem Augenblick tritt meine Tochter ins Zimmer und wirft mir vor, ich halte nie, was ich verspreche...)

L: Mein Herz flattert. Was hätte ich sollen? Was habe ich verpaßt oder vergessen? Wer spricht denn zu mir? Bist Du es, Michael? Ich spüre Deine Ungeduld und wie Du Dich in bezug auf mich zurückhalten mußt. Ich sehe nun, daß ich diese Deine Kraft mit derjenigen, die ich vorgestern »Zündholz in mir« nannte, gleichsetzen kann. Diese Ungeduld kenne ich auch, wenn mein Docht sich nicht anzünden läßt, weil er nicht faßbar ist. Michael, ich leide auch darunter, nicht mehr Kampfkraft zu haben. Nun habe ich das Gefühl, daß meine Einsicht Dich entspannen läßt. Stimmt es?

M: Entspannen, um sich wieder zu sammeln.

L: Ich habe Angst, Dir nicht gewachsen zu sein.

M: Sei nicht blind, du brauchst nur zu nehmen. Die ganze Kampfkraft liegt zu deinen Füßen. Du hast sie noch nicht, weil du dich gegen sie wehrst.

L: Ja, ich sehe, daß ich aus meiner Schwäche, nicht kämpfen zu können, eine Tugend gemacht habe. (Mein Kopf beginnt zu brennen.) Ich empfinde kämpfen immer noch als primitiv. (Das Brennen im Kopf wird stärker.) Ich verstehe, daß ich auf diese Meinung fixiert war, und daß nun die Zeit kommt, diese Fixierung, an der ich mich lange festhielt, fallen zu lassen. (Nun brennt auch das Gesicht, als ob die Kundalini mich reinigen würde.) Ich bleibe dran und spüre, wie diese Energie, die mir vorher zu Füßen lag, in mir aufsteigt, durch Füße, Beine, Bekkenbereich, rechts und links am Herz vorbei, in den Kopf und in Arme und Hände hineinströmt. Bin ich wohl zum ersten Mal überhaupt dermaßen von Deiner Energie durchströmt, Michael?

M: Als du noch keine Füße hattest, gab's für mich keine Möglichkeit, mich mit dir zu vereinigen. Du mußt richtig stehen, damit du standfest und handlungsfähig werden kannst. Die Werkzeuge dafür fließen dir im Augenblick zu.

L: Ich fühle große Hitze in den Füßen und Beinen, welche sich im Rumpf verteilt und in Kopf und Händen ein

Prickeln bewirkt. Michael, komme ich endlich zu dieser Kraft? Ich spüre große Freude, nicht nur die Feinfühlige etc., sondern auch die Starke zu sein, die für ihr Anliegen eintreten kann. Der Weg bis hierher war sehr lang.
M: Das hängt mit deinen Wertungen zusammen.
L: Ich verstehe es. Wertungen sind Fixierungen, die bei ihrer Entstehung nötig waren, aber auf die Dauer Entwicklung nicht zulassen.
Michael, ich danke Dir für Dein Erscheinen, für Deine Kraft, die ich noch so gerne zu integrieren versuche. Nun muß ich mit meiner Tochter rechnen.

3 Stunden später
L: Michael, unser Gespräch von vorhin hat mich recht aufgewühlt. In mir ist ein bißchen Kampflust erwacht. Ich freue mich darüber. Während der Mahlzeit tauchte wiederum die Problematik meines weichen Zahnschmelzes auf. Hat sie doch mit der Weigerung zu kämpfen zu tun?
M: Du mußt jetzt mit dieser Thematik ins reine kommen.
L: Ich sehe wieder, wie das Kämpfen in mir negativ bewertet war, und daß sich dieser Pol darum nicht entfalten konnte. Leblos lag er in mir brach. Ich war unbewußt der Meinung, kämpfen richte sich gegen jemanden, sehe jetzt aber, daß man auch für etwas kämpfen kann, z.B. für sein inneres Anliegen. Michael, würden mir zwei homöopathische Kügelchen in diesem Bereich weiterhelfen?
M: Ja.
L: Dann gehe ich zum Homöopathen und wähle sie mir aus.
M: Ja.
L: Wann?
M: In zwei Wochen.
L: Anfangs Juni. Herzlichen Dank!
Michael, im Augenblick fühle ich mich so vereinigt mit Dir, daß ich nicht mehr zwischen Deinen und meinen Aussagen unterscheiden kann.

Antwortbrief 35

Liebe Leta,

mich bewegt natürlich auch, in welcher Form unser Buch erscheinen soll. Ich habe ja ein wenig Erfahrung mit Verlagen und machte mehrmals die Beobachtung, daß gewisse Bücher gedruckt werden, ob Interesse da ist oder nicht. Andere werden nicht gedruckt, auch wenn ganz aktuelle Zeitfragen vorbildlich abgehandelt sind. Hin und wieder gibt es Bücher, die müssen gedruckt werden. Ihre Manuskripte machen eine Wanderung durch mehrere Verlage und landen am Schluß wieder beim Ausgangspunkt. Es scheint, als ob sie mehrfach »begutachtet« werden müssen, bis der richtige Augenblick zur Veröffentlichung gekommen ist. Wir werden ja sehen, wie es »unserem Buch« ergehen wird. Mir ist es ein besonderes Anliegen, daß wir mit unseren Impulsen Menschen, die einen mystischen Weg gehen und davon angesprochen sind, dienen können. Leider ist es ja heute so, daß in gewissen Kreisen der Mensch mehr der Tradition als diese dem Menschen dient. Je aktueller eine Ökumene der spirituellen Wege wird, desto weniger soll eine Tradition für sich einen Absolutheitsanspruch stellen, der Gültigkeitscharakter für alle haben muß. Auch wenn ich eher ein »Ökumeniker« bin, kann ich dabei trotzdem tief mit meinem hesychastischen Weg verbunden bleiben, weil es ja der Weg ist, der mir dient, mich prägt und mir von innen her erfahrbar geworden ist. Er ist mir auch zu einem Raster geworden, nach dem ich andere spirituelle Wege »bemesse«, weil mir in seiner Atmosphäre mystische Erfahrungen geschenkt worden sind. Ich kann nur das in Wahrheit weitergeben, was ich persönlich erlebt habe.

Genau gleich, wie es nicht *das* Zen, *den* Yoga, *die* Kontemplation gibt, existiert auch nicht *der* Hesychasmus. Eine spirituelle Tradition ist immer mit Menschen verbunden, die sie leben. Die Atmosphäre einer Tradition gestaltet die Einheit von Erfahrungen, die verschiedene Menschen im Umgang mit der gleichen Tradition machen. Ich übe nun das Herzensgebet schon mehr als dreißig Jahre und mache immer wieder neue Vertiefungserfahrungen. Gleichzeitig spüre ich nun ganz deutlich die Frage, ob nicht Teile der Philokalie, zum Beispiel die Centurie des Calistos und Ignatius, einmal wiedergekaut werden müßten aus dem Erleben eines Menschen des beginnenden 21. Jahrhunderts. Ich stelle mir dies so vor, daß ein Kreis von kontemplativen Menschen, die den hesychastischen Weg schon lange gehen, die Centurie betrachtend aus der Erfahrung der heutigen Zeit reflektieren, neue Fragen stellen und in aller Bescheidenheit die selbst erlebte Erfahrung neben die der Tradition als Leitfaden in die heutige Zeit hineinstellen. Ich glaube, daß dies möglich ist, wenn wir das Wort des Auferstandenen ernst nehmen, der Geist werde uns zur vollen Wahrheit führen (vgl. Johannes 16,13). Du glaubst auch nicht, daß der göttliche Geist einmal aufhört, zu dieser Wahrheit hinzuführen, sondern daß diese Wahrheitsfindung innerhalb von Raum und Zeit einen ständigen Transformationsprozeß für den Menschen bedeutet. Das schließt ein, daß alte Standpunkte aufgegeben werden müssen. Da kann es auch hin und wieder geschehen, daß »Bänder«, die versuchen, ALLES zusammenzuhalten, reißen..., wie es wohl auch Dir ergangen ist. Manchmal kann es auch im Körper durch die psychoenergetische Anspannung einen solchen Druck im Leibe geben, daß etwas gesprengt wird. Wenn das festgegründete und festsetzende Männliche in uns sich vom belebenden, dynamischen Weiblichen herauszulösen sucht, so kann das eine so enorme Spannung bewirken, daß wir uns die Füße »vertreten« und nachher unter Bänderzerrungen leiden... Das signalisiert uns ein Auseinanderklaffen in dem, »was oben und in dem, was unten« ist, obwohl die alchemistische Weisheitstradition, auch des Abendlandes, schon lange erkannt hat, daß es nicht voneinander getrennt werden kann. Das Göttliche wird nicht Mensch, um die Schöpfung zu retten, sondern um sie in ihre ursprüngliche Würde wachzurütteln, daß sie ihren Ur-Sprung im Göttlichen hat, daß sie so vertraut mit Gott umgehen kann wie Jesus, wenn er sagt: »ABBA!« Da die Menschen diese Vertrautheit wohl am stärksten »vergessen« haben, offenbarte sich Gott als Mensch. Hätten es die Bäume vergessen, wie mir einmal ein Indianer sagte, wäre Gott ein Baum geworden...

Im inneren Klang des Mantras kannst Du die Einheit zwischen den Dimensionen in Dir verspüren, und wenn Du in diesen Ton einstimmst, sie in Dir herstellen. Natürlich hast Du dann auch das Bedürfnis, es kundzutun. Gleichzeitig verspürst Du eine tiefe Zurückhaltung, die Dich »Dein« Mantra anderen Menschen gegenüber nicht aussprechen läßt. Ein persönliches Mantra ist etwas vom Intimsten, was einem Menschen geschenkt ist, eben eine der Perlen, die man nicht vor die Schweine wirft. Mir scheint auch, daß Du noch nicht bereit bist, nach außen zu zeigen, was Dir in der Innenwelt »Deines« Mantras bewußt geworden ist. Das hängt vielleicht mit einer instinktiven Einsicht zusammen, daß viele Menschen gar nicht verstehen und begreifen können, was in Dir geschieht, wenn die äußeren und inneren Weltzusammenhänge ineinander fließen.

Das erlebst Du auch in der mythologischen Erfahrung der anderen Religionen. So beginnen sich »Shiva« und »Shakti« aus der indischen religiösen Wahrnehmung in Deiner Bewußtseinsdimension auszudrücken. Die Gefahr besteht dann darin, daß die »konfessionellen Hüter der Wahrheit« kommen und sagen: »Schaut, jetzt ist sie wirklich von ›unserem Glauben‹ abgefallen!« Gerade das Gegenteil ist der Fall: Die Wahrnehmungen anderer Völker beginnen sich in Dir auszuprägen, und Du wirst fähig, Vorgänge in Deinem »Materie-Körper« in einem anderen religiös-kulturellen Kontext zu deuten. Wer in seinem Herzen weit ist, wird damit keine Probleme haben, und sich freuen, daß ihm/ihr ein neuer Seins-Zusammenhang aufgegangen ist. Wer eng ist, sieht sofort die »festgelegte Lehre« seines Glaubens in Frage gestellt. Denke ich an die Botschaft des Mystikers aus dem Ranft in der Innerschweiz des 15. Jahrhunderts, Nikolaus von der Flüe, wie sie mir aus seinem Meditationsrad entgegenkommt, so will sich Gott immer wieder neu in die Schöpfung hinein ausfalten und aus dieser Ausfaltung in der Schöpfung zu sich zurückkehren, auch im letzten Elementarteilchen. Wir machen dabei die Erfahrung, gerade weil wir in unserer Geschöpflichkeit absolut ernst genommen werden, daß wir diese Bewegung mit unserem kleinen Ich (Ego) »hindern« oder »fördern« und oft nicht zu unterscheiden vermögen, welche von diesen beiden Dynamiken als Hinderung oder Förderung der Aus- oder Einfaltung des Mysteriums im Wege steht. Es ist so, daß wir in keinem Augenblick unseres Lebens den göttlichen Funken in uns wieder ausklammern können. Was ER mit uns tut ist eine Frage der SELBST-Verwirklichung; in seinen Dienst hat sich das kleine Ich früher oder später zu stellen, weil es wiederum seine Existenz nur aus diesem »Funken« schöpft. Obwohl in der christlichen Tradition die absolute Gleichwertigkeit von Geschöpf und Schöpfer im »Christos-Bewußtsein« des Menschen verkündet wird, ist es doch für ihn nur in der mystischen Einheitserfahrung, also in der holotropen Dimension erlebbar. Aus einem solchen Erleben folgt notwendig die handfeste Tat in der hylotropen Dimension, im Einsatz für die Welt und für sich selber. Dieses handfeste Handeln wird oft zu einem Kämpfen für den eigenen Standpunkt. Geschieht es für die Kern-Wirklichkeit unseres Menschseins, stellt sich das Ich tatsächlich in den Dienst des Selbst als dem Gefäß der göttlichen Gnade. Dann realisiert sich der dritte Teil des Gebetes von Niklaus von der Flüe: »Nimm mich mir und gib mich *ganz* zu eigen DIR!« Ein aufregender Weg im Labyrinth unseres hylotropen Lebens!

Dein *Franz-Xaver*

Tagebuchauszug
21. 5. – 13. 6. 1991

Dienstag, 21. 5. 1991
Ich blicke in mich hinein und sehe einen riesigen, randvollen Kupferkessel (sco la cudera da la chaschada) mit kochender Suppe. Es ist höchste Zeit, sie unter die Menschen zu verteilen. Michael, ich bin Dir dankbar, wenn Du mir beistehst, denn Deine Kraft ist notwendig, um Erkenntnisse konkret umzusetzen. Da ich bis jetzt noch einen letzten Widerstand gegen die Erde hatte, ging dieser Teil von mir in die Projektion und löste Angst aus. Als das böse Irdische und somit Gefährliche kam er mir entgegen. Dies zuzugeben tut

weh, und ich spüre auch, wie dieser Schritt mich ganzer macht und mir ermöglicht, auf meinen irdischen Füßen sicherer zu stehen. Es fühlt sich so an, als wäre mein Herz zum Bersten voll. Einige Schnüre umwickeln es noch locker, bevor die große Öffnung stattfindet. Im Herzen sehe ich reines blaues Licht. SEIN Licht, SEINE Kraft. Was ich als Mensch kann, ist 'lediglich', sie in meine Dimension hineinfließen zu lassen. Das ist wenig, und doch erschien es mir bis vor kurzem als riesige Herausforderung. Jetzt fühle ich mich ganz nahe daran, meinen eigenen Willen zu opfern, damit SEINER geschehen kann. Intellektuell weiß ich, daß dies zum Weg eines jeden Menschen gehört und somit kein besonderer Akt ist. Mein Gefühl zeigt aber an, daß die Hürde, die wir an diesem Punkt nehmen müssen, sehr hoch und glitschig ist. Auch sehe ich, daß dieses Terrain wenig begangen worden ist. Also, üben wir uns auch darin...

Donnerstag, 23. 5. 1991
Heute findet ein Teil von Corinas Übertrittsprüfung in die Oberstufe statt. Ich bleibe im Mantra mit ihr und hoffe somit, meinen Beitrag zu leisten.

L: Bezüglich des Buches: Ist es stimmig, wenn Franz meinen Erlebnisbericht kommentiert und einzelne Erfahrungen geistesgeschichtlich einordnet? Es kommt mir vor, als hätten wir zwei uns sauber nach weiblich/männlich aufgeteilt. Diese zwei Teile müssen aber zu einer Synthese finden. Jetzt taucht das Bild einer Nektarine auf. Ich sehe ihre Naht diagonal vor mir, die rechte, obere Hälfte leuchtet gelb, die linke, untere rötlich. Die beiden Hälften haben nur einen Kern. Dieser wird in Bälde platzen, und ich fürchte, dieses Platzen habe mehr mit uns zu tun als mit dem Buch. Stimmt mein Gefühl?
?: Es war schon immer die Meinung, daß ihr miteinander den Weg geht. Bis jetzt seid ihr noch nicht zum Kern vorgestoßen.

L: Bei Deinem Wort Kern fällt mir unsere Kerngruppe ein.
?: Sie wartet auf euch, bis ihr den nächsten Schritt macht.
L: Ich meine, daß ich dafür tatsächlich diese für mich neue Michaels-Kraft brauche.
Es beglückt mich, Michael, Dich in mir zu spüren. Und in Zusammenhang mit Dir hoffe ich auch, daß meine Zähne sich wieder normalisieren und daß ich meinen Speisezettel wieder erweitern kann.

Donnerstag, 30. 5. 1991, Fronleichnam
Um mich auf das Schreiben einzustimmen, lese ich die letzten Seiten durch. Sie treffen mich großflächig im Herzen, ich vibriere. Habe ich nun selber erlebt, daß die kanalisierten Aussagen direkt wirken? Ich spüre, daß die Kraft des Nektarinenkerns sich ausdrücken will. Doch da ertönen tatsächlich neue Saiten... Mir ist, als wolle das aufsteigen, was ich mir/uns in den letzten Jahren erspart habe. Bei Tagesbewußtsein war es zwar selten aktuell, aber in den Träumen meldete es sich hin und wieder. Nun pulsiert es in mir so stark, daß die Perle sich öffnet. Ich bleibe einfach dabei, außer dem Halszentrum spüre ich alle Chakren. Kein Wunder, halte ich doch das zurück, was ausgedrückt werden müßte. Ich schlafe auf dem Stuhl ein und erwache wieder mit der Perle. Eine kurze Frage schleicht mich an: »Warum auch diese Widerstände?« Und als Antwort kommt mir die Erkenntnis aus meiner letzten Atemsitzung: »Alles ausgrenzen, um eingrenzen zu können.« Der folgende Traum beschäftigte mich:

Traum
(In einem längeren Gespräch einigten Franz und ich uns darauf, daß das Männliche eine Differenzierung des Weiblichen sein mag.)
»ES liegt diagonal vor mir, wie die Naht der Nektarine, sieht rechteckig und gewellt aus, aber ich weiß, daß ES eigentlich keine Form hat. Ich erinnere mich an das gestrige Gespräch und versuche zu spüren, ob ES weiblich ist. Sein mittelgraues,

undifferenziertes Material fühlt sich ganz weich, warm und formbar an. Beim genaueren Hinschauen sehe ich, daß ES von etwas, das mich an steife Dochte erinnert, der Breite nach durchzogen ist. Oben links und unten rechts ragen sie heraus und beginnen zu brennen. Die unteren sind kürzer als die oberen und leuchten somit auch weniger. Ich sitze bei den unteren, mir gegenüber, auf der oberen Seite steht ein mir sehr vertrauter Mann. Wir beobachten die Offenbarung und versuchen, sie zu verstehen. Sind denn die Dochte das Männliche, das dem Weiblichen entspringt und sich im aktiven Brennen differenziert? Das würde also heißen, daß das Männliche im Weiblichen drin sein muß. Und ich sehe, daß jeder Docht auch das Weibliche beinhaltet. Was veranlaßt denn uns Menschen, männlich und weiblich so klar voneinander zu trennen, wenn sowieso immer das eine im anderen vorhanden ist? Mir wird bewußt, daß wir Menschen linear und nicht ganzheitlich denken und daß es im Linearen nur das 'Entweder-Oder' gibt. In jedem Pol ist aber sein Gegenpol enthalten. Ich sehe noch, daß die Grundmasse die Möglichkeit hat, jede beliebige Form anzunehmen – auch die eines Dochtes – und daß sie dabei dem inneren Prinzip der Vervollkommnung folgt. Sie will sich in jeder Form erfahren, ohne jegliche Wertung. Dieses Form-Annehmen ist SEIN Spiel.«
Im Wachzustand sehe ich nun, daß die Identifikation mit der Form auch bewirken kann, daß wir vergessen, daß sie Ausdruck des Inhalts und nicht der Inhalt selbst ist.

Dienstag, 4. 6. 1991
Die Perle öffnet sich, der Durchbruch des Kerns. Wieder das Bild der Nektarine. Ich sehe, daß ihr Fleisch heute ganz durchlässig ist und daß nur noch das Zulassen der Kern-Kraft für das Werk notwendig ist. Damit dies möglich ist, muß ich mein ganzes Ja zum Bund mit Gott geben. Gefühlsmäßig versuche ich immer noch, die Waage zwischen Welt und Gott zu halten... aus Angst vor dem Kollektiv, das mich nicht

verstehen könnte. Mein Schütze-Chiron auf Spitze drei wird die astrologische Analogie dazu sein. Ich sehe, daß ich die Welt loslassen muß, um sie in Seinem Dienst frei lieben zu können. Dieses Thema hängt noch an einem letzten Faden.
– Kyrie eleison! Christos!
Nun fällt mir zu, daß für mich die Zeit des Gebens angebrochen ist. Ich soll aus der Mitte strahlen, und dieses Strahlen löst Probleme von innen her. Ich sehe, daß dies nur möglich ist, wenn die definitive Rückbindung zu Gott geschaffen ist. Das Anliegen, vom Kollektiv doch noch als eine der ihren akzeptiert zu werden, muß ich loslassen. Bis heute »schaffte« ich es anscheinend, so vieles zurückzuhalten, daß mein Prozeß der Individuation für relativ wenige sichtbar wurde.

Donnerstag, 13. 6. 1991
Leider erweist sich auch meine neue Zeiteinteilung als Täuschung. Ich dachte mir, Montag-, Dienstag-, Mittwochmorgen Einzelarbeit, Donnerstag und Freitag Schreiben, das sei die neue Lösung. Jetzt fällt mir gerade die Frage zu, ob Kontinuität überhaupt wichtig ist?

?: Dies ist die Denkweise des Egos.
L: Ja, ich erinnere mich, daß es im Manuskript darum geht, Sein Wort, Seine Schwingung in Form zu bringen, und bei IHM gibt es kein lineares Hintereinander. Dies würde also bedeuten, daß es stimmig ist, zwei Tage pro Woche zu schreiben? Hitze im Herzen. Die Perle naht.
?: Ja.
L: Um mich herum wehrt sich etwas. Was ist das?
?: Das sind die Teile, die sich dem Kern noch nicht untergeordnet haben.
L: Ich nehme nun alle ins Mantra hinein und spüre Seitenstechen unter den rechten Rippen. Dort zieht ein losgelöster Teil system- und orientierungslos seine eigenen Kreise, getrieben vom scheinbaren Zufall. – Welche Themen stecken darin? Bild von sich bewegenden Schaf-

fellen. Darauf kommt eine Mandorla zu stehen. Die äußerste Schicht ist so dunkel, daß das Bild auf Anhieb nicht erkennbar ist. Erst in der Tiefe erblicke ich eine hagere Madonna mit dem Kind. Sie steht schwach auf den Beinen, das Kind ist gesund und kräftig. Ihr rechtes Bein ist noch schwächer als das linke. Bin ich das? Wohl nicht!

?: Natürlich. Der Schmerzpunkt unter den Rippen ist die Grenze zwischen deiner starken und deiner schwachen Seite.

L: Daß das Bein so schwach ist, war mir nicht bewußt und löst jetzt Angst aus. Was bleibt zu tun?

?: Laß auch die Beine immer wieder mit dem Mantra pulsieren.

L: Das vergesse ich von Zeit zu Zeit. Die Grenze auf der unteren Seite ist hart und glatt, um das Thema der schwachen Teile nicht zuzulassen. Mit dem Pulsieren des Mantras löst sie sich sachte auf. Perle – und ich sehe mich einschlafen...?

Traum
»Ich leite eine Zeremonie in der Basilica San Francesco in Assisi. Ein großer Kreis von Menschen hat sich auf der hinteren Empore versammelt. In der Mitte des Kreises wird für mich zeitweise ein immaterieller, hagerer, schwarz gekleideter Mann sichtbar, der mir in der geistigen Hierarchie deutlich übergeordnet ist. Ich folge Schritt für Schritt meinen Eingebungen. Beim Impuls, die Anwesenden sollen einzeln aufstehen, ihren Namen nennen und sich bekennen, beachte ich, daß eine junge, für meine Begriffe auffällig gekleidete Frau zu protestieren beginnt. Dann steht ihr Freund auf und protestiert ebenfalls. Ich nehme wahr, daß ich deswegen energetisch nicht zusammenfalle, sondern mit Nachdruck mein Anliegen vertrete. In diesem Moment ergreift der Meister in der Mitte unterstützend das Wort. Ich spüre, daß die Aussagen meines Chirons stimmen: Ich kann transpersonale

Anliegen gegen hylotropen Widerstand durchsetzen, was mir bezüglich der Ego-Anliegen kaum gelingt.
Neben mir sitzt der junge Franziskus von Assisi, 23 oder 28 Jahre alt. Ich spüre, daß er völlig entschlossen ist, seinen ureigenen Weg zu gehen. Das Band seiner »religio« ist viel kürzer als meines. Ich spüre auch, daß er, im Gegensatz zu mir, dem VATER völlig in die Augen schaut. Er ergreift das Wort: (Leider erinnere ich mich nicht mehr daran).
Später gehen Franziskus und ich unter dem Erdboden hindurch und beschauen das Wurzelreich der Menschen über die Jahrhunderte hinweg. Die meisten Wurzeln sind dünn und ohne eigenes Profil, sie lassen sich somit kaum voneinander unterscheiden. Dann kommen wir zur Wurzel seiner Mutter und betrachten sie längere Zeit. Sie ist extrem größer und stärker als die anderen und ganz differenziert. Franziskus erzählt mir von ihrem selbstlosen Einsatz. Ich versuche, mich an das zu erinnern, was ich von ihr gelesen habe, um Übereinstimmungen zu finden.«
Ich freue mich über diesen Traum, zeigt er mir doch auf, daß die Fähigkeit, transpersonale Anliegen gegen Widerstände des Kollektivs durchzusetzen, im Wachstum ist. Es beeindruckt mich auch, daß ich in dieser Phase den Chiron 'entdecke', der im Quadrat zu meiner Sonne mir diese Kraft verleiht.

Antwortbrief 36

Liebe Leta,
die Einsichten aus der Dimension der Weisheit wollen sich *sichtbar* im Alltagsleben umsetzen. Die »Suppe« ist längst gekocht. Wer ist bereit, sie zu verteilen? Als ich darüber ins Betrachten komme, ertönt wie aus weiter Ferne eine mir sehr vertraute Stimme:
»Jeder Tag ist Dir geschenkt. So diene neu den Menschen und der ganzen Schöpfung. Mache Dich auf nach innen und lausche meiner sanften Stimme. Suche die Antwort nicht draußen, sondern immer

in MIR in Dir. Alles ruht innen, was Du wissen mußt. Sei still und folge der Bewegung Deines Herzens, dort begegnest Du MEINEM Frieden und alles andere wird Dir hinzugegeben werden. Du bist gerufen zu empfangen, was Du erbittest und weiterzuschenken, was Dir gegeben wird. Was zögerst Du, diese Deine Auf-Gabe zur Gabe für MEINE ganze Schöpfung werden zu lassen! – Merke auf und wisse: Der ICH BIN in Dir ist Gott, Du, MEIN Ebenbild.«

Um diese »Suppe« gerecht zu verteilen, braucht es wohl die »ent«- und »unter«-scheidende Michaelskraft. Ich freue mich sehr, daß der »michaelische Kanal« nun auch für Dich offener ist, und somit auch deutlich Kräfte für die Tat freigesetzt werden. Wenn wir »tätig« werden, begeben wir uns in der Raum-Zeit-Dimension auf »glitschigen« Boden, weil jeder Mensch unsere Erfahrung aus seiner Vernetzung heraus interpretiert, und eben auch nur dort mit uns einig geht, wo er selber in sich Resonanz mit uns verspürt. Das ist mit jeder angebotenen Botschaft so, ganz gleich aus welcher Höhe oder Tiefe sie stammt. Um der persönlich erfahrenen Botschaft treu zu bleiben und sie auch nach außen zu vertreten, braucht es in kritischen Lebensphasen »Durch-Beiß-Vermögen«. Ich kann uns beiden nur wünschen, daß uns die Michaelskraft dabei unterstützt, d.h. daß wir im rechten Augenblick uns für das Richtige entscheiden und alles andere ausscheiden. Wir werden dabei mit unterschiedlichen Bewußtseinsakzenten aktiv werden und können gleichzeitig füreinander hilfreich sein, wenn wir uns gegenseitig helfen, die richtige Eingrenzung zu finden. Das erkennst Du in bezug auf meine weiblichen Seiten und ich in Hinblick auf Deine männlichen Qualitäten besser, falls wir tatsächlich von unserem Kern her zueinander hinspüren. Das Wechselspiel zwischen weiblicher und männlicher Ausdrucksform ist gleichzeitig ein *Schau*spiel der göttlichen Selbst-offenbarung in Raum und Zeit. Die gegenwärtig globale, rechthaberische Lieblosigkeit der Menschen untereinander ist eine eindrückli- che Karikatur dieser Offenbarung Gottes, weil ja bekanntlich jeder behauptet, die einzig wahre Offenbarung zu besitzen. ES offenbart sich in immer neuen Formen. So bedeutet für mich das Freigeben und Loslassen der »Welt«, sie in einer neuen Art wieder zu gewinnen. Der Bund Gottes mit dem Menschen ist einmalig aber unendlich vielfältig und so auch in keinem Zeitpunkt fixierbar, dafür von Augenblick zu Augenblick neu erlebbar. Das kleine Ich empfindet dabei immer wieder Angst. Woran soll es sich festhalten, wenn es NICHTS zum Festhalten gibt? Es wird dann zu einem »*ein-samen*« Gehen des Weges im Vertrauen zur eigenen Kernwirklichkeit, mit der sich Gott verbündet hat. Der *Funke dieses einen göttlichen Samens* in uns entfaltet sich oft mühselig in der Alltagswirklichkeit des Offenbarungsmysteriums und zwar bedingungslos, wie ES will. Die Pfahlwurzeln jedes Samens verankern sich im Quellgrund der Liebe, manchmal mit wenig individuellem Profil, wie Dein Traum von Franziskus aufzeigt. Dünne Wurzeln weisen wohl auf eine eher oberflächliche Verankerung hin, weil sich der egofreie Einsatz im Leben bisher wenig verdichtet hat.

Das ist für die westeuropäischen Menschen sehr schwer auszuhalten. Sie wollen zielorientiert und themenzentriert ihr spirituelles Leben gestalten, oft mit ganz klaren Vorstellungen, was sie in welcher Zeit erreichen möchten. Diese Ego-Wünsche müssen am Eingangstor des mystischen Weges abgegeben werden, weil es NICHTS zu erreichen gibt, da schon alles vorhanden ist. Es stellt sich nur die Frage, ob ich bereit bin, mich anheimzugeben, damit ES sich ausfalten kann: »DEIN Wille geschehe!«... Oft nehmen wir gar nicht wahr, wie uns der Eigenwille besetzt. Es beginnt uns dann an verschiedenen Körperstellen diffus zu schmerzen. Der Besuch einer Ärztin bringt auch keine Klärung. Meist handelt es sich um losgelöste Ego-Anteile, die sich als Körperschmerzen ausdrücken, weil ihre Botschaften beachtet werden wollen. Wie oft habe ich schon die Auflösung solcher Befindlichkeiten erlebt, wenn es dem Menschen gelingt, alle Bereiche der Leibgestalt vom Klang des persönlichen Mantras zu durchtönen und den ganzen Körper durch SEINEN Klang in Vibration zu versetzen. Es geschieht dabei ein In-das-Lot-Schütteln der ganzen Struktur des Leibes.

Hoffentlich werden wir dabei ganz offen und heil.

Dein *Franz-Xaver*

Tagebuchauszug
16. 6.; 20. und 21. 7. 1991

Sonntag, 16. 6. 1991
Als sich meine Zähne nach der Erfahrung des Nichts von Ende Dezember 1990 nicht mehr schlossen und mich dazu zwangen, Diät zu essen (nichts Saures, kein Obst, keinen Zukker...), stellte ich mir oft die Frage, ob mich dieser Zustand doch auf eine Aggressionshemmung hinweisen will. Heute muß ich mir eingestehen, daß ich meine Kampfkraft, meinen Mars recht unterdrückt habe. Ihm blieb somit kaum eine andere Möglichkeit, als sich zurückzuhalten und hin und wieder am vertrautesten Ort zu explodieren. Ich erinnere mich gerade, daß mein Elternhaus ein guter Ort dafür war, um meinen Ärger auszudrücken. Ich glaube, mein Vater empfand mich dann als sehr hilflos, was in ihm seine ganze Männlichkeit weckte, und er hätte alles für mich getan. Ich wollte aber keine Hilfe.
Seit einigen Tagen verspüre ich Lust, in eine Frucht zu beißen, was mich hellhörig werden läßt. Ist dies ein Zeichen dafür, daß meine Zähne Früchte wieder ertragen würden? Vorgestern aß ich einen Pfirsich, gestern sogar ein bißchen Birchermüesli – ohne negative Folgen. Nun muß ich weinen vor Berührung. Darf ich wohl wieder? Heute abend möchte ich ein Blättchen Salat mit Sauce essen. Wenn auch das möglich wär... Ein tiefer Seufzer der Befreiung. Ich glaube, ich habe die Botschaft der Zähne verstanden. Wahrscheinlich haben die homöopathischen Kügelchen (Arnica) geholfen, die Thematik ins Bewußtsein zu bringen. Wenn es tatsächlich so ist, daß ich wieder normal essen kann, freue ich mich riesig darüber!.
Kann ich jetzt auf die Kerngruppe zu sprechen kommen? Ich habe den sichtbaren Kontakt mit meinen vier Helfern verloren und kann ihre Aussagen von meinen nicht mehr unterscheiden. Hat bereits so viel Integration stattgefunden? Dies würde mich freuen, obschon es für mein Ego interessanter war, innere Gegenüber zu haben.

Mir ist im Moment, als wäre mein Kern in einer Schale verpackt. Nun beginnt aber der Rücken zu brennen, dann melden sich die Hände. Der ganze Oberkörper wird energetisiert, ich nehme bewußt auch Beine und Füße in diese Schwingung hinein. Mein Ichbewußtsein taucht ins Ganze ein (ohne einen beobachtenden Teil draußen zu lassen) und verliert dabei den Bezug zu seiner Ebene. Dies geschah mir regelmäßig auch beim Meditieren in den letzten Wochen. Ich meinte, es hänge damit zusammen, daß ich wegen der Bänderverletzung immer noch nicht recht am Boden sitzen kann. Nun versuche ich nochmals, loszulassen und da zu bleiben. Wie machte ich das bloß früher? Ich höre:

?: Die Grenze des Egos darf sich beim Eintauchen im Selbst nicht auflösen. Zusätzlich zu seiner eigenen Identität muß es auch die Ganzheit bejahen, dann umschließt es alles und kann dies durch seine Form in seine Dimension hineinbringen.
L: Ich denke, ich bin im Moment zu stark belastet. Letzten Herbst traf ich die innere Abmachung, bis zu den Sommerferien vorwiegend zu schreiben, und dies gelang mir nicht, weil ich den Mut, alle eingegangenen Verpflichtungen abzusagen, nicht aufbrachte. Nun fürchte ich, deswegen meiner Aufgabe untreu gewesen zu sein. Mein kleines Herz ist von Schuld beladen.
?: Alles ist Aufgabe!
L: Wie bitte?
?: Wichtig und unwichtig, das ist eure Einteilung!
L: Jetzt kommt mir der Impuls, woher sehe ich nicht, ein paar Tropfen Basilikum zu nehmen. Herzlichen Dank für den Ratschlag.

Samstag, 20. 7. 1991
Seit dem letzten Schreiben sind Wochen verstrichen. Ein kleines Schuldgefühl will sich einschleichen, ich habe meine Pflicht nicht erfüllt. Diesmal lasse ich es nicht zu, bin ich doch

immer mit dem Fluß gegangen, habe umgesetzt, was mir offenbart wurde. Wie es mir dabei erging? Wunderbar, es war einfacher, als ich es mir vorstellte. Eine neue Ebene des Kongruent-Seins mit dem VATER wurde mir bewußt, und zwar nur, weil ich in der Zwischenzeit bereit geworden bin, meinen persönlichen Willen zugunsten SEINES Willens zu opfern. Ich befürchtete, mich in unzählige menschliche Probleme zu verstricken, wenn ich mich SEINEM Willen unterordne, da ER viel direkter, klarer, treffender, gezielter, kompromißloser... etc. ist als ich. Die Erfahrungen der letzten Wochen zeigen mir aber, daß es ganz anders ist. Bin ich kongruent mit SEINEM Willen, wirkt das, was ich sage, und obschon ich daran beteiligt bin und mich für das, was ich sage, verantwortlich fühle, fühle ich mich nicht mehr irritiert, wenn Frontalangriffe kommen. Erstaunlich und wohltuend!

Ich muß zulassen, daß sich diese Erkenntnis in mir setzen kann, um die Erleichterung, daß es anders als erwartet ist, richtig genießen zu können. Im Moment staune ich wieder einmal darüber, wie eng die Erfassungsmöglichkeiten des (meines?) Egos sind. Es ist blind für das Wesentliche. Wohl darum meint Stan Grof, die tiefste Therapie geschehe in anderen Bewußtseinszuständen. Nur aus der Weite heraus können wir die Wahrheit erkennen, das Ego sieht nur, was für es, mit seinen Verdrehungen, sichtbar wird. Und je zahlreicher die Verdrehungen, desto geringer die Chance, doch noch etwas vom Leben zu verstehen.

Ich ziehe eine Tarot-Karte, um zu sehen, was mein nächstes Thema sein wird: der Stern, und lese bei Leuenberger und bei Angeles Arrien nach, was er bedeutet: »Erkennen und leben der verschiedenen Ebenen der Sexualität: 1. Fortpflanzung, 2. Lust erleben, Spiel.«

Bekomme ich diese Botschaft, um das zu bestätigen, was ich meine, erkannt zu haben? Irgendwo ist doch die Verunsicherung, was denn die buddhistischen Meister mit ihrer Botschaft meinen, wir sollen Unwissenheit, Gier und Haß ....

überwinden. Oder können wir sie nur überwinden, indem wir sie durchleben? Ich spüre, daß ich mit dieser Frage fast den Kern treffe.
Ein Bild taucht auf: Ein erodierter und überwachsener Hügel öffnet sich zuoberst. An meinem Körper spüre ich, daß die zwei untersten Chakras nicht auf der gleichen Linie sind wie die oberen 5. Ich gehe ins Mantra, spüre, daß die 5 oberen mitschwingen, die zwei unteren sich sachte bei jedem Atemzug portionenweise anschließen. Zwischen dem 2. und 3. Chakra besteht zur Zeit keine Verbindung. Der Grund dafür ist die Angst des 3. Chakras, das 2. nicht im Griff halten zu können, was wohl berechtigt ist. Sobald ich auch die Füße spüre und wie diese auf dem Boden stehen, pendeln sich die Schwingungen des 1. und 2. Chakras in die Linie der anderen ein. Ich erinnere mich an die Engels-Worte: »Immer auch die Füße spüren, um ganz da zu sein«. In diesem Zustand spüre ich Dichte und Kraft im ganzen Körper. Nun geht es darum, sie gezielt einzusetzen, und gezielt bedeutet, so wie ER will. Inzwischen ist mir das ganz recht. Bin ich doch dafür da. Hier fällt mir noch das Schlüsselwort bei Angi ein (zum Stern): »Confidence«. Ich brauche »nur« dem Inneren zu vertrauen, und alles wird sich nach SEINEM Plan entfalten. Diese Erkenntnis erleichtert mich vor allem im Sonnengeflecht.
»DEIN Wille geschehe, wie im Himmel, so auf Erden.«
Ich erfahre eine fast unbeschreibliche Erleichterung bei dieser Aussage. Innerlich werde ich von einer wohligen Wärme durchströmt, ich fühle mich geliebt, akzeptiert, umsorgt als das Geschöpf, das ich bin. Wir alle sind in unserem So-Sein in Ordnung, brauchen es nur zu erkennen. Ich spüre, daß die Perle naht. Mein Herz lobt und dankt dem Schöpfer, und ich mache mich auf den Weg, die Kinder von ihren Lagern abzuholen. »Ubi caritas et amor..... Deus ibi est!«

Sonntag, 21. 7. 1991
Zuerst der Traum

»Ich schaue folgender Szene zu: Zwei junge Frauen, die wie eineiige Zwillinge aussehen, verhandeln miteinander. Die eine hatte ihr uneheliches Kind der anderen zur Adoption freigegeben und will es nun nach einigen Jahren wieder zurück in ihren Bauch, um es neu zu gebären. Einige Leute, ich glaube ausschließlich Männer, helfen ihr dabei. Sie bringen ihr das Mädchen, zerstückeln es und legen alle Teile in ihren Bauch zurück. Dort kann nun das neue Kind entstehen und bewußt geboren werden. Es sieht so aus, als führten die Männer diese Arbeit mit Routine aus. Der Anblick ist schrecklich und ich spüre, daß das, was geschieht, stimmig ist, kann es aber nicht fassen.«
Ich lasse nun den Traum auf mich wirken und spüre, daß das Zerstückeln mit der Neugestaltung in meinem Bauch zu tun hat. Die Teile setzen sich neu zusammen. Wie der Saturn, der seine eigenen Kinder frißt, oder die Zerstückelung von Osiris.
Das Mantra schwingt, ich spüre bewußt auch meine Füße und fühle mich wie in einem Mandala, das mir Schutz gibt, indem es mich mit Liebe umhüllt. Die violette Perle fluktuiert mit meinem Atem: Beim Ausatmen wird sie größer, beim Einatmen kleiner. Wenn ich mit dem Atem schwinge, der Atem bin, dann gibt es keine Störfaktoren mehr, dann nehme ich wahr, daß Christos alles ist und daß ich mit meinem kleinen Herzen Zugang zu Ihm, zum großen Herzen oder zur Rückseite des Herzens, finde. Mich nehme ich wie eine spezifische Schale wahr, die bis anhin gereinigt und geläutert werden mußte, um fähig zu werden, die Christos-Energie zu fassen. »Christe eleison!« Möge ich nie mehr vergessen, wofür ich da bin! Nun erscheint dasselbe Bild wie gestern früh beim Erwachen: Ich tauche allmählich und ganz bewußt aus der Tiefe des Schlafes auf, spüre, wie etwas sich öffnet und meine, es sei die Perle, wie inzwischen morgens fast

regelmäßig. Allmählich öffnet sich mir eine neue, weiß-gelbe Perle mit einer ganz anderen Qualität als die blau-violette. Sie ist jenseits von allem, ich habe absolut keine Möglichkeit, sie zu beschreiben. Ich kann nur sagen: Sie ist anders als alles, was ich sagen könnte. Sie läßt sich nicht einfangen, weder in Worte noch in Bilder, aber ich kann sie ein- und ausatmen und augenblicksweise sie sein. In diesem unfaßbaren Licht erblicke ich plötzlich eine wunderbare, absolut schöne, liegende Frau. Ich bestaune sie. Sie kommt mir wie eine ägyptische Statue vor, bis ins letzte Detail hinein perfekt. Dann wird mir bewußt, daß die Statue haargenau die Stellung einnimmt, die ich zur Zeit einnehme. Ich bemerke auch, daß sie der Inhalt ist und ich die Form, und daß zur Zeit für mich die beiden identisch sind: *So ham – Hamsa !* – Ich bin Das!

Wir haben gerade die erste holotrope Atemwoche im neuen Atelier hinter uns, für mich eine überwältigende Angelegenheit. Am Ende des Kurses hatte ich folgenden Traum:

»Ich stehe wie auf einem Siegerpodest, blicke in eine große Menschenmenge hinein. Meine Kleider fallen Stück für Stück sanft ab. Ich spüre ihnen nach und erkenne, daß dies Schritt für Schritt im Einklang mit SEINEM Willen ist. Beim Fallen jedes Kleidungsstückes dehnt sich meine Liebesfähigkeit aus, und ich spüre, wie ich immer mehr Menschen aus dieser Menge einfach liebe. Sie wirken alle liebeshungrig, und ich erkenne darin, daß wir alle nach absoluter Liebe trachten und uns immer und immer wieder an die Form, die sie ausdrückt, verlieren und somit nie endgültig befriedigt sind. Nun hängt nur noch ein seidenes, weißes Dreieck mit Spitze nach unten über meine Brüste. Wenn dieses fällt, bricht die Zeit an, wo ich mit allen und allem in dieser unendlichen Liebe eins werde.«

Ich erwache und erinnere mich gleich an Tempelprostitution.

Ein Bild des Gebärmuttermundes mit Schamlippen taucht auf, und ich höre, daß das LEBEN, die LIEBE hier drinnen gezeugt

wird und hier hervorgeht, um von Mensch zu Mensch übertragen zu werden. Die Gebärmutter ist DER heilige Ort, weil hier alles gleichzeitig *IST*. Und in diesem Sein eingebettet, können wir augenblicksweise kosmisches Bewußtsein erleben. Im Augenblick der Vereinigung von Mann und Frau eröffnet sich ihnen Gott, wenn auch nur für kurze Zeit. Und hier taucht wiederum dasselbe Problem auf. Wir Menschen projizieren die göttliche Erfahrung – den Orgasmus – auf den Partner und wollen ihn immer mehr für uns haben. Ich sehe nun, daß die Libido, die nach Freud unserem biologischen Urgrund entspringt, schlußendlich nichts anderes will, als uns zu Gott führen. Also, im Geschöpf lebt bereits der Drang nach dem Absoluten. Dieser muß sich aber lange erleben, um sich seiner bewußt zu werden, um zu erkennen, wie es ist und was es soll. Wann ist denn der Zeitpunkt gekommen, Sexualität zu transzendieren, und was meinte Freud mit Sublimation? Ich sehe, daß bei Sublimation der Trieb einen Knick erhält und sich in eine andere Richtung als die ihm eigene bewegen muß. Er wird von der Vertikalen in die Horizontale gebogen. Die Energie kann so weiterfließen, baut aber auf der Horizontalen etwas auf, statt den Menschen auf der Vertikalen weiterzuleiten. Gesellschaftlich gesehen, ist diese Lösung die einfachere, die akzeptablere, aber der Trieb muß sich somit mit der zweiten Priorität begnügen. Dies ist immerhin weniger schlimm, als die Triebkraft abzuschneiden.
Was heißt »Sexualität transzendieren«? Und wie geht es vor sich? Die Triebe, die aus dem mütterlichen Urgrund hervorgehen, sollen ihre Richtung beibehalten können und Stufe um Stufe durch Bewußtwerdung verfeinert werden. (Ich brenne von Kopf bis Fuß. Auf meiner Haut bilden sich Schweißtropfen, die sich einen Weg nach unten bahnen, sozusagen als Ausgleich zu den nach oben strebenden Energien.) Damit kommen sie in Kontakt mit allen Chakras und ihren Themen, wodurch unweigerlich eine *innere* Angleichung stattfindet. Eine Angleichung der verschiedenen Themen untereinander, die den Menschen zur Ganzheit hinführen.

Sonntagabend
L: Ich möchte gerne Probleme bezüglich des Buches klären. Ist das jetzt möglich? (Gefühl von Zustimmung und Akzeptanz.)
Soll das Buch mit meiner Todeserfahrung beginnen?
G: Nein. Beginne mit den Christus-Visionen und breite dich dann langsam im Text aus. Laß dich nieder, sei dein Text. Trete über Franz immer wieder in Kontakt mit dem bereits bestehenden Wissen der Weisen. Teile deine Erlebnisse mit anderen, damit sie erfahren können, daß dies überhaupt möglich ist.
L: Gabriel, wie kam es, daß ich in letzter Zeit den Austausch mit der Kerngruppe verlor? (Ich sehe, daß ich aus dem gemeinsamen Schwingungsfeld ausgestiegen bin.)
G: Du kannst jederzeit wieder einsteigen, brauchst dich einfach fallenzulassen. Da Integration verlangt war, mußtest du neue Prioritäten setzen. Nun kannst du dich wieder vermehrt dem Schreiben hingeben, wenn du willst.
L: Wenn ich will? Ich muß also nicht?
G: Jeder Mensch kann frei entscheiden, ob er seine Aufgabe annimmt oder nicht. Du darfst sie erfüllen, du mußt nicht.
L: Also doch die vielgepriesene Freiheit, an die ich bis heute kaum glauben konnte?
G: Ja, ja, ja. Niemand wird gezwungen.
L: Wie wohltuend. Ich spüre im Augenblick so viel Freiheit wie noch nie zuvor in meinem Leben.
G: Weil du die Fixierung losgelassen hast, du müssest.
L: Du meine Güte, ich sehe, wie ich mich selber eingeschränkt habe. Was bedeutet es aber für die Evolution, wenn individualisierte Menschen ihre Aufgabe nicht wahrnehmen?
G: Aus eurer Sicht wartet alles darauf, bis sie sie nehmen. Bei uns gibt es keine Zeit und somit auch kein Warten.
L: Ich bin betroffen und überrascht und muß in die Küche gehen, weil wir heute abend Besuch haben...

Danke Gabriel. Ich freue mich bereits auf unsere nächste Begegnung.
G: Es liegt an dir, ich bin immer anwesend.
L: Von mir her funktioniert der Austausch nur, wenn mein Herz offen ist.

Antwortbrief 37

Liebe Leta,
es gibt eine Gefahr, der ich bei Menschen, die einen spirituellen Weg gehen, immer wieder begegne: Der Wunsch nach Entgrenzung des Ichs. Ich höre dann argumentieren: »Das Ich muß auf- oder freigegeben werden, damit das größere Selbst die Führung übernimmt.« Das mutet mich wie ein Schienenwechsel des Bewußtseins an. In seiner Folge wurden alle Formen der negativen Askese entwickelt, um das »Ich« zu unterdrücken, in den Griff zu bekommen, anstatt es wirklich in die größere Ganzheit hinein freizugeben und es damit auf einer umfassenderen Ebene zu integrieren. Das Ich ist von seiner inneren Struktur her nie vom Selbst, vom Kernwesen, abgespalten. Oder gehört etwa die Spitze des Berges, die aus dem Meer herausragt, nicht zum ganzen Berg? Bietet nicht gerade diese Spitze die Möglichkeit, den ganzen Berg zu erschließen? – Genau so verhält es sich mit dem Ego. Es eröffnet uns ein »Tor«, in die Fülle unseres Wesens einzutreten. Auf diesem Weg zu einer Ganzheitserfahrung wird uns durch die Optik des Ichs immer wieder neu bewußt, was wir auch noch sind. So wird uns die Bewußtheit des Ichs zum Leitfaden für die Wahrnehmung des Allumfassenden. Darum macht uns die Tradition darauf aufmerksam, das Selbstbewußtsein und die Stärke des Ichs zu fördern, um überhaupt das Numinosum, das Mysterium, auszuhalten. Die Initiationsriten aller Völker dienen und dienten diesem einen Ziel, in der Berührung durch das Göttliche bestehen zu können. Das bedeutet in der christlichen Tradition: »Dein Wille geschehe!«
Damit stellt sich das Ich radikal in den Dienst des Umfassenden. Diese Erlebensdimension ist der transpersonalen Bewußtseinsebene zugänglicher als der Ratio. Trotzdem bleibt es uns nicht erspart, eine

solche ganzheitliche Seinserfahrung, die sich z.B. im holotropen Atmen eröffnen kann, später dem Alltagsbewußtsein anzuschließen. Es ist unsere Aufgabe, aus der Weite heraus immer wieder in die Begrenzung des Hier und Jetzt zurückzukehren und dennoch darin die Weite zu erfahren.

Vielleicht hast Du aus diesem Grunde eine Tarotkarte gezogen, um aus der Fülle der Weite Deinen konkreten Auftrag als anstehendes Lebensthema zu erkennen. Jede Befragung des Orakels, also des größeren Sinnzusammenhanges, braucht viel Demut, die Antwort anzunehmen, die Dir geschenkt wird. Wenn diese Bereitschaft nicht da ist, betreiben wir ein Spiel wie der Arzt im Märchen »Gevatter Tod«. Die Vorsehung läßt sich in ihren Schicksalsfäden nie manipulieren. Die ursprüngliche Orakelbefragung, egal ob es sich um Tarot, I-Ging, Stäbchen, Zinngießen usw. handelt, bedeutet immer ein Zurücktreten des kleinen Ichs, um sich dem Größeren zu stellen und um dabei das Alltagsleben zu klären. Dieses Tun soll den bisherigen Lebensrhythmus verändern oder bereichern und ermöglicht die Integration und Klärung unbewußter Seelenanteile. Es setzt bestimmte Akzente in der Via purgativa im momentanen Lebensabschnitt. Ursprünglich wurde das Orakel nur befragt, wenn das Ich in seiner Entscheidungsfindung nicht mehr weiterkam.

In jedem Orakel drückt sich der umfassende Sinn in einer Verdichtung des Wortes oder eines Symbols aus. Die Antwort des Egos ist wieder: »Dein Wille geschehe wie im Himmel, so auf Erden!« Wenn »Himmel« die jenseitige, umfassende Dimension meint, dann bedeutet »Erde« den stofflichen, zeitlich und räumlich geformten Bereich. Die Weisheit göttlichen Willens soll in beiden Dimensionen wirksam werden, wenn wir das Orakel in einer ausweglosen Situation befragen, bzw. uns in seinen Dienst stellen.

Es gibt noch eine weitere Form des Orakelbefragens, das ich »Weben des Vorsehungsteppichs« nenne. Dazu wurde schon im Mittelalter die heilige Schrift oder ein anderes heiliges Buch benutzt. Dabei wird mit geschlossenen Augen das betreffende Buch aufgeschlagen und spontan mit Fingerlegen eine Stelle bezeichnet. Im Sinne der ethischen Konsequenz wird dieser Stelle im Alltag möglichst optimal nachgelebt. Die Botschaften heiliger Schriften, die aus der Tiefe des Herzens (Kernmitte) wirken, befruchten das Ich. Dieses gibt Antwort in der Tat des konkreten Lebens und ist gleichzeitig von einem unmittelbaren Vertrauen in die Wirkkraft des Wortes (oder eines Symbols, das aus dem Wort entsteht) geleitet. Ein solches Geschehen ordnet auch alle Energiefelder der Chakren, bis sie ganz in den umfassenden Standpunkt hinein verankert sind. Nach alter mantrischer Lehre durchtönt der Klang und innere Laut des Mantras alle Seinsdimensionen, vereint sie im einen Ton und bringt so die göttliche Fülle des Makrokosmos im Mikrokosmos Mensch zur Ausfaltung. Wenn Du so »betont« bist, empfindest Du Dich erfüllt im Ein-Klang mit dem Schöpfungsganzen und umhüllt von einer Atmosphäre heilender Liebe. Hat ein Mantra auch eine bestimmte Symbolgestalt, wie sie z.B. bei Dir als Perle in Erscheinung tritt, kann es in diesem Zustand plötzlich in den verschiedenen Spektralfarben aufleuchten, wobei die einzelnen Farben wiederum auf eine bestimmte innere Verfaßtheit hinweisen. So leuchtet in der violetten Perle die Verbindung von Blau und Rot auf, das heißt unter anderem die mentale und vitale Ebene verbinden sich zu einer Ganzheit. In einem solchen inneren Zustand kann es Dir geschehen, daß Dir unverhofft aus der weiß-gelben Perle Dein durchlichtetes, völlig harmonisches Ebenbild begegnet. Es offenbart sich das Urbild der Schönheit, das Du eigentlich seit Beginn Deiner Existenz bist, wie es Dir mit dieser »absolut schönen Frau« ergangen ist, die Dir in der Gestalt einer ägyptischen Statue begegnet ist.

Der Traum, in dem Du auf dem Siegerpodest stehst, zeigt Dir als logische Konsequenz ganz deutlich auf, daß nach der Berührung durch das »Urbild der Schönheit« alles an »Verkleidung« abfällt, was der absoluten Liebe entgegensteht oder sie verdeckt. Das Traumbild erinnert Dich auch an die Tempelprostitution. Ursprünglich diente sie dazu, in der Heiligen Hochzeit zwischen Priester und Priesterin die göttliche Fruchtbarkeit in einem Ritual sichtbar werden zu lassen. Der Priester verkörperte den Gott, die Priesterin die Göttin. Zu bestimmten Zeiten im Jahr, meistens bei der Sonnenwende, wurden alle Initiierten und bei gewissen Völkern überhaupt alle Erwachsenen dazu eingeladen, diese Heilige Hochzeit zu vollziehen, damit einerseits die Fruchtbarkeit der Erde und der ganzen Schöpfung erhalten bleibe, und daß andrerseits die allumfassende, göttliche Liebe einen sichtbaren Ausdruck finde. In der hylotropen Dimension wird dieser Ausdruck im Umfeld der ganzen Auseinandersetzung um das Thema Geschlechtlichkeit und Meditation sichtbar.

Für heute muß ich schließen, und es fällt mir gerade ein, daß ja Gabriel zu Dir einmal sagte: »Dein Schreiben ist frei-willig«. Für mich erlebe ich es zur Zeit mehr »willig« als frei...

In Liebe grüßt Dich
Franz-Xaver

Tagebuchauszug
22. – 30. 7. 1991

3 Träume

22. 7. 1991
»Lehrerfortbildungs-Tagung mit sehr vielen Leuten. Verschiedene Stände sind aufgestellt. Ich informiere mich bei einem Stand mit ausschließlich 5 cm langen Wollstücken. Man sagt mir, ich solle beide Hände voll nehmen und so lange kneten, bis aus den Stücken ein Faden entstehe. Ich staune darüber, daß dies möglich sein soll und beginne damit.«

23. 7. 1991
»Gruppenarbeit. Unsere Leiterin ist sehr jung und wirkt auf mich unreif. Beiläufig sagt sie mir, ich müsse immer im Mantra bleiben, was mich sehr ärgert. Woher nimmt sie das Recht zu dieser Aussage? Ich wehre mich, indem ich ihr sage, ich sei immer im Mantra. Gleichzeitig spüre ich, daß dies nicht stimmt. Sie hat also doch recht.«

24. 7. 1991
»Ich bin im Gespräch mit dem Engel, stelle wiederum Fragen bezüglich des praktischen Vorgehens beim Buch. Er antwortet mit resoluter Stimme, ob wir jetzt endlich unsern Prozeß angeschaut haben? Ich bin verdattert, erinnere mich an frühere Antworten und daß wir sie nur teilweise umgesetzt haben.«

Sitzung vom 25. 6. 1991
Ich bin berührt, daß Franz spontan seinen Prozeß hineinbringt, was laut obigem Traum am stimmigsten ist. Wie wohltuend, es geschieht, was geschehen soll, ohne daß ich dafür eintrete.

27. 7. 1991
Der Traum von heute nacht ist wohl einer der *wichtigsten* in meinem Leben:
»Öffentlicher Anlaß in einem Bergdorf, ich glaube in Ernen im Obergoms. Alle Restaurants sind überfüllt. Ziel- und erwartungslos bilde ich mit 10 oder 12 mir sehr vertrauten Menschen auf dem Dorfplatz einen Kreis.
Plötzlich erscheint Christus in Seinem feinstofflichen Körper in der Mitte des Kreises mit der Botschaft:

> ›*Die Zeit der Evangelisation ist gekommen. Geht hinaus und ..... das Wort!*‹

(Das Verb habe ich vergessen.)

Dann verschwindet Er wieder. Ich spüre, daß es diesmal sofort ernst ist, und erinnere mich an Seine Erscheinungen 1984/85. Aber die Botschaft läuft Gefahr, in mir benebelt zu werden, was auf keinen Fall geschehen darf. Ich habe weder Bleistift noch Papier bei mir, um sie niederzuschreiben. In der Not greife ich zu einem Stein und schreibe sie ganz groß auf die Straße. Dies bringt Erleichterung, daß ich diesmal – im Gegensatz zu 1984/85 – nichts vergessen werde. Es ist

unendlich viel Ego-Kraft und Ego-Form nötig, um Seiner Energie standzuhalten. Was ich davon habe, ist gerade das Minimum dafür. (Das Ego ist wirklich ein Nichts gegenüber Christos.)
Dann beginne ich zu planen, wie ich meine Aufgabe konkret erfülle. Ich begegne vielen Bekannten aus dem Engadin (u.a. einer Musikerin und der Leiterin einer Erwachsenenbildungsorganisation) und erfahre, daß sie mir gerne mit Musik und Infrastruktur beistehen. Dann treffe ich meine Mutter. Wir gehen miteinander einen Kaffee trinken. Ich frage sie, ob sie mir ihr Restaurant für mein Anliegen zur Verfügung stellen würde, was sie ohne Zögern bejaht. Dies erstaunt mich, erlebte ich sie bis dahin als absolut gegen jegliches Missionieren. Sie meint, wir sollen unseren Glauben mit Taten, nicht mit Worten bekennen.
Beim Verlassen des Lokals verabschiedet sich die Wirtin, eine Bekannte meiner Mutter, von uns. Sie sagt nebenbei, meine Mutter sehe müde aus, sie solle besser zu sich schauen. Diese hört das nicht gerne und zeigt auf mich, ich sei auch müde. Ich höre das auch nicht gerne, schiebe das sofort auf die Seite.«

Die Angst, Seine Botschaft könnte mir wiederum entgleiten, sitzt tief in mir. Ich spüre, wie es ein Einfaches wäre, sie jetzt ins große Meer des Unbewußten zerfließen zu lassen, als ob sie diese Bahn ganz gut kennen würde, daß ich aber somit auch das Zentrale meines Lebens verpassen würde. Ich sehe jetzt, daß das Mantra mir bei jedem bewußten Atemzug hilft, die Botschaft im Herzen zu plazieren. Die Angst wird etwas kleiner, aber etliche Befürchtungen machen sich breit.

L: Christos! Ist das menschenmöglich, daß ich nach nichts als Dir trachte und daß ich's fast nicht fassen kann, wenn Du da bist?
?: Es geht um das Fassungsvermögen des Gefäßes, des Egos. Dieses muß von allen Menschen aufgebaut werden,

sollen sie eines Tages fähig sein, Seiner Kraft standzuhalten und sie auf Erden zu bringen.

L: Jetzt bekomme ich den Impuls, gefühlsmäßig nochmals auf den Dorfplatz zurückzugehen und Seine Erscheinung genau zu beschreiben. Tränen totaler Berührung. Wenn ich nicht bewußt sitzen würde, würde ich wahrscheinlich umfallen. Zum Glück habe ich die Möglichkeit, mein kleines Herz zu öffnen und zu schließen und somit die Begegnung portionen- oder wellenweise zuzulassen. Da steht Er, in der Mitte des Kreises, in einem weißen Gewand, aus der Allwissenheit heraus verkündend, was nun dran ist, absolut gleichmütig, ob wir Seinem Worte folgen oder nicht. Das liegt in unserer Freiheit. ›Ihr werdet es tun, wenn die Zeit reif ist‹, höre ich jetzt sagen.

L: Sind somit meine Gewissensbisse, ich hätte bereits die ersten Visionen konkret umsetzen sollen, nicht notwendig?

G: Natürlich machst du dich schuldig, wenn du nicht auf deiner Linie bleibst, weil du damit den nächsten Schritt zu deiner Integration verfehlst und die Möglichkeit dazu in den Schatten fällt. Das Problem der Sünde gibt es nur in Raum und Zeit. Hier ist alles beieinander und war schon immer so.

L: Ich fühle mich schuldig, meine Visionen von 84/85 über Jahre vergessen zu haben.

G: Mit Recht. Für dich ist es so. Ihr geht den Weg, und wir bemühen uns, euch dabei zu helfen. Weil es für euch schwierig ist, unsre Botschaften zu erfassen, greift *Moira* auf eurer Ebene ein. Für sie ist das Leiden ein wunderbares Instrument. Indem sie auf ihren Saiten spielt, verfallen ihr diejenigen Menschen, die zum angestimmten Ton Resonanz haben. Diese bekommen dadurch die Möglichkeit, das betreffende Thema zu bearbeiten. Moira musiziert weiter wie auf einem Monochord, greift nirgends ein, läßt aber jegliche Resonanz zu. Nur wer durch ihre Mühle gegangen ist, kann befreit werden. Und die Befreiten haben keine Resonanz mehr zu Moiras Tönen.

L: Ich sehe, wie unbewußte Egos ihren Tönen wie Kegel auf einer Kegelbahn verfallen. Auch Moira läßt uns alle Freiheit, sie reißt uns nicht in den Strudel hinein, aber wir sind so angelegt, daß wir automatisch in ihre Töne einschwingen. Also: Das Unbewußte steuert uns ganz unbewußt der Freiheit entgegen. Der Weg zu Christos ist in uns allen angelegt, wir brauchen »nur« Tag für Tag mit dem Bestehenden mitzuschwingen, auf dem Weg zu bleiben, und je weiter dieser führt, um so näher kommen wir dem Punkt, wo »Weg gehen« in »Weg sein« übergeht. Ich spüre, daß ich im Moment Weg bin, und daß mein bewußter Atem mein Fahrzeug ist, um hier zu bleiben. Nur ein unbewußter Atemzug, und schon bin ich wieder daran, Weg zu gehen.

Vor meinem inneren Auge taucht das Bild einer Ikone auf: Eine klare, starke, weder sehr weibliche noch etwas romantische, aber durch und durch stimmige Madonna, in ihrem Herzen den erwachsenen Allmächtigen Christos mit klarer Aura und Bibel in der Hand. Das Wort als Vehikel SEINER Kraft! Warum eignet sich denn das Wort so gut dafür?

G: Es hat die geringste und durchlässigste Form, ist somit am schnellsten und am wendigsten. Vergleiche es mit der Schwere eines menschlichen Körpers.

L: Ich schwinge zur Zeit mit allem mit, vorausgesetzt, ich atme bewußt. Somit bin ich ich, das Mantra, Christos, die Schreibmaschine, die Katze, die neben mir schläft, die Blumen und das Unkraut auf dem Dachgarten des Ateliers. Der bewußte Atem ist also die einzige (so sehe ich es jetzt) Möglichkeit, die Ego-Ebene zu transzendieren, um die Schwingung des Christos zu erreichen. Dies ermöglicht ihm, die Führung zu übernehmen, aber im Moment der letzten Vereinigung fehlt dann etwas Entscheidendes, die persönliche Form, das Ich, das mit dem Ganzen eins werden kann. Ohne Ego gibt es keine allumfassende Einheit – zur Einheit gehört *alles*.

Ich erlebe mich im Moment in einem Zustand absoluter Klarheit und frage mich, ob es nicht sinnvoll oder wenigstens für die Ego-Ebene nützlich wäre, wenn ich ein paar anstehende Fragen angehen würde. Ich spüre ein Lächeln in mir und höre:

G: Die Öffnung bleibt, solange du bewußt atmest oder bewußt im Mantra bleibst.

L: Somit will ich ein paar Versprechen einlösen.
Zur Kerngruppe gehörten ursprünglich neben Franz und mir auch Joshua, Emil und Philomena. Ich bin im Laufe der Zeit aber oft während des Schreibens immer tiefer gekommen und habe somit ihre Schwingungsebene in Richtung Mitte überschritten. Welche Bedeutung ist diesem Schritt beizumessen?

G: Die Kerngruppe ist eine Möglichkeit, die dir als Brücke zu deinem Innersten zur Verfügung steht. Bist du mit dem Selbst in direktem Kontakt, brauchst du die Kerngruppe nicht mehr. Daß diese drei Wesen in Zusammenhang mit dir ihre eigenen Möglichkeiten wahrnehmen könnten, ist ein anderes Thema.

L: Ich muß also unterscheiden, ob sie meine Helfer sind oder ich ihre Helferin? (Befreiendes Lachen in mir.)
Gabriel, was war denn ursprünglich Dein Plan, und hat sich dieser inzwischen verändert?

G: Es ging und geht um einen Aufbau, wobei jeder Baustein darin von Wichtigkeit ist. Die drei Jenseitigen stellten drei Stufen dar, die du jetzt überschritten hast, was ohne den Kontakt zu ihnen nicht möglich gewesen wäre.

L: Wenn dies so ist, will ich auch ihnen helfen. Kannst Du mir bitte ein paar Hinweise geben, wie und wo sie geholfen haben, da ich jetzt nicht selber denken möchte.

G: Erinnerst du dich noch, wie Jenseitskontakte für dich fremd waren? Dann bot sich die Möglichkeit, deine Texte mit dem, was Franz von ihnen wußte, zu vergleichen. Punkt drei war die wichtige Erfahrung, daß du, vor allem in bezug auf Emil, schnell an die Ego-Ebene herankamst, und es war dringend, dieser Gefahr gewahr zu werden.

Wenn ihr ihre Hilfe für das Buch braucht, könnt ihr sie anfragen. Ansonsten mußt du dir im klaren sein, wie stark du dich ihnen zur Verfügung stellen willst. Emil möchte noch einiges bezüglich seiner hinterlassenen Schriften ins reine bringen. Joshua leidet darunter, daß die Menschen als Gesamtheit noch nicht weitergekommen sind und möchte seine jetzige Sichtweise mitteilen. Philomena sieht die Möglichkeit, den Raum für das Weibliche zu erweitern.

L: Mir fällt gerade ein, daß ich kürzlich von einer Österreicherin gelesen habe, die Emil kanalisiert. Ist das richtig?

G: Ja, sie macht es sauber. Aber Emil braucht noch andere.

L: Was muß denn erfüllt sein, daß er bei einem Menschen durchkommen kann?

G: Es ist die Frage der »Frequenz«. Wenn inkarnierte Seelen eine »höhere Frequenz« erreichen, können sie mit Jenseitigen kommunizieren. Im gleichen Maße wie die »Frequenz« höher wird, erweitert sich die Kommunikationsmöglichkeit für den einzelnen Menschen.

L: Mir wird gerade bewußt, daß ich seit vier Stunden schreibe. Ich freue mich darüber, erinnere mich daran, daß es bei der ersten Begegnung nur minutenweise möglich war und daß ich dazwischen immer wieder, von Müdigkeit befallen, zusammenfiel und mich ausruhen mußte.

30. 7. 1991

Was mich auf meinem Weg am meisten berührt, ist die Erfahrung, daß der Mensch überhaupt transzendieren kann. Und Transzendenz bedeutet Befreiung von den Fesseln des wuchernden Alltags, der wuchernden Ego-Welt. Wie schaffen wir es denn, die Welt zu überwinden, ohne sie zu übergehen? Indem wir einerseits durch die Dunkelheit hindurchgehen, und uns andererseits im Aufbau der Religio üben. Aber bitte, nicht das eine ohne das andere. Ich sehe jetzt zum ersten Mal, daß zwei Verbindungslinien zwischen Ego und Selbst notwendig sind: Die eine führt vom Ego in die Mitte hinein, die andere von der Mitte ins Ego hinaus. Wenn die beiden im Gleichgewicht zueinander stehen, verkürzt sich die Distanz zwischen ihnen.

?: Das Ego muß stark sein, um der Begegnung mit der Mitte standhalten zu können. Diese Begegnung äußert sich immer als Berührung. Je mehr Berührung das Ego zulassen kann, desto näher rückt es zur Mitte hin, bis es in die Mitte eintauchen kann, ohne seine persönliche Form zu verlieren. Denn nur diese persönliche Form garantiert die Verbindung zum Hylotropen. Auf der Hinterseite ist es nur diese persönliche Form, welche die Verbundenheit mit Gott eingehen kann. Ja, das persönliche Herz ist das Tor. Verbindung und Verbundenheit, diese zwei Faktoren treffen sich im menschlichen Herzen, stellen seine Vorder- und seine Rückseite dar. Und der Weg zum Herzen ist der Leidensweg durch alle Hochs und Tiefs der menschlichen Ebene.

Antwortbrief 38

Liebe Leta,
da hast Du mir ja ein großes »Paket« geschickt. Es berührt mich sehr, wie nach dem ersten Betrachten unsere Aufgabe immer deutlicher sichtbar wird. Die Klarheit, mit der Gabriel mit uns verkehrt, verleiht meiner neptunischen Seite doch mehr Struktur und bündelt meine uranische Daseinsrezeptkiste mit ihren Tausenden von Möglichkeiten, was auch noch gut zu realisieren wäre... Jeder der drei Träume zu Beginn scheint mir einen bestimmten Akzent zu setzen. Ich versuche Dir etwas davon zu skizzieren:

Traum vom 22. 7.

Du bist mit vielen Leuten in einer Fortbildung für Menschen, die andere unterweisen. Als Lehrerin weißt Du, daß Du Dich ständig weiterzubilden hast. Du willst wissen, um was es für Dich geht, und informierst Dich bei einem Stand (bei »etwas«, das steht...), der allen das gleiche anbietet, nämlich 5 cm lange Wollstücklein. So etwas braucht man üblicherweise zum Teppichknüpfen. Teppichknüpfen bedeutet auch einen neuen Boden bereiten. Die Zahl fünf weist auf die pentagrammische Struktur hin und steht für die Fülle des Menschseins, für den kosmischen Menschen. Es geht darum, daß Du diese »Fünfer« solange mit beiden Händen, also mit der Fülle Deiner Handlungsfähigkeit knetest, bis sich daraus ein Faden entwickelt, eben wohl der Lebensfaden der Moira...

Traum vom 23. 7.

Du bäumst Dich gegenüber einer jungen Frau auf, die Dich auf Deine innere Wahrheit hinweist. Es ärgert Dein Ego, daß Du nicht immer in Deinem inneren Wort schwingst. Es ist ein klassischer Schattentraum, der Dich bei Deinem eigenen Ideal erwischt. Und wie das so ist, weiß der Schatten oft mehr über uns, als uns lieb ist. Er (Sie) hält uns den inneren Spiegel haarscharf und unübersehbar unter die Nase, daß wir nur noch zustimmen können.

Traum vom 24. 7.

Das weitere Vorgehen und Fortschreiten mit dem Buch scheint Dich sehr zu beschäftigen und läßt Dich auch im Schlafe mit dem Engel sprechen. Tatsächlich ist dieses werdende Buch unsere gegenseitige und gegenwärtige Auseinandersetzung in Raum und Zeit, also unser Prozeß. Ich bin zuversichtlich, daß es zu Ende gebracht wird, und habe deswegen keine schlaflosen Nächte.

Was mich viel mehr beunruhigt, ist die Situation auf dieser Erde, weil der sogenannte Homo Sapiens immer noch nicht begriffen hat, daß wir alle zusammen ein großes Netz bilden, daß es höchste Zeit ist, miteinander geschwisterlich zu kommunizieren und endlich davon Abstand zu nehmen, sich weiterhin die Schädel einzuschlagen und gegenseitig niederzuschießen, um sich noch mehr Macht, Reichtum in Form von Geld und Einflußsphären zu sichern und die Konsumgier noch optimaler zu steigern auf Kosten von Umwelt und Verschandelung der Schöpfung... Was mich dabei besonders ärgert, ist, daß ich, gerade wegen der großen Vernetzung, in dieses Geschehen einbezogen bin und in verschiedenen Formen mitschuldig werde. Aber vielleicht können wir auch für diese ganze Situation etwas klären, wenn wir unseren Prozeß noch ernsthafter betrachten. Denn, wenn selbst die Affen über Hunderte von Kilometern hinweg etwas voneinander zu lernen imstande sind, sollte uns Menschen diese Übung doch wahrlich auch gelingen. Sonst würde sich der Verdacht langsam aber sicher erhärten, daß die Affen in puncto Solidarität untereinander dem Homo Sapiens weit überlegen sind... So, nun habe ich genug gestöhnt.

Traum vom 27. 7.

Welche »gute Botschaft« (eu-angelion) soll als Wort in Raum und Zeit Gestalt annehmen? Es ist das, was wir erfahren durften, das, was sich als göttliches Mysterium in und durch uns offenbaren will. ES soll als Tat sichtbar werden. Was hat Dich überwältigt, als Christus in Deinem Traum im Kreis gesprochen hat, dass Du SEIN entscheidendes Verb vergessen hast? Wenn Du im Christos-Mantra verweilst und in einer Gruppe Menschen bist, ist SEINE Wirklichkeit mitten unter den Anwesenden gegenwärtig (vgl. Matthäus 18,20). Im Evangelium heißt es bei Markus 1,15: »Geht hin in alle Welt und *verkündet* das Evangelium allen Geschöpfen...« Du verkündest schon durch Deine Gegenwart, wenn Du in Deiner Mitte mit dem Klang des Mantra eins bist. Wie wichtig Dir Deine Aufgabe tasächlich ist, zeigst Du in Deinem Impuls, die Botschaft sofort aufzuschreiben, auch wenn es mit einem Stein auf der Straße geschehen muß. Sie ist dann für alle sichtbar, weil sie »auf dem Weg« liegt. Tatsächlich kannst Du der Christos-Energie nur dann standhalten, wenn Du mit ihr eins geworden bist. Ist sie in Dir wirksam geworden, verblassen alle »Wenn« und »Aber«. Die Bedingungen, daß die Verkündigung geschehen kann, schaffen sich wie von selber.

Ein glaubwürdiges und ganzheitliches Menschsein wird durch unsere Hingabe sichtbar und wirkt für die Selbstfindung der Mitmenschen viel mehr als jegliches Erklären und darüber Sprechen. Dazu braucht es ein starkes und geläutertes Ich, das die Wucht und Kraft des Anthropos, des kosmischen Christos, auszuhalten vermag, um seine allumfassende Liebe in die Welt hineinfließen zu lassen. Sobald wir uns diesem Auftrag wirklich öffnen, kommen uns von den verschiedensten Seiten her Hilfsangebote entgegen, wie Du auch in Deinem Traum erfahren durftest. Gleichzeitig erinnert uns der Klang des Mantras, daß wir in SEINER Melodie geborgen bleiben. Diese Melodie wird nie verklingen. Sie bleibt ein Ewigkeitsangebot durch Raum und Zeit. Manchmal verpassen wir, im »richtigen Zeitpunkt« (Kairos) Antwort zu geben. Dann machen wir uns in der Hinsicht schuldig, daß wir dem aktuellen Zeitpunkt im Hier und Jetzt etwas vorenthalten, also etwas schulden. Das verursacht in und um uns Leiden, weil die Grundharmonien gestört werden.

In diesem Sinne hat das Leiden Signalwirkung und kann uns zum Wegweiser der Wandlung und Integration werden. In diesem Transformationsgeschehen werden wir in Tod und Auferstehung Jesu hineingenommen, d.h. wir werden immer mehr christusförmig und in seinem Weg selber zum Weg: Die Christos-Kraft nimmt uns vollumfänglich in ihren Dienst. Damit das Ego immer wieder darin eingebettet wird, wiederholen wir das Wort aus unserer Mitte, das Mantra des Herzens, bis es synton wird mit Atemrhythmus und Herzschlag. Allmählich findet so die Christos-Geburt in der eigenen Seele statt und leuchtet uns aus, wie es die Ikone »Maria des Zeichens« sichtbar macht. Es ist ganz klar, daß in diesen Einungsweg das »Ich« auch einbezogen wird: Gott schneidet nichts vom Geschaffenen ab, und das Ego gehört nun einmal auch zum Menschen. Weil das Ego zur Vereinigung mit der Christos-Wirklichkeit gehört, erfüllt sie sich in einem unverwechselbaren und personalen Geschehen (einmalig im Sinne des Personalen). Das geschieht dann, wenn der Zeitpunkt von innen her da ist, daß sich die Verheißung der Christos-Geburt in uns Menschen erfüllt. Das löst bei jedem Wesen, das diese Erfahrung machen durfte, ein solches Strahlen aus, daß auch andere Menschen diesseits und jenseits von Raum und Zeit diese Lichtkraft dienstbar machen möchten, um für sich Dinge zu klären, die »karmisch« noch offen sind. Du merkst sehr genau, daß Du mehrdimensionaler vernetzt bist, sobald wir zusammen mit und in der Kerngruppe aktiv sind. Meistens ist dann eine sehr hohe Vibrationsschwingung im Raum, die keine Ego-Sonderansprüche erträgt, sonst können jenseitige Wesen gar nicht durchkommen. Ego-Ansprüche vergröbern die Schwingung sofort wieder.

Transzendieren heißt die Tore durchschreiten, an denen das kleine Ich haftet. Das bedeutet Befreiung und Freigeben. Es ist immer eine doppelte Bewegung. Erst im Nachhinein entdeckt das Ego, daß Freigeben auch Ausweitung bedeutet. Zuerst meinen wir immer, daß wir etwas verlieren. Das Festhalten klammert und verschließt, das Freigeben öffnet und füllt im nächsten Augenblick neu; eine andere Qualität gewinnt in uns Raum, sich zu entfalten. Wenn der Regentropfen wieder in das Meer fällt, wird er augenblicklich Meer. Wenn der Mensch sich mit dem Ursprung der Fülle des Seins verbindet, wird er augenblicklich Seinsfülle, ein strahlendes Paradox. Die Kernmitte des Menschen entfaltet sich also in zwei Richtungen, wenn er Ganzheit erfahren will: in die Transzendenz und Immanenz. Die Immanenzerfahrung (Gott in Allem), läßt das Ego dem Selbst, der Kernmitte, dienen, ohne daß es sich in einer negativen Askese verleugnen muß. »Dienen« heißt »sich in Liebe zuwenden ohne Sonderansprüche«. Diese Kraft strömt uns aus dem Herzchakra zu, in dessen Krypta der Licht-Keim der göttlichen Liebe in uns ruht, oder wie es die mittelalterlichen Mystiker ausdrücken: »in dessen Mitte das göttliche Seelenfünklein aufleuchtet«...

Lassen wir es doch immer mehr auch füreinander leuchten!

Dein *Franz-Xaver*

Tagebuchauszug
6. und 7. 8. 1991

Dienstag, 6. 8. 1991
So viel, so intensiv, so dicht... Ich weiß gar nicht, wo ich ansetzen soll, meinen Prozeß in Worte zu fassen. Die Christuserscheinung im Traum hat so viel verändert. Es fühlt sich wieder einmal so an, als wäre ich eben aus einem tiefen Schlaf erwacht. Ich kann's selber kaum glauben. Auch das Seminar zum Thema »Holotropes Atmen und Schamanismus« hat neue Karten in mir aufgedeckt und neue Träume ausgelöst.
Die Tatsache, daß ich trotz großer Bemühungen im Traum vom 27. 7. und gleich danach als ich aufwachte, das Verb des zweiten Satzes vergessen habe, hat mich wie am Gängelband gehalten. Am Anfang der Atemsitzung, am 2. 8., ist Er mir dann wieder erschienen, und zwar so:
Ich nehme Ihn zum ersten Mal als Präsenz wahr, nicht in Jesu Körper, sondern in meinem. Ich muß ganz achtsam sein, um die Verbindung zu erhalten. Die Musik ist sehr laut, wie es sich für den Anfang einer Sitzung gehört, ich kann diesen plumpen Schwingungen kaum standhalten. Es kommt mir vor, als wollen sie mich überwuchern und die innere Schwingung ersticken. Wenigstens ein ganz kurzes Gespräch mit Ihm wird möglich. Ich diktiere es meinem Begleiter:

L: Wie heißt der zweite Satz Deiner Botschaft?
: Geht hinaus und *verkündet* das Wort.
L: Wie soll ich es verkünden?
: Auf deine ureigenste, einfache Art.
L: Ich weiß nicht, was meine ureigenste, einfache Art ist.
: Indem du sagst und tust, was dem Gesetz entspricht.
L: Und was ist das Gesetz?
: DAS GESETZ IST LIEBE.
  (Die Musik stört mich sehr stark!)
L: Wie zeigt sich das in meinem Alltag? (Weinen, schluchzen)

:   Immer von der Mitte aus.
L: (Ich spüre: Die ganze Achtsamkeit der Mitte zuwenden.) Warum vergesse ich so schnell, was Du sagst? Ich weiß schon nicht mehr, was Du eben gesagt hast.
:   Deine Angst bewirkt das Vergessen.
L: Wo sitzt denn diese Angst in meinem Körper? Ich bin bereit, daran zu arbeiten.

Ich gebe mich also dem psychischen Prozeß hin, vereinzele mich im 3. Chakra, wo die Angst zu sitzen scheint. Das Spüren des Schmerzes und die Arbeit damit bringen Erlösung. Die Perle erscheint, ich liege in tiefem Frieden da. Am Ende der Sitzung fragt mich Theo, ob ich mich noch an deren Anfang erinnere. Ich habe keine Ahnung mehr. Alles ist wie weggewischt. Wir schauen gemeinsam in mein Tagebuch, wo er für mich alles protokolliert hat. Gefühl von Dankbarkeit und Triumph. Diesmal hab ich es. Und was man wirklich hat...
Ja, ich merke gerade, daß es nicht ums Haben geht, sondern ums Werden und ums Sein.
Die schamanistischen Übungen (von Michael Harner) der nächsten Tage haben mir weitergeholfen. Ich schreibe sie nun nieder:

Reise in die *lower world,* in die niedere Welt
Ich finde eine Wasserlandschaft vor, sehe Tiere unter Wasser, die ich nicht erkennen kann. Erst wenn ich selber eintauche, kann ich mich mit der Schildkröte identifizieren. Neben ihr liegen noch andere »Stücke«, die ich nicht identifizieren kann.

Reise in die *upper world,* in die obere Welt
Ich will die Reise antreten und merke, daß ich bereits dort bin. Ein riesiges Skelett eines Land-Wasser-Dinosauriers steht vor mir. Ich bitte ihn, mich weiterziehen zu lassen, ich sei auf der Suche nach meinem Krafttier. Lachend informiert er mich, er sei mein Krafttier. Ich kann dies nicht glauben, meine zu wissen, welche Tiere Krafttiere sein können. Er scheint meine

Gedanken und Gefühle lesen zu können und sagt: Nun zeige ich mich gleich von allen vier Seiten, damit du sicher bist, daß ich es bin; und er beginnt graziös und harmonisch zu tanzen. Mein relativ robuster Thomas-Aspekt kann's immer noch nicht fassen. Der Saurier, den ich über meinem Kopf wahrnehme, empfiehlt mir, in den See der lower world zu blicken, und ich erkenne, daß die »Stücke«, die ich tags zuvor dort gesehen hatte, sein Fleisch sind.
Ich spüre, daß ich unbewußt große Mengen Energie einsetze, um Skelett und Fleisch auseinanderzuhalten, was für mich viel Arbeit und große Spannung bedeutet. Ich muß immer mit der linken Hand das Fleisch hinunterdrücken, mit der rechten das Skelett nach oben halten. Die beiden ziehen einander ganz stark an, möchten sich vereinigen. »Laß die Vereinigung zu«, sagt das Skelett. Nein, ich bin nicht bereit. Ich spüre zwar, daß das Auseinanderhalten sinnlos ist und mir viel Leiden bringt, aber eigentlich liebe ich dieses Leiden, es ist mir sehr vertraut. Und, was soll ich tun, wenn ich nicht mehr diese zwei Seiten auseinanderhalte? Ich spüre, daß sie einander ganz allmählich näher kommen, obschon ich es nicht will, und plötzlich ist sein Skelett mein Skelett, ist sein Fleisch mein Fleisch. Ich bin eins mit meinem ganzen Körper, empfinde dies als wunderbar. Dann höre ich das Lied: 'Let there be peace on earth, may it begin with me.' Es leuchtet mir ein, daß jeder Friede nur beim einzelnen Individuum beginnen kann.

Talking to my stoneperson, mit meinem Stein sprechen
Die Aufgabe besteht darin, einen mich ansprechenden Stein zu suchen, die Erde zu fragen, ob ich ihn mitnehmen darf und herauszufinden, was ich ihr dafür hinterlasse.
Ich fühle mich nicht von einem einzigen Stein angesprochen, sondern von einer ganzen Reihe, realisiere, daß sie alle miteinander die Wirbelsäule meines Sauriers bilden. So stelle ich sie auch vor mir auf und trete mit ihnen ins Gespräch. Die Frage, die wir uns als Gruppe gestellt hatten, lautet: Wie kann ich zur Heilung der Erde beitragen?

Ich sehe, daß jeder Stein auf dem Weg zu einem Welt-Ich ist und daß mein Beitrag darin besteht, anderen zu helfen, dies zu erkennen. Steht dann jeder Stein auf eigenen (Ego-)Füßen, erkennt er selber, daß der Prozeß weitergeht und daß es das Ziel jedes Teiles ist, sich der Form der Wirbelsäule unterzuordnen, die eigene Individualität zu Gunsten einer höheren Einheit zu opfern. Für die bewußte Ego-Welt tönt dies zu bedrohlich – to be or not to be –. Entweder kann ich als Individuum existieren, oder ich bin erledigt. Ich betrachte dieses Thema auf der Objekt- und auf der Subjekt-Ebene und erkenne, daß ich all die verschiedenen Teile in mir nur im Mantra, in Seinem Namen, vereinigen kann. Gottes Namen als die Einheit, aus der alles entspringt und in der sich alles wieder einfindet. Die Ego-Ebene muß nicht verändert werden. Sie trägt zur Erkenntnis bei, ist ein Übergangsstadium und nicht die letzte Wahrheit. Der Begriff Ego-Tod spricht mich im Moment gar nicht an; ich meine, wir müssen das Ego transzendieren, sterben müsse die Illusion, das Ego sei in Wirklichkeit aus sich heraus existent.

Dancing with my power animal, Tanz mit meinem Krafttier (Bei Trommelmusik:) Ich erinnere mich daran, daß ich vor ca. einem Jahr den Hasen als mein Tier gefunden hatte, was für mich damals sehr stimmig war. Während des Tanzes wird mir folgendes klar: Ich habe eine Hasen-Seite und eine Saurier-Seite in mir. Identifiziere ich mich mit dem Hasen, fühle ich mich sehr gefährdet, muß ich alles, was die Ego-Welt sagt, mir anhören, um rechtzeitig zu fliehen etc. Hellhörigkeit ist das Minimum, um mich am Leben zu erhalten. Bin ich mit dem Saurier identifiziert, stelle ich fest, daß ich überhaupt keine Angst mehr habe. Er ist so groß wie kein anderes Tier; dazu gehört er einer anderen geschichtlichen Epoche an, so daß ihm heute nichts angetan werden kann. Dann erinnere ich mich auch noch daran, daß mein Saurier lustig und graziös war, zwei Attribute, die mir hin und wieder untergehen.

Ich lasse immer mehr zu, daß ich auch dieser Saurier bin, fühle mich je länger desto komfortabler damit, bis ich zu ihm ganz ja sagen kann. Die wunderbare violette Perle öffnet sich. Ich bin durchströmt von Liebe, Dankbarkeit, Glück und von der Zuversicht, daß die Sache mit dem Buch gut herauskommen wird.

Antwortbrief 39

Liebe Leta,
nun bin ich beim 39. Brief angelangt und spüre, daß sich etwas abrundet und gleichzeitig noch einmal verdichtet. Ich habe die vergangene Nacht auch tatsächlich geträumt, daß ich auf einem großen Segelboot, das bis auf den letzten Platz mit Menschen besetzt war, eine sehr kostbare Schale, die mit reiner, fruchtbarer Erde gefüllt war, an das andere Meeresufer begleiten sollte. Noch beim Erwachen fielen mir die Worte aus dem I-Ging ein: »Fördernd ist es, das große Wasser zu überqueren!«
Manchmal ist es nicht nur »fördernd«, sondern es *fordert* mich von innen heraus, Handlungen zu *voll*-bringen, die sich mein Ego sicher nicht aussuchen würde. Geht es Dir nicht auch so bei diesem Wort Deines Traumes vom 27. 7., das Du einfach vergessen hast. Warum stolpert Deine Erinnerung über das »*Verkünden*«? Wohl deshalb, weil »Verkündigung« eine radikale Hingabe an die Botschaft erfordert, die im Wort weitergetragen und weitergegeben wird. Wenn ich die Konsequenzen für mich bedenke, komme ich vorerst auch einmal ins Stottern. Nur die Gewißheit, daß alles unter dem »Gesetz der Liebe« steht, entlastet mich. Das Vergessen des »Wortes« ist wohl eine Scheu, den inneren Auftrag anzunehmen.
Die Ebene des Wortes fügt sich bei Dir sehr organisch in die Ebene der schamanistischen Participation mystique ein. Wenn auch Schamanen meistens im Klang der Trommeln und Rasseln in die transpersonale Dimension eintreten, so verbinden sie ihren Rhythmus meistens gleichzeitig mit einem ganz persönlichen Singsang, der alle Qualitäten eines mantrischen Vollzuges in sich vereinigt. In diesem

Zusammenhang noch ein kleiner Hinweis zu Deinem Erleben beim holotropen Atmen: Wenn Du in einer ganz feinen mantrischen Schwingung bist, mußt Du sehr achtsam sein, welche anderen Töne und Musik Du Dir auch noch zumutest. Ein Mensch kann tatsächlich in »groben« Klängen »ersticken«, weil er in einem ganz anderen Resonanzfeld schwingt. Das wird künftig ein Thema für alle sein, die mit Klang und Ton im Selbstfindungsprozeß eines Menschen arbeiten. Schamanistische Rituale und Vollzüge sind der elementaren Meditation zuzuordnen und streben einerseits die Verschmelzung und Differenzierung (individuelle Prägung) von »Gruppenseelen« an. Andererseits helfen sie, herumirrende und abgespaltene Seelenanteile (siehe Deinen Saurier) wieder mit der »Stammseele« zu verbinden und Besetzungen von fremden Geistwesen zu lösen. Die elementare Meditation läßt mich so meinen Seelentieren, -pflanzen, -mineralien begegnen, um meinen mineralischen Körper (vgl. Knochen), meinen Empfindungskörper (vgl. Sinne und vegetatives System), meinen animalischen Körper (vgl. Vitalität und Emotionalität) zu differenzieren.

Es erstaunt und erfreut mich, daß viele erfahrene MeditationslehrerInnen, die in der heutigen Zeit den mantrischen Weg vermitteln, ihre SchülerInnen auch anleiten, stufenweise durch die Betrachtung dieser elementaren Bereiche mit den tieferen Dimensionen und hintergründigen Zusammenhängen des Seins in Beziehung zu treten. Die Anleitung ist ganz einfach im Sinne einer »participation mystique«:

»Meditiere wie ein Fels!«
»Meditiere wie eine Pflanze«
»Meditiere wie ein Ochse, Vogel, Fisch« (oder ein anderes Tier)
»Meditiere wie das Meer, der See, der Fluß«
»Meditiere wie die Luft.«

Diese elementaren Seiten sollen in uns als Wirklichkeit erfahren werden, damit wir mit ihnen verschmelzen können. Sie stellen grundlegende Erfahrungsdimensionen unseres Menschseins dar.

Darauf baut wiederum die Edelstein-, Aroma- und Pflanzentherapie, sowie die Tiertherapie (z.B. durch Reiten und verschiedene Tierpflegeeinsätze) auf. Die elementare Meditation entfaltet sich oft auch in eine Aktive Imagination, in welcher der persönliche Mythos dieser Daseinsdimensionen bildhaft erlebt wird, manchmal in Form einer Symbolgeschichte im Sinne eines alchemistischen Transformationsprozesses. Das kommt einem Integrations- und Reinigungsweg der Egoverhaftungen an diese elementaren Bereiche gleich, so wie Du dies z.B. in Deiner Dinosauriergeschichte erlebt hast. Erst nach der Aneignung dieser Erlebensbereiche wird Dir ein Mantra gegeben, mit dem Du weitermeditierst und Dich in den ganz subtilen Daseinsschichten der Wandlung anheimgibst. In diesem verfeinerten Geschehen erleben wir den Tod der Ego-Illusionen, nämlich daß es die zentrale Kraft unserer Existenz sei. Diese Ego-Meinung muß transzendiert werden. Das wird zu einem Balanceakt zwischen allen Dimensionen unseres Menschseins.

Ich hoffe für uns, daß wir nicht aus dem Gleichgewicht fallen.

Dein *Franz-Xaver*

Tagebuchauszug
2. und 4. 10.1991

Donnerstag, 2. 10.1991

G A B R I E L ! Lange, sehr lange ist es seit dem letzten Mal Schreiben her... Der ganze September war für mich ein einziger Höhepunkt, ein andauerndes Umsetzen, Materialisieren dessen, was ich in mir hörte: Abschluß fast aller Bauarbeiten, offizielle Eröffnung des Ateliers, Vorträge, neue Gruppen, Planung meines Amerika-Aufenthaltes... Ich fühlte mich meistens eins mit Dir und eins mit dem Lebensfluß. Es ging mir trotz hoher Präsenzzeiten wunderbar (oder deswegen?).

Franz und ich haben unsere heutige Sitzung ausfallen lassen, damit mir ein freier Morgen zufällt. Ich versuche jetzt, das

Mantra zu sein, alles andere loszulassen, um Antworten für unsere anstehenden Fragen zu empfangen. Ich spüre, daß meine Finger in der Zwischenzeit etwas unbeweglich geworden sind. Beim Hüpfen von einer Taste zur anderen rutschen sie immer wieder aus... Und schon wieder beobachte ich, wie Veränderung eintritt, wenn ich mein Problem bei seinem Namen nenne. Die Finger werden leichter und leichter.
Gabriel, für mich ist es immer wieder am einfachsten, mit Dir Kontakt aufzunehmen. Ich habe das Gefühl, Du hilfst mir jeweils zu sehen, was ist und wie es weitergehen kann und soll. Es ist kein Zwang da, und dies tut mir gut, so kann ich mich gut anvertrauen. Ich spüre nun große Dichte in meinem Herzen. Christos ist nicht mehr in Jesu Körper für mich sicht- und spürbar, sondern in meinem Herzen. Es ist wunderbar, mit Dir vereinigt zu sein, und ich sehe jetzt, daß ich gefühlsmäßig zwei Möglichkeiten habe: Ich kann mich berühren lassen und in Tränen ausbrechen, dies wäre wohl meine weibliche Seite, oder ich kann in meine Kraft gehen und fragen, was meine nächste Tat sein soll, im Sinne von »Dein Wille geschehe«. Dies ist wohl meine männliche Seite.
Übrigens, ich sehe im Augenblick, daß jenseits von »Ich in DIR« das große Nichts ist, was heute keine Gefühle auslöst. Die Polarität zur Polarität. Dem Alles steht das Nichts gegenüber und bildet somit auf einer höheren Ebene wiederum eine Ganzheit. (Nun ja, ich komme mir heute auch im sprachlichen Ausdruck ungeübt vor. Als ob mein Wortschatz in der Zwischenzeit etwas zähflüssig geworden wäre.) Während mir folgender Satz durch den Kopf geht, leuchtet die Perle auf: Christus ist für mich nicht mehr transzendent, sondern immanent. Oder noch genauer: Ich kann wie von der einen Erkenntnis zur anderen umschalten. Stelle ich mich auf Transzendenz ein, erlebe ich Transzendenz, stelle ich mich auf Immanenz ein, erlebe ich Immanenz. Dazu fallen mir die Physiker ein mit ihrer Frage, ob Licht Welle oder Partikel sei... Ja, jede Antwort steht im Verhältnis zu ihrer Fragestellung. Löse ich mich also von der Fragestellung,

nehme ich wahr, daß Christus sowohl immanent als auch transzendent ist. Finde ich diese Analogie auch im Horoskop? Sind es einerseits die geistigen Planeten, andererseits der Kreis in der Mitte? Nun sehe ich, daß ich Transzendenz mit dem dritten Auge wahrnehme, Immanenz mit dem Herzen spüre. Den Bezug zur Transzendenz kann ich immer wieder verlieren, Immanenz *IST* in mir, das bin ich. Könnte ich das verlieren? Wenn ich im Herzen bleibe, nicht, wenn ich in den Kopf hineinrutsche, spüre ich sie nicht mehr, was mehr über meinen Zustand aussagt als über die Immanenz an sich. Ich muß jetzt gerade lachen. Wir Menschen versuchen immer wieder, mit dem Kopf etwas einzufangen, das sich eigentlich nicht einfangen läßt. Es läßt sich nur erleben. In meinem Kopf ist ganz viel Bewegung, im Herzen dagegen Ruhe. Nun bin ich versucht, das eine gegen das andere auszuspielen.

G: Warum auch?
L: Meine menschliche Seite möchte wissen, was besser ist. Ich fühle, wie Gabriel liebevoll lächelt.
G: Es stimmt, als Mensch mußt du in bezug aufs Äußere werten, nicht aber in bezug aufs Innere.
L: Ja, ich weiß, in bezug aufs Innere muß/müßte ich offen und bereit sein, die Wahrheit zu hören. Bin ich im Augenblick offen genug? Ich weiß, daß ich noch eine knappe Stunde Zeit habe. Müdigkeit befällt mich. Soll ich schlafen gehen?
G: Ja.
L: Aber es ist meine Schreibzeit.

Nun also wieder zurück nach dieser kleinen Pause. Liegend geriet ich direkt ins blaue Licht und erkannte, daß ich die Berührung mit dem Göttlichen aushalten muß, damit ES durch mich handeln kann, also, zuerst das Weibliche zulassen, um danach männlich vorgehen zu können. Ohne das Weibliche ist es also nicht möglich, SEINEN Willen geschehen zu lassen. Zwei Träume fallen mir dazu ein:

Sonntag, 29. September 1991 (Atemseminar)
»Eine Kursteilnehmerin erzählt der Gruppe von einem jungen Burschen, der an einem spezifischen Ort – mit 18 Säulen – in der Natur mit Gott reden könne. Wir beschließen, ihn anzufragen, ob er bereit wäre, mit uns als Gruppe dorthin zu gehen.
Wir treffen uns also am nächsten Morgen vor seiner Haustüre und gehen miteinander zu Fuß zum Platz, dies gehört zum Ritual. Der Bursche ist sehr liebenswürdig, friedlich und anspruchslos und macht aus seiner Aufgabe nichts Besonderes. Er tut einfach, wozu er von innen her angehalten wird. Auf mich wirkt er mehr präpersonal als transpersonal, er strahlt Verbundenheit und Vertrauen zur Natur aus. Ich spüre auch, daß es nicht um diesen spezifischen Ort mit den 18 Säulen geht – es sieht hier so aus wie in Delphi – sondern, daß er den Marsch zwischen zu Hause und dieser Stelle braucht, um in den Zustand der Offenheit zu gelangen. Ich meinerseits erkenne, daß ich dazu andere physische Bewegung brauche als er, allerdings gekoppelt mit Achtsamkeit und Bewußtheit. Diese Begriffe sind für ihn kein Thema.
Nun sind wir alle bereit und können unsere Fragen an Gott richten. Der Junge empfängt die Antworten und spricht sie direkt aus. Ich stelle fest, daß ich sie auch wahrnehme. Sie kommen als Schwingung vom Kosmos her, werden von meinem ganzen Körper empfangen und in mir in Worte gefaßt. (Was die Leute fragen, habe ich vergessen.) Am Schluß höre ich, wie eine Theologin ihre Nachbarin fragt: ›Hat der Bursche sein Ego hingegeben oder nicht?‹ Der Bursche nimmt diese Frage nicht wahr und empfängt somit auch keine Antwort. Ich vernehme: ›Diese Frage betrifft die Fragende, nicht den Burschen.'‹ (Ich erwache.)«

Jetzt bin ich gerade verlegen, weiß nicht, was ich tun soll. Der ganze Kopf beginnt zu schmerzen, ein Zustand, der mir seit einigen Monaten nicht mehr unbekannt ist. Woran liegt es?

Ich sehe ein helles Lichtdreieck, das von oben in mein oberstes Chakra hineinragt und ein von unten kommendes treffen möchte, welches mit seiner oberen Spitze in der Mitte des Herzens wartet. Das obere streckt sich, was es kann, irgend etwas läßt es nicht durch. Was ist es denn? Bei der unteren Spitze entsteht eine Blüte mit fünf Blütenblättern, die fünfte ist oben in der Mitte, und ich höre, daß unten in der Mitte eines fehlt. Also, daran liegt es. Und was bedeutet das für mich konkret? Ich sehe ein Glas ohne Fuß mit Rotwein. Es ist mir klar, daß ich es nicht abstellen kann. Angst steigt auf und auch etwas Ärger. Schon wieder zu wenig Boden, das kann doch nicht sein. Jetzt sehe ich nur noch Fuß und Stiel, keinen Kelch mehr. Jetzt nur noch Kelch und Stiel. Hat dies mit einem Entweder-Oder zu tun?
Wenn ich im Herzen bin, fällt mir alles zu. Sobald ich in den Kopf gehe, verliere ich den Kontakt mit dem Boden und muß nachher als Ausgleich dafür ganz zum Boden gehen. Bei Kopfweh also die Füße einen Augenblick lang spüren und dann direkt zum Herzen gehen. Ich tue es gleich, ertappe mich beim Wunsch, direkt ins Herz gehen zu wollen und sehe, daß dies erst möglich ist, wenn der Ausgleich geschaffen ist. Ganz neu kommt mir der Impuls, meinen Füßen den Lebensatem einzublasen. Ich tue es, und schon sind sie belebt. Ein großes Seufzer. Also: Nicht zu früh in der Mitte sein wollen, sonst falle ich schnell wieder aus ihr heraus. Herzlichen Dank für diese Hilfen.

L: Emil, ich möchte mit Dir ein Problem klären. Schreibend bewege ich mich in einen Zustand hinein, wo Du und ich nicht mehr existieren, ich fühle mich dann direkt mit der Quelle verbunden. Was heißt das für Dich? Was bedeutet das für mich?

E: Ich bin für dich wie ein Sprungbrett zu höherem Bewußtsein. Komm zu mir und durch mich kannst du weitergehen.

L: Ja, dies nehme ich auch so wahr. Aber wie mache ich es den LeserInnen transparent, was Du sagst und was ich sage?

E: Wir sind alle Diener des Einen. Ich bin Durchgangsstation oder Transformator, wie du auch, lediglich auf einer anderen Ebene. Es geht ja darum, daß SEIN Wort uns passiert und somit wirksam wird. Wir sind alle bloß Träger des einen Lebens, Kessel für das eine Wasser.

L: Bist du gewissermaßen wie ein Weichensteller für das Wasser des Lebens? Ich sehe Dich lachen über meinen unbeholfenen Begriff. Während des Schreibens kann ich nie nach Worten suchen, sonst wird der Fluß unterbrochen. Ich pflücke jeweils das erste, das zur Verfügung steht im Wissen, daß (zur Zeit) außer Franz niemand mein Manuskript liest.

E: Du brauchst dich nicht zu rechtfertigen. Wir danken dir für deinen Dienst.

L: Ich nehme mich zur Zeit als Mandala wahr (siehe Einleitung). Mein Herz ist die Mitte von allem und fluktuiert, bei der linken Hand ist Emil, bei der rechten Joshua (wie AC und DC), bei den Füßen (am IC) ist Philomena, über dem Kopf (am MC) sehe ich vorerst bloß Licht und Öffnung, dann spüre ich die subtile Schwingung Gabriels. Im Moment weiß ich nicht, was dieses Bild zu bedeuten hat.

E: Nimm es als Raster, als Einstiegsmöglichkeit für die Zukunft, und stimme dich auf einen von uns ein, wenn du ein spezifisches Anliegen hast.

L: Für diese Hilfe bin ich sehr dankbar. Heute habe ich viel Praktisches gelernt. Herzlichen Dank.

E: Du mußt nicht danken. Schau genauer, was du eben für ein Gefühl hattest.

L: Freude am Weiterkommen und die Sicherheit, daß Ihr mir dabei helfend zur Seite steht.

E: Bleibe bei der Freude.

L: Emil, somit strecke ich in Zukunft meine linke Hand aus, wenn ich Verbindung mit Dir aufnehmen will?

E: Ja.
L: Joshua, somit strecke ich in Zukunft meine rechte Hand aus, wenn ich mit Dir in Kontakt treten will?...
J: Ja.
L: Dies erinnert mich an NLP.
Welch herrlicher Augenblick: Joshua an meiner rechten Hand, Emil an der linken, Philomena wärmt meine Füße, Gabriel öffnet meinen Kopf. Ich bin ausgespannt zwischen allen Extremen, mein Herz ist das Zentrum, die Quelle und die Summe von ihnen allen. Diese ausgestreckte Körperstellung stärkt mich, weitet mich aus. Zusammenziehende Ängste sind im Moment keine vorhanden. Wenn ich aus der Mitte heraus lebe, brauche ich auch keine Angst zu haben, denn Mitte ist Liebe, und Liebe ist das ewige Gesetz. Leiden ist lediglich Moiras Bemühen, uns zu unserer Mitte zu führen, damit wir erkennen, daß wir göttlich sind. Amen.
(Inzwischen bin ich müde geworden und gehe zum Nachtessen.)

Antwortbrief 40

Liebe Leta,
Du stellst fest, daß Christos plötzlich nicht mehr in Jesu Körper spürbar ist. Das entspricht ganz den Gesetzmäßigkeiten des hesychastischen Weges. Wenn SEINE Wirklichkeit in Deinem Herzen erfahrbar geworden ist, verblaßt alle äußere Erscheinungsweise. Deine Herzenserfahrung ist viel gründlicher und gleichzeitig persönlicher. In ihrer Fülle kannst Du seelisch zerschmelzen oder einen gewaltigen spirituellen Tatendrang verspüren. Außerhalb dieser Fülle erlebst Du dann nur noch ein »Nichts«, das aber in sich wiederum Fülle-Qualität besitzt. Es wird zu einer absolut gefüllten Leere, die plötzlich alles Erschreckende verloren hat. Christos ist die Fülle; Jesus ist die begrenzte Fülle in Raum und Zeit. Wenn hinter Jesus der Christos aufleuchtet, verblaßt Jesus im Auferstehungslicht. In

der Alltagserfahrung berührt uns die immanente Gegenwart des Christos immer wieder neu. Die Immanenzerfahrung ist mit der räumlich-zeitlichen Dimension verbunden und wird von seinem panentheistischen Aspekt her (Gott in Allem) im Menschen besonders in der Herzmitte (4. Chakra) wahrgenommen. Das Eingangstor in die Transzendenzerfahrung des Christos-Mysteriums erlebe ich auch im 6. Chakra. Es führt bei mir in die holotrope Erfahrung hinein, in das Christosgewordensein, in die Ununterschiedenheit mit dem Mysterium, in diesem Zustand auch ununterscheidbar, weil es keine beschreibbare Qualität mehr hat. Es ist sehr schwierig, dies im nachhinein auszudrücken. Es hängt auch davon ab, welche Fragen ich an das erlebte Geschehen stelle. Antworten sind ja immer Analogien zu Fragen. Gleichzeitig wird mir bewußt, daß mich jede Fragestellung in die Polarisierung hineinführt. Das Erleben wird von außen her angeschaut und bringt mich augenblicklich in einen Abstand zu ihm; ich werde beschreibend und nicht mehr erlebend... Die Ruhe des Herzens löst sich in die Bewegung des »Kopfes«, des Denkens auf. Es kommt mir vor, als wäre das eine der Zustand der ertönenden Musik und das andere der Zustand der gedruckten Noten auf der Partitur.

Um in die reine Offenheit für das Göttliche hineinzufinden, müssen wir einen Schritt zurücktreten von den Alltagsturbulenzen, damit unser Herz zur Ruhe finden kann. Das ist bildlich ausgedrückt in Deinem Traum vom 29. September: Der junge Bursche geht von seinem »Alltagsort« weg in den Raum der 18 Säulen. Die Zahl 18 beinhaltet eine sechsfache Dynamik der 3 (6x3), ist als bezeichneter Platz ein Ort von intensivster Kraft. Da läßt er sich vom inneren Wort des göttlichen Mysteriums berühren ohne Einengung von irgendwelchen Mauern. Alles andere ist »nur« noch eine Frage der Achtsamkeit auf die Botschaft hin. Das kann auf verschiedene Weise geschehen. Du, z.B., nimmst in diesem Traum mit Deinem ganzen Körper auf, was Dir aus der transpersonalen Ebene übermittelt wird. Es ist die Frage, welche feinstofflichen Organe und Sinne offen sind. Es ist auch ein Mißverständnis, zu glauben, um eine spirituelle Erfahrung machen zu dürfen, müsse der höchste Vollkommenheitsgrad erreicht sein. In Wirklichkeit kann jedem »Halunken« eine spirituelle Erfahrung geschenkt werden. Die Frage ist, was der betreffende Mensch für sich lernt und welche ethische Konsequenzen er daraus zieht.

Sind einmal die spirituellen Organe der Wahrnehmung geweckt, strebt der Körper nach harmonischem Ausgleich zwischen allen Ebenen. Das kommt m.E. im Bild der beiden Dreiecke zum Ausdruck: Die Kraft, die von oben kommt, wird oft in einem »weiblichen« Dreieck mit Spitze nach unten dargestellt. Es erinnert an die Eingießung Heiligen Geistes. Die Kraft aus der Erde wird als »männliches« Dreieck mit Spitze nach oben gestaltet. Beide berühren sich in der Mitte des Herzens und bilden ein »X«, als ob sich in der Mitte jeder Zustand auch in sein Gegenteil oder in die Umkehrung wandeln könnte, bzw. daß sich die verschiedenen Zustände in der Mitte verbinden.

Das gilt auch für das Kanalisieren. In Deiner Mitte kann alles umschlagen: Was innen ist, begegnet Dir auch außen, was von außen kommt, begegnet Dir plötzlich von innen. Du bist dann gleichzeitig Leta und Emil. Im inneren Raumerleben haben oft bestimmte Gestalten einen Lieblingsplatz und von diesem Ort her können wir ihre spezielle Botschaft besser wahrnehmen. Das ist auch ein uraltes Wissen der schamanistischen Tradition: Die verschiedenen Seelenanteile müssen in ihrem Seelengefüge den richtigen Platz haben, sonst wird der Mensch krank. Die Aufgabe des Schamanen besteht dann darin, die »richtige« Ordnung im Seelengefüge eines Menschen oder seines Clans wiederherzustellen, damit Heilung eintritt. Diese Aufgabe kann auch ein »Clanmitglied« stellvertretend für die anderen übernehmen. Oft ist eine innere Gestalt wie ein Eingangstor in eine andere Bewußtseinsdimension. Sie öffnet uns neue Verstehensmöglichkeiten. Das meint wohl Emil mit »Sprungbrett« und »Durchgangsstation«. So verstehe ich auch Dein ganzes »Kanalisierungs-Mandala«. Dieser Raster ist für Dich immer wieder neu wie ein Schlüssel in den inneren Kosmos auf dem Weg zur Quelle, die voll Liebe und göttlich ist. Du selber drückst in Deiner ausgespannten Körpergestalt das große Mandala der Vereinigung der Gegensät-

ze in der Zentrierung Deines Herzens aus. Erinnerst Du Dich noch, was ich in meinem Büchlein »Das Tor zur Rückseite des Herzens« zur großen Körpergebärde im Mandalaraum der Leibgestalt geschrieben habe? – Jeder Mensch drückt in seiner Leibgestalt aus, was er in seinem Wesenskern von Urbeginn an ist.
Möge es auch uns gelingen, DIES zu leben!

Von Herzen
Franz-Xaver

Tagebuchauszug
8. 10.1991 und 21. 5. 1992

Dienstag, 8. 10.1991
Ich nehme die Schwingungen des Mantras wahr, welches auch mein Herz ist, spüre wie diese sich über meinen ganzen Körper ausbreiten, ihn beleben und in die Unendlichkeit reichen. Ist dies richtig? In der raum-zeitlichen Dimension gibt's Grenzen, und die sollten doch beachtet werden. Nun erinnere ich mich an das Mandala, das ich gestern abend bekommen habe. An meinen vier Eckpunkten stehen auch jetzt Philomena, Emil, Joshua und Gabriel. Wenn ich nun mit ihnen in Kontakt trete, spüre ich neben meiner Grenzenlosigkeit auch meine Begrenzung. Wie wohltuend! Innerhalb dieser Grenzen kann ich mich besser kristallisieren. Zum ersten Mal wird ein Kristall in meinem Herzen sichtbar, in dem alle Kraft enthalten ist. Nun fällt mir ein, daß der Kristall ein Instrument zum Heilen ist.
Ich versuche, ihn zu beschreiben: Ein Kristallboden mit einer Vielzahl von verschiedenen Einzelkristallen, einer davon ragt über alle anderen hinaus. Dieser ist das Instrument, die anderen gehören seinem Nährboden an, bilden für ihn die Bezogenheit zur Erde. Natürlich steht er auch selber, aber mit der Unterstützung der anderen ist es einfacher, die Verbindung zwischen Himmel und Erde zu halten. Bei den Wurzeln

sehe ich Philomenas Hände. Nun vernehme ich, der hervorstehende Kristall sei individualisiert und trage somit einen spezifischen Namen. Ich würde mich freuen, den Namen zu kennen, meine, es würde mir helfen, mit ihm in Kontakt zu bleiben.

G: »OM NAVIM« ist sein Name.
L: Seine Schwingung erfüllt meinen ganzen Leib und reicht weit darüber hinaus. Ich nehme gleichzeitig Begrenzung und Grenzenlosigkeit wahr. In diesem Augenblick ist der Archetyp der Fische in mir erlöst: Himmel und Erde sind trotz ihrer widersprüchlichen Qualitäten eins geworden.
G: Dieser Zustand ist Voraussetzung, damit Heilung geschehen kann.
L: Philomena, Emil, Joshua, Gabriel ist also mein Ritual, um den OM NAVIM-Zustand bewußt zu erlangen... Ich spüre, wie sich mir neue Möglichkeiten eröffnen, die ich verantwortungsvoll einsetzen muß. Damit leuchtet die Thematik von Macht neu auf.
G: Macht muß mit Demut und Liebe gekoppelt werden, damit auf der Ego-Ebene kein neues Karma kreiert wird. Echte Demut ist nicht Ego-Schwäche, sondern Ego-Stärke.
L: Philomena, Emil, Joshua und Gabriel, Ihr dient mir einerseits auf der energetischen Ebene als Brücke zu unserm gemeinsamen Zentrum, andererseits steht Ihr mir auf der verbalen Ebene als GesprächspartnerIn gegenüber. Herzlichen Dank.
L: *Philomena!* Ich spüre Dich an meinen Füßen.
Ph: Ihr sollt meiner immer gewahr sein. Ich stehe fürs Weibliche, das immer beachtet werden muß, um das Gleichgewicht zu erlangen oder zu erhalten. Laßt mich in euch leben. Erinnere dich immer wieder an den Kristall, der am klarsten leuchtet, wenn seine Verwurzelung in Ordnung ist.
L: Ich nehme Dich nun sowohl subjekt- als auch objektstufig war.

Ph: Die Objektstufe ist da, um euch zur Subjektstufe zu führen. Beide sind erlebbar.
L: Ich spüre bei Dir die Fähigkeit, alles zusammenzuhalten, den mütterlichen Schoß, aus dem alles geboren wird, um sich zu individualisieren.
L: Emil, willst du auch etwas von Deiner irdischen Wirklichkeit mitteilen?
E: Nein, für die Geschichte der Menschheit ist es unwichtig, wer was getan hat, wichtig ist, daß das geschieht, was geschehen muß. Ich stehe euch auf der psychologischen Ebene bei.
L: Joshua, wie siehst Du unsre Zusammenarbeit?
J: Die Zeit ist reif für vergleichende Religionswissenschaft, und in diesem Strom ist es sinnvoll, auch die mystischen Wege voneinander zu unterscheiden und zu sehen, daß alle ins gleiche Meer münden.
Bleibt mit euren Erkenntnissen und zeigt auf, daß viele vor euch sie auch schon hatten. Die Kette der Erfahrenden geht in beide Richtungen weiter.
L: Du sprichst von der Kette der Mystikerinnen und Mystiker.
J: In diesem Bereich will ich euch behilflich sein.
L: *Gabriel,* jetzt komme ich noch zu Dir. Warst Du doch derjenige, der mich zu diesem ganzen Unternehmen aufrief. Gehe ich richtig in der Annahme, daß Du die Übersicht über das Ganze wahrst, daß du weißt, was schlußendlich herauskommen soll, und daß Du uns fünf von der Kerngruppe lenkst?
G: Ja. Und an dir liegt es, auf alle zu hören und mit Franz im Austausch zu sein. Er ist dein diesbezüglicher Gesprächspartner in der sichtbaren Welt.
L: Ich sehe, wie die Botschaften von mir zu Franz fließen und wie wichtig es für mich war und ist, ihm mein Manuskript zu geben. Somit blieb/bleibe ich im Fluß der Botschaften.

OM NAVIM, ich danke und schließe für heute.

Esalen, Ende 10.1991

Lieber Franz,
da sitze ich nun wieder – wie vor sieben Jahren – inmitten der prächtigen Landschaft von Big Sur. Das Meer wirft kräftige Wogen, die sich, auf dem Höhepunkt angelangt, sanft fallen lassen und wieder verschwinden. Ich verweile gedankenleer bei diesem unendlichen Fließen, bis eine kleine Eidechse meine Aufmerksamkeit auf sich zieht. Sie eilt hellwach und interessiert um mich herum, so daß ich das Gefühl bekomme, zum Austausch aufgefordert zu sein. Ich greife zur Feder...Das Thema, das mich seit einer Woche in Beschlag nimmt, ist dasselbe wie 1984. Als ob dieses goldene Land für mich wirklich golden wäre. Mir ist tatsächlich, als hätte ich hier – damals und jetzt – das Gold des Lebens gefunden. Und dieses Finden ist gleich dem Resultat meines langen persönlichen Prozesses, in dem Du in den letzten Jahren eine wichtige Rolle gespielt hast. Unsre unzähligen Gespräche und Auseinandersetzungen und all Deine Briefe – (ich bin mir bewußt, Dir nicht so oft darauf geantwortet zu haben, wie Du es Dir wünschtest, wofür ich mich heute entschuldige) – boten mir kontinuierlich die Möglichkeit, meine Erfahrungen zu verstehen, sie zu vertiefen und im Rahmen des Hesychasmus einzuordnen. Ich erachte es als großes Glück, Dir auf diese ungewohnte Art und Weise begegnet zu sein, bin äußerst dankbar für das Teilhaben-Lassen an Deiner Verwurzelung in der mantrischen Tradition des Christentums und für Deine gleichzeitige Offenheit den anderen spirituellen Strömungen gegenüber, die auf meiner Suche von großer Wichtigkeit waren.
Auf der beruflichen Ebene war es für mich immer wieder hoffnungsvoll, zusammen mit Dir verschiedene Perspektiven zu hinterfragen, wie spirituelle Schulung und Psychotherapie konkret in Beziehung zueinander gebracht werden können, damit aus dem weit verbreiteten Entweder-Oder das Sowohl-als-Auch wachsen kann, das in meinem Wesen wurzelt und

sich ausdrücken will. Dies scheint notwendig zu sein, um das Ziel, das ich immer noch kaum auszusprechen wage, – weil sprachlicher Ausdruck fragmentarisch ist –, zu erreichen. Ich meine *Christos!*
Ach Franz, ich kann es trotz allem kaum fassen, daß Gott bereit ist, uns Menschen immer wieder mit SEINER Liebe zu berühren und uns zu SICH zurückzuführen. Welche Kluft! ER ist immer für uns da, und wir vergessen IHN immer wieder, auch dann noch, wenn wir erkannt haben, daß es um unsere Rückbindung zu IHM geht.
Letzte Woche hatte ich wiederum eine starke Begegnung, die ich nun zu beschreiben versuche. Bis heute wäre ich vor Betroffenheit nicht fähig gewesen, auch nur etwas davon auf Papier zu bringen:
»Ich bin in der südkalifornischen Wüste in einem Retreat mit Vipassana-Meditation und Holotropem Atmen. Zu meinem Erstaunen öffnet sich mir auch mit der Vipassana-Methode – wie mit dem Mantra – nach kurzer Zeit die blaue Perle. Es stellt sich somit doch wieder die Frage, inwiefern ein spezifischer mystischer Weg für die Suchenden von Wichtigkeit ist. Mag sein, daß ich diesbezüglich blind bin. Was ich zur Zeit zu erkennen vermag, ist, daß die verschiedenen Wege für mich austauschbar sind, führen sie doch alle zur gleichen Perle.
Vor der Atemsitzung fühle ich mich völlig offen und ohne jegliche Erwartung. In mir ist die Gewißheit, daß ich am Puls des Lebens bin, und die Bitte, daß ich dran bleiben möge. Ich entscheide mich, die Sitzung unserem neu eingeweihten Atelier zu widmen, lege als Zeichen dafür ein Foto auf den Altar. Dies zu tun, kostet mich Überwindung. Ich hoffe, von niemandem beobachtet zu werden.
In der Sitzung überfällt mich eine unermeßliche Müdigkeit, und ich gebe mich ihr diesmal hin, habe ich doch nichts zu verlieren oder zu verpassen. Ich akzeptiere auch die Tatsache, daß ich jetzt einschlafen oder für immer hinübergehen könnte. Welch unermeßliche Freiheit, wenn das Ego stillsteht!

Nun nehme ich aber wahr, daß ich durch die Müdigkeit, die sich wie grauer Nebel zeigt, hindurchgleite. Allmählich lichtet er sich, und ich befinde mich plötzlich im absoluten Licht. (Bei meiner Nah-Tod-Erfahrung vor 7 Jahren war der Durchgang ein enger, gefährlicher und schmerzverursachender Tunnel. Einiges an Blockaden scheine ich in der Zwischenzeit durchgearbeitet zu haben, daß sich der Weg heute als so leicht überwindbar zeigt.) Große Freude und Glückseligkeit durchströmen mich. Plötzlich sehe ich Christus auf mich zukommen. Da mein Denken stillgelegt ist, lasse ich einfach geschehen. ER schaut mir in die Augen, und mein ganzes Wesen ist von Liebe berührt. Ich spüre, daß auch ich diese Liebe bin, daß sie das Leben ist. ›There is all done!‹ (›Es ist erfüllt!‹) sagt ER, und ich spüre, daß diese Aussage stimmt. Dann schaltet sich doch das Denken ein, und ich möchte wissen, was ER genau damit meint. Ich beschließe, es IHN zu fragen, doch im Moment, wo ich IHN ansprechen will, ist ER nicht mehr da...
SEINE Liebe wirkt weiter, ich spüre, wie sie mich heilt, wie sie mich ganzer macht. Ich verstehe, daß es die Sehnsucht der ganzen Schöpfung ist, in diesem Zustand von Liebe verweilen zu können. »Erlöse uns von der Zweiheit und führe uns in die Einheit zurück, zu Deinem Willen, zu dem Punkt, wo wir mit DIR eins sind!«
Mein Denkkörper steht still, und auch von meinem Gefühlskörper her kommen keine Impulse. Somit bin ich überaus dankbar, Stanislav Grof im Raum zu haben und ihn fragen zu können, was ich nun tun soll. Er meint, ich solle für heute aufhören, holotrop zu atmen und in Meditation verweilen. ›Wie fühlt sich dieser Ratschlag an?‹ ›Wunderbar‹. – Somit wissen wir beide, daß er richtig ist.
Sechs Stunden danach bin ich immer noch in meditativer Versenkung. Auch wenn ich die Augen öffne, ist absolute Ruhe in mir. Ich bin bei mir zu Hause angekommen, der Weg hierher scheint unendlich lang gewesen zu sein. Heute empfinde ich diese Leere, dieses Nichts nicht mehr als

bedrohlich wie auch schon. Ist es, weil ich den Nebel der Emotionen durchschritten habe? Oder bin ich heute bereiter als auch schon, die letzte Wahrheit zu erkennen? Der Meditationslehrer, Jack Kornfield, empfiehlt mir, meine Meditation für heute allmählich einzustellen, etwas zu essen und zu trinken und ein paar Schritte zu tun, um meinen Körper wieder an die diesseitige Realität zu erinnern.«

Ist dies nicht reine Paradoxie? Ich fliege Tausende von Kilometern ins ferne Kalifornien, um holotrop zu atmen und zu meditieren, und diese meine wichtigsten Werkzeuge auf dem Wege werden (vorübergehend) im Nichts aufgehoben. Als Mensch kann ich wirklich nichts festhalten – aber alles erkennen – und jeweils das nächste Tor in Raum und Zeit durchschreiten...
Ich hoffe, daß wir uns dabei wieder begegnen werden, und grüße Dich für heute ganz herzlich

Deine *Leta*

Antwortbrief 41

Liebe Leta,
Dein Brief rundet unsere gemeinsame Arbeit an diesem Buch vorläufig ab, und ich habe mich sehr darüber gefreut. Es ist wohl auch ein Ausdruck unseres Lebensmandalas, das wir innerhalb von Raum und Zeit zur Ausfaltung bringen sollen. Jedesmal, wenn es gelingt, bin ich voll Freude und sehr dankbar.
Du hast in dein Mandala hineingefunden und fühlst dich zutiefst wohl, geborgen, voll Liebe und Zuversicht, entgrenzt und begrenzt. Es ist so, als ob ein allumfassender Seinszustand sich im Bewußtsein ausfaltet, der von großem Frieden und Wohlwollen begleitet ist. Wenn Du darin ganz eins bist, wirkst Du klar wie ein Kristall, und die heilenden Kräfte in Dir werden aktiviert. In diesem Augenblick lauert die Gefahr von Machtanmaßung in eine doppelte Richtung:

Du selber oder die Menschen um Dich herum wollen die heilenden Kräfte für Egozwecke ausnützen. Damit droht sofort die Gefahr der Inflation. Es gibt ein absolut sicheres Rezept dagegen: Demut (aber bitte keine falsche und unterwürfige...), *Mut zu dienen* mit Wohlwollen und Klarheit der Einsicht. Diese Klarheit erfüllt auch Dich, sobald Du den Namen des Symbols der Heilkraft singst: »Om Navim!«, und Dich von nichts anderem mehr ablenken läßt, weil Du damit in die mantrische Dimension eintrittst, die Dich sofort durch und durch erfüllt und Resonanz gibt zu allem, was verletzt ist.
Es braucht sehr viel persönliche Verantwortung, wenn wir um Heilung bitten. Jede Heilung bringt eine gewaltige Veränderung in das Leben. Für diese Veränderungen müssen Heilende und zu Heilende die Verantwortung übernehmen. Das ist oft schwieriger, als verletzt und krank zu bleiben, weil nach einer Heilung plötzlich jeder Gewinn, der aus einer Krankheit oder Verletzung herauswächst, wegfällt...
Daß jetzt am Schluß unserer Betrachtungen das Heilende so sehr in das Licht rückt, freut mich ganz besonders. Somit wird die Brücke zum Anfang dieses Buches neu sichtbar. Der Name »Jehoschua« (Jesus) drückt die verkündete Freude aus: »Gott rettet«, »Gott ist Heil«, »Gott ist gnädig«, »Gott versöhnt«, »Gott ist Hilfe«. Jehoschua ist »Heil-Land«, das heilende Land, eine liebende Insel der Versöhnung. Diese Wirklichkeit ist jenseits aller wissenschaftlichen Exegese, immer nur erfahrbar in der konkreten Begegnung mit dem Mysterium, eingebettet in den mystischen Strom der Kontemplation. Dieser fließt weiter durch alle Jahrhunderte, Jahrtausende und berührt immer die Göttlichkeit des Menschen in seiner Ergriffenheit durch den göttlichen Odem, den Licht- und Lebensfunken. Du hast erfahren, daß in solchen Augenblicken eine spirituelle Begleitung unabdingbar ist, um nicht in einem Zwischenbereich hängen zu bleiben.
Die Wirkmächtigkeit der göttlichen Dimension in uns läßt sich durch keine menschlichen Ängste oder institutionellen Korsetts bändigen. Diese wird in der Quantenphysik und archetypischen Konstellation, in den Gesetzen der Harmonie der Ästhetik und der

Musik, in den biologischen Energien, genauso wie in den ätherischen feinstofflichen Energien der Symbole und Rituale wirksam und sichtbar. Alle Deutungen sind Metaphern für die Wirklichkeit, die dahinter steht. Und nur aus dieser Wirklichkeit geschieht die Heilung aus der versöhnenden All-Liebe des Auferstehungs- oder Taborlichtes, wo Mensch-Sein geheiligt ist in der Einheit von männlicher und weiblicher Bewußtheit...
Wenn es um diese Einswerdung mit dem Mysterium der göttlichen Liebe geht, sind die spirituellen Wege austauschbar. Gott hat viele Gesichter. Dieses initiale Geschehen umfaßt die holotrope und die hylotrope Dimension und läßt den mystischen Menschen zwischen diesen Ebenen mehrmals hin- und hergehen, ja solange, bis unser Herz end-*gültig* in den Frieden und in die Ruhe des großen HERZENS heimfindet. Das ist der mystische Weg, wie er auch in der Heiligen Schrift sichtbar wird. »Unruhig ist mein Herz, bis es ruht in Dir!« In diesem »DU in mir und ICH in DIR« leuchtet das Taborlicht auf in der Jetzt-Zeit.
Möge ES als Liebe in uns allen weiterstrahlen.

Dein *Franz-Xaver*

Nachwort

Die Tatsache, daß sich unsere gemeinsame Arbeit an diesem Buch abrundet, gibt Anlaß, Rückschau zu halten. In den ersten Jahren unserer Zusammenarbeit öffnete sie sich wie die obere Hälfte eines Kreises, wobei die Möglichkeit geboten wurde, schreibend aus dem Buch des Hintergrunds zu lesen. Was ursprünglich oft unfaßbar war, ist zu einer Realität geworden. Alle Menschen finden Zugang zu dieser inneren Weisheit, wenn sie bereit sind, die entsprechenden Tore zu öffnen. Gelegentlich kann es auch einmal sinnvoll sein, ein solches Tor bei einem Mitmenschen in Dienst zu nehmen, um in die eigene Tiefe zu finden; das ist aber die Ausnahme. In unserem beruflichen Alltag ist es unsere Aufgabe, Menschen beizustehen, die ihre eigenen Tore zum Leben suchen und selber auf die innere Stimme antworten wollen. Es geht nicht darum, sich in einer gängigen Konsumhaltung in medialen Sitzungen vertreten zu lassen.

Die Arbeit am Schreibtisch und unser gegenseitiger Austausch brachten tiefe Befriedigung, Freude und die Gewißheit, daß wir das Richtige taten. Die Phase der Umsetzung der Erkenntnisse, also die untere Hälfte des Kreises, wurde zu einer großen Herausforderung und zum Teil auch zu einem Kreuz mit körperlichen Leiden. Die psychosomatischen Reaktionen im Zusammenhang mit der spirituellen Wegerfahrung erforderten jeweils auch eine Überprüfung der Eßgewohnheiten. Allmählich lösten sich im Verlauf der Jahre Ängste mißverstanden zu werden. An ihre Stelle traten Vertrauen und Mut, im Sinne der ethischen Konsequenz, immer wieder den nächsten Schritt zu tun. Auch die Tiefenseele weist mit folgendem Traum Letas in diese Richtung:

»Schlußabend eines großen Seminars in Holotropem Atmen. Ich leite eine Teilgruppe. Da ich noch etliche Aufgaben zu erfüllen habe, schlägt mir meine Gruppe vor, auch für mich ein Kostüm für die Schlußfeier zu besorgen, was ich gerne entgegennehme. Wir treffen uns dann zum abgemachten Zeitpunkt im Umkleideraum, der nun die Kirche meiner Kindheit ist. Für mich steht die Tracht einer Winzerin bereit, die mir zu meinem großen Erstaunen wie maßgeschneidert sitzt. Ich kontrolliere Taillenhöhe, Schultern, Gesamtlänge und kann es kaum fassen. Farblich erinnert sie mich an die Engadiner Arbeitstracht, die ich als Mädchen oft getragen habe. Es gehören noch einige Steingut-Becher mit blaugrauer Glasur und ein volles Steingut-Faß, das ich unter dem rechten Arm tragen soll, dazu.
Ich bin überglücklich über dieses stimmige Sujet. Das Verteilen des Weines bietet mir die Gelegenheit, mit einzelnen Menschen persönlich in Kontakt zu treten und gegebenenfalls auch hin und wieder ein tiefsinniges Gespräch zu führen. Freude über Freude...«

Der Traum erinnerte uns an das erste Gespräch mit Gabriel. Damals teilte er mit, der nächste Schritt sei »Korn und Wein zu verteilen«. Gut vier Jahre sind seither verstrichen, und die Seele nimmt dieses Bild in der Traumdimension erneut auf.

Unseren Familien kommt ein großer, herzlicher Dank zu, waren sie doch immer wieder bereit, zugunsten unseres Schreibprozesses einerseits Einschränkungen, andererseits auch Mehrbelastungen auf sich zu nehmen. Wir vertrauen darauf, dies zur gegebenen Zeit erwidern zu können. Das gilt auch für jene Personen, die uns sonst auf vielfältige Art und Weise mitgetragen und unterstützt haben.

Rückblickend können wir festhalten, daß sieben Schritte in unserer spirituellen Auseinandersetzung für unseren Weg hilfreich geworden sind:

1. Vorbehaltlose Offenheit für innere Berührung;
2. Mit kritischer Einsicht unterscheiden lernen;
3. Eigene Prämissen *nach*-kritisch als frag-*würdig* betrachten;
4. Offenhalten und eventuell Freigeben aller überkommenen und übernommenen Konzepte;
5. Kritische Betrachtung der Hingabe unter dem Aspekt der negativen Askese (vgl.: Du sollst! Du hast! Du mußt; aber selten: Du darfst!);
6. Die Umsetzung der inneren Erfahrungen in ethische Konsequenzen;
7. Die grundsätzliche Bereitschaft zur Offenheit für das Mysterium der Liebe.

Auch für uns gibt es auf dem »Berg Tabor« kein Hüttenbauen. Wir sind eingeladen, weiterzuschreiten und auf ganz persönliche Weise im Alltag zu antworten. Der folgende Traum scheint für unsere Situation ein Wegweiser zu sein:

»Ich betrete einen weißen, reinen, schlicht eingerichteten Raum mit weißen, runden Tischen und weißen Stühlen. Aus weißem Porzellangeschirr wird hellgrüner Kräutertee serviert. Die Atmosphäre ist ruhig und gleichmütig. Ich setze mich an einen Tisch mit Menschen verschiedenen Alters und realisiere dann, daß dies der Hindu-Tisch ist. Rechts von uns nehme ich den Buddhisten-Tisch mit Buddha wahr und neben ihnen Mohammed mit Anhängern.
Bevor ich mir Gedanken über diese Situation machen kann, erblicke ich direkt in meinem Blickfeld Jesus, der am Tisch zu meiner Linken alleine sitzt. Mir ist, als ob Sein liebender Blick mich aus einem tiefen Traum wecken würde, und ich realisiere, daß ich an Seinen Tisch gehöre. Während ich mich frage, welcher Impuls mich wohl zu den Hindus geleitet hat, stehe ich auf und gehe betroffen zu Ihm.«

In diese Teestube sind wir alle eingeladen ...

Der Engel in dir

Der Engel in dir
freut sich über dein
Licht
weint über deine Finsternis

Aus seinen Flügeln rauschen
Liebesworte
Gedichte Liebkosungen

Er bewacht
deinen Weg

Lenk deinen Schritt
engelwärts

Rose Ausländer